OSWALDO MENDES

BENDITO MALDITO

uma biografia de Plínio Marcos

1ª reimpressão

LeYa

Para Walderez, Léo, Kiko, Aninha, Vera e Tiago

COORDENAÇÃO EDITORIAL: Pascoal Soto
EDITOR ASSOCIADO: A. P. Quartim de Moraes
CAPA E PROJETO GRÁFICO: João Baptista da Costa Aguiar
DIAGRAMAÇÃO: Angela Mendes
PREPARAÇÃO DE TEXTO: Luiz Carlos Cardoso
REVISÃO: Márcia Duarte
ÍNDICE ONOMÁSTICO: Ricardo Nakamiti

IMAGEM DA CAPA: sobre foto de Marcos Muzi/Fator Z

Dados Internacionais de Catalogação na Publicação (CIP)
(Câmara Brasileira do Livro, SP, Brasil)

Mendes, Oswaldo
Bendito maldito : uma biografia de Plínio Marcos / Oswaldo Mendes.-- São Paulo : Leya, 2009.

Bibliografia.
ISBN 978-85-62936-03-6

1. Marcos, Plínio, 1935-1999 2. Teatro brasileiro 3. Teatrólogos brasileiros - Biografia I. Título.

09-10079 CDD-869.9209

Índices para catálogo sistemático:
1. Teatrólogos brasileiros : Biografia e obra 869.9209

2009
Todos os direitos desta edição reservados à
Texto Editores Ltda.
[Uma editora do grupo Leya]
Av. Angélica, 2163 – Conjunto 175-178
01227-200 – Santa Cecília – São Paulo – SP
www.leya.com

SUMÁRIO

PREFÁCIO

Latência e ética

Ilka Marinho Zanotto

"O humanismo latente em Querô *permeia toda a obra de Plínio Marcos, imprimindo-lhe ressonância ética ímpar." IMZ*

Quinhentas páginas de um livro híbrido que vibra nas mãos de quem o lê, tal a vertiginosidade dos fatos encadeados, pesquisados à exaustão, que nos revelam seis décadas da trajetória do cometa Plínio Marcos. Plínio Marcos, ele mesmo, o tempo todo, como se autodefiniu. Cometa que arrebata no seu rastro seiscentas e tantas outras vidas citadas no índice onomástico, que, de algum modo, compartilham da epopeia pliniana, de seu tempo e vez, numa época de trevas do país Brasil. A Pátria vira truncada a esperança dos febricitantes anos JK – industrialização, 50 anos em 5, cinema novo, bossa nova, imprensa livre etc., etc. –, quando o futuro parecia nos pertencer e a nossa vã filosofia garantia não apenas a contemplação, mas a transformação do mundo...

A obra ciclópica de Oswaldo Mendes é dividida em atos e cenas como se espetáculo teatral fosse, eivada de *flashbacks* e zooms próprios do cinema, esclarecidos nos seus vaivéns pela rigorosa *Linha do tempo* que situa historicamente fatos e datas de mais de meio século. Oswaldo mergulha no cipoal de relatos, memórias e emoções à flor da pele, esmiúça detalhes de uma vida vivida sofregamente, com o ímpeto de um trem em movimento. Ao fazê-lo, traz de volta a cidade que salta do passado em letra de forma, mas com tal arte evocada que "alguma coisa acontece" em nosso coração: "A cidade dos bondes começava a ficar no passado quando Plínio Marcos desembarcou em São Paulo. A garoa e o frio ainda resistiam. Na década de 1960, andava-se a pé com certa segurança pelas ruas e praças, olhos atentos apenas nos batedores de carteira, e as distâncias eram mínimas entre os pontos nos quais Plínio estabeleceu o mapa de suas descobertas profissionais e humanas".

Mas antes de São Paulo houve Santos, cidade mítica à beira-mar, berço de gerações de artistas e intelectuais "de primeiro time" com os quais Plínio travou conhecimento a partir de 1950; Santos e a efervescência da era Pagu, aos quais Plínio presta um preito de gratidão e orgulho em "Mestres do teatro", crônica que escreveu no ano de sua morte. No livro são descritas as raízes da família e da infância do futuro dramaturgo, a adolescência e juventude rebeldes e já vocacionadas para suas paixões mais duradouras, o futebol e o teatro (paixões compartilhadas com Nelson Rodrigues a par do ineditismo do linguajar); acompanha-se o fugitivo da escola e das peias dos regulamentos, quaisquer fossem eles, o peregrino das docas e dos botecos do cais de Santos que, ao embrenhar-se na agitação daquelas vidas vividas perigosamente, nascia como autor. Radar precoce da miséria e do sofrimento humanos. A sensibilidade para o pulsar dos corações alheios, a solidariedade infinita revelada no episódio do Cobrinha, morador de rua, coberto pela capa nova de gabardine comprada à custa pela mãe, um dos tantos momentos vincados pelo espírito de doação, motor movente de uma longa história. A atração pela aventura forte e livre do circo que passa a se integrar nos panos arlequinados do palhaço Frajola. Ao picadeiro e ao povo circense dedica admiração irrestrita: "Quando escrevi *Barrela* eu tinha a escola do circo. Eu sabia andar no palco, o que facilita muito para quem é dramaturgo... e eu saí quase no mesmo nível de Molière que andava tão bem no palco como Guarnieri...". *Boutade* à parte, iniciara a fala com a definição paradigmática de sua conduta: "Escrever é uma arte solitária demais. Você só é respeitável e digno, como autor de teatro, se souber que tem de servir ao ator". Aqui começa a história de Plínio Marcos. O resto não é silêncio. Há muito ainda para contar.

Na primeira frase deste prefácio falei em "livro híbrido", porque salta aos olhos o intuito de Oswaldo Mendes de recolher-se atrás do pesquisador que sabe ter em mãos a biografia de um autor e de um ser humano absolutamente acima e além de qualquer definição.

Oswaldo, ele mesmo jornalista, ator, dramaturgo, diretor, crítico, homem de teatro completo, realiza a proeza da objetividade jornalística, mas não consegue escapar à poesia das sínteses estupendas em momentos do Prólogo, na introdução do Segundo Ato (1967-1985), intitulada "Da navalha à luz de um abajur lilás", e em inumeráveis trechos nos quais, graças ao seu dom de escritor, brota insopitável a comoção temperada pelo humor ácido do biografado – seu dileto amigo fielmente retratado e devidamente engrandecido neste livro. Leiam-se estas páginas para saber tudo sobre ele. Vale a pena.

É chegada a hora de posicionar-me como crítica de teatro e dar o testemunho que Oswaldo Mendes me pediu sobre o cruzamento de nossos destinos em momento crucial da vida de Plínio – por ocasião da truculenta proibição de *O abajur lilás*, à véspera da estreia, em maio de 1975, em São Paulo.

Já em 1959, como segundanista da Escola de Arte Dramática de Alfredo Mesquita, eu participara do 2º Festival do Teatro do Estudante, em Santos, como atriz-aluna do espetáculo *Pranto por Ignacio Sanchez Mejías*, de García Lorca, quando o "sucesso de escândalo" causado pela estreia e proibição de *Barrela* no Clube Português, sem o sabermos à época, constituiu-se em *turning point* da temática teatral até então conhecida. Nos anos finais da década de 1960, enquanto cursava filosofia na USP, acompanhei as montagens que vinham à luz das peças de Plínio: *Dois perdidos numa noite suja*, *Navalha na carne*, com atores egressos da EAD, colegas meus.

Quando, em 1968, a censura se tornou tão feroz que somente passavam pelo seu crivo os textos nebulosos, alegóricos, no mais das vezes incompreensíveis para o grande público, de linguagem cifrada para poucos entendedores detentores de senhas ocultas, Plínio Marcos jamais tergiversou. Como um touro indômito investiu ininterruptamente contra o paredão da arena à custa de não ser mais encenado, de ser escorraçado de qualquer lugar que lhe garantisse uma sobrevida como comunicador – imprensa, rádio, TV, cinema, circo. Era o "perigo", aquele cujas palavras tinham o poder de abalar estruturas, costumes, regimes. Aspectos estéticos à parte – ninguém punha em dúvida o valor artístico de textos cujas personagens de carne e osso remetiam, entre outros, aos humilhados e ofendidos dostoievskianos, à ralé de Gorki, aos párias de Zola.

Em 1972, concomitante ao início de minha atividade crítica no Suplemento Literário de *O Estado de S. Paulo*, no próprio jornal, na TV Cultura e nas revistas *IstoÉ* e *Visão*, assumi a presidência da Associação Paulista de Críticos de Arte, cujo estatuto reza no artigo 2º: "A APCA visa a defender a liberdade de expressão e os interesses coletivos, morais, culturais e profissionais dos que exercem a crítica de teatro, música, artes visuais, cinema, rádio, televisão, literatura, dança e circo, e visa, de um modo geral, a incentivar todas as atividades do espírito e o progresso da cultura brasileira".

Sendo a crítica uma reflexão sobre o trabalho dos artistas – sem ele não teria sentido a nossa profissão –, é evidente a necessidade de liberdade na atividade criativa. Por conseguinte, após a proibição de *O abajur lilás* à véspera da estreia, na quinta-feira, 15 de maio de 1975, consultados por telefone alguns membros da diretoria, fui ao Correio Central no sábado à tarde, dia 17, e enviei, em nome da associação que reunia 140 críticos e jornalistas representantes de 35 órgãos de comunicação, um telegrama assinado por mim, como presidente da APCA (e com o RG obrigatório, no caso), ao presidente da República, general Ernesto Geisel. O texto foi publicado na íntegra no *Jornal da Tarde* de 31/5, ao qual Plínio respondeu na *Última Hora* com o artigo "Um manifesto comovente" – posteriormente incluído por ele como prefácio da 1ª edição de *O abajur lilás*.

Entre um fato e outro, houve no Museu de Arte de São Paulo (MASP), no dia 26 de maio, segunda-feira à noite, a premiação anual que abrangia todos os setores de arte, com o auditório lotado até o saguão, gente extravasando pelas calçadas, com a presença maciça da classe artística e intelectual, além de familiares dos contemplados antecipadamente notificados, porque vindos de todo o Brasil.

Era enorme a expectativa, inclusive dos jornalistas presentes, em relação ao esclarecimento dos prêmios às "obras conservadas inéditas", eufemismo usado por nós da APCA para premiar obras proibidas e assim driblar uma eventual "censura prévia" à nossa festa. (Censura quase exercida quando, comparecendo à sede do MASP dias antes para acertar detalhes com Pinky Wainer e Roberto de Oliveira, que colaboraram nos preparativos de som e luz, fomos comunicados que a data de 26 de maio fora cedida ao Instituto Goethe para projeção de um filme. Corre-corre até o Consulado Alemão e ao Goethe que nos devolveu a data, desde que reimprimíssemos os convites deles para a projeção.)

Também a certa altura, na noite de festa, quando a emoção e os aplausos tomaram conta do auditório em face do desfile de "malditos" premiados, cortou-se a energia e Elizeth Cardoso cantou sem microfone, à luz de lanternas, em substituição a Elis Regina que não conseguia cantar sem ele, tal era a confusão.

A carga voltaica daquela noite inesquecível deixo a cargo de Plínio Marcos narrar-nos em sua belíssima crônica "Abajur lilás brilha nas trevas", de 28 de maio, na *Última Hora*:

"Se alguma mágoa eu tivesse da vida, ou do mundo, ou de gente, teria deixado de ir segunda-feira à noite na festa da Associação dos Críticos. Minha alma foi lavada pelo carinho dos artistas e intelectuais de São Paulo. Eram artistas plásticos, gente de música, de balé, escritores, artistas e técnicos de televisão, cinema e, naturalmente, teatro, respondendo presente, dizendo que sofrem junto toda a afronta que se faça à liberdade de expressão. E o *Abajur lilás* se acende cada vez mais forte. Permita Oxalá que essa luz pálida que quiseram apagar seja farol de muito brilho que nos guie no rumo certo do diálogo franco e democrático, que é condição necessária para a preservação plena dos direitos humanos, condição essa primordial para que se possa fazer do Brasil a grande nação. Segunda-feira à noite, a Ilka Zanotto me chamou no palco da Associação dos Críticos apenas para entregar um prêmio. E ao pronunciar meu nome, o *Abajur lilás* se acendeu. Os aplausos que me tiraram na violência, na força bruta, a minha gente, os artistas de São Paulo, me devolveram em dobro, em triplo, em quantidade maior do que eu mereço. E, creiam, os aplausos são a única recompensa do artista. E eu os ganhei dos artistas e críticos brasileiros na noite de segunda-feira. Não chorei. Quem tem recebido essa solidariedade toda não tem esse direito. Não tremi nas bases. Quem está junto com sua gente não tem esse direito. Recebi os aplausos. Agradeci a Deus por ter me concedido esse momento tão belo e pedi forças para que eu nunca traia a confiança dos que me aplaudiram com tanto afeto na noite dos críticos."

Encontramo-nos muitas vezes nas ruas em frente aos teatros de São Paulo e lembro-me com gratidão da vez em que Plínio Marcos me presenteou com o *Inútil canto e inútil pranto pelos anjos caídos*, nada querendo receber em troca, e com belíssima dedicatória. E quando nos honrou, a mim e ao Gian Paolo, meu marido, com sua presença na mesa do Gigetto, abandonando a sua "cativa" perto do caixa; dividindo conosco o jantar e deitando conversa fora, o modo santista chiado de falar, os olhos vivíssimos, o sorriso malandro, a simpatia cativante... Lembro-me da presença provocadora em inúmeros debates no Arena, no Galpão do Ruth Escobar, em palcos e plateias, provocando um cala-boca geral quando soltava as labaredas de uma indignação irrefreável. A última vez em que estivemos juntos foi numa mesa de calçada de um café na Place Vendôme, em Paris: não mais, ali, o saci-camelô de gorro e sandália de dedo, mas o bem-apessoado e mais bem trajado – parece-me que a sandália persistia – autor brasileiro homenageado no 18º Salão do Livro parisiense, realizado de 20 a 25 de março de 1998.

Neste ano em que se comemora no Brasil os quarenta anos da geração de 69, responsável pela eclosão de uma nova dramaturgia, cumpre registrar que a pedra angular desse edifício fora assentada em 1959, dez anos antes, pela *Barrela* seminal de Plínio Marcos.

Transcrevo aqui palavras minhas sobre o tema para o verbete do *Dicionário do teatro brasileiro*[1] publicado pela Editora Perspectiva: "Ele por primeiro escavou fundo nas motivações de personagens verazes até a medula, que falavam a linguagem do desespero colhida nas 'quebradas do mundaréu', os diálogos colados à ação. E procedera sem a idealização dos operários urbanos das peças nacionais – populares à mesma época – que, embora fundamentais para a fixação de uma dramaturgia brasileira, seguiam uma vertente engajada deliberadamente realista que passava ao largo da arrebentação pliniana".

E transcrevo trechos do prefácio que escrevi para a coletânea *Melhor Teatro: Plínio Marcos*[2], que corrobora a influência ímpar de sua obra na eclosão da nova dramaturgia: "A lupa realista de um olhar contundente beira o expressionismo quando, após o crescendo das ações concretas, reiterantes, exaustivamente repetitivas, estala o conflito, encenado como uma dança macabra. Em *Barrela*, como em *Dois perdidos*, em *Navalha na carne*, em *Abajur lilás* ou em *Querô*, peças escolhidas para exemplificar a descida aos infernos, característica da obra de

Plínio Marcos, mas não apenas nessas peças, o conflito existe agudíssimo desde a primeira cena, beirando o insuportável no desenlace que é sempre brutal e acelerado. [...] Nada discursivo, no entanto, sempre a partir de falas e ações concretas, resultando a compreensão daquele submundo da ação de personagens que se revelam sem explicar-se, numa característica pliniana de profundo *insight* das motivações do comportamento humano, dando à luz uma obra coesa, autêntica, que sofreu desde sempre as consequências de sua unicidade: ineditismo de personagens e de temas, enfocados sem mediação, flagrados na realidade com raiva e denúncia jamais vistas, à força de um linguajar absolutamente fiel aos guetos de onde brotava; linguajar que é gemelar à virulência, crueldade e velocidade da ação que se desenrola em cena. Gíria mais verídica impossível, código exclusivo daqueles subterrâneos, mas também marca de um estilo único na dramaturgia brasileira".

Peço vênia para voltar ao verbete:

"Em *Exercício findo*, Décio de Almeida Prado diz que Plínio Marcos, ao instaurar a gíria no palco, contribui para o reajuste de linguagem facultado pelo Modernismo entre o que se escreve e o que se fala; injeta no diálogo teatral, como Nelson Rodrigues havia feito antes dele, uma dose maciça daquelas sintaxes de exceção que Manuel Bandeira reclamava na sua Poética.

"O palco povoado de cafetões, prostitutas, lésbicas, assassinos, suicidas, homossexuais, gigolôs, bêbados, drogados, policiais corruptos, escória das escórias, das docas de Santos, das zonas, dos bordéis, dos bares, sequer são personagens do lumpezinato brechtiano que ao menos sabiam da própria abjeção, mas os marginais mais absolutos, aqueles que não têm voz nem vez. Plínio Marcos, aos olhos do Sistema que governou o país a partir de 64, era o 'perigo', aquele cujas palavras tinham o poder de abalar estruturas, costumes, regimes... Por que a proibição paulatina e reiterada de sua obra? Muito provavelmente, a resposta está na raiz da dramaturgia do autor: ela mostra como 'gente' aqueles que normalmente são considerados 'marginais' e traz ao palco uma nova classe integrada por indivíduos até então ignorados pela saga teatral, aos quais devota solidariedade irrestrita pelo simples fato de fazê-los existir. Acende-se a luz vermelha da repressão ante o possível despertar da consciência de estruturas sociais injustas que clamam por modificação.

"Credor confesso dos diálogos especialíssimos de Nelson Rodrigues, Plínio Marcos revela-se dramaturgo de uma intuição e de um talento geniais, autor da obra mais revolucionária entre todas as assumidamente militantes de seu tempo, embora nem por um momento se mostre explicitamente engajada. A ferocidade da censura que se abateu sobre essa obra seminal deu azo à eclosão da dramaturgia da arrebentação da geração 69, cujos autores, no dizer de Lauro César Muniz, na impossibilidade de externar explicitamente seu desacordo com o mundo, 'explodiram para dentro', buscando no âmago das personagens motivações bizarras para condutas aberrantes, o equivalente psicológico para o caos reinante nas relações entre os homens."

É esse ofício de autor em tempo integral que este livro revela de forma exemplar. Artista multimeios, como se diz hoje, há que acompanhá-lo nas suas andanças na arte e na vida para certamente tê-lo impresso na mente e no coração como exemplo de talento, coragem, vocação e teimosia em ser Plínio Marcos, ele mesmo, o tempo todo.

Ilka Marinho Zanotto, EAD, 1958-61
Crítica teatral, FFLCH – USP, 1968-71

1 GUINSBURG, J.; FARIA, João Roberto; LIMA, Mariângela Alves de (Orgs.). *Dicionário do teatro brasileiro: temas, formas e conceitos* – J. Guinsburg, João Roberto Faria, Mariângela Alves de Lims (orgs.), São Paulo: Perspectiva/Sesc, 2006.

2 MARCOS, Plínio. *Melhor teatro*. Seleção e prefácio de Ilka Marinho Zanotto. São Paulo: Global, 2003.

PRÓLOGO

1967-1999

Plínio, Orozimbo Luiz Giraldi, Oswaldo Mendes e Berillo Faccio em Marília, 1968 *(Arquivo Oswaldo Mendes)*

Ele fez por merecer

"A arte não pode ser subordinada ao seu sujeito, pois nesse caso não é arte e sim biografia, e biografia é a malha através da qual a vida real escapa." Eu estava começando a pensar este trabalho quando li a frase de Oscar Wilde, personagem da peça de Tom Stoppard *The Invention of Love*, citada em crônica de Luis Fernando Verissimo. A frase é tão boa que se basta. Toda biografia oscila entre a literatura e a reportagem, o registro documental. No caso de Plínio Marcos, ele a escreveu em crônicas, contos e entrevistas, em que fatos e versões se misturam. Daí ter concluído, em momento de crise, que toda biografia é mentirosa, pois ele mesmo mentiu tanto sobre a sua vida que não sabia mais distinguir o verdadeiro do falso. Assim ele dava razão à ideia de que a vida real escapa nessa malha chamada biografia. Para driblar a armadilha, só mesmo caminhando entre a literatura, com o colorido ficcional que Plínio deu a episódios reais, e o máximo de rigor jornalístico possível.

Para que servem as biografias? Em alguns casos, não é este, elas são o buraco da fechadura através do qual o leitor é convidado a invadir a intimidade da personagem. Quase sempre, elas são produzidas para documentar uma vida – e é disso, afinal, que se trata – e a sua contribuição histórica na área em que se destacou o biografado. Quando, ainda no Crematório de Vila Alpina, no começo da tarde de 20 de novembro de 1999, o editor Quartim de Moraes, que havia começado a tarefa interrompida por Plínio em 1992, e Léo Lama me lançaram o desafio de escrever essa biografia, a minha reação foi de recusa. Ou melhor, pedi tempo. Um longo tempo, como se vê. Escrever na emoção da perda de um amigo seria um risco. Uma biografia não pode ser apenas homenagem ou tributo. Ou ela serve ao leitor ou é inútil. Porém, a que leitor? O contemporâneo de Plínio, que o conheceu, acompanhou a sua trajetória ou com ele conviveu? Aí está um leitor que sabe, ou supõe saber, tanto ou mais do que se puder contar aqui. Ao perceber o interesse que, dez anos após a sua morte, a obra de Plínio Marcos desperta, a questão se resolveu. Muitos que estão se aproximando agora dos seus textos, sejam as peças ou os contos, talvez nada saibam desse homem que não se rendeu à amargura. Um homem que não subordinou a sua arte, o teatro, às aflições e angústias pessoais; que não escreveu peça para falar de si mesmo, mas deu voz aos que não a tinham. A quem virá depois de nós, como pedia Brecht, é que tem sentido uma biografia de Plínio Marcos. Para que esse leitor compreenda os tempos difíceis que vivemos e tenha um olhar e uma palavra de amigo quando falar de Plínio. Não para desculpá-lo – para conhecê-lo.

"O mal que os homens fazem vive depois deles; o bem quase sempre é enterrado com seus ossos", argumentava Shakespeare em *Júlio César*. "Só o tempo mostra a bondade de um homem; já a maldade se vê no mesmo instante", sugeria Sófocles em *Édipo Rei* pela voz de Creonte. Acolhendo as visões contraditórias de dois mestres do teatro, não se queira qualificar a priori Plínio Marcos pela cumplicidade ou aversão que desperta no leitor. Nem gênio, nem analfabeto. Nem anjo, nem demônio. Nem marginal, nem herói. O teatro ensina que um personagem se define pelas suas ações. Não é o que ele diz de si mesmo, ou o que os outros dizem a seu respeito, que importa. São os seus atos que dão consistência e veracidade ao pensamento. E os atos, mesmo fincados no real, têm os contornos das versões que se misturam para compor a trajetória do personagem, que só vale ser escrita se for de alguma serventia para a vida do leitor. Sem querer sugerir uma "moral da história" como nas fábulas de Esopo ou La Fontaine, Plínio Marcos resumiu numa frase a sua vida: "Eu fiz por merecer". Ao contrário dos que culpam a sorte madrasta ou a fúria dos algozes, ele não pede indulgência nem que as gerações futuras o indenizem, ou aos seus descendentes, pelo que sofreu.

Poucos foram tão cerceados no direito ao trabalho e à liberdade de expressão quanto ele. E nisso não há versões, há fatos.

Compor a biografia de Plínio Marcos com a estrutura clássica de uma peça de teatro, em três atos, não é só uma escolha formal. Ela permite acompanhar, dramaticamente, a evolução do personagem, enquanto outras vidas cruzam seu caminho – toda biografia pressupõe inúmeras e breves biografias, como os coadjuvantes de maior ou menor peso em torno do protagonista de uma peça. No primeiro ato, o herói se apresenta, define caminhos, faz opções que determinarão a sua história. No segundo ato, uma sucessão de acontecimentos aflora as certezas e as contradições, os conflitos explodem em toda a sua intensidade. No terceiro ato, o desfecho que sintetiza as ações de uma vida inteira, a difícil busca interior de uma serenidade sempre perseguida e raramente encontrada. Uma linha do tempo acompanha a narrativa, para o leitor desenhar o cenário em que aconteceu a ação e viveu o personagem e para ajudá-lo a entender as razões e motivações de muitos episódios.

Conheci Plínio Marcos no segundo semestre de 1967, em Marília, quando ele excursionava com *Dois perdidos numa noite suja* pelo interior de São Paulo, tendo Berilo Faccio no papel de Tonho antes feito por Ademir Rocha. Plínio foi à minha cidade levado por Orozimbo Luiz Giraldi, apaixonado homem do teatro amador, presidente da Federação de Teatro Amador da Alta Paulista. Não digo que ficamos "amigos de infância", mas nos dois dias que ele passou em Marília consumimos maços e maços de cigarro em conversas. Em meados de 1969 eu já estava em São Paulo cursando a Escola de Arte Dramática e nos reencontramos na redação do jornal *Última Hora*. Ele cronista, eu repórter e redator do caderno de Variedades editado pelo poeta português e crítico de teatro João Apolinário; o editor-chefe era o santista Alcides Torres, artista gráfico do primeiro time. Plínio e eu seguimos amigos. A convivência mais estreita, porém, veio com o tempo. A gente nunca se estranhou. Segurei o Plínio para ele não brigar, mas ele nunca brigou comigo. Nos seus últimos anos estivemos mais próximos. Havia ternura, então. Fosse eu Plínio, inventaria uma história como a da sua visita ao ator Procópio Ferreira no hospital. Sem a mesma imaginação, limito-me a contar que ao vê-lo no quarto privativo do governador Mário Covas, no Instituto do Coração, numa de suas últimas internações, fiz piada:

– Porra, Plínio, finalmente te colocaram num hotel cinco estrelas!

E ele, sério:

– É o que vale ter amigos, Oswaldinho. Melhor que ter dinheiro, é ter amigos.

Quando Vera e Tiago se distraíram, ele me pediu baixinho:

– Da próxima vez, vê se me traz uns chocolates escondidos.

– Você não pode comer chocolate, é diabético.

– Não enche o saco, caraco, traz o chocolate escondido, ninguém vai saber.

Não deu tempo, Plínio. Fiquei te devendo essa.

OSWALDO MENDES

Outono de 2009

PRIMEIRO ATO

1935 – 1966

Da Vila Sapo à noite suja

Ao contrário do que se espalhou com a conivência do próprio personagem, Plínio Marcos não nasceu em família pobre nem era analfabeto. Filho de pai bancário, profissão que o situava na classe média, viveu uma infância livre nas ruas de chão batido numa vila de poucas casas, em uma cidade de intensa atividade econômica, cultural, política e sindical. Frequentou piscina de clube e foi matriculado em escola particular na esperança de que tomasse gosto pelos estudos. A aversão à escola surgiu por um fato singular. Plínio era canhoto numa época em que isso, embora não fosse mais "coisa do demônio" como na Idade Média, indicava um desvio a ser corrigido por métodos pedagógicos que incluíam tapa ou reguada na mão esquerda sempre que ela ameaçasse pegar o lápis. A falta de ensino formal seria compensada por uma intuição forte e a leitura de jornais, revistas e livros, começando pela literatura espírita, por influência paterna. Viver no cais, entre putas, marinheiros, gigolôs e malandros, jogar futebol em terrenos baldios e praias e zanzar errante pela cidade não eram seu privilégio. Faziam parte da rotina de todo garoto de Santos naqueles tempos. O que o diferenciava era a capacidade de reter histórias e exercitar a imaginação. Não surpreende que o circo, porque não deu sorte no rádio, tenha sido o primeiro caminho de quem queria ser artista, pois jogador de futebol não era profissão confiável e as outras, bancário ou funileiro, não o atraíam. Do circo ao teatro amador, à convivência com notável círculo de artistas e intelectuais reunidos no Bar Regina, no Gonzaga, Plínio Marcos não demorou a traçar o seu destino nos palcos, como ator, diretor e dramaturgo. Da primeira peça, *Barrela*, escrita em Santos, a *Dois perdidos numa noite suja*, que o lançou definitivamente como autor de teatro, foi um difícil aprendizado nos primeiros anos em São Paulo. Nesse período, três mulheres entraram na sua vida. A agitadora Patrícia Galvão, a Pagu, estrela dos modernistas brasileiros, foi a primeira. Ela o fez perceber o seu talento e os seus limites de dramaturgo. As atrizes Walderez e Cacilda ele as conheceu assim que se mudou para São Paulo. Com Walderez, a quem chamava, e só ele, Dereca, casou-se e teve três filhos. Com Cacilda Becker estreou como ator profissional e aprendeu que o teatro era mais que uma profissão, era destino. Vocação.

LINHA DO TEMPO

1935 - Nasce Plínio Marcos de Barros, em 29 de setembro.

1937 - Publicada a nova Constituição, inspirada no fascismo italiano, instaura-se no país o Estado Novo, com todos os poderes concentrados no presidente Getúlio Vargas, em 10 de novembro.

1939 - A censura à imprensa passa a ser exercida pelo Departamento de Imprensa e Propaganda, DIP, em 27 de dezembro.

- Com a invasão da Polônia, em setembro, pelas tropas nazistas da Alemanha, começa a Segunda Guerra Mundial.

1945 - Lançamento da bomba atômica na cidade japonesa de Hiroshima, em 6 de agosto, precipita o final da Segunda Guerra Mundial.

- Getúlio Vargas é deposto em 29 de outubro; termina a ditadura do Estado Novo.

1946 - Promulgada nova Constituição brasileira em 16 de setembro, que vai vigorar até 1964.

1951 - Eleito, Getúlio Vargas assume a Presidência da República em 31 de janeiro.

1952 - Aprendiz de funileiro, Plínio Marcos tenta a carreira de jogador de futebol na Portuguesa Santista.

1953 - Plínio presta o serviço militar obrigatório na Aeronáutica. Ao sair, trabalha em circo como o palhaço Frajola, atividade em que permanecerá nos próximos anos.

1954 - O presidente Getúlio Vargas se mata com tiro, em 24 de agosto.

1958 - Em junho, Plínio é convidado por Paulo Lara e começa a ensaiar *Pluft, o fantasminha*, sob a direção de Vasco Oscar Nunes. Em seguida conhece Patrícia Galvão, a Pagu, e escreve sua primeira peça, *Barrela*.

1959 - No domingo, 1º de novembro, sob a direção do autor, *Barrela* estreia no Centro Português, de Santos, para uma única apresentação. Em seguida é proibida pela Censura.

1960 - Plínio escreve *Os fantoches*, que estreia em 24 de agosto.

1961 - Em Campinas, Plínio conhece Walderez De Mathias Martins.

1962 - Plínio participa do Festival do Teatro do Estudante em Porto Alegre; aproxima-se de Fauzi Arap e monta *Jornada de um imbecil até o entendimento* no Teatro de Arena.

1963 - Em março, substitui Ari Toledo em *O noviço*, no Teatro de Arena.

- Em 19 de abril, estreia como ator na companhia de Cacilda Becker em *César e Cleópatra*, de Bernard Shaw, direção de Ziembinski.
- Em 26 de maio estreia no Teatro Cacilda Becker em *O santo milagroso*, de Lauro César Muniz, direção de Walmor Chagas.
- Em setembro, Walderez estreia como atriz profissional ao lado de Plínio em *Onde canta o sabiá*, produção de Cacilda Becker dirigida por Hermínio Borba Filho.
- Na segunda-feira, 16 de dezembro, às 9 da manhã, Plínio e Walderez se casam num cartório no bairro do Ipiranga.

1964 - Domingo, 9 de fevereiro, Plínio estreia como autor de televisão com *Réquiem para tamborim* na TV Tupi, da qual era funcionário do Departamento de Tráfego.

- Em 31 de março, cai o presidente João Goulart e instaura-se o regime militar.
- Em 14 de julho, a estreia de *Nossa gente, nossa música*, com texto de Plínio Marcos, é proibida pela Censura.
- Em 21 de setembro nasce o primeiro filho, Leonardo Martins de Barros (Léo Lama).

1966 - Em 29 de abril, a Censura proíbe *Chapéu sobre paralelepípedo para alguém chutar*, nova versão de *Os fantoches*.

- Em 20 de novembro, nasce o segundo filho, Ricardo (Kiko) Martins de Barros.
- Em 16 de dezembro, *Dois perdidos numa noite suja* estreia em São Paulo no Bar Ponto de Encontro e, na semana seguinte, no Teatro de Arena.

Cena I

Plínio bebê e ao lado da mãe Hermínia e os irmãos Sérgio, Márcia, no colo do pai Armando, Flávio e Neto *(Arquivo da Família)*

"Vila Sapo/ a vila é boa/ não há sopapo nem sururu/ tudo é risonho e bem fadado/ eu gosto muito da Vila Sapo."

"De noite, sentávamos no barracão e ficávamos ouvindo meu pai, um grande contador de histórias."

"Fiquei violento, virei o famoso Frajola, que todo mundo conhecia e respeitava."

Quando Plínio Marcos nasceu, a sua cidade era um canteiro de obras. Lá fora, o mundo fazia ensaios para a Segunda Guerra Mundial, com o avanço do nazismo na Alemanha e do fascismo na Espanha e na Itália, e a economia mundial ainda enfrentava as consequências do desastre econômico de 1929, com a primeira grande crise do capitalismo nos Estados Unidos. Aqui, no Rio de Janeiro, capital da República, as tensões políticas apontavam para um desfecho ditatorial, em 1937, com a imposição ao país do Estado Novo e seu aparato de repressão e de censura. Mas em Santos tudo se projetava para o festivo janeiro de 1939 e as comemorações do primeiro centenário da cidade, desde que deixou de ser vila. O frenesi de obras favoreceu até mesmo a família de Armando de Barros e dona Hermínia, que se mudou do Macuco para ali perto, para a recém-construída Vila dos Bancários, conjunto de não mais de quarenta casas, sempre de portas abertas, formando uma grande e variada família, da qual Plínio se lembraria com certa nostalgia até a sua morte.

— Se as pessoas ainda colocassem suas cadeiras na frente das casas nos finais de tarde, com as comadres fofoqueiras falando da vida alheia, as cidades e o mundo seriam melhores.

Plínio fez esse comentário ao voltarmos da estreia de *A rainha da beleza*, a última vez em que ele viu a sua Dereca em cena, no Teatro Alpha, em setembro de 1999. Ele queria saber da minha irmã Dina, se em

Tupã, no interior onde ela morava, ainda havia o hábito de as pessoas sentarem nas calçadas nos fins de tarde para conversar. Não, não havia mais. Plínio lamentou.

Desde a inauguração do novo porto, em fevereiro de 1892, desocupando a antiga área na Ponta da Praia, e graças à expansão da cafeicultura no interior de São Paulo, Santos experimentou invejável crescimento econômico e populacional. A cidade devia muito à chegada dos imigrantes, que iniciaram a ocupação dos morros, principalmente por meio dos portugueses vindos da Ilha da Madeira. Eles se instalaram no morro de São Bento e depois em Nova Cintra, com uma linha de bonde ligando o bairro do Jabaquara ao topo do morro. Para se ter uma ideia: em 1913, dos perto de 89 mil habitantes de Santos, 42% eram imigrantes, dos quais 23 mil portugueses, 8 mil espanhóis e 3 mil italianos, seguidos em menor número por turcos, japoneses, alemães, ingleses, austríacos e franceses. Com o ciclo do café, a cidade viveu décadas de ouro, tendo como marcos a construção de dois teatros, o Guarany, obra começada em 1881, e o Coliseu, em 1924, onde, mais de sessenta anos depois, Plínio Marcos foi preso pela primeira vez "por atentado violento ao pudor". Nesse período surgiram bairros como Paquetá, Vila Mathias e Macuco, este ocupado por trabalhadores do porto e cujo nome remete ao dono da maior parte das terras da região, o português Francisco Manuel Sacramento, um açougueiro que gostava de caçar macucos, daí o apelido, acrescido ao sobrenome da família.

Até o abalo na economia mundial, com a quebra da Bolsa de Nova York em 1929, Santos "era uma segunda capital de São Paulo", graças à liderança econômico-financeira gerada pela exportação de café, segundo Miroel Silveira, um apaixonado homem de teatro, santista e responsável por revelar o talento de Cacilda Becker, que antes de atriz quis ser bailarina. "As grandes fortunas estavam ligadas a Santos e isso fazia com que a cidade se transformasse também em um pouco de faroeste, no sentido de jogatina, de diversão", dizia Miroel. Na avenida Conselheiro Nébias, de frente para a praia, ficava um endereço famoso, o Miramar, "um local onde havia o jogo aberto, o que possibilitava certa atividade artística. Para ter o jogo aberto, eles eram obrigados a manter grátis cinema e teatro, diversões, bailes e tudo isso".

ESCRAVOS ALFORRIADOS NO PALCO Antes do Guarany e do Coliseu, o registro do primeiro teatro na cidade é de 1830, na rua do Campo, depois Beco do Teatro (atual rua Riachuelo), em prédio pertencente à Santa Casa de Misericórdia. Iluminado por candeias de azeite e velas de cera, o teatro não tinha cadeiras, que eram trazidas de casa pelos próprios espectadores. Ali aconteceu, em 1875, a primeira Temporada Lírica de Santos, com a Companhia Lírica Italiana, época em que os jornais já criticavam a péssima conservação do teatro, que seria fechado em definitivo quatro anos depois. Com a inauguração do Teatro Guarany na praça dos Andradas, em 7 de dezembro de 1882, a cidade passou a ter um palco para grandes eventos, o maior desses ocorrido em 30 de junho de 1886, quando Sarah Bernardt se apresentou em *A dama das camélias*, de Alexandre Dumas Filho. O Guarany serviu também aos movimentos pela abolição da escravatura e em defesa da República — na estreia da peça *A sombra da cabana*, do poeta e advogado José André do Sacramento Macuco, um escravo recebeu sua carta de alforria, paga com o dinheiro da bilheteria. Em outro evento abolicionista, "ante mil olhares, retumbantes aplausos e júbilo geral", segundo registro da época, José do Patrocínio chamou ao palco dez alforriados. Fora da política, foi no Guarany que nasceu o tradicional Banho da Doroteia, no carnaval de 1920, a partir de uma personagem da comédia musical *21 na zona*, de Pinto Filho.

O declínio do Teatro Guarany coincide com a reinauguração do Coliseu, cuja história começa bem antes de 1924 — em 1909, o espanhol Francisco Serrador, que mais tarde criaria a Cinelândia no Rio de Janeiro, retomou o prédio que em 1896 fora transformado em velódromo e abriu um teatro com oitocentos lugares. Além de exibir em 1929 o primeiro filme falado, *Broadway Melody*, com a presença do ator e cantor Al Jolson, o Coliseu acolheu, entre outras celebridades, o bailarino Nijinski e, em 1936, a soprano Bidu Sayão, brasileira, estrelando a ópera *O guarani*, de Carlos Gomes.

Mas nem só de Guarany e Coliseu viveu o teatro em Santos. Já em 1899 surgia na esquina da atual rua 15 de Novembro com a praça dos Andradas o Teatrinho Variedades, com paredes de madeira e um sistema improvisado de ventilação para diminuir os efeitos do clima quente da cidade. Inaugurado com uma comédia de Eduardo Garrido, popular autor do repertório circense, o Teatrinho durou pouco — em 1902 virou uma espécie de café-concerto, filial do então famoso Moulin Rouge, que existia em São Paulo. Mas foi ali que nasceu o primeiro time de futebol do litoral, o Santos Futebol Clube.

Plínio Marcos não conheceu essa época de efervescência social, econômica e cultural de Santos, mas os seus reflexos ainda seriam percebidos nas décadas seguintes. Ele nem tinha um ano quando, em 1936, foi concluído o primeiro trecho da orla urbanizada, os jardins da praia, entre o Hotel Internacional e o Canal 2, no trecho entre os bairros do Gonzaga e do Boqueirão. Os negócios, as praias e os cassinos ainda atraíam uma população flutuante de turistas, culminando com a inauguração dos hotéis Parque Balneário e Atlântico, no Gonzaga, em 1937. O ambiente, enfim, era favorável a eventuais talentos, como o de Cacilda Becker, que Miroel Silveira tratou logo de levar para o Rio de Janeiro e encaminhar no teatro profissional. Mas só em meados dos anos 1950 Plínio se beneficiaria da intensa vida intelectual e artística da cidade. Ele já passava dos vinte anos quando encontrou Patrícia Galvão, a Pagu, e foi apresentado a "um grupo de intelectuais raríssimos", conforme diria depois. Certamente, o gosto pela leitura e pelo estudo não formal, que, também por seu testemunho, descobriu na convivência com esse grupo, ele desconheceu nas escolas frequentadas na infância. Uma infância que "foi muito feliz, muito despreocupada", fora o capítulo escolar.

A AVÓ E A MULHER DO ESPELHO_Plínio foi o segundo filho do casal Armando e Hermínia. A mãe veio de abastada família de Botucatu, no interior paulista, filha de Rodrigo Cunha, rico fazendeiro que, por conta de uma geada devastadora e da crise no comércio internacional do café nos anos 1920, perdeu tudo e morreu, não resistindo à derrocada. Para impactar a plateia, Plínio dizia que seu avô Rodrigo, que ele não conheceu, perdera a fortuna em mesa de jogo, o que parece não corresponder aos fatos. Mas, os fatos, ora os fatos. Verdade é que, viúva e com dez filhos para criar, a avó Ana Angélica juntou os recursos que sobraram, pegou o trem para Santos e abriu ali uma pensão, onde a filha Hermínia conheceu Armando e logo se casaram.

Plínio passou a infância ouvindo que seus avós maternos formavam o casal mais bonito de Botucatu e região. Ana Angélica, ele dizia, "era mulher de rara força, aquela força antiga", que criou sozinha os filhos e formou "os homens em profissões como a de farmacêutico e as filhas como professoras". Dela ficou também a lembrança de uma mulher "brava paca — mas não comigo; minhas avós, na verdade, me adoravam", garantia em sua modéstia. A vida de superação resultou em uma velhice povoada de visões. Pouco antes de morrer, Ana Angélica contava das visitas que recebia da mulher do espelho, que lhe revelava segredos e coisas incríveis. O genro Armando, convertido ao espiritismo, até imaginou tratar-se de uma entidade de luz, ou de alguma parenta já morta, com a missão de preparar a passagem da sogra a outra dimensão da vida espiritual. Na pior das hipóteses e na falta de uma explicação razoável, tudo se resumiria a um delírio. Afinal, espírito de luz ou alucinação, quem era a mulher cheia de histórias que aparecia todos os dias para Ana Angélica? Custou para a família descobrir que a mulher do espelho era a imagem refletida de quem a via e com ela conversava longamente na solidão de uma velhice.

Armando, pai de Plínio, veio de uma família de ferroviários. Lucila Camorim, que ainda pequena emigrou da Itália para o Brasil, e Francisco Martins de Barros tiveram também dez filhos. Da avó Lucila, Plínio dizia ser "uma grande feiticeira e benzedeira, que fazia uns xaropes de agrião e curava até tuberculoso". Para sempre ficou nele a lembrança de "uma pessoa generosa, cúmplice da humanidade, de quem todos gostavam; era impossível alguém passar pela casa dela, um lixeiro que fosse, sem que ela oferecesse alguma coisa para comer, aquelas coisas maravilhosas que ela cozinhava". O avô Chico Barros, que ele conheceu já aposentado e com sonhos de inventor, morreu aos noventa anos e "ainda paquerador", garantia o neto vaidoso da ascendência galante.

— Meu avô deu guarida e cobertura a um dos maiores feiticeiros de todo o Brasil, um médium fantástico, Mirabelli, que levitava. Como médium, naquele tempo ele era muito perseguido, discriminado. E Santos sempre foi uma cidade muito mística.

Tantas lembranças de Lucila e Chico Barros têm uma explicação, dada por Plínio:

— Eu ia muito à casa deles, que moravam mais ou menos longe. Mas isso era bom, porque era para lá que eu corria quando fugia da escola.

JANTAR EM SILÊNCIO COM HORA MARCADA Foram quatro filhos mortos na gravidez até que o casal Hermínia Cunha Barros e Armando Martins Barros tivesse o primogênito Sérgio, em 1933. Depois viriam Plínio Marcos (1935), Francisco Neto (1939), Cláudio (1940), Márcia (1941) e Flávio Roberto (1946). Armando, bancário e convertido ao espiritismo de Allan Kardec, era homem de hábitos simples e austeros. Uma de suas poucas exigências era que a família se reunisse pontualmente na hora do jantar. Nas cabeceiras da mesa comprida, ele e dona Hermínia, com os filhos à volta. Durante a refeição, silêncio. Se alguém quisesse falar, devia erguer a mão e esperar a autorização paterna.

"Foi num desses jantares que o Plínio me aprontou uma", lembra a irmã Márcia. "Ele ergueu o braço e pediu para me fazer uma pergunta: o que é pátria? Eu não sabia. Inconformado, meu pai explicou: pátria é o lugar onde a gente nasce. Como castigo, nós dois passamos o resto da noite escrevendo num caderno a definição de pátria, pra nunca mais esquecer, enquanto da rua vinha barulho de fogos, vozerio, algazarra das crianças da vila. Era noite de São João, nunca me esqueci. Perdi a festa por causa do Plínio."

Como o pai tinha nove irmãos e a mãe outros nove, quando a família se reunia era festa, sempre. O que, para Plínio, explicaria a sua "tendência natural de gostar demais de viver". Porque "a vida sempre foi para mim uma coisa muito bela".

A casa na Vila dos Bancários não era grande, mas havia no quintal um barracão que seu Armando mandou fazer. Plínio falou disso:

— O barracão era um local especial. A qualquer momento que você chegasse em casa tinha comida ali, que minha mãe fazia. Uma fantástica cozinheira. Até tainha, na mão dela, virava peixe. Meu irmão Neto era caçador e saía para pegar rã, siri. De noite sentávamos no barracão e ficávamos comendo e ouvindo meu pai, um grande contador de histórias. Minha mãe, uma pessoa muito alegre, também era contadora de histórias. Minha tia Zilá, tio Gilberto, tia Adalgisa... Quando todos se reuniam, era sempre uma festa.

Sua visão de adulto registrava a mãe como muito alegre, mas dona Hermínia de fato era enérgica com os filhos, mais ainda com a única filha, que, nos finais de semana, em vez da praia, tinha de consumir as manhãs na escola dominical da Igreja Presbiteriana Independente. Em sua defesa, Márcia contava com Plínio, que também não escapava das surras com cabo de vassoura, às quais reagia aos gritos, que alarmavam a vizinhança:

— Socorro, minha mãe está me matando, socorro!

Esperneio à parte, devia saber por que estava apanhando, pois aprontar era com ele mesmo. Uma de suas diversões favoritas de criança era acordar de manhã, antes de todos, e molhar as escovas de dente dos irmãos, só para vê-los se engalfinhando: "Quem usou a minha escova?"

Ele ficava assistindo, escondido, às gargalhadas. Até que um dia alguém descobriu e a brincadeira perdeu a graça.

PRIMEIROS VERSOS PARA A VILA SAPO A Vila dos Bancários na Ponta da Praia, para onde a família se mudou pouco depois de Plínio nascer no Macuco, era mais conhecida como Vila Sapo e mereceu dele um de seus primeiros versos e canções:

> Vila Sapo
> a vila é boa
> não há sopapo nem sururu
> tudo é risonho e bem fadado
> eu gosto muito da Vila Sapo.

Na geografia que Plínio guardou na memória, a vila "começava na Ponta da Praia, perto do Aquário, e se estendia até o Macuco, no outro lado da ilha, o Pau Grande". Na lembrança do irmão Neto, o bairro era meio deserto, "um lugar terrível, matagal, cheio de bandido". A Vila dos Bancários, formada por duas ruas, logo foi dividida em Vila Sapo, onde a família Martins Barros morava na rua das Laranjeiras, e Vila Fossa, uma ladeira pela qual corria esgoto a céu aberto. "E havia sempre um joguinho de futebol entre os times das duas vilas", lembra Neto, que se formou em administração de empresas e enveredou pelo serviço público, aposentando-se como auditor-chefe do Ministério Público da União.

Não é só do futebol que Neto se recorda:

— Como a gente morava num bairro da pesada, papai sempre ensinou: não provoque briga, mas nunca fuja de uma. Respeite para ser respeitado e, se não for respeitado, você tem que agir. Plínio era o mais briguento, não levava desaforo pra casa, não. Por qualquer coisinha, partia para o pau. Volta e meia tinha uma briguinha boa lá na rua. Aí todos os irmãos se metiam. Um dia o Cláudio chegou chorando do grupo escolar, dizendo que um negão bateu nele. "Pode deixar que amanhã a gente vai lá pegar o negão", o Plínio falou. No dia seguinte chegamos e perguntamos: "Cláudio, qual é o negão que te bateu?". Ele apontou um neguinho, menor do que ele. "Rapaz, tenha vergonha na cara, vai lá e bate naquele neguinho!", a gente disse. Ele foi e bateu.

— A vila era só alegria — contou Plínio. — No Natal e no Ano Novo, todos abriam as portas e botavam o que tinham para comer, e todo mundo fazia a via sacra, todo mundo recebia todo mundo.

E se não houvesse festa, ele a inventava.

Belo dia constatou que tinha muita menina no pedaço, cada qual com a sua boneca de louça. "Precisamos batizá-las", decretou. E lá foi, vestido de padre, batizar as bonecas, numa festa que mobilizou a Vila Sapo e toda a vizinhança, com direito a cantoria e reza. Márcia garante que, nessa época, ele ainda não lia cartas nem fazia curas com as mãos.

Porém, foi outra invenção mais ousada de criança que repercutiu forte na vida e na história de Plínio. Entre os amigos, um dos mais chegados era Luciano Fonseca, "o Luciano Caveira, que cantava, e cantava muito bem, e depois me levou para o rádio quando foi participar de um programa de calouros". Crianças, os dois abriram um circo-teatro na Vila Sapo, embora Luciano morasse na Vila Fossa, ou seja, na outra rua. Escolheram um terreno baldio, capinaram e com caixotes armaram um palco onde os artistas do pedaço se apresentavam. Luciano cantava, Márcia e a mãe Hermínia declamavam e Plínio era o palhaço. Não ainda o palhaço Frajola, embora já carregasse o apelido, que acompanharia Plínio vida afora e assim era por ele explicado:

— Na época lançaram uma revista em quadrinhos chamada *Mindinho*, com o gato Frajola que queria pegar o passarinho Piu-Piu. Um dia eu estava tentando pegar um passarinho e caí do telhado. Meu pai me chamou de gato Frajola e o apelido pegou. Até que saiu o gato e ficou só Frajola.

No circo-teatro o público pagava ingresso, coisa pouca, mas tinha que levar de casa a cadeira ou sentar no chão. O elenco dos espetáculos crescia com o interesse dos vizinhos em mostrar o seu talento e até apareceu um andarilho que cobria com pano uma cama de cacos de vidro e deitava-se nela para arrepio da plateia. Um sucesso!

Se em casa vivia sob algum controle, nas ruas Plínio já ganhava fama de valente e brigão. Na memória de Márcia ficou um episódio da infância. Uma tarde o pai foi chamado à rua para segurar o filho que, furioso, surrava um carroceiro. Ninguém entendeu a razão de tanta violência, até que, sob controle e gaguejando, ele explicou. O cavalo que puxava a carroça caiu e o carroceiro pôs-se a bater no animal com um pedaço de pau. O sangue do moleque ferveu e ele partiu pra cima do homem. "Foi um custo segurar o Plínio", lembra Márcia.

Muito ligados, os irmãos frequentavam a piscina do Clube Saldanha da Gama, do qual o pai era sócio. Márcia se revelou uma nadadora campeã. Plínio nadava um pouco e logo ia jogar bola no campo do Jabaquara, ali perto. Ainda assim conquistou medalhas que guardou para sempre, ao contrário dos troféus que recebeu no teatro e distribuiu aos amigos. Como o seu rendimento escolar era baixo, o pai fez o que pode para ele terminar pelo menos o curso primário, iniciado no Grupo Escolar Dona Lourdes Ortiz. Dos filhos, Sérgio era o mais estudioso, seguido pelo aplicado Cláudio. Em uma última e inútil tentativa de fazer Plínio se dar bem nos estudos, seu Armando o matriculou, com Neto e Márcia, no Instituto Educacional — "tem nome de prisão, mas era uma escola particular", observa Neto —, que ficava na avenida Conselheiro Nébias, do lado da linha dos trens da Estrada de Ferro Sorocabana.

"Ele assistia a uma ou duas aulas e fugia da escola levando a gente junto. O Neto ainda hoje me diz: 'Márcia, eu tive que estudar agora, depois de velho, porque o Plínio não me deixou estudar naquela época'. O Plínio era muito inteligente e rebelde, não conseguia ficar três, quatro horas numa sala fechada escutando a professora falar e não gostava de ordens do tipo 'você tem que fazer isso, você tem que fazer aquilo'. E nas suas escapadas levava junto eu e o Neto."

Numa dessas fugas, Plínio e Neto pularam o muro e saíram correndo. "Dona Ercília, a diretora, não sei como, conseguiu subir no muro. Lá de cima ela gritava 'volta, Netinho, volta!'. Não gritou volta, Plínio, volta, porque sabia que não adiantaria nada. Eu voltei e o Plínio ficou puto: 'Você não tinha nada que voltar, agora vai sobrar só pra mim!'. E sobrou mesmo", diverte-se Neto.

PEQUENO, MAGRO, FEIO E VIOLENTÍSSIMO Fora o mais velho, Sérgio — que, segundo Plínio, "sempre quis se afirmar socialmente, não se envolvia nas brigas de rua e se formou em direito" —, os outros irmãos viviam sob a proteção de Plínio, embora a mãe evitasse que saíssem juntos. "Eu era muito violento e ninguém se metia com eles, porque eram meus irmãos", contou Plínio. Entre o fim da infância e o início da adolescência, ele já andava à vontade por tudo quanto era canto, coisa de que se gabava.

— Eu era uma das poucas pessoas que tinham trânsito em Santos inteiro, porque jogava bola muito bem e em times de outros bairros, era contador de casos e metido a valente.

Como dizia, sua vida de menino era "pau e bola". Futebol e confusão. Del Bosco Amaral, um de seus contemporâneos na escola particular, aquela de onde Plínio fugia arrastando os irmãos, só foi reencontrá-lo muito tempo depois. Foi em maio de 1979, num simpósio sobre censura na Câmara dos Deputados em Brasília, do qual o colega de classe então famoso participou. Deputado federal atuante na oposição ao governo militar, Del Bosco Amaral se confessou uma das vítimas das surras de Plínio no quarto ano primário.

— A bem da verdade, devo dizer que nenhum dos dois foi bom aluno — informou Plínio antes de ouvir a sua curta biografia traçada por Del Bosco.

Esta:

"O Plínio era maiorzinho e eu menorzinho. Ele me batia muito. Mas batia mesmo. Meu pai, um luso-brasileiro, era o dono da escola. Plínio tinha bronca por isso e me batia. Saí dali com vitamina e bife e vim ser deputado, e ele foi para o cais conviver principalmente com a maior *pesada*, a chamada *pesada de Santos*".

Em autorretrato, Plínio se descreve como "pequeno, magro, feio pra caralho, mas violentíssimo". Armava-se de um pedaço de pau e, "bobeou, dava com essa porra no meio da cabeça" de quem o encarasse. Metia-se em brigas sem nem precisar de motivo. Atribuía o gênio briguento à insegurança que resultava da "violentação" sofrida na escola:

— Quando eu ficava nervoso, gaguejava e virava bicho.

Se batia, Plínio também apanhava. Pertencia a uma turminha que "saía para roubar passarinho, roupa nos edifícios e coisas na praia". Era tudo ladrão mesmo, dizia. Nem precisava fazer arrastão, como se tornou prática nas praias brasileiras décadas depois. Era moleza:

— Tinha os paulistas, aqueles branquelos que iam a Santos passar o domingo e trocavam de roupa nas cabines na beira da praia. Aí eles alugavam aqueles maiôs de lã e quando caíam na água aquilo virava um coador. Eles ficavam assando no sol, vermelhos pra caralho, e com os maiôs cheios de areia mal podiam andar, até porque usavam aqueles baitas sapatões de amarrar. Aí era só chegar, dizer oi, tudo bem, pegar o que queríamos e sair correndo, que eles não conseguiam correr atrás. A cada piquenique que eles faziam, depois de muita banana com cachaça, caíam na água e sempre morria algum afogado. Era muito gozado.

Plínio não via nisso atos de violência. Era coisa de moleque, "para tirar sarro, gozar as pessoas". Até porque, se alguém reagisse, eles davam no pé. A turminha se reunia no centro, perto do Aquário, de onde saía para zoar. Valia tudo, até roubar o pato de um laguinho que havia ali. A graça estava em tirar sarro do guarda, "grandão, cara de bobo e manco". Sem dar a mínima para a presença do guarda, Plínio entrou no laguinho com a maior calma, pôs o pato debaixo do braço e se mandou.

— O guarda ficou lá, gritando: "Me dá o pato, me dá o pato. Vou te pegar, vou te pegar!". E saiu mancando atrás de mim. E eu me divertindo paca: "Ô, manco, vai tomar no cu!". Tudo pra tirar sarro, pelo divertimento, pela sacanagem.

Nessa turminha se destacavam o Tamborim — "negro, um puta de um guarda-roupa" — e um tal de Clarimundo, que "parecia um vampiro, com só dois dentes na frente". Tarde sem graça, chovendo, sem paulista na praia pra sacanear, só restava ficar vendo bonde passar. De repente, vem um daqueles bondes abertos, com as cortinas fechadas, e um sujeito no estribo, de chapéu, paletó, gravata, guarda-chuva e a capa dobrada no braço. Clarimundo não se conteve e deu voz de comando ao Plínio:

— Vai lá, moleque, e dá com o meu guarda-chuva no cu daquele idiota, que é pra ele saber que tem que entrar dentro do bonde.

O moleque não se fez de rogado, conta Plínio:

— Quando o bonde passou, dei uma guarda-chuvada na bunda do cara e caímos todos na gargalhada. Aí o cara desceu do bonde e veio vindo. O Clarimundo já foi dizendo: "O chapéu é meu, gostei dele". O outro: "Eu fico com a capa". E eu: "Então eu fico com o guarda-chuva". "Não, o guarda-chuva também é meu", falou o Clarimundo. "Você fica com outra coisa, com o relógio, se quiser." E estávamos lá fazendo a partilha prévia das coisas do cara quando ele, chegando perto e me topando na frente, me deu uma bordoada na orelha que me jogou no chão. Eu já fiquei ali, fingindo de morto. Aí o cara foi pra cima dos outros e cobriu todo mundo de porrada. Clarimundo e Tamborim apanharam pra caralho. Aí o cara pegou a capa, o guarda-chuva e foi embora. Os dois se levantaram putos da vida, sangrando, uma das presas do Clarimundo tinha caído, e eles bronqueando comigo: "Moleque filho da puta, o que é que tem que se meter com quem não conhece?". Dois dias depois saiu a fotografia do cara na *Tribuna* de Santos, dizendo assim: "Transferida a luta do peso-pesado uruguaio fulano de tal, que se contundiu na mão". Se contundiu de tanto dar porrada na gente com aquela puta mãozona.

O MISTERIOSO INCÊNDIO NA ESCOLA A vida se limitava assim à molecagem de rua, primeiro na Vila Sapo e depois pela cidade inteira, ao futebol e à praia. Da escola Plínio queria distância, apesar dos esforços do pai e da mãe que, literalmente, o arrastava até a sala de aula. Em vão. Já nos anos 1980, Vera Artaxo leu um texto da educadora Fátima Freire sobre lateralidade, observando que forçar um canhoto a ser destro provocaria sequelas, como a gagueira, pelo resto da vida: "Quando mostrei o texto para o Plínio, ele teve uma iluminação. Finalmente entendeu o que tinha acontecido com ele. Obrigado a escrever com a mão direita, repetiu várias vezes e desistiu da escola, ficou mais solto, andou mais pelas praias, teve um tempo livre que soube aproveitar com sua criatividade". Mas nos distantes 1940, quando ele foi alfabetizado, ninguém tinha a menor ideia desses estudos neurológicos e educacionais. Ser canhoto era um defeito que a escola tinha por obrigação corrigir. Se pegasse o lápis com a mão esquerda, o aluno levava uma reguada.

Para Plínio, entretanto, os problemas não se resumiam a ser canhoto.

— Com todo o respeito que eu tenho por você, Oswaldinho — ele me disse em encontro público no Festival de Teatro de Curitiba, em 1998 —, o meu problema não começou por eu ser canhoto. Começou com a escola. Fizeram muito mal de me mandar pra escola, que é uma coisa que mata as pessoas, que castra as pessoas. Ela foi feita para preparar as pessoas para servir a uma sociedade imbecil. Com isso eu já não concordava. Mas tinha uma coisa na escola, chamada ditado, que era terrível, porque eu não conseguia pegar nada com a mão direita. Eu queria pegar o lápis com a mão esquerda e já levava uma reguada. Ia escrever e escrevia devagar. Então, quando a professora dizia "ditado", eu começava no *di* e o ditado já estava no fim. Eu não conseguia acompanhar. O que me salvou de parecer imbecil completo é que jogava muito bem futebol e tinha um chute muito forte de esquerda. Me puseram fora de todas as escolas, porque a cada reguada que levava eu ficava mais inquieto, mais rebelde, mais agressivo. Então me puseram numa escola de recuperação financiada pelos práticos da barra em Santos, chamada Praticagem. Minha mãe, pesarosa, me matriculou e me preparou um enxoval: um gorrinho, uma camiseta, uma calça mescla e um botinão. Foi só ela me matricular para os práticos surgirem na minha casa e me obrigarem, obrigar no bom sentido, a assinar uma inscrição no time juvenil do Praticagem, onde estava metade do time do Santos Futebol Clube daquela época. Isso encheu de orgulho o meu pai. Mas dei sorte. Minha mãe estava arrumando a malona para eu ir ao meu primeiro dia de aula quando minha irmã Márcia chegou com o namorado: "Tá havendo um tremendo incêndio na Ponta da Praia". A gente foi olhar. Era a escola pegando fogo. Até hoje ainda há dúvida sobre quem colocou fogo na escola. Meu pai morreu achando que fui eu. Lamento não ter sido.

Os dois primeiros anos foram os mais penosos e desenvolveram em Plínio o pânico de ir pra escola. Criança, "meio boboca, apanhava das professoras e chorava", contou. A mãe o levava à força — "à força mesmo, me arrastando pela rua". Estacionado no segundo ano do primário e convivendo com os meninos maiores, passou de repente a ser "o terror das escolas", como ele mesmo reconhecia:

— Fiquei violento, virei o famoso Frajola, que todo mundo conhecia e respeitava. Se a professora ameaçasse me bater, eu cuspia, dava pontapé, ameaçava pegar na saída da aula, esculhambava e xingava na rua, essas coisas. Não foi à toa que eu mudei de uma escola para outra, nem me lembro quantas.

A ninguém, menos ainda aos seus pais, ocorreu que os problemas na escola vinham, basicamente, do fato de ele ser canhoto. Os professores reclamavam, é lógico — "mas o meu pai nunca me bateu; na verdade, que eu me lembre, acho que apanhei dele só uma vez". Seu Armando era mesmo um homem paciente e compreensivo, o que muitos atribuíam à sua fé espírita. Fez o que pôde para que o filho estudasse e, quando viu que seria inútil, tentou arrumar-lhe uma ocupação: vender livros espíritas numa banca na praça Mauá. Durou pouco, o suficiente talvez para despertar nele o talento de camelô, capaz de vender qualquer coisa, levantar uma grana e levá-lo além dos limites da Vila Sapo.

PRIMEIRO SUCESSO DO CAMELÔ DE LIVROS Bem depois, outra tentativa de seu Armando de dar um ofício a Plínio foi colocá-lo para aprender encadernação. "Era um negócio chamado Escolástica Rosa, mas eu tinha a maior dificuldade para lidar com cola, tesoura, essas coisas."

Seu professor era "o famoso e velho Rios, um grande encadernador", que percebeu logo a inutilidade de lhe ensinar o ofício e resolveu apostar no seu talento de camelô. Disse a Plínio:

— Tu faz o seguinte. Lá em São Paulo tem um tal de Giacomo, dono de quase todas as bancas de jornal do centro e que tem um depósito com um monte de livro velho. O que não vende, ele joga lá. Tu vai lá e cata os livros que forem coleção, me traz, eu encaderno e tu tenta vender.

A história segue, contada por Plínio:

"Fui e só achei uma coleção, uns quinze ou vinte livros de um troço chamado *Código marítimo internacional*, escrito em ortografia de Portugal. Comprei bem barato, quase de graça, e levei pro velho Rios. Tomei a maior bronca.

— Vai tomar no cu, moleque! O que nós vamos fazer com essa merda? Quem é que vai querer comprar esse tal de código marítimo?

— Mas tu mandou buscar coleção e essa era a única que tinha, porra!

Quebramos o maior pau. E eu, puto:

— Encaderna essa merda aí que eu vendo.

Ele começou a encadernar, sem a menor pressa. Eu já nem ia mais lá. De vez em quando passava e perguntava. Ele demorou, mas encadernou uns quatro volumes. Ficou lindo pra cacete. Era uma belíssima capa, e até brinquei:

— Acho que vou arrancar a porra do livro e vender a capa.

— Vê então se tu vende essa merda aí. Pede uns quatro paus, um por volume, à prestação.

Fiquei então com um puta problema. Onde é que vou vender isso? Aí me lembrei que tinha lá em Santos uma agência marítima e fui procurar o cara. Mostrei os livros e ele, espantado:

— Onde é que você conseguiu isso? É uma coleção raríssima, todo mundo anda atrás dela. Compro tudo o que você tiver.

E quis saber o preço.

— Pra você posso fazer por dez paus, à vista.

Ele topou logo. Voltei e fiz a maior gozação com o velho Rios, que ficou entusiasmado:

— Vamos a São Paulo pegar mais.

Só que não tinha mais no depósito do tal de Giacomo. Acabamos trazendo outra coleção, ilustrada, de bichos, o Rios encadernou e até que vendi bem. Depois, descobri em Santos a distribuidora de uma coleção muito bonita, ilustrada, que vendi pra burro no cais. Vendi tanto que uma hora a distribuidora não conseguia entregar mais. Foi então que descobri que vendia bem e me tornei camelô, para ganhar uma grana nas horas vagas."

Plínio vendia livros pra burro, sim, mas a compradores de araque, como o irmão Neto, que um dia se assustou:

— Porra, Plínio, eu não comprei livro nenhum e agora me vem essa merda de fatura para pagar?

— Não esquenta, não. Depois eu cancelo, é só pra eu ganhar a comissão.

Entre outros produtos que vendia nessa época — e venderia depois, nos primeiros e difíceis anos em São Paulo — estavam canetas com a figura de uma mulher pelada dentro, que aparecia quando se virava a caneta. Foi com o tal Giacomo que Plínio aprendeu o macete da venda:

— Não ofereça, que os caras não compram. Deixe a caneta cair perto do pé do cara.

Ele fazia isso. "Esta caneta é do senhor?", dizia. "Não, imagine se eu vou ter uma caneta dessas!" "É que eu achei aqui e pensei que fosse do senhor."

Mostrava a mulher ficando pelada. Aí o cara, já interessado, perguntava se ele queria vender e quanto custava. "Sei lá, dá aí o que quiser." "Cem paus tá bom?"

— E assim, eu, que paguei um pau por caneta, vendia umas dez por dia e sempre tinha dinheiro no bolso. Nessa época já fazia teatro amador e ninguém tinha tanto dinheiro como eu, com esse trabalho de camelô.

Mas essas são histórias de um tempo em que a infância de Plínio Marcos já estava distante.

QUEM PRECISA DE DOIS PARES DE SAPATO? No fim dos anos 1940, seu Armando teve um problema cardíaco e achou que a morte estava próxima, no que se enganou. Escreveu então uma espécie de carta-testamento e entregou cópias datilografadas a cada um dos filhos. Era uma súmula de como encarava a vida e do que deixava de herança: "Aos meus filhos. Nada tenho a dizer-lhes diferente do que tenho sido aos demais homens. Só lhes peço que me superem na gratidão. A melhor coisa que encontrei no mundo foi o amor. Que cada qual, nas suas tarefas, sirva a Deus. Vivam com a inocência da criança e a humildade de coração e terão a alegria do prêmio da obediência. Se me entenderem, não me pranteiem após minha partida, isso faria com que me compadecesse da ignorância de vocês. Sigam pelo meu caminho. Irei sempre com vocês. Sempre me sentirão ao seu lado".

Seu Armando morreu no dia 13 de maio de 1966 sem conhecer o neto Ricardo, segundo filho de Plínio e Walderez, e antes da estreia de *Dois perdidos numa noite suja*. Era um homem bom, diz Walderez, concordando com a cunhada Márcia. E Márcia comenta: "Como Plínio, que tinha acabado de fazer 64 anos, o meu pai morreu muito cedo, com 63 anos. Ele era demais. Um dia roubaram a sua carteira com todo o salário. 'E agora, o que vamos fazer para passar o mês?' — minha mãe e até os filhos ficamos todos desesperados. Meu pai, não. 'Calma', ele disse, 'a gente pode viver um mês sem dinheiro. Quem levou a minha carteira deve estar precisando muito mais que a gente.' Se comprava um sapato novo, dava o velho pra alguém. 'Pra que eu preciso de dois pares de sapato?', dizia. Meu pai era bom no futebol e na natação. Uma semana antes de morrer ele me chamou pra nadar no mar. 'Vamos puxar um braço?', desafiou. E ganhou de mim".

Dona Hermínia nunca saiu de Santos. Viveu para ver o sucesso e as agruras do filho no teatro. Viúva, por vinte anos teve a companhia do filho Flávio, cujos problemas mentais não o impediram de ilustrar a capa de um dos livros de Plínio, *Inútil canto, inútil pranto pelos anjos caídos*. Quando Flávio morreu em 1986, dona Hermínia manteve seu quarto intocado, sem mexer em nenhuma peça. Nos seus últimos meses, ela se queixava das visitas que recebia do filho morto, em cuja cama se deitou para morrer, em 1989.

"O Flávio vem me buscar", ela vivia dizendo para Márcia, que conta: "Na véspera da sua morte, eu estava cheia de tarefas, minha filha ia casar. Minha mãe resolveu ir a Santos. Insisti que ficasse pra me ajudar. Não, eu só vou pegar o vestido que mandei fazer para o casamento, vou num dia e volto no outro. Ela foi. No começo da noite telefonei. 'E aí?' 'Ainda não fui à costureira, vou amanhã cedo e volto pra São Paulo', ela respondeu. Como não chegava, voltei a ligar. O telefone tocou, ela não atendeu, fiquei preocupada. À tarde pedi ao meu irmão Cláudio para passar no apartamento. 'Mamãe é assim mesmo, deve ter saído e encontrado as amigas, por isso atrasou.' Tanto insisti que ele foi. O zelador falou: 'Seu Cláudio, eu ia ligar pro senhor. Sua mãe chegou da feira com o carrinho cheio, disse que ia descansar um pouco pra bater perna de novo. Subiu com o carrinho e não vi ela descer. Já toquei a campainha, ninguém atende'. O Cláudio tinha a chave, eles subiram. O carrinho de feira, ainda cheio das compras, estava na porta da cozinha. Cláudio entrou no quarto. Ela estava deitadinha na cama do Flávio. Morta".

UM GESTO DE AMOR AO IRMÃO DISTANTE Nos últimos anos de dona Hermínia, toda segunda-feira, Márcia aproveitava o seu dia de folga no salão de cabeleireira e ia com Plínio visitá-la. Chegavam de ônibus, almoçavam com ela e voltavam para São Paulo no fim da tarde. Numa dessas visitas, foram recebidos pela tristeza da mãe:

— Acho que vou morrer... Já tenho mais de oitenta anos...

Subitamente, Plínio ergueu os braços, balançou o corpo, assumiu uma postura estranha, mudou o olhar e a voz:

— Ei... ei... A senhora ainda vai muito longe, a senhora tem mais dez anos de vida.

E assim, tomado sabe-se lá por que entidade, falou um monte de coisa para dona Hermínia que, atenta e meio assustada, só escutou, sem abrir a boca. Márcia assistiu à cena, incrédula, não entendeu nada. No ônibus, de volta a São Paulo, ela cobrou:

— Plínio, com que autoridade você falou tudo aquilo pra mamãe?

— Porra, eu não sei, mas estou chutando ela mais pra frente.

"Minha mãe ficou tão animadinha, que achava que não ia morrer, porque o Plínio tinha falado e contava pra todo mundo. No ano seguinte, ela morreu."

A partir de 1984, Plínio já separado de Walderez, as suas visitas com Márcia a dona Hermínia eram divididas com uma parada obrigatória na casa do irmão mais velho, Sérgio, que estava muito doente e cego. Dos irmãos, Sérgio, bem-sucedido frequentador das rodas sociais na elite da cidade, sempre foi o mais distante. "Ele era muito rico, orgulhoso e afastado da família", diz Márcia.

Quando a doença dele se agravou, Plínio, antes de ir ao apartamento da mãe, o visitava e ficavam horas conversando. "Era um gesto de muito amor, porque o Sérgio nunca ligou pra ele e tinha horror do seu jeito. Eu e o Plínio não éramos ninguém pra ele." Indiferente a isso, Plínio dava um jeito de animar o irmão. Quando saía, era a vez de Márcia. "A gente se revezava nas visitas ao Sérgio. Um dia ele me perguntou como era a vida depois da morte. Expliquei do meu modo, descrevendo o lugar para onde a gente vai quando morre. Ele ouviu e depois fez um ar de quem não estava entendendo nada. 'Márcia', ele disse, 'eu estou meio encucado, meio confuso. O Plínio me manda pra um lugar, você me manda pra outro. Eu fico sem saber pra onde vou quando morrer'." Sérgio morreu em 1984, dois anos antes de Flávio. Cláudio ficou em Santos até a morte, em 1998, deprimido com a prisão do filho por problemas de drogas. Quando Plínio morreu, o sobrinho já se consumia numa cela de prisão, sem o tio para visitá-lo e fazer acreditar que, mesmo tudo parecendo perdido, há sempre uma possibilidade de vida. Ainda que uma réstia de vida. Foi assim que Plínio viveu. Acreditando.

Cena II

Na porta de casa e como palhaço Frajola, ao lado do menino Lico, com quem às vezes contracenava *(Arquivo da Família)*

"Futebol é maravilhoso porque imprevisível: de repente, um time de merda entra em campo e ganha o jogo."

"Eu comecei tentando o rádio, mas era muito difícil, então fui para o circo."

"Mulher eu sempre tive, mas jamais paguei um michê na minha vida. Sempre achei isso uma coisa vergonhosa."

Por modéstia, autocrítica severa demais ou coisa que o valha, Plínio nunca se deu importância como escritor e dramaturgo. "Incrível! Conhece vinte palavrões e consegue escrever uma peça!", ele se divertia lembrando o que Cacilda Becker teria dito depois de ler *Navalha na carne*. Cuidou de difundir a lenda de ser um analfabeto, citando à sua maneira uma crítica de Patrícia Galvão. Aos compradores de seus livros prometia morrer logo para valorizar o autógrafo. Sobre o fato de vender muitos livros, sacava uma explicação em que se diminuía como escritor: "O livro é uma merda, mas o camelô é bom". Até o episódio dramático em que por pouco não teve as pernas amputadas serviu de piada depois que passou: "Ia ajudar a vender mais livros". Mas quando um jovem dramaturgo que, de repente, começou a fazer algum sucesso lhe disse que estava aborrecido por ser chamado de "o novo Plínio Marcos", ele entrou de sola: "É só você parar de me copiar". Um ano antes de morrer, na primeira viagem internacional para participar do Salão do Livro em Paris, em 1998, foi que Plínio se reconheceu um escritor, segundo Vera Artaxo. Cercado por nomes ilustres como Zuenir Ventura, Dias Gomes, Chico Buarque e Antonio Torres, sentiu-se à vontade.

A modéstia e a autocrítica desapareciam em se tratando de futebol. O mínimo de autoelogio que aceitava era ser chamado de bom de bola. Craque é o que ele se achava como ponta-esquerda. Ser canhoto, afinal, não haveria de lhe render apenas broncas e reguadas das professoras.

Numa época em que a cidade era, no jargão esportivo, um celeiro de craques — pouco antes de Pelé surgir e não ter pra mais ninguém —, Plínio se orgulhava de ser um lançador de bolas para os gols de Pagão, este, sim, uma unanimidade. Muitos garantem que Pagão só não foi melhor que Pelé, mas há controvérsia. Boleiros como Plínio e Chico Buarque apostam que eles estavam pelo menos no mesmo nível. Neto não se lembra de Plínio jogando no mesmo time de Pagão. "Quem jogou com o Pagão foi o nosso irmão mais velho, o Sérgio. Mas se o Plínio disse que jogou, vale a palavra dele."

Bom de bola e de picadeiro, como palhaço e contador de histórias, estes os talentos indiscutíveis que, somados ao de camelô, Plínio nunca se negou. Talentos, aliás, que ele distribuía para toda a sua família. À mãe Hermínia, as qualidades de declamadora e cozinheira das boas bastavam. À irmã Márcia, também declamadora e artista plástica que o casamento inibiu, as setenta medalhas de nadadora atestavam as possibilidades de carreira olímpica pelas piscinas do mundo. Tirando, pois, as mulheres e o Flávio Roberto — que "tinha problemas de cabeça" —, a sua família foi toda de jogador de futebol, dizia Plínio sem nenhuma modéstia.

— Meu pai foi jogador de futebol, meus irmãos Sérgio, Neto e Cláudio, todos jogavam futebol. Meu pai era um cracão como centroavante. Cheguei a jogar com ele. Eu era ponta-esquerda, desses que vão até a linha de fundo e centram ou então entram driblando na área. Muitos dos meus tios jogavam, e um deles, Rodrigo, foi titular do time principal do Jabaquara. Naquele tempo tinha o campeonato santista, e o que não faltava era time de futebol. Pelé convidou meus irmãos Cláudio e Neto para treinar no Santos, mas eles não quiseram. O Neto era um bom beque e o Cláudio um bom atacante.

DONO DO CAMPO E DO PRIMAVERA F. C. Como se conclui, todos na família batiam um bolão. Talvez não por tanto tempo como Plínio, que desfilou seu talento de ponta-esquerda até quando a saúde e as pernas deixaram, no começo dos anos 1980. A primeira coisa que ele fez quando a grana das suas peças começou a entrar e os filhos Léo e Kiko eram pequenos foi comprar um sítio na região de Ribeirão Pires, na Grande São Paulo. Mais que ter um sítio, ele então tinha seu próprio campo de futebol, onde desde o início dos anos 1970 reunia os amigos pra bater bola, comer e falar de política.

"O sítio tinha uma casa grande com oito quartos, onde a família sempre se reunia e que nós batizamos de Casinha Branca", descreve Neto. "Nas férias, minha mãe ia pra lá e cuidava das crianças. No sítio, Plínio formou um time de futebol com os garotos da família mais os meninos da vizinhança. Chamava Primavera Futebol Clube, jogou umas quarenta partidas e nunca perdeu. O único time invicto em toda a sua existência que eu conheci. Mas o Plínio era sempre o juiz. Ele apitava os jogos e roubava pra cacete. Quando o adversário estava engrossando, ele gritava: 'Chuta a bola pra área, moleque, chuta a bola pra área que eu dou pênalti!'."

— Futebol pra mim foi sempre uma diversão, sempre — disse Plínio.

Diversão, porém, que ele levava muito a sério. Dos filhos, Kiko, com jeito caladão, tranquilo e de olhos atentos, era uma promessa de goleiro que o tempo não confirmou — não por falta de incentivo do pai, que ia vê-lo jogar e dava a maior força quando surgiu a possibilidade de ele ser convocado para uma seleção universitária. No caso de Léo Lama, se algum talento de atleta herdara da família, perdeu-o jogando no Primavera Futebol Clube. De temperamento mais parecido com o do pai, não recebia ordens. "Uma vez o Plínio apitou o início do jogo, eu peguei a bola, saí driblando e marquei o gol. Ele ficou puto e veio pra cima de mim. 'Não é assim que se joga futebol, tem que passar a bola', ele gritava. Só não me bateu porque o Negrini e outras pessoas entraram no meio."

Pedro Paulo Negrini, advogado como Iberê Bandeira de Mello e Carlito Godoy, que se aposentaria como desembargador, eram alguns dos boleiros que se reuniam no sítio de Ribeirão Pires.

Iberê era cupincha de Plínio desde os tempos de criança no Macuco, na piscina do Clube de Regatas Saldanha da Gama ou filando comida um na casa do outro, coisas de moleques e vizinhos que se davam bem. Eles se afastaram por um período, quando Iberê foi cursar direito no Rio de Janeiro. Formação que foi de muita valia para Plínio, quando a repressão arrochou. Qualquer problema com a polícia, os militares e a Censura, era para Iberê que ele ligava. Para socorrê-lo ou para socorrer amigos e mesmo gente que nem conhecia.

— Está indo aí um pessoal da torcida Mancha Verde te procurar, defende eles.

Até torcida organizada do Palmeiras Plínio mandava ao escritório do Iberê. "Ele tinha essa coisa bonita da solidariedade", diz o advogado, testemunha de que Plínio tratava a todos como iguais, fossem torcedores de time adversário ou santistas fanáticos como o senador e governador Mário Covas, amigo a quem ele não tinha pejo de criticar quando achava que devia. E as peladas no sítio eram pretexto para encontros em que se falava de tudo, mas, principalmente, se falava mal da ditadura. "E o Plínio sempre foi boca-dura, sempre, desde moleque", confirma Iberê. "Ele desconhecia o medo."

O futebol e as amizades nele criadas lhe valeram nas dificuldades. Quando precisou, o atendimento no Hospital das Clínicas foi imediato, porque muitos daqueles médicos e enfermeiros tinham sido seus companheiros nas peladas de fim de semana, no campinho do Centro Acadêmico Oswaldo Cruz (Caoc), cuja piscina também frequentava. Graças ao trânsito que tinha nas Clínicas, Plínio socorreu amigos e até desconhecidos que encaminhava para atendimento no hospital. E não um atendimento qualquer. Afinal, quando o paciente chegava, vinha logo o aviso de que era "amigo do Plínio".

Conta o ator Hilton Have que, em excursão pelo interior do Rio Grande do Sul com o espetáculo *Vagas para rapazes de fino trato*, em 1997, um dos atores, Sérgio Wagner, sofreu um aneurisma cerebral e foi hospitalizado inconsciente:

— Fiquei desesperado, numa situação muito difícil. A família do Sérgio era de Sorocaba, eu não tinha como falar com ela e não sabia a quem recorrer. Então liguei para o Plínio Marcos e contei o que estava acontecendo. Ele acolheu o problema como se fosse seu e me colocou em contato com o diretor-geral do Hospital das Clínicas. Quando desembarcamos no aeroporto de Congonhas havia uma ambulância esperando o Sérgio, que foi internado imediatamente. Hoje ele se encontra completamente curado.

CRÔNICA SALVA UM JOGADOR DE FUTEBOL Se o futebol lhe deu o arrimo dos amigos, Plínio retribuiu na mesma e generosa moeda. No curto período como colaborador da revista *Veja*, em 22 de outubro de 1975, a sua crônica "O atleta longe da sarjeta" o levou mais uma vez a depor na Polícia Federal. Estevam Soares, que depois seria técnico de equipes como Palmeiras e Portuguesa de Desportos, era na época um zagueiro vigoroso e promissor, convocado para a seleção brasileira de novos. De olho na possibilidade de o Brasil disputar os Jogos Olímpicos de 1976 em Montreal, os dirigentes não deixavam o rapaz se profissionalizar. Na época era assim, só podia disputar a Olimpíada atleta amador. Para driblar a exigência, os clubes, com a cumplicidade da então Confederação Brasileira de Desportos (CBD), mantinham atletas como Estevam na categoria de amador, com um contrato de gaveta. Era o chamado "amadorismo marrom".

Com um salário irrisório, pago como ajuda de custo pelo Guarani de Campinas, a exemplo de todos na mesma situação, Estevam, que não queria outra coisa senão jogar bola, fazia alguns bicos, participando de jogos de futebol em fazendas, patrocinados por grã-finos. Foi numa dessas fazendas, num domingo à tarde em Pouso Alegre, sul de Minas, que Marco Antônio, ponta-esquerda do Corinthians que tinha se recuperado de uma contusão, quebrou a perna de Estevam em lance normal de disputa de bola. Os médicos, ao atendê-lo, sem maiores cuidados engessaram a perna do rapaz e decretaram: está inutilizado para o futebol. No domingo à noite saiu a convocação dos jogadores que disputariam o

Torneio Pré-Olímpico. O nome de Estevam, como previsto, estava na lista. No dia seguinte foi cortado da seleção e continuou a sua sina. A contusão na perna não foi tratada como devia ter sido e as dores continuavam. Quando foi retirado o gesso, a perna estava necrosada.

Plínio conhecera Estevam Soares um ano antes, quando criaram com o jornalista Brasil de Oliveira, correspondente de *O Estado de S. Paulo* em Campinas, o Sentimento Futebol Clube, um time de atletas em início ou fim de carreira, jornalistas, advogados e artistas, que se apresentava em jogos beneficentes no interior. A estreia do Sentimento tinha sido em 21 de dezembro de 1974, sábado, em Cafelândia, cidade natal de Estevam Soares, cujo pai promoveu a partida em benefício do Asilo de São Vicente de Paulo. Marcado para o sábado à tarde, o jogo foi o acontecimento da cidade. Tudo por causa do Plínio, segundo Estevam, que conta:

— Na noite anterior, a Walderez tinha ido com o Léo ao programa *Clube dos Artistas*, apresentado por Airton e Lolita Rodrigues na TV Tupi. Perguntado sobre onde estava seu pai, Léo disse que ele tinha viajado pra jogar futebol em Cafelândia. Quando o pessoal da cidade ouviu, fez o maior auê, porque o Vitório da novela *Beto Rockfeller* ia chegar. No dia seguinte o campo estava lotado pra ver o Plínio, que fez o gol da vitória do Sentimento.

Desse gol Plínio nunca esqueceu e o narrava do seu jeito:

— Estava chovendo, a bola de couro vinha vindo, pesada pra caraco, na minha direção. Na hora pensei: se essa bola bater na minha cabeça vai me afundar o pescoço, eu não vou colocar a cabeça nela, não. Mas pensei também: se eu não colocar, vão me xingar pra caraco. Então fiquei vendo, a bola passou, não pus a cabeça nela, o pessoal já ia me xingando, bati de joelho e ela entrou... Goooo!!!... Foi um estrago nos inimigos.

Mas o que conta e pesa na balança é que no ano seguinte, revoltado com a situação do Estevam, Plínio escreveu a crônica em *Veja* expondo a situação do rapaz na mesma semana em que Ernesto Geisel enviava ao Congresso projeto de lei criando um Sistema de Apoio ao Atleta Profissional. "Então, como fica o Estevão?", indagava a crônica sobre o direito ao trabalho do jogador. O que pareceu uma crítica ao general presidente. A revista foi para as bancas e Plínio Marcos foi para a Polícia Federal se explicar. "O delegado era o dr. Gilberto Alves. E olha como esse país é fantástico" — Plínio lembrava a história sem disfarçar a emoção.

O delegado lhe deu uma prensa.

— Olha, filho, o negócio é o seguinte. Desse jeito, quem vai acabar ficando sem trabalhar é você.

— E o que o senhor quer que eu faça?

Plínio contou então a história do Estevam.

— Mas isso é verdade?

— Claro que é verdade!

— Então traz o rapaz aqui.

Plínio procurou o Estevam, que não quis ir. Só que, se não fosse, deixaria o amigo mal com o delegado. De muleta e num Fusca, "tarde da noite e meio às escondidas", conta Estevam, eles bateram na casa do dr. Gilberto, que olhou o estado do rapaz e se comoveu.

— Poxa, não é que é verdade? Então vamos cuidar de você.

Atendido pelo médico do Palmeiras, dr. João di Vincenzo, que fez a primeira avaliação e tratamento, Estevam foi mandado para a Escola Superior de Educação Física do Exército, na Urca, no Rio de Janeiro, onde conheceu o capitão Cláudio Coutinho e Carlos Alberto Parreira, que seriam técnicos da seleção brasileira. Lá ele se recuperou para o futebol, "jogando e dando porrada", como falava Plínio, orgulhoso do amigo. Não se recuperou a tempo de ir para a seleção, é verdade, mas Estevam Soares era zagueiro titular do São Paulo na conquista do primeiro campeonato nacional para o tricolor do Morumbi, em 1977. Na final contra o Atlético

Mineiro em Belo Horizonte, disputada no início do ano seguinte — como Muricy Ramalho, que não jogou por estar machucado —, Estevam ficou fora por suspensão. Mas entrou para a história do São Paulo.

Tempos depois, Plínio vendia livros na porta de um teatro quando o delegado da Polícia Federal, o dr. Gilberto, passou e reclamou:

— Você me traiu. Prometeu que, se a gente recuperasse o Estevam, ele ia jogar no América.

— Ora, doutor, esse time não existe mais nem no Rio de Janeiro. Só o senhor ainda torce pelo América.

Se o América não existia mais, o que dizer do Jabaquara?

Em matéria de torcer pra time em fim de linha, Plínio Marcos não tinha por que debochar do delegado. Mas torcedor de times como América e Jabaquara não se move por resultados e conquistas fugazes. Move-se por inexplicável paixão. Quando Plínio morreu, era do velho Jabuca a bandeira que cobriu o caixão. No entanto, a camisa do time, com a qual sonhava ainda criança, essa ele nunca vestiu pra valer.

JABAQUARA, O VELHO LEÃO DO MACUCO Nascido no bairro do Macuco como ele, o Jabaquara da infância de Plínio Marcos era uma das glórias do futebol santista. Desde 1940, até o início do período do Santos de Pelé e companhia, por volta de 1956, o Jabuca reinava entre os times da cidade, formando e revelando craques. Um dos responsáveis por esse trabalho era o treinador das equipes infantil e juvenil, Arnaldo de Oliveira, conhecido como Papa, que revelou o goleiro Gilmar dos Santos Neves, do Corinthians, do Santos e da seleção brasileira campeã do mundo nas copas de 1958 e 1962. "Gilmar era o terceiro goleiro do Jabaquara", lembra Neto, irmão de Plínio. "O primeiro era o Mauro, um crioulo enorme, o segundo era o Dilmar. Quando o Jabuca vendeu o Ciciá, que era o craque do time, para o Corinthians, o Gilmar foi de contrapeso. O Ciciá [sobrinho de Nego Orlando, torcedor símbolo do Jabuca e personagem de muitas histórias e crônicas de Plínio] ganhou tanto dinheiro, que bebeu tudo e desapareceu, não tem mais nem nome lá no Corinthians. E o Gilmar se firmou."

Além do sempre lembrado Gilmar, o Leão do Macuco, como era conhecido o Jabaquara Atlético Clube, revelou um punhado de outros craques que todo boleiro que se preza conhece, não importa que idade tenha, porque são obrigatórios na história do futebol paulista e brasileiro. Baltazar (Osvaldo da Silva), "Cabecinha de ouro" que fez fama e carreira como centroavante goleador do Corinthians, Feijó, Getúlio e os irmãos Álvaro e Ramiro, que estavam naquele time famoso protagonizado por Pelé.

— O Jabaquara foi sempre o meu time do coração porque eu praticamente fui criado lá dentro — dizia Plínio, que não foi o único nem o primeiro da família a vestir a gloriosa camisa.

Na verdade, quem jogava no juvenil aspirante do Jabuca era o Neto — Plínio defendia o Flor do Norte, "um time só de crioulo lá do Macuco", recorda o irmão. "O uniforme do time era todo preto. Então eu dizia para o Plínio, que era o único branco, que a gente só podia jogar contra eles durante o dia, porque de noite não dava pra ver nada. Ele ficava puto. Quando o Jabaquara foi jogar contra o Flor do Norte, o primeiro tempo terminou seis a zero pra nós. Passei perto do Plínio e falei: 'Você e esses seus neguinhos não estão com nada, seis vira, doze acaba'. Ah, por que eu falei isso? Ele veio pra cima de mim, querendo brigar. Os jogadores dos dois times tiveram que apartar a gente. 'O que é isso, vocês são irmãos!' Não tinha disso, não. Mexeu com ele, levava o troco. E olha que eu era dois anos mais novo."

Na versão de Plínio, ele não ficou no Jabuca na época de juvenil por culpa de um treinador, que não era ainda o Papa, revelador de craques.

— Ele batia de chuteira na gente. Eu ficava tão puto, cara! Você driblava um pouco mais e levava uma chuteirada.

Está explicada a bronca que o filho Leonardo levou jogando pelo Primavera Futebol Clube por se exceder nos dribles. Mas naqueles anos de 1940 os outros dois times da cidade eram o Santos e a Portuguesa, e esta acabou sendo a opção de Plínio depois de perambular por alguns times do interior. Ele contou:

— No Santos a gente não podia treinar, porque o treinador era um cara, o Salu, que comia moleque. Então a gente tinha um puta medo de ir lá treinar e o cara querer pegar a gente. Quando jogava pelo Jabaquara ou pela Portuguesa contra o Santos, eu tinha uma tarefa quando entrava em campo. O Santos tinha um center-half juvenil de um metro e noventa, um português forte pra caraco, chamado Serafim. Ele morreu de câncer e parou, senão seria um craque mesmo. Tanto o Lula, que era o treinador da Portuguesa antes de treinar aquele time do Santos do Pelé, quanto o Papa do Jabaquara chegavam pra mim e davam a seguinte instrução: "Frajola, você, que é folgado, logo que começar o jogo encosta no Serafim, passa a mão na bunda dele e fala assim: o Salu tá comendo essa bundona, hein?". O português ficava puto, uma onça, e era expulso. Ele fazia falta pro Santos. Eu também era expulso, mas não fazia falta pra Portuguesa, que era um timão onde jogavam o Pagão e eu, na ponta-esquerda.

A oportunidade de se tornar um ponta-esquerda profissional surgiu quando Plínio jogava na Portuguesa Santista. Ele e mais dois — "um loirinho chamado Alemão e um crioulo chamado Giba" — foram convidados para treinar no Estrela de Piquete, um time do Vale do Paraíba. Não eram tempos como os de agora, e o "contrato" previa, entre outras "vantagens", a garantia de um emprego para os atletas na cidade. Quando eles chegaram, foi-lhes oferecido um salário mínimo e, para engordar a conta, um emprego na fábrica de pólvora do Exército. Plínio reagiu na hora:

— Pelo amor de Deus, a última coisa que eu quero é ser operário, ainda mais numa fábrica de pólvora.

E voltou para Santos. Alemão e Giba ficaram lá. Dizem até que fizeram carreira no futebol, mas Plínio nunca mais os viu.

O ENCONTRO COM A BOEMIA PESADA Foi pouco antes dessa época que Plínio fugiu de casa pela primeira vez. Não tinha ainda completado quinze anos. Aventurou-se sozinho em São Paulo. Dona Hermínia se desesperou. "Meu filho está passando fome", repetia em suas aflições de mãe. A pequena Márcia se encantou com a fuga do irmão: "A partir daí ele passou a ser o meu ídolo". Seu Armando acionou os amigos bancários da capital e outras cidades na esperança de localizar o filho. Até que um dia, "meses depois, ele apareceu em casa maltrapilho, com um pedaço de pão duro no bolso", detalhe que ficou na memória de Márcia. Plínio voltou para casa e para "a turma da malandragem, da boemia pesada, gente dos cabarés". Turmas que ficariam para sempre na sua memória e a que se referiu assim:

— Era a turma do Morocco, do Batman Bar, onde eu tinha uma mulher, o Samba Danças, o Night and Day, o Broadway, o Eldorado. Então tinha campeonato de futebol de cabaré contra cabaré. Eu jogava pelo Batman Bar por causa da mulher. E todo mundo participava. Cantores, músicos, choferes de praça, policiais, bandidos, toda a malandragem. E tinha festa, piquenique na Praia Grande, que naquela época era longe pra caralho... Um ponto importante era o Samba Danças, onde a gente não entrava, porque era lugar de picote, onde as mulheres dançavam. A gente ficava esperando por elas no Chave de Ouro, um restaurante da esquina frequentado por todo tipo de gente. Era num lugar chamado Golfo, lá na virada do cais. Ali era o ponto de esperar mulher, quando a gente vinha de outro programa, de bailes, da sinuca — sinuca eu nunca joguei bem, porque não tinha habilidade nas mãos.

De dinheiro Plínio não precisava muito. O suficiente para cada dia. A sua relação com dinheiro não mudaria, mesmo quando viveu período de fartura com o sucesso de suas peças. Por não se preocupar com a "grana", ela vinha de uma maneira ou de outra. Foi assim, da adolescência ao fim da vida:

— Sempre dei sorte para ganhar dinheiro. Ganhei muito dinheiro sempre que quis. Ganhava e gastava, ganhava e gastava... Eu não preciso de muito para viver. Nunca tive a ambição de ter um automóvel, viajar, essas coisas. Nunca pensei em juntar dinheiro. As pessoas se preocupam com dinheiro para ter duas coisas: mulher e poder. Mulher eu sempre tive. Poder nunca me interessou. Com mulher, eu sempre despertei nelas certo sentimento maternal. Além disso, sou poeta. E o poeta tem essa coisa mais poderosa que tudo, o verbo. Jamais paguei um michê na minha vida. Sempre achei isso uma coisa vergonhosa. São duas coisas das quais a gente sempre se envergonhava: tomar dinheiro de mulher e pagar mulher. Tomar dinheiro é coisa de cafetão, um cara que degrada a mulher. Aliás, eu achava que cafetão era sempre viado. Se você é homem, se apaixona, então como é que vai tomar dinheiro da mulher? Eu sempre tive muito preconceito com cafetão.

DE BANCÁRIO POR UM DIA AO CIRCO Na falta de melhores perspectivas de trabalho e de profissão, e considerando que as oportunidades no futebol não o encorajavam, Plínio ia se arriscando nos serviços que o pai lhe arrumava. O circo ainda não entrara de vez na sua vida. Também não era a profissão com a qual a família sonhava para ele. Numa das suas tentativas, seu Armando conseguiu que o filho fosse admitido pelo Banco do Estado como contratado, na esperança de que em seguida ele prestasse um concurso para ser efetivado. "Ele trabalhou um dia", conta o irmão Neto, e voltou pra casa reclamando:

— Ah, não dá pra trabalhar em banco, não. Dá um centavo de diferença e a gente tem que passar a noite toda procurando.

Ocorreu então ao seu Armando uma solução luminosa, lembra Neto: "Papai arrumou para o Plínio ser técnico de fogões e prestar assistência na cidade. Papai trabalhava no banco do meio-dia às seis e de manhã era representante comercial da Semer, que depois virou Cosmopolita. Então ele venderia os fogões e aquecedores e o Plínio faria os reparos e instalações. Para isso, Plínio teve de fazer um curso na fábrica da Semer em São Paulo e ficou lá uns três meses, estagiando. Voltou, mas não foi longe nesse serviço. Um mês no máximo. Negócio de horário e compromisso não era com ele, não. Depois disso ele não queria saber de mais nada e foi quando se meteu num circo perto de casa na Ponta da Praia, como o palhaço Frajola, vivendo sem eira nem beira no meio daquele pessoal."

O circo entrou na vida de Plínio meio por acaso. O amigo Luciano Fonseca se inscreveu para cantar no circo e o chamou para acompanhá-lo. Ele foi e se engraçou por uma moça. Quis namorá-la, mas havia um porém. O pai da moça só a deixava namorar gente do circo. Por isso, não: Plínio entrou para o circo e contava a história com orgulhosa autocrítica:

— Eu era realmente uma das figuras mais atrevidas e pretensiosas do mundo. Achei que era mais engraçado que o palhaço e que eu devia ocupar o lugar dele.

Tomou emprestado o apelido Frajola para o seu palhaço e, entre o picadeiro, o namoro, os campos de futebol e as noites nos bares, foi levando a vida, se virando. Sem horário e sem patrão. Meio artista, meio camelô. Nessa fase, um amigo de "uma família de dinheiro" e que faria teatro amador com ele, José Carlos Marigny, o Guegué, "com dois metros de altura e gordo como não sei o quê", na lembrança de Neto, teve uma ideia brilhante. Propôs a Plínio sociedade na venda de figurinhas, dessas que se vendem em banca de jornal.

— Não tenho dinheiro pra isso, Guegué.

— Pode deixar que eu financio.

E financiou, comprando as figurinhas para ele e Plínio venderem. Um dia o Guegué chegou com a notícia:

— Plínio, nós falimos, nosso prejuízo é tanto!

— Nosso, não. Não entrei com dinheiro nenhum. Quem faliu foi você.

SURGE O PALHAÇO FRAJOLA, POR ACASO Como o amigo do bairro com vocação de artista era o Luciano Fonseca, Plínio o acompanhava em todas as suas buscas de trabalho. Por isso, quando ele dizia em entrevistas, ao ficar famoso, que tentou o rádio — "mas era muito difícil, então eu fui para o circo" —, possivelmente estava reproduzindo as pegadas do amigo cantor. O circo em que estreou ficou instalado uma longa temporada no Macuco. Ao contrário dos circos da época, o Pavilhão Teatro Liberdade não tinha animais adestrados, leões, cães, micos nem elefantes, apesar de em suas narrativas Plínio dizer, para dar colorido à história, que limpava bosta de elefante. Já não era um tempo em que o palhaço fazia o nome de um circo, mas ainda era importante, segundo Plínio:

— Se o palhaço fracassasse numa praça, o circo podia ir embora, que não tinha mais jeito. Podia ter bicho, podia ter o que fosse, que não adiantava, o palhaço era a chave. Mas nessa época as coisas já tinham mudado. A maior atração não era o palhaço, mas os grandes nomes que o circo contratava para shows, como Vicente Celestino, Tonico e Tinoco, Mazzaropi, Zé Fidélis e muitos outros.

Em Santos e por toda a região havia circos e pavilhões espalhados, que serviam de palco para esses grandes artistas que o rádio transformava em ídolos populares. No circo Plínio trabalhou em duas fases, antes e depois do serviço militar obrigatório. Como palhaço Frajola, ele era dono das matinês.

— Era um circo muito bom. Tinha a família Viana, o Olinto Dias, que era um puta diretor de teatro que depois fez também televisão, o Picolé e a Nana, o Pirulito, um monte de gente de muito respeito. E tinha também grandes shows com artistas como o Luís Gonzaga e a Caravana do Peru que Fala, do Sílvio Santos. Tinha espetáculo a semana inteira, variedades, e sempre uma peça de teatro que a turma do circo fazia, como *Os transviados*, *Saudosa maloca*, *O morro dos ventos uivantes*. Nos fins de semana vinham as grandes atrações. Nunca faltou público.

Uma das estrelas dos picadeiros era a atriz Vilma Duarte, que levava os seus dramas e comédias de circo em circo. Plínio dizia ter trabalhado com ela nas suas peregrinações. Pelo menos foi o que jurou à atriz Analy Alvarez, e ela depõe:

— Quando eu era menina, minha família morou uns nove anos em Paranapiacaba, onde meu pai tinha um cinema. Era ali que os artistas itinerantes se apresentavam. Nunca me esqueci da vez em que Vilma Duarte, que era uma estrela de circo, apareceu lá. Como o último trem para São Paulo saía às nove da noite, hora em que estava acontecendo o espetáculo, ao terminar a sessão meu pai levou todo mundo pra casa. Serviu comida e bebida e os artistas passaram a noite, até a manhã seguinte, quando pegaram o trem. Para uma menina de dez anos, ficar a noite toda acordada no meio de artistas foi um encantamento. Por isso nunca esqueci o episódio. Uma noite no Gigetto, quando terminei de contar essa história, o Plínio disse: "Ah, então era você aquela menininha?". Se é verdade, eu não sei, mas ele garantiu que trabalhou com a Vilma Duarte.

É possível, embora Plínio não tenha registrado as suas andanças com precisão. Datas, lugares? Só lhe interessavam os episódios que ele viveu ou presenciou.

AMIGO DE COBRINHA, MORADOR DE RUA Num dos natais dessa época, seu Armando juntou as economias para presentear os filhos com capas de gabardine, o máximo de elegância e bom gosto. Difícil foi fazer Plínio usar a sua. Noite fria e chuvosa, a mãe o convenceu a vestir a bendita capa. E ele saiu noite adentro. Voltou de madrugada, e de manhã dona Hermínia deu pela falta da capa. Plínio desconversou, disse que tinha deixado sabe Deus onde e que ia dar um jeito. E foi pra rua. Nesse meio tempo bate na porta um morador de rua:

— É aqui que mora um moço chamado Plínio?

— É, sim — respondeu a mãe, já esperando por alguma encrenca.

— Ele está?

— Saiu.

— A senhora pode entregar essa capa pra ele? Eu estava ontem dormindo na porta do bar e, como fazia frio e chovia, ele me cobriu. Disse que morava aqui na vila e que eu entregasse depois.

Dona Hermínia só faltou matar o Plínio por ter emprestado uma capa tão boa, comprada com tanto sacrifício, para um mendigo que ele nem conhecia. Mas a história não terminou aí. Passados alguns meses, bate na porta da casa uma senhora.

— O Plínio mora aqui?

— Sim, eu sou a mãe dele — confirmou dona Hermínia, sempre temerosa das surpresas que o filho podia lhe reservar.

— É o seguinte. Eu sou dona da pensão tal e o Plínio alugou um quarto para o Cobrinha.

— Cobrinha? Quem é Cobrinha?

— Um amigo dele. O Plínio paga direitinho o aluguel, não é disso que eu vim me queixar. A senhora precisa dizer pra ele que o Cobrinha está com tuberculose, não pode mais ficar na pensão, tem que ir para um hospital, senão acaba morrendo lá.

Cobrinha era o tal mendigo pra quem ele tinha emprestado a capa. À noite foi um pampeiro. A mãe, furiosa com o Plínio. E Plínio, puto com a dona da pensão:

— Ela não tinha nada que vir aqui falar com a senhora, te encher o saco.

Armando, o pai, tranquilizou mãe e filho:

— Agora precisamos pensar no Cobrinha.

Diz Neto que o Cobrinha, cujo apelido vinha por ele ser manco e andar torto, quase se contorcendo, ficou uns dias no barracão no quintal da casa, até que foi internado num hospital da cidade. "O Plínio era briguento, meio malcriado, mas tinha um coração enorme", diz o irmão. "Ele cuidou desse homem, com a mesada que a gente recebia do meu pai, e ainda levava roupa e comida de casa para ele, tudo escondido", completa Márcia. Plínio não saía do hospital. Um dia chegou abatido e triste. A mãe quis saber o que tinha acontecido.

— Cobrinha está morrendo. Não morreu ainda porque a senhora não foi ver ele.

Ele tanto insistiu que dona Hermínia, na tarde do dia seguinte, se arrumou e foi ao hospital. Sentou-se à cabeceira da cama, falou palavras de conforto, fez algumas orações e saiu. Dois dias depois o Cobrinha morreu. Foi como o Plínio disse. Ele só estava esperando a visita de dona Hermínia.

DA AERONÁUTICA À COMPANHIA DE CIGANOS Logo depois da morte do Cobrinha e já chegando aos dezoito anos, Plínio Marcos de Barros se apresentou para o serviço militar obrigatório. Preencheu a papelada e lá no meio estava: profissão? Funileiro — e assim saiu no certificado de reservista. Valeu para isso, pelo menos, o estágio que fez para ser técnico de fogões e aquecedores. Alistou-se na Aeronáutica. Da turma de 1935, o jornalista Vasco Oscar Nunes, que seria o primeiro diretor de Plínio no teatro amador, apresentou-se à Base Aérea do Guarujá (então bairro de Vicente de Carvalho) e foi dispensado por ter "pé chato". Diz Vasco que foi lá que ouviu o nome de Plínio Marcos pela primeira vez: "Na época fiquei sabendo de um cara, até mais baixinho que eu, que não foi dispensado só porque jogava futebol no Jabaquara e o queriam no time da Base Aérea". O que confirma a versão que Plínio contava:

— Eu tinha vida de jogador no quartel. Entrava ao meio-dia, treinava e ia embora pra casa. Voltava no outro dia, treinava e ia embora pra casa. E no sábado e domingo jogava. Até que mudou o comandante e o novo mandou raspar nossa cabeça, porque usávamos o mesmo cabelo de frequentar as casas... os cabarés... Aquele cabelão cruzado que o quepe da Aeronáutica mal cabia na cabeça.

De volta à vida civil, retomou o circo, desfrutando de certo prestígio alcançado como o palhaço Frajola. Por conta de confusões em que se envolveu num cabaré e com o dono de um bar no cais, e também por não ver muito futuro na carreira circense se continuasse na cidade, juntou algumas mudas de roupa e se mandou para São Paulo. Mais exatamente, para o largo do Paissandu, "o único lugar a que eu sabia ir nessa grande cidade". Era o ponto em que a gente de circo se reunia para oferecer e conseguir emprego.

— Cheguei numa tarde fria. Chovia muito.

Assim Plínio começa o registro dessa aventura em "Os filhos do vento", uma das três histórias reunidas no livro *O truque dos espelhos*, lançado mês e meio antes de morrer. Aí Plínio conta os detalhes das encrencas em que se meteu, com amigos do circo e das bocas, envolvendo o português dono de uma padaria onde o carteado corria solto e cuja mulher ele seduziu com sua lábia de menino. Pintou polícia no pedaço. Polícia enturmada com o padeiro trapaceado e corneado, e que jurou arrebitar o moleque atrevido. Porque sempre teve amor à vida, Plínio não ficou para conferir a palavra do sargentão que o ameaçou. Pegou o rumo de São Paulo.

Não, não era uma tarde e sim uma manhã fria quando Plínio chegou ao largo do Paissandu. Encolhido sob a marquise de um prédio, a fome batendo, ele esperou a gente de circo que só costumava chegar do meio para o fim da tarde. E no esperar, pensou. Se não lhe restasse saída, podia bater carteira.

"Mas só em último caso. Não quero isso. Não gosto disso."

No meio dos pensamentos ainda havia o medo. Nisso o pessoal foi chegando e ele se apresentou como palhaço. Acabou se entendendo com o magnetizador Ricardino, dono de um circo de ciganos. Naquela mesma noite, depois de espantar a fome com um sanduíche que Ricardino pagou, ele dormiu no embalo do trem que o levou para o interior. Seguiu-se então toda uma história de meses de trabalho e de amizade de Plínio com o casal de ciganos, o chileno Ricardino e a argentina dona Cora. História que quem quiser saber mais vai ter que ler na escrita do próprio Plínio. História que terminou como terminam todas as histórias de circos e ciganos. A polícia e o tal de DDP, Departamento de Diversões Públicas, endureceram a perseguição aos ciganos. Ricardino e dona Cora foram proibidos de trabalhar e tiveram que se mandar para a Argentina. Até insistiram para ele ir junto. Plínio não quis. Tinha saudade de casa e confiava que o tempo tivesse aplacado a bronca do sargento e do padeiro, que o ameaçaram. E assim se deu.

De volta a Santos, entre o circo e a vadiagem, para não ficar sem dinheiro no bolso, Plínio alternava as atividades de camelô com eventuais trabalhos como "avulso", no embarque e desembarque de cargas no porto. "Ele trabalhava uma semana e levantava um bom dinheiro", garante Vasco Oscar Nunes, que dirigiu Plínio em sua primeira peça, *Pluft, o fantasminha*.

Se achando engraçado, arriscou outras praias. Decidiu que seria humorista de rádio. Aventurou-se no programa *A onda do riso*, apresentado pelo compositor Gentil de Castro e com atrações que eram estrelas da Rádio Tupi de São Paulo. Mais que o circo, o auditório da Rádio Atlântica de Santos era a plataforma de quem sonhava ser famoso e deixar de ser ninguém. Era o caso de Plínio.

É bom saber que ser artista de rádio não era um sonho qualquer. Toda rádio que se prezava tinha auditório para desfilar as atrações de grande público. Radionovelas, shows humorísticos e de música popular eram o carro-chefe da programação. Gentil de Castro, então, teve a imprudência de escalar o palhaço Frajola, ou melhor, Plínio Marcos como uma das atrações de *A onda do riso*. Com um alerta:

— Olhe, eu vou te botar aí. Mas quando eu mandar você sair, você sai.

Entrou por um ouvido, saiu pelo outro. A versão de Plínio para o episódio:

— Quando contei a primeira anedota e o público reagiu, eu não saí mais.

Gentil de Castro se desesperou. O relógio correndo e as estrelas da noite, o sambista Wilson Batista e os Demônios da Garoa, esperando para entrar no ar. Não entraram. O programa acabou antes. Fiz um tremendo sucesso, só que fui despedido. O cara quase me bateu, me chamou de cretino e não pagou o cachê combinado. Falou que eu tinha avacalhado o programa e teve que se desculpar com os outros artistas.

Não satisfeito, na semana seguinte Plínio chegou à rádio no meio do programa. Para se exibir?

— Claro, por que você acha que eu queria ser artista? Pra continuar anônimo? Eu queria ficar em evidência.

Para testar a sua popularidade, esperou o melhor momento de entrar no auditório, quando um "artista fraco" tentava inutilmente fazer a plateia rir.

— Entrei e desviei a atenção do palco. Todos só olhavam para mim. Aí eles proibiram a minha entrada na Rádio Atlântica.

Em 1957, o Canal 5, TV Paulista, das Organizações Vitor Costa (depois, TV Globo), durante seis meses se instalou na cidade, sem sucesso, tentando criar uma programação local. Plínio arriscou-se com o palhaço Frajola. E teve de reconhecer:

— Minha primeira experiência na televisão foi um fracasso. O Mário Santos me levou para fazer *Hoje tem espetáculo*, um programa de circo. Não deu certo, eu não sabia fazer aquilo, um programa de estúdio sem público, com o público pintado na parede. Por isso não me dei bem, eu trabalhava em função do público. O resultado dessa experiência na televisão foi que eu não queria mais voltar para o Pavilhão Liberdade.

ENTRA EM CAMPO O SENTIMENTO F.C. Se o circo e o rádio ficaram no passado, o futebol jamais sairia da vida de Plínio. Do circo sobraram as lembranças contadas e recontadas. Já o futebol era um mote para viver e conviver. Como jogador ou como plateia. Nessas ocasiões se refugiava às vezes na companhia de amigos como o crítico Décio de Almeida Prado, fanático torcedor do São Paulo Futebol Clube, que o recebia em sua casa perto do estádio do Pacaembu para assistir a jogos pela televisão ou falar de futebol. Tempos depois, morando em Higienópolis, quem o recebia era o crítico Sábato Magaldi e a escritora Edla van Steen, seus vizinhos. "Ele gostava de vir aqui pra casa ver futebol porque nós tínhamos uma televisão de tela grande", diz Sábato. Numa dessas ocasiões confessou a Edla, em depoimento para o livro *Viver & escrever*, que o que queria mesmo na vida era ser jogador de futebol. Mário Covas, já governador, às vezes o convidava para jogar conversa fora. Assunto: futebol e, especialmente, o Santos Futebol Clube.

"O Santos era o segundo time do Plínio", entrega Carlos Costa, o Carlão da Vila ou do Carnaval. "Ele torcia mesmo pelo Jabaquara. Mas, como o seu time não disputava campeonato nenhum, ele torcia pelo Santos. E gostava de provocar os corintianos."

Só provocação, defende-se a atriz Graça Berman: "Nas suas crônicas ele nunca falou mal do Corinthians. Ao contrário, tinha admiração pela torcida". Foram justamente os jogadores do Corinthians, na época da "democracia corintiana" de Sócrates e Vladimir, que quiseram promover um jogo quando ele enfartou, em 1985. Plínio agradeceu e recusou.

"Ele ficava absolutamente alucinado num campo de futebol, brigava, xingava adversários e companheiros. Não aceitava perder", diz o publicitário Ercílio Tranjan, amigo dos tempos do Bar Regina. O pensamento recorrente em suas crônicas — ao referir-se ao povo que berra na arquibancada sem nunca influir no resultado da partida — sintetiza para Ercílio quem foi Plínio Marcos: "Louco para estar no meio da torcida e no centro da arena, a um só tempo".

Tanto quanto escrever, assistir e falar de futebol, Plínio gostava de jogar. Orgulhava-se de dizer que aos quarenta anos estava em forma e até o enfarte vestiu a camisa de titular do Sentimento Futebol Clube, criado pelo jornalista Brasil de Oliveira e pelo zagueiro Estevam Soares, em Campinas, e que perambulava pelos gramados do interior em jogos beneficentes.

"O Sentimento F.C. é uma seleção de boleiros de coração generoso, que aproveitam as férias para jogar sua bola em favor de alguém que está a perigo", explicou Plínio em crônica na revista *Veja*, em 31 de dezembro de 1975, ao relatar a apresentação do time em Pompeia. Antes de ser criado o Sentimento, ele jogava em um time improvisado, também de craques. Se não da bola, de craques de outras áreas, como o jornalista e crítico musical Walter (Pica-Pau) Silva. Desse time também Plínio se orgulhava:

— Fomos jogar contra um adversário de Campinas que levou uma porção de gente da Ponte Preta, do Guarani e da seleção brasileira... E nós tudo meio coroa. Então eu falei: não vamos perder, vamos chutar até a alma deles. Aí começou o jogo. Meio-dia, na Faculdade de Educação Física. O jogo terminou dois a dois. E o Juninho e o Estevam queriam me contratar pra jogar no time deles e eu não quis ir.

O que não o impediu de jogar, no Sentimento Futebol Clube, ao lado desses e de outros craques e atletas que fizeram história no futebol. A lista é grande. Vai dos zagueiros Juninho e Oscar, este titular da seleção de 1982, e os goleiros Carlos e Waldir Perez, a Oswaldo Alvarez, o Vadão, e Muricy Ramalho, que se tornaram técnicos como Estevam Soares.

— Era uma seleção brasileira. No Sentimento só tinha craque, e eu passei a ser o ponta-esquerda titular desse time.

Desembargador aposentado, trinta anos depois Carlito Godoy garantia que não era conversa fiada do Plínio. Ele era mesmo bom de bola. E Estevam confirma. Quando Carlito, ou melhor, o dr. Carlos Aloysio Cavellas de Godoy, então um jovem advogado em início de carreira, fez concurso e se tornou juiz de direito, teve de se afastar do futebol. Foi Plínio quem deu a notícia aos boleiros do Sentimento, no meio dos quais sempre tinha um mais avoado.

— O Carlito não pode vir porque agora é juiz.

— É mesmo? Está apitando em que divisão?

— Em divisão nenhuma, caralho. Ele é juiz de direito, não de futebol.

PONTE PRETA DRIBLA A CENSURA Plínio definia o futebol simplesmente como uma coisa maravilhosa.

— E sabe por quê? Porque ele é imprevisível. De repente um time de merda entra em campo e ganha o jogo...

Talvez por isso, o futebol nunca serviu de inspiração para as suas peças, a não ser como personagem oculto em *Quando as máquinas param*, que é pontuada pela transmissão de um jogo pelo rádio. Foi com essa peça, aliás, que ele teve outra prova de quanto lhe valiam as amizades do futebol. Tanto que, ao editá-la em 1972, no prefácio ele reservou um agradecimento à Associação Atlética Ponte Preta. Quem sabe das coisas do futebol conhece a rivalidade que há em Campinas entre os dois times da cidade, o Guarani e a Ponte, chamada de "a macaca", considerada um clube de massa, do povão. Pois aconteceu de *Quando as máquinas param* excursionar pelo interior com Ginaldo de Souza e Vera Viana, dirigidos pelo autor. Até que o espetáculo bateu em Campinas. "Um dono da cultura local", ao saber que a peça era do Plínio, "virou bicho". Ignorando o atestado da Censura Federal que liberava a peça para todo o país, impediu a apresentação no teatro que era da Prefeitura.

"Desgraçadamente, eu esqueci o nome do pilantroso", escreveu Plínio. Ao saber da proibição, "a generosa gente da gloriosa Ponte Preta" não vacilou e abriu as portas da sua sede social para o espetáculo "e garantiu o taco, em nome da liberdade de expressão". O público foi em peso, para "avisar ao dono da cultura que o povo brasileiro não gosta de presepada dessa ordem". Claro, "o papanatas se fingiu de morto e não pediu demissão do cargo de dono da cultura". Para Plínio Marcos, quem saiu ganhando foi ele mesmo: "Este autor ficou para sempre agradecido à gloriosa Ponte Preta e à sua gente e, por essa luz que me ilumina, muito mais feliz por ver *Quando as máquinas param* apresentada na casa do povão, em vez de ser apresentada no templo do fajuto dono da cultura. De todo o meu coração, obrigado, Ponte Preta", escreveu.

Por essas e outras, chamava a atenção Plínio não ter dedicado uma peça de teatro só para falar de futebol, como fez Oduvaldo Vianna Filho, que escreveu em 1958 *Chapetuba Futebol Clube*. É, mas a peça não é boa — ele se defendeu, antes de driblar a questão contando outra de suas histórias:

"Oswaldito, o futebol tem cada coisa gozada! Ainda agora eu me lembrei de um center-half do Santos, o Pitico, que era bom moço, gozado pra caralho, tirador de sarro, mas não era aquele craque que o Pelé gostaria de ter ao lado, no lugar do Zito. Então o Santos foi obrigado a vendê-lo para o América de São José do Rio Preto. E quando ele chegou lá pra treinar e viu aquela caipirada com botina vermelha de terra, falou: 'Porra, eu não vou jogar aqui. Joguei com Pelé, joguei com o Zito... Não vou jogar aqui'. Vestidinho de rapaz de Santos, com óculos raiban no bolso, ele chamou o técnico.

— Olha, estou com uma puta dor nas costas, não vai dar pra treinar.

— Como não vai treinar? Deixa eu ver. Isso é espinhela caída.

— Como? Espinhela caída?

— É espinhela caída, eu estou falando. Quer ver?

Chamou um negão massagista, um negão sarado, forte pra caraco, e falou:

— Olha, ele está com dor nas costas, veja se não é espinhela caída.

— É espinhela caída. Põe a mão assim, cruza os braços na frente do peito, com as mãos espalmadas nas costas, que eu vou te curar. Ouça, presta atenção!

O negão deu um puxão. Creekk...

— Pronto, estourou tudo. Eu não falei que era espinhela caída? Agora, atenção, que vai ter outro estalo... Creeekkk... E agora mais um... Creekkk... Pronto, agora você vai ficar bom.

— Bom, o caralho, seu filho da puta. Você quebrou meus óculos raiban...

A plateia riu ao ouvir essa história. O que ela não sabia é que esse é um caso conhecido de todo boleiro. Cada um conta do seu jeito. Plínio contou do dele, inventando que o jogador em questão era o tal Pitico, que jogara com Pelé. Um jeito de dar importância e de assumir a autoria de uma piada velha. Coisa do bom contador de histórias que ele era.

Cena III

Em cena com Pedro Bandeira em *Escurial* em 1960 e batendo bola na década de 1970 *(Arquivo da Família)*

"Daí eu fiquei importante, com direito de frequentar festa de grã-fino e de mijar no aquário."

"Você só é respeitável e digno, como autor de teatro, se souber que tem que servir ao ator."

"Nunca deixei a Patrícia ser minha madrinha, nunca fui de pedir a bênção. Não respeito essa coisa de mestre."

Para encurtar a história, Plínio dizia que "a fase de circo terminou quando comecei a conviver com a Patrícia Galvão e o grupo dela". O fato é que, em 1957, ele intuiu que a fase de palhaço estava se esgotando e a frustrada tentativa na televisão lhe deu a certeza de não querer prender o seu destino ao circo. Tinha de se aproximar de outras turmas. Como? O acaso o favoreceu. Em junho de 1958, o diretor de teatro Paulo Lara já o conhecia "de vista" e o convidou "pra quebrar um galho" numa peça infantil dirigida por Vasco Oscar Nunes. O Grupo da Caldeiraria das Docas ensaiava *Pluft, o fantasminha*, de Maria Clara Machado — "essa santa do teatro infantil", dizia Plínio —, e um ator saiu e precisou ser substituído às pressas, pois o espetáculo participaria de um festival de teatro amador da Baixada Santista.

— Eu fui. Lá conheci uma mulher maravilhosa, a Patrícia Galvão, que amava o teatro e incentivava o movimento amador.

Antes de Patrícia, porém, os primeiros a lhe fazer companhia no novo ambiente do teatro amador foram Vasco Oscar Nunes e Julinho Bittencourt. "Ele, que no começo era meio relaxado no jeito de vestir, agora aparecia sempre de banho tomado e roupa limpa", conta Vasco. "A gente ficava pelos bares, conversando até tarde, e não precisava de dinheiro. A única despesa era com cigarro, pois a gente fumava e tomava muito café. Plínio era muito observador e tinha um humor cáustico que às vezes magoava as pessoas." Foi numa dessas noitadas que Plínio se aproximou de Patrícia Galvão, a Pagu.

Era o ano de 1958, em que surgiu em São Paulo um novo autor de teatro, Gianfrancesco Guarnieri, que escreveu sua primeira peça, *O cruzeiro lá do alto*, e deu para José Renato Pécora, fundador e diretor do Teatro de Arena, ler. Ele se encantou com o texto, não com o título, que o autor mudou para *Eles não usam black-tie*. Ao estrear, no mesmo ano, a peça foi saudada como marco de renovação na dramaturgia brasileira. Enquanto isso, em Santos, chocado com a notícia de um garoto currado na prisão, Plínio Marcos escreveu também a sua primeira peça, *Barrela*. Não teve a mesma sorte de Guarnieri. *Barrela* levou um ano para ser encenada, estreou e saiu de cartaz, proibida. Seu autor diria bem depois:

— Juro por essa luz que me ilumina que nunca havia me ocorrido a ideia de escrever uma peça, mesmo porque, a bem da verdade, eu nem sabia escrever direito. Tirei o diploma do primário Deus sabe como.

Escreveu *Barrela* enquanto trabalhava no Pavilhão Teatro Liberdade, que se instalara no Macuco, na avenida Pedro Lessa. Aprendia ali o seu ofício de ator com artistas de tradição no circo e sonhava, disse também muito depois, "ter sempre a casa cheia e poder trabalhar em noite de chuva, coisa que era impossível naquele pavilhãozinho de zinco, todo furado". De dramaturgia, seu conhecimento não ia além das peças do repertório circense, *Paixão de Cristo*, *O ébrio*, *O mundo não me quis*, *Onde canta o sabiá*. Escreveu *Barrela* porque precisava pôr pra fora a dor e a indignação provocadas pela história do garoto barrelado. Escreveu *Barrela* do jeito que sabia, na linguagem que dominava, sem nenhum policiamento, sem se preocupar "com os erros de português, nem com as palavras".

— Li a peça para alguns companheiros do circo e, naturalmente, eles acharam que eu tinha enlouquecido, se pensava que podia encenar uma peça com aquela linguagem. Ficou por isso mesmo.

***BARRELA* CAI NAS MÃOS DE PATRÍCIA GALVÃO** Será possível ensinar a escrever para o teatro? A questão foi proposta em 1960 por Alfredo

Mesquita em artigo para a revista *Dionysos*, publicação do Serviço Nacional de Teatro (SNT). "Não creio. Sinceramente", ele mesmo respondeu. E acrescentou: "Em primeiro lugar, o mais importante é o que o autor tem a dizer". Na Escola de Arte Dramática (EAD), que havia fundado em São Paulo em 1948, Alfredo Mesquita acabara de instituir o curso de dramaturgia, o que podia parecer em contradição com o seu artigo. Não, ele tinha claro que "o imprescindível é que o dramaturgo conheça o teatro por dentro". Em seguida, a receita: "Tal conhecimento só é possível fazendo-se teatro ou frequentando uma escola de teatro completa". Na falta do segundo, o primeiro requisito era preenchido por Plínio, que aprendeu as artes e manhas do palco no Pavilhão Teatro Liberdade. Em *Barrela* ele tinha o que dizer. Isso explica em boa parte o impacto causado pela peça, que cumpria a primeira condição da receita de Alfredo Mesquita, cujo artigo certamente Plínio nunca leu.

Mas soube opinar a respeito com autoridade:

— Escrever é uma arte solitária demais. Você só é respeitável e digno, como autor de teatro, se souber que tem que servir ao ator. Quando escrevi *Barrela* eu tinha a escola do circo. Eu sabia andar no palco, o que facilita muito para quem é dramaturgo. O Gianfrancesco Guarnieri, por exemplo, é esse excelente dramaturgo porque ele é um excelente ator. E eu saí quase do mesmo nível do Molière que andava tão bem no palco quanto o Guarnieri. Então, quem sabe andar no palco sempre tem uma vantagem, mas não tem maior. Lauro César Muniz, por exemplo. Que autor magnífico de teatro! E não é ator, como não é o Dias Gomes, belíssimo autor, e tantos outros.

Com a peça escrita à mão, um calhamaço de folhas enrolado, enfiado no bolso, Plínio era só um ator a caminho dos 23 anos, estreando fora do circo, no Grêmio da Caldeiraria das Docas de Santos. Mostrou *Barrela* a Vasco Oscar Nunes, diretor de *Pluft, o fantasminha*, que a datilografou com a ajuda de outro novo amigo, Nei Moraes. Mas precisava mesmo da opinião de alguém como Patrícia Galvão. Aproximou-se dela no Bar Regina e esperou o momento oportuno de lhe mostrar a peça.

Patrícia havia se mudado para Santos em 1954. O marido Geraldo Ferraz, escritor e jornalista, fora contratado pela *Tribuna de Santos*, na qual ela passou a escrever matérias sobre teatro e... horóscopo. Pagu, nome de guerra que lhe deu o poeta Raul Bopp, tinha doze anos quando aconteceu a Semana de Arte Moderna de 1922. Paulista de São João da Boa Vista, aos dezoito anos terminou a Escola Normal da praça da República, na capital, época em que, segundo testemunho de Alfredo Mesquita, "corriam em São Paulo, cidade provinciana, histórias malucas a seu respeito: fugas, pulando janelas e muros da escola, cabelos cortados e eriçados, blusas transparentes de decotes arrojados, cigarros fumados em plena rua. Escândalos, para a época". (Não estranha que ela e Plínio se entendessem tão bem.)

Os olhos inquietos e a voz firme e sedutora, tanto quanto seus talentos de poeta e escritora, encantaram Oswald de Andrade, que se casou com ela no dia 5 de janeiro de 1930, diante do jazigo da sua família. "Nesta data, contrataram casamento a jovem amorosa Patrícia Galvão e o crápula forte Oswald de Andrade. Foi diante do túmulo do Cemitério da Consolação, à rua 17, nº 17, que assumiram o heroico compromisso. Na luta imensa que sustentaram pela vitória da poesia e do estômago, foi grande o passo prenunciador, foi o desafio máximo. Depois se retrataram diante de uma igreja. Cumpriu-se o milagre. Agora, sim, o mundo pode desabar" — escreveu Oswald em *O romance da época anarquista ou Livro das horas de Pagu que são minhas*.

A primeira notícia da presença de Pagu em Santos é de 23 de agosto de 1931. Chegou, como militante do Partido Comunista, para atuar com operários da construção civil. Os estivadores entraram em greve. Ela discursou em comício no cais. Foi presa como agitadora. Libertada, o partido a obrigou a assinar um documento em que se declarava "agitadora individual, sensacionalista e inexperiente".

Quando Plínio Marcos nasceu, Pagu estava presa, em São Paulo e depois no Rio de Janeiro, acusada de participar da Intentona Comunista para derrubar o presidente Getúlio Vargas. Quatro anos depois, ao sair da prisão, a tortura e os maus-tratos haviam desfigurado a sua beleza. Encontrou apoio em Geraldo Ferraz. Com Mário Pedrosa, fundaram a *Revista Socialista*. Casaram-se em 1940 e juntos viveram até a morte de Pagu. Ao morrer, em 1962, a sua imagem era de uma mulher que se deixara abandonar, dentes e unhas malcuidados, na lembrança do dramaturgo Lauro César Muniz, que a conheceu na Escola de Arte Dramática. Escola que ela começou a frequentar em 1952 e onde estreitou a amizade com Alfredo Mesquita e Décio de Almeida Prado. Para a EAD deixou a sua biblioteca. "Não se esqueça dos livros, são seus", disse a Alfredo, "sentada na cama, o tronco ereto, fumando, fumando sempre, os olhos muito pretos, ainda vivos, fixos em mim com aquela expressão de angústia e interrogação dos que vão morrer."

NÃO CONHECIA PALAVRAS, SÓ PALAVRÕES Quando se mudou com Geraldo para Santos, Pagu já havia rompido com o Partido Comunista, sem perder a inquietação política e intelectual. Fundou a associação dos jornalistas profissionais e incendiou as atividades teatrais, tornando-se depois presidente da União dos Teatros Amadores de Santos.

"Para nós ela não era a Pagu. Nós a tratávamos como Patrícia ou Pat. Plínio às vezes a chamava de Patinha", diz o ator Sérgio Mamberti. Ele ingressou na EAD, em São Paulo, em 1958, mas permaneceu ligado ao grupo em torno de Patrícia, ao qual se juntou, na mesma época de Plínio, Cláudio Mamberti, irmão mais novo de Sérgio.

A maioria daquela moçada, no entanto, não tinha ideia da atribulada e fascinante história da mulher que se vestia de modo extravagante, juntando peças de cores abusadas, boina na cabeça, fumando e bebendo muito — e em público! —, um hábito nada feminino na época. Para os jovens que a cercavam, não interessavam detalhes da sua importância na arte e na cultura paulista na primeira metade do século. Bastava conviver com aquela mulher fora dos padrões, ousada, falante, culta, que os aproximou também de Geraldo Ferraz, consagrado em 1957 como um dos grandes da nossa literatura ao publicar o romance *Doramundo*.

O encantamento de Plínio Marcos pelo casal foi imediato. A amizade com Pagu, curtida nas mesas do Bar Regina. Com Geraldo, nas visitas dominicais à sua casa. Num desses encontros no bar, como quem não quer nada, entre copos e cigarros, Plínio puxou *Barrela* — "ela sempre andava no meu bolso, toda amassadinha" — e deu para Patrícia ler. A reação foi melhor que a esperada. Na recordação de Plínio:

— A Patrícia leu e falou: "Porra, o diálogo dessa peça é violentíssimo". Era só palavrão, eu não conhecia palavras, só conhecia palavrão.

Gênio! Gênio! Os diálogos são tão fortes quanto os de Nelson Rodrigues, proclamou Pagu. Nelson Rodrigues? Quem é esse? Plínio foi saber e antes das peças leu as histórias de "A vida como ela é", que Nelson publicava no jornal *Última Hora* do Rio de Janeiro. Mal sabia que estava encontrando ali um parceiro e cúmplice. Ambos movidos pelas mesmas paixões, o futebol e o teatro. Mesmo quando Nelson ganhou o carimbo de reacionário e muitos do teatro lhe viraram as costas, Plínio não se afastou. Afinal, meus amigos não precisam pensar como eu, ele dizia, ecoando o amigo comunista e físico Mário Schemberg. Mas quando Pagu anunciou aos quatro ventos que o texto de *Barrela* era igual, igual não, melhor que Nelson Rodrigues, Plínio não sabia exatamente o tamanho do elogio. Depois, ele já famoso, corria que foi descoberto por Patrícia Galvão. Plínio corrigia, parcialmente:

— Ela não me descobriu. Na verdade, eu é que me apresentei. Ela foi ao circo pra ver se tinha algum artista que pudesse fazer o papel de um dia para o outro. Naquele tempo eu estava trabalhando no Pavilhão Teatro Liberdade e a gente fazia uma peça por dia, ensaiava de manhã pra fazer de noite. A gente tinha tarimba. Ela viu e me escolheu, não porque eu fosse melhor que os outros, mas eu tinha mais cara de garoto. O meu papel era pequeno, tinha umas dez falas e servia um gago. Demos uma passada e eu já sabia o papel. Daí, como a Pagu bebia muito e eu também, fomos a um bar e ficamos amigos de infância.

A versão de Plínio é saborosa, mas contraria os fatos. Quem o procurou no circo e o escolheu foi Paulo Lara, amigo, assistente e colaborador de Pagu, que em 1967 se mudou para São Paulo, contratado como repórter e crítico de teatro da *Folha da Tarde*. Seu editor, Antônio Aggio Júnior, já havia acolhido Vasco Oscar Nunes no jornal *Cidade de Santos*, quando ele foi demitido da Petrobras por sua militância política, depois do golpe militar de 1964. Vasco, Lara e Plínio se reencontrariam dez anos depois na alameda Barão de Limeira, sede das redações dos jornais *Última Hora* e *Folha da Tarde*.

UMA ESCOLA NAS MESAS DO BAR REGINA Sem abandonar o circo, a vida de Plínio de repente passou a girar em torno do teatro. Mesmo amador, ele defendia alguns trocados dirigindo peças infantis, no começo. Para a sua mãe, tinha sido um salto considerável. No início do ano ela confortou uma amiga que estava desconsolada.

— Veja só, dona Hermínia, meu filho resolveu fazer teatro e vai pra São Paulo. Como é que ele vai viver de teatro?

— Dê graças a Deus, dona Maria José, pelo menos o Serginho está estudando. O Plínio não sai do circo.

Sérgio Mamberti, o Serginho desse diálogo, se diverte com a lembrança daquele ano de 1958, quando ele entrou na EAD estimulado por Patrícia.

— Até eu eles queriam que fizesse a escola, mas eu não tinha diploma nenhum e não pude entrar — conformava-se Plínio. De fato, o ingresso na EAD exigia no mínimo o segundo grau completo. Para compensar, Emílio Fontana apareceu meses depois em Santos para dar um curso de teatro, ao qual se inscreveram, entre outros, o médico e escritor Oscar von Pfull, autor de *A árvore que andava*, e Mylene Pacheco, que seria assistente e substituta da poetisa Maria José de Carvalho como professora de dicção na EAD. Plínio deu umas bicadas no curso de Fontana e logo sumiu. Não tinha paciência para ser aluno, nem mesmo de teatro. Queria logo fazer e acontecer. E fez e aconteceu.

O seu aprendizado se deu na convivência com os artistas e intelectuais de Santos. Uma geração de fazer inveja. Do brilho sereno de Geraldo Ferraz à criatividade inquieta do pintor Mário Gruber e dos jovens músicos Gilberto Mendes e Willy Correia de Oliveira, que colocaram a chamada música erudita de pernas para o ar. Em depoimento à escritora Edla van Steen, Plínio admitiu que, ao encontrar Patrícia Galvão, conheceu um grupo de intelectuais raríssimo, do qual recebeu "forte influência". Criança, ele ouvia seu pai contando os livros que lia, principalmente o nada bem-comportado Aluísio de Azevedo, com *O cortiço*, *Casa de pensão* e *O mulato*. Agora ouvia falar de Samuel Beckett, Ionesco, Fernando Arrabal. Frequentava os círculos de poesia. Assistia aos filmes programados no clube de cinema por Maurice Legeard, a quem se referiu como "grande animador das noites santistas, apaixonado por teatro e cinema, que procurava incomodar e não deixava ninguém acomodado". Ficava horas escutando Patrícia desfiar seu encantamento pelo escultor Bruno Giorgi e, principalmente, pelos amigos do teatro, Alfredo Mesquita e a Escola de Arte Dramática à frente. "Tudo aquilo nos despertava para ler, para estudar", Plínio reconhecia. Portanto, o que lhe faltava de estudo formal, escolar, sobrava nessa convivência que se estendeu por quase dois anos. No Bar Regina ou na casa de Patrícia, que reunia os jovens amigos e obrigava o marido Geraldo Ferraz a ler uma nova peça a cada domingo — "para desgosto dele e alegria dela, e para saco nosso, porque não havia nada para beber nem comer".

Antes de teatro Plínio escreveu poemas, embora não se tenha notícia de sua participação no Clube de Poesia, no qual brilhavam Narciso de Andrade e Roldão Mendes Rosa, "poeta e comunista, o grande intelectual do grupo, uma espécie de Sartre da turma, no mínimo uns dez anos mais velho". Quem diz isso é Ideo Bava, amigo que Plínio conheceu nessa época. Eles se aproximaram graças a Marly Matuck, amiga comum que datilografou o poema *Realidade* de Plínio e entregou para Ideo ler. De rigorosa formação católica, à sombra dos Irmãos Maristas, Ideo Bava se definiu, em depoimento ao jornalista Quartim de Moraes, como "um católico numa posição direitista bem definida, mas com uma atração incrível por essas pessoas de esquerda que escreviam, pensavam, atuavam, com suas ideias tão diferentes da minha". Na garagem da casa de Ideo aconteceu outra leitura de *Barrela*, antes de cair nas mãos de Pagu. O local era ponto de encontro onde circulava "um monte de padres amigos e todos passaram a se interessar também por Plínio Marcos, talvez atraídos pelo ar de menino perdido que ele tinha e com o qual conquistava todo mundo".

ATREVIDO E EXIGINDO ATENÇÃO DA PLATEIA "No fim dos anos 50, Santos se configurava como uma das cidades mais politizadas do país", disse Paulo Lara, amigo de Patrícia Galvão, cujos artigos na *Tribuna* defendiam as vanguardas literárias e teatrais contra o nacionalismo que chegava aos palcos via Teatro de Arena. Uma cidade que permaneceria na memória de quem a viveu. O poeta santista Narciso de Andrade conta, em crônica escrita pouco antes da morte de Plínio, que o conheceu "no meio daquele povo meio alucinado do Bar Regina, que ficava ali no Gonzaga, de onde partiam os bondes para qualquer ponto da cidade". Aquele povo a que ele se refere reunia "toda espécie de artista, pintor, músico, poeta, escritor, a gente linda e espalhafatosa do teatro, esse pessoal desajustado que se reunia para curtir o grande lance da noite e da madrugada". Falava-se de arte e de política; de futebol, só "ao de leve". Narciso prossegue:

"Foi nesse meio que ele surgiu, atrevido e desafiador, com sua voz circense em timbre agudo exigindo a atenção da audiência. E logo se instalou na bancada destacada daquele cenáculo, com perdão da má palavra.

— Quem é ele? — perguntava alguém.

— Um tal de Plínio Marcos.

— O que ele faz?

— Dizem que é palhaço de circo.

— Quem descobriu a fera?

— Patrícia Galvão.

A essa altura o Plínio já tomava conta do pedaço, grande contador de histórias que sempre foi. Simpatizei com ele de cara, não se escondia, não era de contar vantagem, tinha gênio desafiador, mas não era arrogante e trazia de berço a marca gloriosa do Macuco. Só isso já bastaria para nos aproximar."

Narciso registrou que as pessoas não escondiam certa desconfiança com a figura, que "se proclamava analfabeto, coisa espantosa naquele ambiente intelectualizado". Em defesa do analfabeto, que chegara à fama municipal com *Barrela*, Narciso encarou muita discussão. Com o poeta Roldão Mendes Rosa, a quem Plínio sempre cobriu de elogios, mas era "dotado de um acentuado espírito crítico". Com o pintor Nelson Penteado de Andrade, para quem Plínio deveria "se aperfeiçoar na língua portuguesa se queria mesmo ser escritor". Até Sérgio Mamberti, que interpretaria Veludo na primeira montagem de *Navalha na carne*, não levou muita fé quando lhe disseram que Plínio estava escrevendo peças de teatro.

Nessa época, ainda adolescentes, o escritor Pedro Bandeira, o publicitário Ercílio Tranjan e o advogado José Roberto Fanganiello Melhem se aproximaram de Plínio e de Patrícia Galvão. E agradecem a sorte. "Na mesa do Bar Regina ouvimos falar pela primeira vez da Semana de 22, de Sartre, Beckett, Ionesco, Molière e a gente corria pra ler", lembra Bandeira. "O bar lá dentro era pequeno, mas tinha mesas na calçada, com uma banca de jornal em frente e cujo dono era o Antônio Carlos, o Carlão, do Partido Comunista." Entre as tarefas de Pagu em *A Tribuna* estava a nada acadêmica redação diária do horóscopo publicado pelo jornal. Na mesa do Regina ela dava uma chance aos rapazes: "O que você quer que eu escreva no seu horóscopo de amanhã?". Ercílio se diverte com a lembrança do bom humor e da disposição de Pagu, "que, apesar de extremamente judiada e bebendo muito, fez acontecer em Santos o festival do Paschoal Carlos Magno".

ESTUDANTES EM ATO DE FÉ TEATRAL Quando aconteceu o 2º Festival Nacional de Teatro de Estudantes, em julho de 1959, Plínio Marcos já tinha feito o seu nome no meio teatral de Santos. Ainda não era reconhecido como o gênio proclamado por Pagu, mas ia trabalhando. O festival foi o primeiro grande evento do qual participou. A agitação que tomou conta da cidade o aproximou de vez do ambiente do teatro. Grandes jornais enviaram para Santos os seus melhores redatores. Em O *Estado de S. Paulo*, o crítico Sábato Magaldi fez balanço positivo do festival, chamando a atenção para o "extraordinário significado do congraçamento de perto de mil jovens, provenientes do Norte ao Sul do país, nesse ato de fé teatral". E destacou "o espírito de cooperação, a fraterna camaradagem entre todos os participantes. Às vezes, num só teatro, encenavam-se quatro peças num dia. Uns ajudavam os outros a montar os cenários, a fazer a iluminação com refletores obtidos por empréstimo". Elencos se deslocando para hospitais e asilos "num tributo de gratidão à cidade que tão bem os acolhera", espetáculos ao ar livre, a Manhã de Teatro Infantil, na qual dezesseis espetáculos "foram oferecidos gratuitamente às crianças santistas".

No balanço detalhado, Sábato Magaldi reservou uma referência à valorização da dramaturgia brasileira. "Além da montagem de Nelson Rodrigues e Ariano Suassuna, o certame teve o mérito de revelar dois jovens autores: o paulista José Celso Martinez Correa (*A incubadeira*) e o pernambucano Aldomar Conrado (*A grade solene*)." Claro, ele nem sabia da inédita *Barrela* e de Plínio Marcos, de quem se tornaria amigo fraterno, como seria também amigo de Etty Fraser, a atriz que ali estreava, com direito a prêmio, na peça de José Celso.

Professora de inglês, Etty fora convidada um mês antes para um papel em *A incubadeira*, com o grupo do Centro Acadêmico XI de Agosto, da Faculdade de Direito do Largo de São Francisco. Como melhor atriz, Etty Fraser recebeu da *Tribuna* de Santos uma medalha de ouro — de ouro mesmo, ela descobriu quando lhe roubaram todas as joias de família; derreteu a medalha para fazer as alianças do seu casamento com Chico Martins. Plínio nem se deu conta de quem era ou viria a ser Etty Fraser na sua vida. Agora ele estava interessado mesmo em abrir caminho para *Barrela*. Pagu deu a peça para Paschoal Carlos Magno ler durante o festival e ele teve igual reação de entusiasmo. O episódio, na versão pliniana:

— A Patrícia tinha dito que o diálogo era tão bom quanto Nelson Rodrigues e o Paschoal enfeitou mais: "Não, é melhor, muito melhor, é um gênio". E com isso tomou mais cinquenta paus da cidade. Ele era uma pessoa generosa, um poeta. Daí meu nome saiu na revista O *Cruzeiro* e não sei mais onde, eu fiquei importante, com direito de frequentar festa de grã-fino e de mijar no aquário.

Paschoal Carlos Magno, embaixador de carreira, foi um dos responsáveis pela renovação do teatro brasileiro, a partir da década de 1940. Em 1938, procurou a Casa do Estudante, no Rio de Janeiro, iniciativa de Ana Amélia Carneiro de Mendonça, mãe da crítica Barbara Heliodora, para criar o Teatro do Estudante. Quando, na Segunda Guerra, ele serviu na embaixada brasileira em Londres, encontrou na atriz Maria Jacintha a animadora do seu projeto, que revelaria o ator Sérgio Cardoso em memorável montagem do *Hamlet* de Shakespeare. A repercussão desse espetáculo consolidou o prestígio do Teatro do Estudante.

Para disseminar o gosto por um teatro de qualidade, Paschoal não media esforços nem recursos, que tirava do próprio bolso. Valia tudo. Vender suas obras de arte e pedir a famosos atores ingleses que conhecera em Londres, como *sir* John Gielgud, mensagens desejando sucesso à montagem de *Hamlet*. Mensagens que ele espalhou pelos jornais e revistas, provocando o maior auê antes da estreia. Mal sabiam que Paschoal havia escrito as mensagens e que os atores, seus amigos, apenas se limitaram a assiná-las e enviar de volta.

No final dos anos 1950, Paschoal criou os festivais nacionais de Teatro de Estudantes, realizados em grandes cidades dispostas a bancar as despesas do evento. Depois, ergueu na região serrana do Rio de Janeiro a Aldeia de Arcozelo, para acolher estudantes e grupos teatrais de todo o país, obra que permanece lá como testemunha empoeirada dos seus sonhos, patrimônio esquecido da Fundação Nacional das Artes (Funarte). Quando a experiência do Teatro do Estudante se esgotou, Paschoal ainda se lançou em uma última "loucura", ao criar em meados da década de 1970 a Barca da Cultura, levando teatro, música e dança para as populações ribeirinhas do São Francisco, experiência que consolidou a vocação desbravadora do Ballet Stagium de Márika Gidali e Décio Otero. O casal de bailarinos seria responsável por dançar *Navalha na carne* no Teatro Municipal de São Paulo, quando Plínio Marcos era um nome proibido nos palcos, em 1975.

JUSCELINO AUTORIZA ESTREIA DE *BARRELA* Apesar dos elogios valiosos de Paschoal e Pagu, *Barrela* foi imediatamente proibida pela Censura, que naquela época não era federal. Só foi liberada, para uma única apresentação, por ordem do presidente da República, Juscelino Kubitschek. Dizem. Até Plínio dizia apressadamente. Mas a assinatura não era do presidente. Ao editar a peça, em 1976, Plínio esclareceu o episódio:

— O Paschoal Carlos Magno mandou, do Rio de Janeiro, um telegrama autorizando a montagem da peça, pelo menos uma vez. Como o telegrama vinha com o timbre da Presidência da República, a Censura se acanhou.

Paschoal não tinha toda essa autoridade, mas conhecia o caminho das pedras. Sabia o efeito de certos papéis, timbres e assinaturas sobre autoridades paroquiais, fossem elas jornalistas e críticos ou censores. Mal comparando, ele fizera o mesmo para promover a estreia de *Hamlet*. Assim, graças a Paschoal e a Juscelino, *Barrela* fez sua estreia e despedida no dia 1º de novembro, no auditório do Centro Português de Santos, em um festival de teatro amador da cidade. Grande momento de Plínio Marcos:

— Ainda trago comigo o som dos aplausos daquela noite. O teatro estava lotado. Lotadinho. No final, todos aplaudiam de pé, gente chorava e o nosso elenco chorava junto. Jamais em minha vida se repetirá uma noite como aquela, jamais saberei o que é o sucesso novamente. Mas naquela noite estava selada a minha sina.

Claro, Plínio voltaria a conhecer o sucesso. E tanto, que se pudesse Nelson Rodrigues lhe diria, em novembro de 1959, o que só escreveria em 1969: "Se eu tivesse de dar conselhos a um jovem autor dramático, diria: Não faça sucesso, não faça sucesso! Desde os gregos, o sucesso, em teatro, é quase risco de vida. Aí está Plínio Marcos que vocês, decerto, conhecem. Seria uma vergonha indesculpável não conhecê-lo".

Mas Plínio e Nelson nem sequer tinham sido apresentados em agosto de 1959, quando começaram os ensaios de *Barrela* no recém-criado Teatro de Câmara de Santos, com o apoio de Osvaldo Leituga, presidente do Centro dos Estudantes. Além de autor e diretor, Plínio se escalou também em um pequeno papel, o do Louco aos gritos de "Enraba! Enraba!". Portanto, ao contrário da lenda que se espalhou, a estreia da peça se deveu à iniciativa dos estudantes e não de Patrícia Galvão. O que daria a Plínio, depois, certo orgulho:

— Eu nunca deixei a Patrícia ser minha madrinha. A gente era amigo de beber juntos, mas nunca fui de pedir a bênção. Não respeito essa coisa de mestre. Durante os ensaios já vieram com essa porra que eu era analfabeto e gago. "Além de tudo, comunista. Foi o Partido Comunista que escreveu a peça pra ele", falavam. E eu dizia: "Por que eles não escrevem uma peça para o Luís Carlos Prestes, então? Tem que escrever pra mim que nem sou do partido?". Depois eu casei com a Walderez e passaram a dizer que a Walderez escrevia minhas peças. Depois casei com a Verinha Artaxo e passaram a dizer que é ela quem escreve minhas peças. O que me leva a concluir que eu sou o mais perfeito cafetão-escritor do mundo! Eu sempre acho alguém que escreve as minhas peças com o mesmo estilo!

Para formar o elenco de estreia de *Barrela*, Plínio Marcos teve dificuldade. Foi preciso reunir os jovens de classe média ligados à Aliança Estudantil. O que não deixava de ser irônico, considerando os personagens da peça, bem diferentes do perfil dos atores escolhidos. Nessa época o jornalista e escritor Pedro Bandeira se aproximou de Plínio, e conta: "Ele pegou os meninos da Juventude Comunista, meninos mesmo, todos na faixa dos dezessete anos. O papel do garoto barrelado na cadeia foi feito por um menino estudante do Colégio Canadá, que, só Deus sabe como, haveria de se tornar banqueiro, o Edemar Cid Ferreira, ganhador do prêmio de melhor ator por esse papel no festival de teatro amador". Um detalhe que, ao ouvi-lo em 2008, meses antes de morrer, o advogado José Roberto Melhem arrematou com a ironia inevitável: "Pois é, se ele não tivesse abandonado a carreira teatral, nós teríamos um ator a mais e um cara nas barras da justiça a menos".

PEÇA DE MENDIGO ECONOMIZA FIGURINO No início de 1960, Edemar Cid Ferreira era só um rapaz que amava o teatro e, soube-se depois, o mundo das finanças. Ninguém suspeitava que ele viria a ser banqueiro, de ascensão e queda fulminantes. Foi Edemar quem avisou Pedro Bandeira, colega no Colégio Canadá e amador de teatro no Clube de Regatas Saldanha da Gama, que precisavam de um ator em uma peça do Grupo Adolescente do Clube de Arte de Santos, que fazia suas apresentações no auditório do Centro Português. O clube ficava em uma antiga casa na rua Ana Costa e oferecia cursos de artesanato e de cerâmica, frequentados pelas senhoras da cidade.

"No fundo havia um grande palco", conta Bandeira. "Chego lá, havia quatro ou cinco meninas, na faixa dos doze anos, e um rapaz, de cabelo curtinho, puxado pra frente, à moda francesa da época. Aí alguém me disse: 'Esse é o diretor, Plínio Marcos'."

Na verdade Plínio dirigia duas peças, a infantil *A árvore que andava*, do médico oncologista Oscar von Pfull, pelo Clube de Arte, e *Escurial*, drama em um ato do belga Michel de Ghelderode, pelo Grupo Teatral de Barraca. As peças estavam sendo montadas para o 3º Festival de Teatro Amador do Litoral, em 1960, organizado pela Federação Paulista de Amadores Teatrais, com patrocínio da Comissão Estadual de Teatro.

Pedro Bandeira conseguiu papel nas duas: "Na peça do Ghelderode eram quatro personagens: rei, bufão, padre e carrasco. Plínio me escolheu para fazer o padre e Edemar fazia o bufão. Mas o pai o mandou para fora do país e Edemar nem terminou o curso do Canadá. Ele saiu, Plínio redistribuiu os papéis; entrou no elenco, completado pelo Amaury Klein e o Manoel dos Santos, e chamou o Maurice Legeard para dirigir a peça".

Melhem, que ao lado de Ercílio Tranjan acompanhava os ensaios e "sabia todos os papéis de cor", contestou Bandeira: "Maurice não dirigiu nada, só ficava olhando. E a música era do Willy Correia". A memória de Melhem falhou: a música era de Gilberto Mendes. Os três amigos, que se aproximaram de Plínio para uma amizade que durou a vida toda dele, lembraram que se dizia na época, lá em Santos: "Se você fosse da maçonaria, faria um teatro amador bom". Simples: o maçom sempre tinha um amigo dono de loja de tecidos que fornecia os figurinos dos espetáculos. "Por isso o Plínio dizia: 'Eu só faço peça de mendigo, porque o ator pode entrar com a própria roupa e a gente não gasta dinheiro com figurino'."

O grupo apoiado pela maçonaria era dirigido por Paulo Lara, que tinha prestígio como encenador na cidade e o trouxe ao mudar-se para São Paulo, onde dirigiu grandes e premiadas produções de espetáculos infantojuvenis nos anos 1970 e revelou a atriz Lucélia Santos. (Ainda em Santos, Paulo dividiu com Patrícia Galvão a direção de *Fando e Lis*, primeira peça de Fernando Arrabal encenada no Brasil.)

Na falta de papéis nas peças de Plínio, Ercílio e Melhem foram trabalhar com Paulo Lara na peça infantil *A princesa e o sapo*. "O Paulo inventou uma máscara que fedia e pesava uns oito quilos, que só apareceu na estreia, e eu, que fazia o sapo, não conseguia pular", contou Ercílio. "Eu fazia um vilão que fumava um charuto. Ensaiei com o charuto apagado e só na estreia pude acender o charuto. Tossia tanto, que passei a noite toda vomitando", completou Melhem, lembrando a risada sonora de Plínio Marcos ao ver a aflição dos amigos que o trocaram pelo grupo concorrente.

Resultado: no festival de 1960, realizado em São Vicente, as peças produzidas por Plínio Marcos fizeram a festa. *A árvore que andava* ganhou os prêmios de melhor espetáculo e melhor figurino (de Gilberta Autran, irmã de Paulo, casada com Oscar von Pfull, que depois receberia o Prêmio Governador do Estado). *Escurial* levou os prêmios de melhor ator (Pedro Bandeira) e melhor diretor (Maurice Legeard), este, por justiça, devendo ser de Plínio. Os Independentes, grupo "mais intelectualizado", que, estimulado por Pagu, se aventurou em uma peça de Ionesco, *O improviso da alma* ("L'impromptu de l'alma ou Le caméléon du berger"), iria "açambarcar quase todos os prêmios", previa a imprensa. Não ganhou nada.

O júri, integrado pelo maestro Cláudio Petraglia e pela atriz Cecília Carneiro, profissionais de São Paulo, provocou a indignação de Paulo Lara, que o acusou de "completa parcialidade", porque "a maioria dos componentes do júri foram elementos claramente ligados ao Clube de Arte". Paulo não se satisfez com a menção honrosa que recebeu pela direção de *A princesa e o sapo*. Plínio, que teve a mesma menção por dirigir *A árvore que andava*, não se envolveu na polêmica. Contentou-se com os elogios de Patrícia Galvão em sua coluna na *Tribuna* de Santos, que promoveu o evento e patrocinou os prêmios. Elogios com direito a estocar a sua falta de aplicação e de estudo: "Plínio Marcos quase que se especializou em Teatro Infantil, o que é um bem. Moço que é, deixa os seus pupilos à vontade, embora assegurando a sua parte de disciplina. Sabe ser criança quando necessário e mesmo quando dá as suas broncas as crianças estão com ele, porque nelas incute o amor, o sacrifício e o seu grande entusiasmo pela arte cênica. Todo o mundo sabe que Plínio nasceu para o Teatro. Aconselharíamos mais uma vez que ele procurasse obter um maior conhecimento, uma informação mais adulta, mesmo em se tratando de peças infantis".

A árvore que andava ainda renderia à direção de Plínio outra menção honrosa em concurso de peças infantis do Teatro de Arena de São Paulo. Com algumas substituições e o estímulo do sucesso, *Escurial* fez carreira, apresentando-se em cidades da região e do interior, em teatros de sindicatos e igrejas. Ercílio Tranjan, que entrou no papel de padre, recorda: "O ator que saiu era baixinho. Quando vesti o figurino, a barra da batina terminava no meu joelho. Eu entrava em cena e a plateia caía numa puta gargalhada que o Plínio em cena, fazendo o papel do rei, ajudava a puxar". Carreira amadora? Pedro Bandeira observa que, nessas excursões com os seus espetáculos, Plínio defendia o dele. Cobrava pelas apresentações, "e é claro que disso não sabíamos e ele jamais nos repassou um tostão". Bandeira lembra o fato, mas não se queixa nem censura o amigo: "Isso era realmente desonesto? É claro que não! Fazíamos teatro com alegria e aprendíamos muito graças àquele rapaz que só tinha o quarto ano primário, mas que nos apresentou a Molière, a Steinbeck, a Shakespeare, a Sartre, a Ionesco, a Arrabal, a Stanislavski e a Brecht. Por que, ainda por cima, devíamos ser pagos por isso? Deveríamos era pagar!".

BOM DIRETOR NÃO SALVA TEXTO MEDÍOCRE Como ator e diretor, Plínio Marcos fazia seu nome em Santos e no teatro amador. Como autor, *Barrela* ficou na memória dos que assistiram à estreia e despedida no Centro Português. O eco dos elogios de Patrícia Galvão pedia que ele escrevesse outra peça. Escrever como? *Barrela* só saiu porque a história do menino currado na cadeia o comoveu tanto que sua única reação foi escrever uma peça de teatro. O novo desafio surgiu por conta da arrogância juvenil diante da insistente campanha de Patrícia e Geraldo Ferraz.

— Eu não queria escrever, ser escritor; minha vocação era ser vagabundo mesmo, andar com o circo, jogar bola, essas coisas — disse Plínio.

Até que Patrícia fez Geraldo ler para ele *Esperando Godot*, de Samuel Beckett ("uma peça maravilhosa, uma das obras-primas da humanidade, mas difícil de ser entendida, ainda mais por um analfabeto", Plínio admitia). Quando Geraldo acabou de ler, Plínio empinou o topete: "Porra, peça igual a essa escrevo uma penca por mês". "Pois então escreva, moleque", rebateu Patrícia.

— Ela apostou que eu não escrevia. E eu escrevi *Chapéu em cima de paralelepípedo para alguém chutar*.

Escreveu, na verdade, *Os fantoches*. Depois é que mudou o título original, sabe-se lá por quê. Escreveu e começou a ensaiar.

— Eu estava tão em evidência que vendia papel. Quer trabalhar na minha peça? Custa tanto. Tinha um gordão apaixonado que pagou uma nota, o dono de um bar também pagou, e foi um puta fracasso.

Para completar o programa, Plínio incluiu, com *Os fantoches*, a peça *Jenny no pomar*, de Charles Thomas, ambas sob sua direção, produzidas pelo Teatro de Câmara. No dia 24 de agosto de 1960, o Centro Português estava abarrotado para ver as duas peças e, principalmente, o novo texto de Plínio Marcos. Mas ele cometeu um erro grave:

— Eu dei intervalo, as pessoas saíram pra mijar e não voltaram mais.

O fracasso foi o de menos. Duro foi ler as críticas. A primeira, de Oswaldo Leituga, publicada no dia seguinte em *O Diário*, acusava a superficialidade do autor ao "sugerir os problemas do capital *versus* trabalho", mas aliviava ao elogiar a "difícil qualidade de um diálogo fluente". Patrícia Galvão pegou mais pesado no dia 26, em sua crítica na *Tribuna* de Santos. O título era "Uma peça e um diretor". Portanto, bem diferente de "Esse analfabeto esperava outro milagre de circo", que Plínio cuidou de espalhar para todo o sempre. Do diretor Plínio Marcos, Patrícia não falou tão mal. Mas do autor... Sobrou até para *Barrela*: "Caracteriza (*Os fantoches*) a tentativa do autor de passar do plano da reportagem, que era o principal defeito de sua peça anterior, para um plano de criação, invadindo terreno difícil para sua experiência e seus conhecimentos, desde que há a intenção de nos proporcionar um texto de tonalidades filosóficas. E o nível mental e intelectual do autor, infelizmente, se desencontra, como possibilidade, para palmilhar o terreno ambicionado".

Portanto, chamou o autor de despreparado, não de analfabeto. Ao reconhecer mérito no manejo do diálogo, observando que a sua crítica "não invalida a opinião que temos a respeito das qualidades" de Plínio como autor e diretor, Patrícia não deixa barato: "Da reportagem, o autor saltou para o teatro das ideias e foi o que se viu. Um texto medíocre. Do texto medíocre saiu um espetáculo também medíocre".

A VINGANÇA EM BALDE DE MERDA Plínio não engoliu a seco. Logo preparou uma indigesta vingança. Quando saiu a crítica, o grupo de Patrícia Galvão, do qual participavam seus amigos Cláudio Mamberti e Tereza Almeida, ensaiava, ele dizia, "uma peça de vanguarda, que era uma merda chamada *A filha de Rasputin*".

Rasputin? Pura maldade. Dublê de místico e charlatão na corte russa de Nicolau II, Rasputin era um personagem sobre o qual Plínio pensou escrever uma peça, daí a confusão talvez proposital que registrou na memória. Não vem ao caso. O que interessa é que nem o nome da peça era o que Plínio dizia, nem o autor era uma merda. Ao contrário. A peça era *A filha de Rappaccini* e o autor, ninguém menos que o mexicano Octavio Paz. Verdade que, apesar do Prêmio Nobel conquistado em 1990, Paz não se consagrou como autor de teatro. Machado de Assis, como Plínio gostava de citar, também não, e nem por isso é menor a sua importância. O mesmo ele pode dizer de Paz, que se inspirou num conto do americano Nathaniel Hawthorne (1804-1864). *A filha de Rappaccini* havia estreado no México em 1956 e depois ganharia versão para ópera e para um filme com Vincent Price em 1963 (*Twice-Told Tales*). A escolha da peça de Octavio Paz revelava o quanto Patrícia Galvão procurava manter-se atualizada com a vanguarda do teatro. No entanto, para Plínio Marcos o que estava em jogo não era isso. E o que ele fez para se vingar? Mais uma molecagem, assim narrada pelo autor:

— Eles ensaiavam de madrugada e a gente ficou esperando eles saírem pra tomar lanche e cagamos num cartucho que era usado para pintar e colar cenário. Eles pintaram o cenário com aquilo e no dia da estreia, foi muito engraçado, um calor de Santos de 40 graus e aquele cenário fedia... Foi a minha vingança, merda com merda. Ela escreveu aquela merda sobre mim, eu joguei um balde de merda neles.

Nada disso abalava a amizade deles. As feridas se curavam nas mesas dos bares, onde toda a gente de teatro em Santos acabava reunida. Para o bem ou para o mal, a juventude passa depressa. E estava passando para aquela geração em torno de Patrícia Galvão, Maurice Legeard e, com seu temperamento afável, Geraldo Ferraz. Cada um começou a buscar seu próprio caminho.

— Tinha nove grupos de teatro amador, que brigavam de porrada, um querendo ser melhor que o outro. Esse pessoal todo saiu e Santos ficou muito triste sem eles. E como a cidade começou a ficar triste, eu fui ser camelô em São Paulo.

O vírus do teatro, porém, já o havia infectado. Com *Barrela* proibida, só lhe restava levar *Os fantoches* para onde fosse possível, em escolas, morros e sindicatos. A Patrícia arrasou a peça — "mas os caras achavam engraçada", dizia Plínio. Ele viveu 1961 entre Santos e São Paulo. "Quando resolveu ir pra São Paulo, a gente tinha muita preocupação porque ele saiu sem nada", conta Márcia, a irmã. "Um dia o encontrei com o rosto machucado e perguntei o que tinha acontecido. 'Ah, eu moro num porão com um negrão e daí eu consegui um dinheiro. Vendi meu relógio e cheguei com pão, mortadela, refrigerante, tudo pra gente comer. O negrão quis saber onde eu tinha arrumado dinheiro. Eu falei que tinha vendido o esqueleto dele pra escola de medicina, mas só entregaria quando ele morresse, e os caras me pagaram adiantado'. Daí o negrão deu uma surra no Plínio. Foi o que ele me contou."

Se não foi assim, o relato foi parecido com o que Plínio incluiria no seu repertório. Afinal, para não ficar sem trocados no bolso, ele inventava expedientes. Como o de vender o mesmo livro para várias pessoas. A Editora Agir publicou *O pagador de promessas*, peça de Dias Gomes que tinha estreado no TBC, com direção de Flávio Rangel. "E é claro que as livrarias de Santos não tinham nenhum exemplar. Daí vem o Plínio e nos diz que poderia conseguir o texto", conta Pedro Bandeira. Ele, Melhem e Ercílio, entre alguns outros, uns dez, logo se interessaram.

— Se quiserem, eu vou a São Paulo e trago o livro pra vocês — disse Plínio.

— Queremos!

— Então passem a grana.

E cada um deitou o dinheiro. Na volta, Plínio procurou o primeiro: "Está aqui a peça. Você vai ler agora? Não? Então me deixa ler, depois eu devolvo?" "Claro." Plínio foi ao segundo, ao terceiro, enfim, repetiu para todos a mesma lorota. Ercílio, o último a quem ele levou *O pagador de promessas*, reclamou:

— Porra, Plínio, o livro já está todo dobrado.

— É que eu li antes. E não reclama, não, porque você é quem vai ficar com ele.

Quando os amigos perceberam o golpe, não adiantava mais nada. "Nenhum de nós podia dizer que ele levou o dinheiro e não entregou a encomenda. Só podíamos dizer que o Plínio tinha pedido o livro emprestado e ainda não o havia devolvido", diverte-se Bandeira. "Brilhante, não? Seria vigarice? Graças a uns trocados que perdi nesse episódio, fiquei com uma história saborosíssima para contar por anos a fio! Isso não vale alguns trocados?"

Também, eles davam sopa. Plínio já havia engrupido o grupo com a venda de uma malha argentina, que ele comprava na rua José Paulino, em São Paulo, e jurava ser importada! Vender um mesmo livro várias vezes era o de menos.

CRÔNICA DE AMOR À GENTE DE SANTOS Em crônica no *Jornal da Orla*, publicada em 21 de março do ano de sua morte, Plínio voltava no tempo. Sob o título de "Esses mestres do teatro", insistia em que não se pode falar do teatro em Santos sem citar Patrícia Galvão — "a grande Pagu, um anjo anarquista que veio ao mundo para nos inquietar (que Deus seja louvado também por isso)". Mas o que pesava e valia na balança daquela crônica, quase testamento de sua relação com a cidade, era lembrar os que, a partir da década de 1950, formaram o time de artistas de Santos — "Meu Deus, que primeiro time!". Seguem-se, então, nomes e mais nomes, com inevitáveis esquecimentos que certamente serão relevados:

"Paulo Lara, Vasco Oscar Nunes, Júlio Bittencourt (o pai do Julinho músico), o pessoal do Clube de Arte, Oscar von Pfull, Gilberta von Pfull, Nélia Silva. Tanta gente que sabia das coisas! Cacilda Becker, Cleyde Yaconis, Miroel Silveira, Castor Fernandes, os poetas Narciso de Andrade e Roldão Mendes Rosa, artistas plásticos do gabarito de Nelson Andrade, Mário Gruber, Aluísio do Mosaico. Tanta gente, como a atriz Tereza de Almeida, Creusa Carvalho, os atores Sérgio Mamberti e Cláudio Mamberti, os cenógrafos Lúcio Menezes e Newton Souza Telles.

"E vieram outros, muitos outros. Gozado: uma geração ia embora e vinha outra do mesmo naipe. Depois dessa geração veio Pedrinho Bandeira, campeão de literatura infantojuvenil; José Roberto Melhem, o advogado amante das artes; Ercílio Tranjan, o publicitário filho de um grande médico. Aliás, o pai do Ercílio não era só grande médico, era o dr. Aniz Tranjan, médico do Jabaquara; ele morreu em campo atendendo um craque do nosso Jabuca. Vieram a Bete Mendes, também torcedora do Jabaquara e estrela de primeira grandeza da televisão e do teatro; Ney Latorraca, um astro; Nuno Leal Maia, dublê de artista e jogador da Portuguesa Santista. Vieram Jandira Martini, Eliana Rocha, Neide Veneziano. Todos fizeram carreira vitoriosa. Veio a geração do Carlos Pinto, um genial instigador cultural e teatral de Santos. Vieram o Marcão Rodrigues, atualmente um dos melhores diretores de teatro do Brasil; a Carolina de Freitas; o Tanah Correa, que acaba de assombrar os portugueses com um espetáculo que dirigiu lá, no Porto...

"E assim vai continuando a safra de artistas do celeiro santista, uma corriola enorme que cresce a cada ano. Vão aparecendo os cupinchas do Toninho Dantas, figuras que instigam o teatro santista como fizeram Patrícia Galvão, Paulo Lara, Carlos Pinto. E já vão surgindo o Zeca do Marcão Rodrigues, o Alexandre e o André do Tanah Correa... A turma de artistas que surge sempre na nossa Baixada Santista, graças a Deus, não acaba nunca."

Cena IV

Aos 18 anos como cadete da Aeronáutica e com Walderez de Barros em *Onde canta o sabiá*, em 1963 *(Arquivo da família)*

"De repente, surge alguém que não se preocupa em discutir a vida, mas simplesmente em viver."

"A família dele veio inteira. Tias, tios, primos, todo mundo, para se certificar de que ele havia casado mesmo."

"Nunca, em tempo algum, eu usei meus filhos como desculpa para não participar da vida. Nunca."

Plínio esgotava o seu aprendizado em Santos. Das molecagens de menino às aventuras circenses, passando pelas inúteis tentativas de jogar futebol como profissional. Viver pelos bares da cidade ou pelos cabarés no cais não lhe daria futuro. Como não lhe daria futuro o teatro amador. Em três anos o palhaço Frajola fez seu nome nos palcos da cidade como ator, diretor e autor. Via os amigos tomando rumo na vida. Viver de expediente era o de menos. Ele sabia se virar nos trambiques de camelô para não ficar sem nenhum no bolso. São Paulo era o destino inevitável de quem não se contentava com os limites, mesmo que largos, de uma cidade do porte de Santos. São Paulo seria também o destino de Plínio, que estabeleceu com ela tamanha identificação, que se transformou em personagem de lendas urbanas, mesmo que o forte sotaque santista acariocado denunciasse para sempre as origens no cais.

O ufanismo do lema, segundo o qual São Paulo não podia parar, já era contestado por urbanistas preocupados com o crescimento desordenado que poderia levar ao caos imobiliário e ao colapso dos serviços públicos. Ainda assim, o alargamento de ruas como a da Consolação e a abertura de vias de trânsito rápido, como as avenidas marginais e a 23 de Maio, apontavam para a expansão irrefreável e a ocupação de áreas antes de difícil acesso. A cidade dos bondes começava a ficar no passado quando Plínio Marcos desembarcou em São Paulo. A garoa e o frio ainda resistiam.

Na década de 1960, andava-se a pé e com certa segurança pelas ruas e praças, olhos atentos apenas nos batedores de carteira, e as distâncias eram mínimas entre os pontos nos quais Plínio estabeleceu o mapa das suas descobertas profissionais e humanas. Ao chegar de Santos, da rodoviária em frente à Estação Júlio Prestes ele seguia em linha reta pelas ruas Duque de Caxias e Rego Freitas até a Igreja da Consolação. Ali em frente estavam o Teatro de Arena e o Bar Redondo, de onde não se precisava de condução para ir aos teatros concentrados no Bexiga. Cinemas, livrarias e redações dos principais jornais estavam a um passo. Os Diários Associados, na rua Sete de Abril. Logo ao dobrar a esquina com a rua Marconi, a praça Dom José Gaspar, a Galeria Metrópole em obras, a Biblioteca Municipal e, em frente, o imponente prédio do Hotel Jaraguá, sede do jornal *O Estado de S. Paulo* e, pouco depois, do *Jornal da Tarde*. Descendo a ladeira, na rua João Adolfo, a Editora Abril, cujo parque gráfico se instalava na marginal do Tietê. Fora de mão, um pouco, ficava o prédio do Grupo Folha na alameda Barão de Limeira e *A Gazeta* na rua Cásper Líbero. Mais distantes, os estúdios de rádio e televisão da Tupi no Sumaré e da Record na rua Miruna, perto de Congonhas. Saindo do Teatro de Arena, duas quadras acima à direita, a rua Maria Antônia abrigava a maior concentração de estudantes e cabeças pensantes na Filosofia, Ciências e Letras da Universidade de São Paulo, vizinha do Instituto Mackenzie, na rua Itambé e da Faculdade de Arquitetura e Urbanismo (FAU), na rua Maranhão. Do outro lado da Maria Antônia, na rua Caio Prado, o Colégio Des Oiseaux e, atrás dele, o Sedes Sapientiae, na rua Marquês de Paranaguá, exclusivos para moças.

Nessa São Paulo, a convivência de artistas, intelectuais, jornalistas, bêbados, estudantes, andarilhos, loucos e poetas parecia o Gonzaga e o Bar Regina, em Santos, ampliados. Não estranha que Plínio se sentisse em casa. Não tinha cacife ainda para frequentar restaurantes de artistas, na rua Nestor Pestana. Em frente ao Teatro Cultura Artística, um velho casarão abrigava o Gigetto, de onde saíram garçons que abriram suas próprias casas, como Giovanni Bruno, duas quadras abaixo na esquina da Avanhandava com a Martinho Prado, e o Piolim e o Orvietto, esses já nos anos 1970. O Planeta's, na esquina da Martinho Prado com a Martins Fontes, existia, mas não era mais que um bar. Pouco abaixo do Gigetto, na Nestor Pestana, o Eduardo's, que começou como uma pequena pensão, acolhia com pratos fartos e preços honestos os artistas em início de carreira, atendidos pelo seu Assis. Cabia-lhe, com ar paternal, acalmar discussões, separar brigas e autorizar que despesas fossem penduradas para, algumas, e ele sabia, nunca ser pagas. Garçons e clientes se conheciam pelo nome nesses restaurantes. Por duas décadas eles foram as referências noturnas de toda uma geração.

ENCONTRO COM WALDEREZ ENTRE PORRADAS Plínio, no entanto, no começo se contentou com o Bar Redondo, em frente ao Teatro de Arena. Ele continuava com um pé em cada cidade. Em 1961, Milton Baccareli e Jane Hegenberg, recém-formados na EAD, voltaram a Santos para criar o Teatro Contemporâneo, na esperança de estabelecer uma companhia profissional. Contrataram Plínio para dirigir e atuar em *O fim da humanidade*, texto de Gláucio de Salle — "uma merda", ele dizia sem piedade. Esse teria sido o seu primeiro trabalho profissional, embora, como se viu, ele já recebesse alguma paga, direta ou indiretamente, pelos espetáculos amadores que fazia ou dos quais participava. Na mesma ocasião voltou ao teatro infantil, a convite de Vasco Oscar Nunes, empregado na Petrobras, que conta: "Montei no Círculo Operário de Santos *A menina sem nome*, de Guilherme Figueiredo. Plínio fazia um bruxo boa gente e Paulo Lara era o Capitão Gancho, o vilão. Participamos de um festival amador e não fizemos mais que duas ou três apresentações".

O fato determinante da mudança definitiva de Plínio para a capital foi o seu interesse por uma jovem estudante de filosofia da USP, na fervilhante rua Maria Antônia — Walderez De Mathias Martins, filha de ferroviário, recém-chegada de Ribeirão Preto. Mais que nas salas de aula, era entre outros no Bar do Zé, na esquina da rua Dr. Vila Nova, que as ideias fermentavam. As inquietações não cabiam na camisa de força da rotina acadêmica. Walderez envolveu-se com o núcleo do Centro Popular de Cultura (CPC), a convite de Fauzi Arap, que havia trocado a engenharia civil pelo teatro e, em 1961, recebeu os prêmios Saci e Governador do Estado de melhor ator coadjuvante, dirigido por José Celso Martinez Correa em *A vida impressa em dólar*, de Clifford Odetts.

Fauzi dirigiu *O balanço*, espetáculo de estreia de Walderez, que percorria escolas e sindicatos. Nos palcos semeavam-se as utopias. A agitação política e estudantil passava obrigatoriamente pelo teatro e pela música, a serviço das transformações sociais, veículos de conscientização das massas, um dos jargões da época. Mesmo quem não era admitido no Partido Comunista, caso de Walderez, ou não estivesse filiado a qualquer corrente ideológica, encontrava espaço de participação, no mínimo como linha auxiliar. Ser do Partido Comunista ou da esquerda cristã, concentrada nos grupos de Ação Católica que levaram à formação da Ação Popular (AP), tinha lá suas vantagens. Mas a disciplina quase monástica dessas organizações era um preço difícil de pagar. "Entrar para o Partido era como entrar para um convento", Walderez logo se convenceu. Não estranha que ela e Plínio tenham se dado tão bem. Nenhum deles estava a fim de se submeter a instituições que os aprisionassem.

No Festival de Teatro Universitário de Campinas, em 1961, lá estavam Plínio e Walderez, que se apresentou com *O balanço*. Só se conheceram na festa de encerramento, em que não faltou um inevitável baile. Maior agito. E bebedeira. Bebia-se e fumava-se muito nessas festas. Política à parte, aquele era um bom ambiente para paqueras e novos namoros. No baile, devidamente bêbados, Plínio e um amigo perceberam que ficar no caminho do toalete das moças podia render mais que misturar-se no salão. Sim, na época era toalete das moças. Nada de sanitário. No máximo, banheiro. Toalete era mais adequado. Walderez passou por eles e o tal amigo de Plínio deixou a mão boba encostar na perna dela. Indignada, ela se virou para o atrevido.

— Se meu irmão estivesse aqui, ele te arrebentava a cara.

De repente um punho cerrado surge do nada e acerta o rapaz, que vai ao chão. Plínio Marcos tomou as dores de Walderez e substituiu o irmão em sua defesa. Se houvesse método melhor de conquista naqueles tempos, ele não seria tão eficaz e rápido. Plínio já tinha tentado, na mesma noite, cercar a Walderez com sua lábia, sem sucesso. E ela já o conhecia de nome. "Ele era superconhecido pelo pessoal que fazia teatro amador. Em Campinas, dei com ele no meio de uma roda, falando, falando, já com muito palavrão, e o pessoal prestando atenção. Eu o abominei, achei execrável, não fui com a cara dele. Não entendia por que as pessoas ficavam babando de ouvi-lo. Achei muito grosso para o meu gosto."

Abominou, sim, até o bendito baile de encerramento do festival em Campinas. Comeu o maior pau depois do soco de Plínio no amigo. Walderez saiu de fininho e se mandou. "Dias depois ele apareceu lá na Filosofia com um enorme curativo no olho, os ferimentos de guerra, e a partir daí começou a frequentar a turma, a se entrosar. E de repente estávamos namorando. Plínio era uma ave estranha no meu ninho. Eu estava acostumada com altas discussões filosóficas e políticas, ainda um restinho de Existencialismo, quando surge alguém que não está preocupado em discutir intelectualmente a vida, mas em viver, simplesmente. Foi esse o grande fascínio que o Plínio exerceu sobre mim."

Os amigos foram os primeiros a não entender o namoro e tentar afastar Walderez daquela figurinha estranha. Roberto Ascar, hoje advogado e ator, foi um dos que a aconselharam. O namoro ficou naquele chove e não molha. Ascar, o Roberto Ruivo, cercando, como um irmão mais velho, protetor: "Éramos todos de classe média muito média. Minha situação era um pouco melhor, porque meu pai tinha uma pequena fábrica de guarda-chuvas. Nem era uma fábrica. Ele comprava a armação, escolhia os panos, cortava os moldes e entregava para costureiras montar. Para tudo isso ele tinha uma Kombi, que me deixava usar no fim de semana. Com ela eu carregava o pessoal pra baixo e pra cima. E eu achava que o Plínio não era o cara para a Walderez".

Numa festa em Embu das Artes, na casa de Solano Trindade, artista popular e agitador cultural, Walderez, que vivia se esquivando de Plínio, entregou os pontos. "Caipirinha vai, caipirinha vem, baixei a guarda e acabei entrando na dele." Quando contou ao Ascar, foi aquele discurso: "Não é possível! Logo você foi cair na conversa desse cara? Não acredito!

Ele passa a lábia em tudo quanto é moça. Vocês estavam de porre, amanhã ele nem vai mais se lembrar". Foi tanta raspança, que Walderez contou ao Plínio. Ele não se fez de rogado. Desfiou juras de amor e garantiu que as suas intenções eram sérias. Roberto Ascar ainda insistiu. Não adiantou. Logo depois estava o próprio Ascar ao lado de Walderez, Jovelty Archangelo e Roberto Vignati trabalhando sob a direção de Plínio em *A árvore que andava*, a mesma peça infantil de Oscar von Pfull que ele encenara em Santos. "Plínio era muito envolvente, conquistava a amizade de qualquer um", conforma-se Ascar ao lembrar.

DORMINDO NA RODOVIÁRIA E NO ARENA Vivendo entre São Paulo e Santos, por conta do namoro, Plínio morava onde o acaso o abrigasse. No começo dormia na estação rodoviária e passava o dia em volta do Teatro de Arena, mais precisamente no Bar Redondo. Conheceu ali o porteiro do teatro, Antonio Rocco, o Antonio Porteiro, e contava sobre esse tempo:

— Rocco ficou logo meu amigo e, quando soube que eu estava dormindo na rodoviária, abriu o Arena pra eu dormir lá. Outros, como o Ari Toledo, também dormiam lá, principalmente nas noites de frio.

Depois melhorou. Arrumou um canto na sede da União Estadual dos Estudantes (UEE), na rua Santo Amaro, no Bexiga. Walderez tinha emprego na Editora Fulgor, dos irmãos Fanelli, como revisora, e Plínio "levava aquela vida, dormindo no porão da UEE e muito preocupado com dinheiro". Quando começaram a namorar firme, ela o convenceu a se mudar para um quarto de pensão, que pagava, ficando ainda com a conta da comida: "Quer dizer, na prática, eu é que sustentava financeiramente a relação".

E assim o ano de 1962 correu. Além de apresentar *Os fantoches* aqui e ali, Plínio participou com o grupo da Faculdade de Direito de Santos do 3º Festival Nacional do Teatro do Estudante, de Paschoal Carlos Magno, em Porto Alegre. Aí Fauzi Arap o convidou para dividir com ele a coordenação do núcleo de universitários do Teatro de Arena, que atraía estudantes de diversas faculdades, entre eles José Serra, então cursando a Poli — no ano seguinte seria eleito presidente da União Nacional dos Estudantes e, muito depois, prefeito e governador de São Paulo. Os espetáculos criados por esse núcleo universitário eram encenados no Arena aos sábados à tarde. Ali, em 1963, Plínio Marcos se apresentou como autor, com *Os fantoches* e uma nova peça, *Enquanto os navios atracam*, que começou a ensaiar com Walderez, dirigidos por Fauzi que logo desistiu. A peça seria retrabalhada depois e receberia o título definitivo de *Quando as máquinas param*.

Lauro César Muniz, formado na primeira turma do curso de dramaturgia da EAD em 1960 e que o conheceu nesse período, não se conforma: "Conheci o Plínio logo que ele chegou a São Paulo, no Redondo. Cabelinho curto, preto, vestindo calça azul-marinho, camisa branca. Parecendo mais novo que eu, embora não fosse. Ele era uma espécie de faz-tudo no Arena, onde até dormia, e é espantoso que não tenham percebido o Plínio como dramaturgo. Ele já havia escrito uma de suas peças mais importantes, *Barrela*. E lá no Arena ninguém pegou e analisou aquele texto e viu o seu valor? Justamente no Arena, que criou um seminário de dramaturgia e formou tantos dramaturgos, ninguém percebeu que estava ali o maior de todos? Plínio vivia com um calhamaço sem cópia debaixo do braço, uma peça chamada *Macabô*, que mostrava pra todo mundo. Vou fazer essa peça no Arena, ele dizia. Ninguém nunca se interessou por essa peça. Eu mesmo não dei importância. Ninguém. Curioso isso".

Ao contrário de Lauro, Nelson Rodrigues não achou nada estranho nem curioso quando comentou o aparecimento de Plínio anos depois: "E o Arena? Por que foi tão surdo, cego e mudo para os méritos e os palavrões de Plínio? Não há mistério. Um autor só é solidário com o outro autor no velório do concorrente".

GUARDA EGÍPCIO PARA CARREGAR CACILDA Entretanto, foi no Teatro de Arena que, em março de 1963, Plínio estreou como ator profissional em um pequeno papel de *O noviço*, de Martins Pena. Entrou para substituir Ari Toledo, que já começava a faturar mais em shows, contando piada e cantando O *comedor de gilete*, de Carlos Lira e Vinicius de Moraes, e, meses depois, *A canção do subdesenvolvido*, de Lira e Chico de Assis. Ao mesmo tempo, Plínio se aproximou da atriz Cacilda Becker, que, nascida em Pirassununga, era o grande nome do teatro nacional ligado a Santos, onde começou a carreira como bailarina, incentivada por Miroel Silveira.

Cacilda havia convencido o deputado João Mendonça Falcão, eterno presidente da Federação Paulista de Futebol, a ceder o auditório no segundo andar da sede da entidade, na avenida Brigadeiro Luís Antônio, 912, para instalar ali o seu teatro. E o que era o Teatro Federação não demorou a ser conhecido com o nome da atriz. Foi onde Plínio estreou como diretor profissional, retomando a peça infantil de Oscar von Pfull, *A árvore que andava*, que fizera em Santos. Lembra Maria Thereza Vargas, então secretária da atriz, que, em conversas nas escadas do teatro, ele tentava se vender como autor.

— Sabe que eu também escrevo peças de teatro? — deixava escapar como quem não quer nada, pra ver se emplacava.

— Ah, é? — desconversava Cacilda.

O máximo que conseguiu foi ganhar a amizade da atriz e ser aprovado em um teste para dois pequenos papéis — 1º guarda egípcio e carregador — em *César e Cleópatra*, de Bernard Shaw, que estreou no dia 19 de abril. Cacilda, que passava por outra curta separação de Walmor Chagas, chamou, para dirigi-la e interpretar César, Zbigniew Ziembinski. No elenco de vinte atores estavam Raul Cortez, Stênio Garcia, Fredi Kleemann, Kleber Macedo, Jorge Chaia, Graça Mello, Adriano Reys. E Plínio Marcos, cuja cena mais difícil era carregar Cacilda-Cleópatra enrolada num tapete. Como não havia deixado o elenco de O *noviço*, muitas vezes ele saía correndo de cena do Arena para chegar a tempo ao Teatro Cacilda Becker, lembra Roberto Ascar.

César e Cleópatra foi um alto investimento e um enorme fracasso. Saiu de cartaz em seis semanas, substituído às pressas, em 26 de maio, pela comédia O *santo milagroso*, do estreante Lauro César Muniz, com direção de Walmor Chagas, que já se reaproximara de Cacilda. Para

Sábato Magaldi, *César e Cleópatra* foi "um desastre como espetáculo e, pior, um enorme desastre financeiro". Plínio Marcos bateu mais duro: "Ziembinski montou a peça pra ele, tudo era feito pra ele aparecer". E não economizou palavras:

— A peça foi um fracasso, mas o Ziembinski foi um sucesso. Tanto que ele ganhou o prêmio Saci, acho que o único que ele ganhou como ator em toda a vida. Foi muito ruim, não tinha chegada para o público e Cacilda ficou vendida em cena. Uma sacanagem! Ela não era uma mulher glamourosa, mas tinha cenas em que teria de ser. Então, se fodia toda. E isso a gente via, mas não tinha como falar. As pernas dela eram muito finas, mas ele a punha pendurada na esfinge do cenário, com as pernas à mostra. Quando abria aquela cena, o público ria. Foi um terror, com muitas discussões e brigas. O elenco se rebelava contra o Ziembinski, porque ele mudava a iluminação e aí todo mundo ficava no escuro, mas ele, no claro.

CORAGEM DE MENINO FIEL A SI MESMO Em *O santo milagroso* Plínio já não entrava mudo e saía calado. Dessa vez tinha até um personagem, Juca Pescador, e sua participação "era engraçada, com momentos hilariantes", lembra Lauro César. O que mais marcou, porém, na memória do autor foi a presença de Plínio nos debates com os estudantes, depois das apresentações. Como Ariano Suassuna no *Auto da Compadecida*, Lauro questionava valores religiosos, antecipando o ecumenismo ao colocar um padre católico e um pastor protestante convivendo com as suas diferenças numa pequena cidade do interior. Nos debates, o autor ficava no palco ao lado de Cacilda e de Walmor conversando com os estudantes. Plínio sentava-se na plateia, só ouvindo.

Lauro César conta:

"Em um desses debates, nós tratávamos os temas da peça cheios de cuidado, evitando qualquer palavra que soasse heresia e ofensa a alguma religião. Havia em nós certo medo de dizer as coisas. Foi numa dessas vezes em que a gente escolhia as palavras que o Plínio se levantou e, voz forte, falou com clareza e sem nenhuma censura das questões tratadas na peça. A comédia punha o dedo em muitas feridas e o Plínio mostrou isso. Fiquei admirado com a coragem daquele menino com jeito de moleque. Criei uma ligação forte com ele, que foi até o fim da vida. Naquele dia eu vi que estava diante de um cara fiel, honesto, que não se importava nem um pouco com o que dissessem dele, nem de entrar em choque com as ideias dos outros. Era eloquente, forte, vibrante, verdadeiro. Estava diante de uma pessoa fiel a si mesma e aos amigos. Ele não fazia média".

O santo milagroso refez a companhia do fracasso de *César e Cleópatra*. No final de 1963, Cacilda e Walmor convidaram o autor e diretor pernambucano Hermilo Borba Filho para dirigir a comédia *Onde canta o sabiá*, de Gastão Tojeiro. Anos antes, em 1956, Hermilo apresentara ao teatro e ao público de São Paulo o jovem Ariano Suassuna e o seu *Auto da Compadecida*. Na comédia de Tojeiro, Plínio Marcos e Walderez em papéis coadjuvantes estavam em cena, pela primeira e única vez. Juntos no palco, eles decidiram morar também na mesma casa. Sairia mais barato.

Plínio dispensar o casamento de papel passado não provocaria espanto em dona Hermínia, já conformada com o filho na contramão de todas as expectativas familiares. Mas em dona Carmélia a decisão repentina provocava outra suspeita de lhe tirar o sono, a de que a filha estivesse grávida. "Ela não acreditou muito quando eu disse que não estava. Só foi acreditar mesmo quando o Leonardo nasceu no prazo regulamentar, nove meses depois do casamento, em setembro de 1964." Então, se casar era a vontade da filha, que fosse dentro das regras. Assim entendia a mãe de Walderez, que era chamada de tudo, menos de Carmélia. Dona Carmem para os amigos, Lita para os mais chegados da família ou apenas Camé, para o marido Odon.

"Minha mãe estava mal de saúde e a gente sabia que ela queria muito nos ver casados, para poder dizer pra todo mundo que a filha dela se casou de acordo com a lei." Walderez vivia a sua fase ateia. "Mas a alegria de costurar o meu vestido de noiva, essa eu não dei pra ela. Sei que queria que eu me casasse na igreja, de véu e grinalda. Eu e o Plínio conversamos com ela e dissemos que não dava. Não vou casar na igreja porque é só uma convenção, eu disse. Vai ser um desrespeito, já que eu e o Plínio não acreditamos nisso." O que não tem remédio, remediado está, conformou-se dona Carmem. Pelo menos a filha casaria de papel passado. Mas como, se os dois trabalhavam no teatro de terça a domingo? A saída foi marcar uma segunda-feira, dia de folga no teatro — e também nos cartórios de paz. Ninguém se casa numa segunda-feira, estranhou o juiz. Foi um custo convencê-lo.

O casamento ficou marcado enfim para as nove da manhã de 16 de dezembro de 1963. Às nove em ponto, porque o juiz não estava a fim de perder uma pescaria por causa dessa gente de teatro. Para facilitar, foram todos ao cartório do Ipiranga, bairro onde moravam dona Carmem e seu Odon. Depois da cerimônia sem pompa e circunstância, e que não durou mais que cinco minutos, o juiz expulsou noivos e convidados, para não perder a pescaria, e foram todos à casa dos pais de Walderez para o almoço das famílias. A do Plínio compareceu em peso, feito torcida organizada, para vê-lo de terno e gravata. "Como ninguém acreditava que ele fosse se casar um dia, a família dele inteira estava lá. Tias, tios, primos, todo mundo, como se quisessem se certificar de que ele havia casado mesmo", diverte-se Walderez. A lua de mel — casamento que se preza tem que ter lua de mel, diria dona Carmem — foi passada em Caraguatatuba, no litoral norte, aproveitando a folga na terça-feira com que Cacilda os presenteou. Eles viajaram na segunda à tarde e na quarta estavam de volta para fazer o espetáculo à noite.

O casamento ganhou uma segunda comemoração, patrocinada por Cacilda Becker e Walmor Chagas no domingo seguinte, 22 de dezembro. No fundo, Cacilda esperava ser a madrinha. Compreendeu que se tratava de uma escolha familiar, mas, na festa em seu apartamento na avenida Paulista, ela cuidou para que o ritual religioso se cumprisse à risca. À luz de velas, Walderez e Plínio entraram como se entrassem numa igreja, com direito ao ator Fredi Kleemann vestido de padre a recebê-los e abençoar a união sob os olhares cúmplices do elenco de *Onde canta o sabiá*.

RÉQUIEM PARA TAMBORIM ESTREIA NA TV Casado, com a mulher grávida, pronto para se tornar pai de família, Plínio se dividia entre o Teatro de Arena e o Teatro Cacilda Becker. De quebra, vendia espetáculos em escolas para a companhia de Nydia Licia e Sérgio Cardoso e conseguiu emprego na TV Tupi. Tanta viração aliviava, mas não resolvia nem dava para manter uma casa. Logo depois do casamento o casal se mudou para a residência de Márcia, irmã de Plínio, na rua Luís Góes, na Vila Mariana.

Ficaram alguns meses e saíram de lá porque andou batendo polícia na porta a três por quatro. Plínio tinha se desentendido com alguns policiais que tentaram parar o espetáculo *Arena canta Bahia* no TBC e agora eles não saíam da sua cola. Da Vila Mariana eles foram para a casa dos pais de Walderez, no Alto do Ipiranga. Também era um jeito de ficar perto e cuidar de dona Carmem, muito doente, que sonhava com o primeiro neto. Um ano e quinze dias depois de Leonardo nascer, em 21 de setembro de 1964, ela morreu. Morreu no dia da estreia para convidados e críticos de *Reportagem de um tempo mau*, uma colagem feita por Plínio, com Cláudio Mamberti, Ney Latorraca e Walderez, que saiu direto do cemitério para o Teatro de Arena.

No início de 1964, Plínio procurou Benjamin Cattan, ator e diretor do programa *TV de Vanguarda*, na Tupi, na esperança de conseguir emprego como ator ou roteirista do teleteatro. Saiu com o emprego de "chefe de estúdio", por um salário que "era uma ninharia", e a aprovação do seu texto *Réquiem para tamborim*. O programa, dos mais prestigiados da emissora, foi um espaço de experimentação que jamais se repetiu na televisão brasileira. Exibia ao vivo textos consagrados de grandes autores e também novos e inéditos. Foi assim que, no carnaval de 1964, Plínio estreou como autor de televisão. O jornal *Diário da Noite*, do grupo Diários e Emissoras Associados, de Assis Chateaubriand, ao qual pertencia a emissora, anunciou em 9 de fevereiro a estreia de *Réquiem para tamborim* e um novo autor, "ator e funcionário do Departamento de Tráfego da TV Tupi". Nos meses seguintes, Cattan garantiu um extra ao amigo, escalando-o como ator nos teleteatros *Chaga de fogo*, de Sidney Kingsley,

A visita da velha senhora, de Friedrich Dürrenmatt, e *A vida e a morte de Quincas Berro d'Água*, adaptação da história de Jorge Amado.

Semanas depois da estreia de Plínio como autor na televisão, veio a ditadura. O Brasil assistiu ao golpe militar que destituiu o presidente João Goulart, em 31 de março, e colocou em seu lugar o marechal Humberto de Alencar Castelo Branco, começando um regime político de exceção que se arrastaria por vinte anos. A vida, mesmo com soldados nas ruas e prisões políticas, seguia o seu curso. Enquanto se arriscava na televisão, no Teatro de Arena Plínio se aproximou do pessoal do samba e, por encomenda, escreveu um texto para alinhavar o repertório do show *Nossa gente, nossa música*, dirigido por Dalmo Ferreira para o Grupo Quilombo, que reunia alguns jovens compositores como Haroldo Costa e Elton Medeiros. A Censura, agora como linha auxiliar da ditadura, cortou três páginas do texto e inviabilizou a estreia prevista para 14 de julho. Sem contar *Barrela*, proibida desde Santos, começava ali o confronto direto de Plínio com os censores.

Antecipando-se ao samba de Chico Buarque — "você corta um verso, eu escrevo outro" —, em 1965 ele escreveu *Reportagem de um tempo mau*, costurando citações da Bíblia a Bertolt Brecht. Com direção de Léo Lopes e direção musical de Carlos Castilho, os ensaios começaram com Benê Silva, Célia Watanabe, Regina de Marília, Toni Penteado, Walter Cunha e os santistas Cláudio Mamberti e Ney Latorraca. Na estreia, em 11 de outubro, o certificado da Censura chegou proibindo a peça, como lembra Walderez, que também estava no elenco: "A gente meio que sabia que o espetáculo seria proibido, porque a resposta da Censura estava demorando muito e esse era um mau sinal. Mesmo assim nós marcamos a estreia e convidamos os críticos para uma apresentação fechada, quando chegou a proibição".

A peça de Plínio não foi a única proibida naquela leva da Censura. Havia também uma de César Vieira (pseudônimo do advogado Idibal Piveta), *Os sinceros*, e mais uma dezena. A classe teatral se reuniu no Teatro Oficina para redigir um manifesto ao presidente Castelo Branco, pedindo a liberação das peças. Conhecido por sua proximidade com intelectuais, como a escritora Raquel de Queirós, cearense como ele, e por seu gosto pelo teatro, o marechal-presidente teria uma chance de fazer um gesto de boa vontade aos artistas. Plínio guardou a reunião na memória e a revelou em entrevista ao Folhetim da *Folha de S.Paulo*, em julho de 1977:

"A classe teatral não deixou entrar nem a minha peça, nem a do César Vieira, nesse manifesto, porque eles achavam que podia dar a impressão de que a gente era autor querendo aparecer. O Castelo Branco liberou, então, as outras dez peças e a minha e a do César ficaram proibidas para sempre. A assembleia foi no Teatro Oficina. As pessoas que lideraram esse movimento de não deixar as nossas peças entrarem não vêm ao caso agora. Elas não estão nem no Brasil".

Se servisse de consolo, e não serviu, naqueles dias *Histórias de subúrbio*, de sua autoria, pegou terceiro lugar no concurso de peças nacionais do programa *TV de Vanguarda*. Um terceiro lugar que não valia nada, pois só os dois primeiros — *O matador*, de Oduvaldo Vianna Filho, e *A ilha no espaço*, de Osman Lins — foram produzidos e exibidos. Em julho, o programa anunciou quatro novas peças, entre elas *Macabô*, uma versão afro-brasileira de *Macbeth* de Shakespeare, assinada por Plínio em parceria com Benjamin Cattan. Ficou no anúncio, pois o teleteatro não saiu do papel. Plínio não desistiu. Encontrou numa coletânea de contos em sua casa *O terror de Roma*, do escritor italiano Alberto Moravia. Fez uma adaptação em três atos para o *TV de Vanguarda*, que foi recusada. Mas, ao contrário de *Macabô*, que se perdeu no tempo, o conto de Moravia seria retomado para mudar a história e a vida de Plínio Marcos, no ano seguinte.

FAMÍLIA, PARA SEMPRE PORTO SEGURO Com a morte de dona Carmélia, no dia da estreia proibida de *Reportagem de um tempo mau*, e decidido a viver de teatro, o casal trocou o Ipiranga por um apartamento no centro da cidade, na rua General Jardim, ao lado do Teatro Aliança Francesa, onde já moravam Paulo José e Dina Sfat. "No apartamento, não tínhamos móveis, a mesa da sala era um caixote", lembra Walderez, às voltas então com os cuidados ao filho recém-nascido, Leonardo. Cuidados que dividia com Plínio, que revelou uma faceta inesperada, a de "um pai fantástico", segundo ela.

"Cada filho que nascia era um grande acontecimento, uma festa. E para cada um o Plínio inventava uma história. Leonardo, que foi o primeiro, era o *Capitão*. O Kiko (Ricardo) nasceu quando as coisas estavam começando a melhorar materialmente para nós, um mês antes da estreia de *Dois perdidos*, por isso tinha em torno dele toda uma história de boa sorte. Já com a Aninha (Ana Carmelita) foi a história da filha mulher que ele sempre desejou e acabou vindo. Depois que nasceu o Kiko a gente já achava que era hora de parar, mas o Plínio queria tanto uma filha que acabamos fazendo mais uma tentativa, sete anos depois. Os três, na verdade, foram planejados. Nasceram porque a gente, conscientemente, decidiu tê-los."

O relacionamento de Plínio com os filhos foi sempre de corujice explícita. O que se aplicava, aliás, a toda a família, "um porto seguro ao qual se podia voltar", observa Walderez. E justamente em relação à família, ela diz, revelava-se "um traço marcante da personalidade de Plínio: a generosidade, a sua capacidade de doação em todos os sentidos, aquela coisa de ser o pai provedor, de estar sempre atento para atender às vontades dos filhos". Isso tinha a ver com seu "profundo amor pela humanidade", que o fazia ampliar o círculo familiar, somando a ele amigos e pessoas com quem convivia nas ruas, nos bares, na noite. Conta-se que disfarçadamente ele enfiava dinheiro no bolso de amigos que estavam na pior. Se depois esses amigos vinham agradecer, ele desconversava:

— Pensa que sou louco de pôr dinheiro no bolso de qualquer um?

Era. Com os filhos, ele se desmanchava. Não como um pai babão, mas se desmanchava. Sem pieguice, sem bajulação. "Um dia ele me viu tocando violão com um amigo. 'Olha aqui, se quer fazer música tem de aprender com quem sabe das coisas.' E me levou para conversar com o José Ramos Tinhorão. Que outro garoto, na minha idade, teve o privilégio de conhecer um cara como Tinhorão?", recorda Leonardo, que para não ser Leonardo Barros se tornou Léo Lama, nome que o pai ajudou a inventar. Músico, escritor e autor teatral como o pai, Léo o acompanharia depois em palestras, tocando violão, cantando as próprias músicas. "Às vezes ele me fazia acordar cedo para ir com ele nas escolas; eu resmungava, ficava puto, mas ia, meio dormindo, meio acordado."

RELAÇÃO EXPLOSIVA E TEMPERAMENTAL Nem tudo era calmaria. Ser filho de Plínio Marcos custava mais que ter que acordar cedo vez ou outra. O seu temperamento foi motivo de vários atritos com Léo, que se acirraram quando o filho chegou à idade adulta. O fato é que a vida de Plínio em família sempre foi, diz Walderez, marcada por uma relação emocional. "Isso significa que ela podia ser, às vezes, bastante explosiva, temperamental. Quebrava o maior pau num dia e no outro o Plínio podia estar de joelhos, fazendo as pazes, abraçando e beijando." Uma família, enfim, como muitas, ela garante. Até o fim, no Natal, reunir-se em casa com os filhos — e depois os netos — para Plínio era de lei, com jantar, troca de presentes e tudo o que a festa exige. Sem falar dos almoços de domingo, aos quais ninguém podia faltar. "Eles já estavam separados e a Walderez dizia que precisava voltar correndo das viagens ao interior para preparar o almoço de domingo", testemunhou Eduardo Tolentino de Araújo, diretor do Grupo Tapa, com o qual a atriz excursionou no espetáculo *Nossa cidade*, em 1989. Depois da separação, os almoços de família foram transferidos para a segunda-feira e aos poucos foram rareando. Mas este é outro assunto.

Da rua General Jardim, a família se mudou para um apartamento próprio, na rua Turmalina, no bairro da Aclimação, adquirido na maré alta do sucesso das peças de Plínio, junto com um sítio em Ribeirão Pires, na Grande São Paulo. Dez anos depois, em 1977, eles foram para outro endereço, na rua Picarolo, em elegante prédio atrás do Museu de Arte de São Paulo, comprado com a venda do imóvel da Aclimação e do sítio.

Com os padrões razoáveis de uma família de classe média, Léo e Kiko puderam frequentar, desde pequenos, escolas particulares. A primeira e mais marcante, a Carrossel, na rua Marquês de Paranaguá, por indicação da atriz Marlene França, que tinha o filho André Hipólito Matarazzo matriculado lá. Em pouco tempo a escola se tornou a preferida da gente de teatro. Estudavam nela o Denis, filho de Etty Fraser e Chico Martins; o Hiran, da Irene Ravache; as filhas de Lauro César Muniz; Júlia Lemmertz, filha de Lilian e Lineu Dias; Maria Clara, da Cacilda e do Walmor; e Marcelo, filho de Terezinha Sodré e Carlos Alberto Torres.

Mas, por muito pouco, Leonardo e Kiko não tiveram de sair da escola. Walderez só soube do ocorrido tempos depois: "A dona era uma mulher excepcional, dona Carminha, cujo sobrenome eu não consigo lembrar. Quando os meninos estavam na pré-escola, com a repressão política no auge, um grupo de pais de alunos se reuniu com a direção para pedir que os filhos do Plínio Marcos fossem expulsos. Afinal, eles diziam, onde já se viu um autor de peças cheias de palavrão... Dona Carminha pôs todo mundo pra correr, dizendo que não admitiria aquilo na escola dela e quem não estivesse satisfeito que tirasse o filho de lá, porque ela jamais expulsaria os meninos só pelo fato de ser filhos de quem quer que fosse".

Entre o fim da infância e o início da adolescência de Léo e Kiko, quando eles já estavam no Colégio Palmares, a barra pesou para a família. Plínio perdeu a grana que recebia como colaborador na imprensa, as suas peças continuavam proibidas, as possibilidades de trabalho, reduzidas. Partiu para a literatura, editando seus próprios livros, que vendia em palestras e depois nas ruas e portas de teatro. Tempos difíceis, sobre os quais ele refletiu antes de morrer:

— Graças a Deus, tenho o orgulho de dizer para os meus filhos que nunca, em tempo algum, eu os usei como desculpa para não participar da vida. Nunca me privei de porra nenhuma, de viver a minha vida por causa deles, alegando a existência deles como desculpa para não participar. Tem gente que vive alegando que mulher e filhos são o estorvo deles. Eu, não. Por isso é que eu gosto deles pra caralho. Nunca deixei eles me encherem o saco por isso. Walderez e eu tínhamos na consciência que a melhor coisa era a gente não ter lastro. Aí eu posso ficar fluido, não preciso estar preso a nada. Tenho que ser como a água, fluido. Vou pra cá, vou pra lá. Eu sou o espírito, sou fluido, não estou preso. Então, tudo que era excesso, a gente dava. Sempre demos tudo, porque não precisávamos, tínhamos demais. Tínhamos casa, a Walderez tinha carro, as crianças estavam na escola. De que mais precisávamos?

FILHO EM ESCOLA É AMANTE ARGENTINA Coube a Walderez cuidar da educação formal dos filhos e acompanhar o seu desempenho escolar. Às vezes, Plínio entrava, "para fazer figuração, porque quem aguentava a barra e cobrava" era ela. Se por mais não fosse, porque ele não tinha boas lembranças das escolas por onde passou. Então, melhor era deixar o assunto por conta da mãe, a quem sobra quase sempre o controle e a educação dos filhos. "Nesse ponto a nossa família não era diferente da maioria", resume Walderez.

Se, em casa, a relação de Plínio com os filhos era emocional, em público ele se derramava. O ator Francarlos Reis, parceiro de longas noitadas no restaurante Gigetto, perdeu a conta das vezes em que o escutou anunciando Léo Lama como o melhor novo autor de teatro que estava surgindo: "Ele vivia elogiando o Léo como escritor, babava sobre a beleza da Aninha e o talento de ator do Kiko". Léo, como o pai, não se dava muito bem com a instituição escolar. Aninha foi mãe muito jovem, com dezesseis anos, e a chegada de Rafaela a afastou dos estudos regulares. Dos três, Kiko era o mais aplicado. Ar sério, voz grave. Quando prestou o serviço militar, pediu ao pai para não visitá-lo no quartel. Motivo? Na primeira e única visita, um soldado perguntou para Plínio:

— Em que companhia está o seu filho?

— Em má companhia, porque ele está aí dentro.

"Os caras ficaram putos da vida", conta Kiko. "Porra, pai, não vai me visitar mais", apelou.

Ao sair do quartel, em 1985, Kiko queria fazer cursinho.

— Pô, você sai do Exército e entra no cursinho, vai ficar louco. Não vai fazer cursinho porra nenhuma. Você é mergulhador, então vai mergulhar, sai atrás de praias por aí.

— Mas, pai, eu vou viver do quê?

— Não se preocupe com isso, a gente manda um pouco, o Léo, a Walderez e a Aninha mandam um pouco e você vai vivendo.

Então Kiko saiu pelo mundo. Na volta, ameaçou ser ator. Desistiu. Preferiu estudar biologia marítima. Mas nem tudo estava perdido. Como toda a família Barros, na avaliação de Plínio, Kiko era bom de bola. Belo dia, estudando no Vale do Paraíba, ele telefonou:

— Acho que eu vou te dar uma boa notícia, pai. Vou ser o goleiro da seleção universitária de Taubaté!

— Que bom, procura o treinador do Taubaté, o professor José Teixeira, que foi técnico do Corinthians. Fala que é meu filho e você vai pegar o lugar, porque não é possível que você seja pior que o goleiro do Taubaté. Eu vi o Taubaté jogar e é um time ridículo. Então vai lá.

— Mas, pô, é verdade?

— Claro, vai lá, que eles te dão uma grana que equivale a uma bolsa. Você tem que saber que eu estou pagando sua escola, e ter filho em escola é pior que ter amante argentina.

Quando faltavam dois dias para o treino, Kiko caiu da motocicleta e quebrou o braço. Aninha conhecia bem o irmão. Ao ouvir a notícia, não teve dúvida:

— Ele se jogou da moto.

— Como? Ficou louca, Aninha? Acha que ele ia quebrar o braço de propósito?

— Pai, você acha que ele ia querer ser jogador do Taubaté?

— Mas ele ia ser da seleção universitária!

— Pai, eu fui ver um treino dele e eram mais de cem meninas gritando: "Vai nessa, amor! Pega essa, amor!". O apelido dele lá é Amor!

Essa história, com tantos detalhes, era Plínio quem contava. Kiko, com o aval de Aninha, garante que não foi bem assim, mas ambos admitem que a versão do pai é mais interessante e divertida, então é melhor não mexer. Plínio enfim se convenceu de que o filho, que não se deixou levar pela promessa de ator, também não estava a fim de ser jogador de futebol. Muito menos goleiro do Taubaté. Traçou o próprio caminho, seguiu a sua vocação com independência, para orgulho de Plínio que, à sua maneira, contava a saga do filho:

— Ele se formou em biologia marítima e saiu por aí. Foi morar numa ilha chamada Trindade. Ficou quatro meses salvando tartaruga. Não ganhou um puto, mas voltou feliz porque salvou duas tartarugas. Agora arrumou emprego de guia ecológico. Quando cheguei ao festival de teatro de Curitiba, um cara me falou que tinha ido recentemente numa caravana pra Machu Picchu e o guia era meu filho Kiko. Em seguida, no teatro, um cinegrafista da televisão me falou: "Pô, sabe quem é um grande amigo meu? O seu filho Kiko, ele namora uma menina da minha rua". Eu falei, cazzo, todo mundo gosta do Kiko! Daí ele foi pra Fernando de Noronha. Arrumou uma moça que o contratou pra fotografar tubarão. Porra, Kiko, tubarão? E se o tubarão olhar pra você, você faz o quê? [*Imitando a voz grave do filho:*] Se ele sorrir, eu sorrio.

Com algumas separações temporárias, o casamento com Walderez de Barros durou até o início de 1984, 21 anos. Bem antes, em 1977, ao se mudarem da casa na Aclimação para o apartamento na Bela Vista, ela já sentia que o relacionamento balançava. "A bem da verdade, eu nunca tive uma relação tranquila com o Plínio", admitiu depois. "Sempre me senti segura no sentido de tribo, que nunca perdemos. Todos que o conheceram e tiveram uma relação afetiva com ele sabem que o Plínio era uma pessoa em quem se podia confiar absolutamente. Tornava-se amigo para sempre. Falo amigo como poderia falar amante. Valia também para as suas relações com as mulheres. Por isso, mesmo depois da separação, eu sabia que podia contar com ele, como ele contava comigo."

Verdade. Ele se orgulhava de Dereca, que era como tratava Walderez em família. Convencido de que o fato de ser casada com ele criou para ela dificuldades na carreira, vivia dizendo que "foi a atriz mais proibida do teatro brasileiro". Por ela bateu boca com críticos e até com amigos. Lauro César Muniz se lembra da única vez em que Plínio se alterou com ele, no Gigetto. "Nem foi exatamente comigo. Foi com a televisão e todos os autores de novela. 'Você e seus amiguinhos da TV Globo só escalam a mesma corriola de sempre e não chamam uma das melhores atrizes deste país, que é a Walderez', ele dizia."

E quando ela fez sucesso em O *rei do gado*, em 1996, Plínio estufava o peito:

— Deram-lhe um papel de merda na novela e ela foi crescendo, crescendo, e no final era uma das protagonistas.

Quanto à vida pessoal e afetiva, ele reservava o silêncio. O jornalista Quartim de Moraes, autorizado por Plínio, começou em 1991 a pesquisar e levantar depoimentos para uma biografia. Trabalho sem pressa, minucioso. Dois anos depois, quando ele insinuou perguntar sobre suas namoradas, Plínio terminou a conversa. Não quis mais saber da biografia. Quartim parou o trabalho e o material coletado, incluindo depoimentos, foi para a gaveta. Ele só o desengavetou agora, para servir generosamente a esta biografia. Seja feita a sua vontade, Plínio. Walderez, que nunca ignorou as aventuras do companheiro, tem igual discrição sobre o período em que estiveram casados.

— Eu tenho três filhos, quatro netos, um enteado, o Tiago, filho da Vera, que são pessoas de muita generosidade!

Foi o que Plínio disse publicamente em 1998, no Festival de Teatro de Curitiba. Era assim, certamente, que escreveria em sua biografia. Faltou um filho, então com 27 anos, nascido no Rio de Janeiro de breve relação com uma atriz. Plínio não o nomeou. Mãe e filho também preferem ficar à margem dessa história de vida. Assim seja.

Cena V

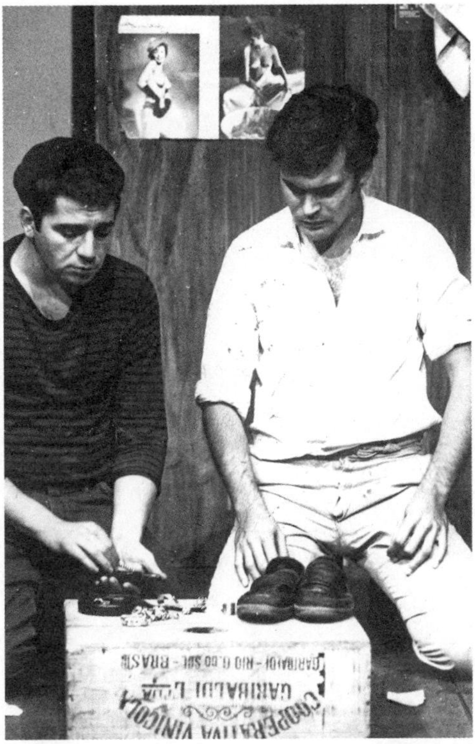

Com Ademir Rocha em cena de *Dois perdidos numa noite suja* em 1966 *(Foto: Folhapress)*

"Para estrear tive que pagar 70% da bilheteria ou então não estreava. Claro, se eu fosse do Partido..."

"O Teatro de Arena tem um vigia que escreve peças? Ora, tenho mais o que fazer..."

"Este jovem autor não é uma promessa; é uma certeza. Vai ser duro tirá-lo de titular. O moço é bom de bola."

No início de 1966, se as portas do teatro não se abriam, as da televisão também não ofereciam muito futuro para os textos de Plínio Marcos. Com um filho para criar e outro a caminho, para pagar as contas ele se contorcia "mais que mãe de porco-espinho na hora do parto", como gostava de dizer. De uma coisa tinha certeza, sua vocação era o teatro e dele é que deveria viver. Só não podia ficar esperando a oportunidade aparecer. Precisava criá-la. Pensou então em uma peça com poucos personagens, dois no máximo, cenário e figurinos que exigissem custo zero. Pegou *Os fantoches*, que, apesar da recepção nada calorosa que recebera de Patrícia Galvão, havia continuado apresentando onde podia. Fez nova versão, deu o título de *Chapéu sobre paralelepípedo para alguém chutar*, mandou o texto para a Censura e, enquanto esperava a autorização, começou a ensaiar em fevereiro. Perdeu seu tempo. Em 29 de abril, saiu a decisão do censor proibindo a peça. No seu parecer, o censor Geraldino Russomano escreveu que levou em conta "somente o tema a ser censurado", sem cogitar "se o autor é famoso ou não, ou se é principiante ou veterano". E o autor, um desconhecido que, nas suas próprias palavras, "brigava sozinho e não conseguia nem o apoio da classe teatral", não tinha com quem chorar as pitangas.

Segurando-se como podia até em fio desencapado, Plínio aceitou convite de Augusto Boal e Gianfrancesco Guarnieri para administrar a temporada do espetáculo *Arena conta Zumbi* a ser feita, em agosto, em

Porto Alegre, no Teatro Leopoldina. "Uma pessoa maravilhosa, um cara simpático e muito engraçado", foi a primeira impressão que ele provocou na atriz e cantora Marília Medalha, conforme depoimento a Izaías Almada. Marília contou: "Ele vivia no nosso quarto. Jogávamos cartas e falávamos de diversos assuntos. Eu me lembro de que a Dina Sfat ganhou de presente um livro que falava da responsabilidade sexual da mulher e me sugeriu que o lesse também. Depois, conversamos com o Plínio sobre o assunto, falamos de orgasmo, enfim, de tudo o que uma jovem como eu imaginava que fosse a liberdade".

O que Marília Medalha e Dina Sfat não sabiam é que Plínio Marcos aproveitara aquele mês em Porto Alegre para retomar a adaptação para teleteatro do conto *O terror de Roma*, de Alberto Moravia, recusada no programa *TV de Vanguarda*.

O conto é sobre dois bandidos que barbarizam a Roma do pós-guerra e que se confrontam na disputa por um par de sapatos. Plínio deixou de lado Roma e o terror do conto. Aproveitou a disputa do pisante novo. Buscou na vivência pessoal dois homens dividindo um quarto miserável de pensão e as suas agruras. Um som irritante de gaita de boca atrapalhando o sono do parceiro. Um par de pisantes lustrosos fazendo crescer o olho gordo da inveja. Um revólver para se defender. E uma linguagem crua, sem filtro literário, viva, saindo diretamente dos guetos imundos da cidade grande para o palco. Dois personagens que nunca tiveram, até então, acesso ao palco, mesmo nos textos mais contundentes da nova geração de dramaturgos que começou a despontar no fim da década de 1950. Sem piedade. Sem autopiedade. Não dois marginais. Dois marginalizados, o que é muito diferente. Dois homens que não haviam merecido sequer um olhar. De ninguém. Nem do teatro. Em nada parecidos com os operários de Guarnieri, tampouco com a gente como a gente de Roberto Freire, nem com funcionários públicos de Nelson Rodrigues, sem o lírico amor de Orfeu de Vinicius de Moraes.

De repente, era como se o teatro e o público olhassem pelas frestas de um universo humano ignorado pelos interesses literários, estéticos e políticos da época. Ali estavam dois homens de quem não se podia esperar nenhum gesto de revolta, nenhuma possibilidade de transformação de uma sociedade de classes. Até porque eles não pertenciam a nenhuma. Sociedade ou classe. Viviam da mão para a boca. Perdidos. Sem passado. Sem futuro. Sonhos limitados a uma noite. Suja.

Pois é, o analfabeto olhou para onde ninguém queria olhar. Como em *Barrela*, olhou e comoveu-se com os homens sem rosto, sem eira nem beira. Também não pedia piedade, nem chorava por eles. Apenas lhes deu passagem e voz para gritar uma existência chula com palavras chulas. Não havia ainda a praga do politicamente correto. Mas, para a esquerda mais ortodoxa e a direita mais raivosa, não podia haver nada mais incorreto politicamente que expor aqueles *Dois perdidos numa noite suja* que não levavam a lugar nenhum. Apenas incomodavam. Não porque falassem palavrões. Mas porque falavam. E a eles até então não era dado esse direito.

Como aconteceu com *Barrela* e *Macabô*, Plínio escreveu à mão, como sempre, a nova peça, que Walderez de Barros datilografou. E saiu à procura de alguém disposto a encená-la.

DOIS PERDIDOS E RONCOS DE BÊBADO Quem se atreveria a colocar no palco uma peça de linguagem tão agressiva e de um autor que já não contava com a tolerância da Censura e desconhecido do público? Um dos primeiros que procurou foi o velho amigo Fauzi Arap, mas começou errado a conversa. Disse que tinha escrito uma peça pra ganhar dinheiro e queria que ele a dirigisse. Fauzi ficou na bronca, por achar que Plínio via nele alguém interessado em ganhar dinheiro. Para jovens politizados e cheios de ideais, aquilo soava quase como uma ofensa. Fauzi nem quis ler a peça. Assim, como ninguém se interessava pelo texto, Plínio concluiu que poderia fazer ele mesmo um dos personagens, Paco. Precisava de um ator que se aventurasse com ele no papel de Tonho, formando a dupla de "dois farrapos humanos, ligados por uma relação complexa de companheirismo e inimizade, de ódio visível e também, quem sabe, de afeição subterrânea", segundo o crítico Décio de Almeida Prado. Plínio convidou Ademir Rocha, ator formado pela EAD e contratado da TV

Tupi, que topou a parada. Outro amigo da Tupi, Benjamin Cattan, deu uns toques e assinou a direção do espetáculo. Embora não ostentasse um currículo precioso como diretor de teatro, Cattan tinha nome respeitável pelo seu trabalho no *TV de Vanguarda*. Depois, o ator Paulo José, recém-chegado de Porto Alegre, entrou na ficha do espetáculo como cenógrafo. Na real, Plínio e Ademir ensaiaram pegando objetos de cena na TV Tupi.

Por sorte, o texto caiu nas mãos de um censor amigo. Censor amigo? Pois é. Havia uma ave rara chamada João Ernesto Coelho Neto, da família do escritor homônimo, que fez teatro amador nos festivais de Paschoal Carlos Magno e tinha uma cultura muito acima da média dos censores. Ele liberou o texto sob a condição de assistir a um ensaio para autorizar a estreia, como mandava a lei. Consta, pelo menos é a versão que Plínio consagrou, que o tal ensaio para a Censura foi feito lá mesmo, num canto dos estúdios da TV Tupi, com dois caixotes servindo de cenário. Sim, porque ele nem sabia ainda onde apresentar a peça. Não tinha dinheiro para alugar teatro e nenhum teatro se arriscaria em um texto como aquele.

Peça ensaiada, com certificado da censura, e agora? Entre as pessoas procuradas por Plínio, o diretor Emílio Fontana sugeriu que ele falasse com a gerente do espaço em que se apresentava *Zoo Story*, de Edward Albee, com Raul Cortez e Líbero Rípoli Filho dirigidos por Emílio. A gerente era uma estudante chamada Lulu Librandi, a quem o engenheiro João Carlos Meirelles entregara a tarefa de administrar o Ponto de Encontro na Galeria Metrópole, na avenida São Luís. O lugar estava entrando na moda. Uma mistura de livraria, loja de discos, galeria de arte e, no subsolo, um bar com pequeno palco para shows e peças de bolso, onde o mímico Ricardo Bandeira se apresentava de vez em quando. Em frente à Biblioteca Mário de Andrade e à praça Dom José Gaspar, cercada de bares, a Galeria Metrópole virara *point*, com bares, restaurantes, cinema, livrarias, lojas, agências de viagem, casas de chá. A cidade ainda não havia se espalhado para a periferia dos jardins, o centro reunia todas as tribos, e nem se ouvia falar ainda de shopping center.

Plínio acertou com o Ponto de Encontro a apresentação de *Dois perdidos numa noite suja*, na esperança de que algum crítico, jornalista ou dono de teatro fosse assistir. O pequeno palco foi cedido por três noites, num final de semana antes do Natal. Na falta de equipamentos, tomaram-se "emprestados" da TV Tupi refletores e as duas camas do cenário.

A estreia na noite de sexta-feira, 16 de dezembro de 1966, reuniu na plateia cinco pessoas: Walderez, Cidinha (Maria Apparecida Giuliano), mulher de Ademir, a irmã de Cidinha, o médico e escritor Roberto Freire e o ator Carlos Murtinho, irmão da atriz Rosamaria. Ah, e um bêbado, que roncou o tempo todo e não pôde ser retirado porque era o único pagante. Quando roncava muito alto, Plínio dizia que era do cara que morava no quarto ao lado.

A PEÇA MAIS SUJA E CRUEL DO BRASIL Na véspera da estreia de *Dois perdidos*, Ademir Rocha, que já havia convidado Carlos Murtinho, telefonou ao amigo Roberto Freire, médico, jornalista, escritor, professor na Escola de Arte Dramática e autor de teatro. Disse:

— Preciso de um favor seu. De amigo. Fui procurado para fazer uma peça de um autor que é vigia do Teatro de Arena.

— O Arena tem vigia que faz peça de teatro?

— Pois é. Eu li e gostei. Preciso que você vá assistir à estreia.

— Ademir, eu sou médico, um homem ocupado, tenho mais o que fazer.

Como pedido de amigo não se nega e o Ponto de Encontro ficava perto da sua casa, Roberto Freire foi. Com um pensamento: se a peça fosse uma merda, ele sairia no meio sem falar com ninguém e depois telefonaria para o Ademir. Ao ver a plateia vazia, concluiu que sair durante o espetáculo seria impossível. Estava ruminando a roubada em que se metera quando a peça começou. "Dez minutos depois eu estava fascinado. Que Nelson Rodrigues coisa nenhuma, ali estava a melhor peça de teatro feita no Brasil. No final, eu estava em prantos. O Ademir me apresentou ao Plínio. Eu me lembro de ter dito que ele era o maior autor de teatro do Brasil por razões que o meu estado não me permitia explicar."

Roberto Freire registrou o seu entusiasmo em texto para a revista *Sinal*, em que comparava *Eles não usam black-tie* de Guarnieri e *Dois perdidos numa noite suja* de Plínio Marcos: "Quase dez anos os separam... A impressão que tenho é de que não se escreveu nada entre ambas. Porque faltou sinceridade, não houve real necessidade de escrever, nenhum outro autor teve bastante coragem de retratar seu mundo, ou seus mundos não possuíam nada digno de retrato. Ver *Dois perdidos numa noite suja* não é mole. Tem bastante humor para a gente descarregar a vergonha, o medo e a covardia que a honestidade do autor nos provoca. É a peça mais suja e cruel jamais escrita no Brasil. Por isso linda e necessária, importante e verdadeira".

O médico Roberto Freire, que se tornou amigo e confidente de Plínio ("nós falávamos coisas pessoais um para o outro, que não falávamos com mais ninguém"), cuja vocação literária fora inibida pela família, era nome conhecido e respeitado no meio teatral. *Cléo e Daniel*, seu romance de estreia, foi leitura obrigatória dos adolescentes daquela e de outras décadas. Suas peças, porém, não faziam o mesmo sucesso. Aproximou-se do teatro ao ser premiado pela Unesco em 1953 com uma bolsa no College de France, em Paris, onde estava também, pesquisando e estudando, um jovem crítico mineiro, Sábato Magaldi, a quem ele acompanhava nas entrevistas com artistas e teóricos e nas idas ao teatro. Graças a Sábato, Roberto ficou amigo de Alfredo Mesquita, que vira e mexe aparecia em Paris. Ao voltar a São Paulo, ele recebeu convite de Alfredo para dar atendimento médico e aulas de psicologia aos alunos da Escola de Arte Dramática, então instalada numa casa na rua Maranhão.

Duas das alunas na EAD, Ruthneia de Moraes e Assunta Perez, precisando de um texto para as provas finais, pediram que ele lhes escrevesse uma peça. Apanhado de surpresa, Roberto Freire fez *Quarto de empregada*, para espanto geral. E dele próprio, que nunca se imaginou um dramaturgo. No dia da estreia, ao chegar ao Teatro João Caetano, na rua Borges Lagoa, na Vila Mariana, Alfredo Mesquita o esperava com a má notícia: a peça estava proibida pela Censura. A apresentação foi a portas fechadas, para convidados, como exame final de curso das atrizes. Era dezembro de 1959. Um mês antes a Censura havia proibido em Santos a peça de Plínio Marcos, *Barrela*, mas ninguém em São Paulo ficou sabendo.

Na sequência, Roberto Freire escreveu mais duas peças, *Gente como a gente* e *Sem entrada e sem mais nada*, e algumas adaptações para a televisão. Participou ativamente da criação do Teatro da Universidade Católica (Tuca), que encenou *Morte e vida severina*, de João Cabral de Mello Neto, com música de Chico Buarque de Hollanda, e *O&A*, uma experimentação formal de texto e linguagem cênica para a qual fez o roteiro. Integrou uma corrente política de esquerda, a Ação Popular (AP), nascida a partir da Juventude Universitária Católica (JUC) e próxima dos frades da Igreja de São Domingos, no bairro de Perdizes. Não abandonou, porém, a vocação de cientista, médico e psicólogo, a que se dedicou até morrer, em 2008.

Depois de ver *Dois perdidos* no Ponto de Encontro, Roberto Freire saiu direto para o restaurante Gigetto, a poucos metros dali. Entrou no casarão da rua Nestor Pestana ainda emocionado. A primeira pessoa que procurou foi o crítico Alberto D'Aversa, insistindo para que fosse ver a peça do "vigia do Teatro de Arena". D'Aversa foi na noite seguinte. Encantou-se. Reconheceu a influência de Alberto Moravia, mas não tinha dúvida. O estilo de Plínio era só dele. Até porque, como observou Roberto, "ele não saberia fazer de outro jeito".

D'Aversa recorreu a Brecht, Shakespeare e Jorge Luis Borges para contestar quem pudesse ver na inspiração de Moravia uma diminuição de *Dois perdidos numa noite suja*:

"Conheço Moravia", escreveu no *Diário da Noite*. "Ele, que tanto ama o teatro e que nesse nunca deu certo, acho que agradeceria e admiraria esta peça de Plínio que soube dar vida a um esquema literário de modesta importância, dando-nos uma peça bem brasileira." O crítico observa que "o conto desapareceu e no seu lugar nasceu uma peça nova e original, de uma originalidade eminentemente teatral, ou seja, baseada sobre a novidade da linguagem, a precisão dos golpes de cena e dos nós dramáticos, a temperatura das situações, a eficácia das personagens, a credível possibilidade da fábula. Méritos exclusivos de Plínio Marcos. Este jovem autor não é mais uma promessa; é uma certeza. Vai ser duro tirá-lo de titular. O moço é bom de bola. *Dois perdidos numa noite suja*, sem dúvida a peça mais inquietante e viva destes últimos e anêmicos anos de teatro brasileiro".

ARENA COBRA 70% DA BILHETERIA Plínio Marcos resumiu assim a história da estreia de *Dois perdidos numa noite suja* no Ponto de Encontro:

— A Nydia Lícia, muito minha amiga, foi quem me emprestou os cinquenta mil-réis pra montar a peça. O Bucão (Carlos André Bucka), outro amigão, outro dinheirinho. O pessoal da técnica da Tupi ajudou a gente a afanar refletores, os praticáveis, as camas e tudo aquilo de que precisávamos para o cenário. O transporte foi feito pelo pessoal da garagem. O Toninho Mattos e o Paulinho Ubiratan, depois diretor da Globo, operavam luz e som. Cinco pessoas foram assistir à estreia: a Walderez, o Carlos Murtinho, a mulher do Ademir, um bêbado que não quis sair porque aquilo lá era um bar, e o Roberto Freire, que começou a fazer uma onda em torno, dizendo que a peça era muito boa, e eu voltei a ser notícia como autor teatral. O Alberto D'Aversa escreveu cinco artigos sobre a peça. Fiquei na moda. A Cacilda Becker, quando viu, comentou: "Incrível! Você conhece dez palavras e dez palavrões, e escreveu uma peça genial". *Dois perdidos* foi liberada porque naqueles dias a Censura passou da polícia estadual para a federal. E mudaram os censores. Mandaram o Coelho Neto assistir ao ensaio. Homem de teatro, diretor de peças. Foi da comissão julgadora do Festival de Santos, quando a *Barrela* se consagrou. Numa tarde de sábado, chuvosa e fria, num estúdio abandonado da Tupi, sem cenário, eu e o Ademir, sentados em bancos velhos, falamos o texto pra ele. Quando acabamos, ele liberou o texto sem cortes.

Depois das três apresentações no Ponto de Encontro, Ademir Rocha voltou a procurar Roberto Freire. Precisava que ele os ajudasse a conseguir o Teatro de Arena para algumas sessões de *Dois perdidos*.

— Falem com o Augusto Boal.

— Já falamos.

— E?

— O Boal disse não.

— Por quê?

Por preconceito, diria depois Roberto Freire. Na época ele ficou puto com Boal, que acabou cedendo. Por insistência de Roberto e "talvez por pressão do José Renato e do Gianfrancesco Guarnieri". Certo, Boal cedeu, mas cobrou caro por isso. Muito caro. Setenta por cento da bilheteria bruta do espetáculo, "para ver se a gente desistia", imagina Walderez. Setenta por cento? Não sobra nada para a produção e para os atores! A maioria dos teatros cobra 20, 25 por cento! Era pagar ou largar. Plínio pagou. Conseguiu uma grana com a atriz Nydia Lícia, para quem havia trabalhado vendendo espetáculos para escolas. Nydia Lícia, que estava longe de ser uma mulher de esquerda, ajudou a bancar a temporada de *Dois perdidos* no Teatro de Arena, onde Plínio era, diz Lauro César Muniz, pau pra toda obra. Literalmente. Como vigia, administrador e batendo de frente com censores que tentaram impedir a estreia de *Arena canta Bahia*, como se verá adiante.

Nelson Rodrigues seria mais impiedoso, ao escrever que "seus companheiros o suportavam como administrador, secretário, gerente, bilheteiro, como dramaturgo jamais". Para ele, foi uma "fatalidade" Plínio ter começado no Teatro de Arena: "Se o não tão jovem autor ainda lá estivesse, continuaria virginalmente inédito. Sim, não teria uma vírgula encenada. Até que, um dia, apanhou um original seu e foi representá-lo num boteco. E o público de paus-d'água, gigolôs, contrabandistas e senhoras indignas foi muito mais generoso e solidário do que o Teatro de Arena. Ali começou a glória" — exagerou deliciosamente Nelson

Rodrigues, pois o Ponto de Encontro na fervilhante e sofisticada Galeria Metrópole estava longe de ser o cenário por ele descrito.

Plínio, entretanto, nunca se queixou. Mesmo quando repetiu essa história dois anos antes de morrer:

— As pessoas de partido se ajudam. Se você não é de partido... Eu, pra estrear *Dois perdidos* no Teatro de Arena, que era ligado à esquerda, tive que pagar 70% da bilheteria, senão não estreava em teatro. Essas coisas aconteciam. Claro, se eu fosse de partido... Ou se eu fosse de igreja, me aparecia pelo menos uma hóstia. O que vinha de ajuda era espontâneo, de pessoas que diziam vai lá, mete bronca...

Plínio meteu bronca e aceitou as condições. Pior, era final de ano, a estreia no Teatro de Arena seria no dia seguinte ao Natal, 26 de dezembro, uma segunda-feira. "Quando nos liberaram o espaço", conta Walderez, "topamos com um piano de cauda no meio da arena e fomos informados de que a despesa com a remoção seria por nossa conta. Custava uma nota. Resultado, o piano de cauda ficou lá mesmo, encostado na parede do fundo, e passou a fazer parte do cenário." Um piano de cauda num quarto de pensão vagabunda. O público nem reparou. E se reparou, não deu importância.

Em dissertação de mestrado na Universidade Federal Fluminense, em 2006, que deu origem a um livro precioso, *Navalha na tela — Plínio Marcos e o cinema brasileiro*, Rafael de Luna Freire joga um pouco de água fria na fervura. Ele argumenta, com razão, que "a experiência do dramaturgo com o CPC e com o próprio Arena, além do convívio com seus integrantes, colaborou para que Plínio Marcos absorvesse características de um teatro engajado, ainda que misturadas aos traços mais autorais de seu teatro". Em outras palavras, o episódio dos 70% não diminui a importância do teatrinho da Teodoro Baima e seu entorno, político e humano, na formação teatral de Plínio Marcos.

Quando, porém, na expectativa de ser aceito, o autor tentou corresponder a essa influência, com textos de motivação ideológica e até panfletária, percebeu depressa que não estava aí a força do seu melhor teatro. Escreveu, então, *Dois perdidos* na contramão de um período em que, diziam

Roberto Freire e Alberto D'Aversa, o teatro sofria de certa anemia, repetindo fórmulas e discursos. Daí a surpresa e o espanto que provocou.

UM SUCESSO QUE NÃO PAGAVA AS CONTAS "Bigode", como Plínio chamava Roberto Freire por conta do vistoso *moustache* dos tempos de Paris, chegou cedo ao Teatro de Arena para a estreia. Deu sorte. "Tinha mais gente fora do que dentro do teatro." E essa gente voltou nas noites seguintes, provocando o inimaginável sucesso de uma peça cujo autor só queria, como Walderez confirma, "montar um espetáculo fácil e barato, para poder viajar e fazer dinheiro, coisa da qual andávamos muito necessitados, pois eu estava grávida do Kiko, nosso segundo filho".

Quando o espetáculo começou, Plínio pediu que acendessem um foco de luz na direção do Bigode. "Se vocês estão aqui é graças a este senhor chamado Roberto Freire." Aplausos. O homenageado, sem graça, viu selada naquele momento uma amizade que jamais seria desfeita. Mais que amizade, um relacionamento fraterno, de respeito e confissões pessoais mútuas: "Quando a gente se encontrava era uma paixão, uma festa. Plínio me chamava de mestre, mas de sacanagem. Havia uma ironia nisso, porque ele sabia da minha cultura, da minha vida feita de estudos, e ele não tinha estudo nenhum".

Na estreia de *Dois perdidos numa noite suja* no Arena, a crítica e a classe teatral estavam em peso. Nos dias seguintes, só elogio nos jornais. Alberto D'Aversa escreve no *Diário da Noite* uma série de artigos sobre "a peça mais inquietante e viva destes últimos e anêmicos anos do teatro brasileiro", um espetáculo "obrigatório para todos aqueles que amam o autêntico teatro".

João Apolinário, em *Última Hora*, fala que é "uma pequena obra-prima da dramaturgia brasileira". Sábato Magaldi, no *Jornal da Tarde*, diz que o ano termina com uma "surpresa agradável" e decreta que "Plínio Marcos é sem dúvida uma revelação de autor". Paulo Mendonça, na *Folha de S.Paulo*, pede ao público que corra para ver "um ótimo espetáculo" e admite ter sido surpreendido: "Embora amigos cuja opinião respeito já me tivessem falado das qualidades desse espetáculo — um dos materialmente mais modestos que já tenho visto e intelectualmente, guardadas as proporções, dos mais estimulantes —, não esperava que fosse tão bom". Em O *Estado de S. Paulo*, Décio de Almeida Prado completa o coro de unanimidades. Reconhece em Plínio "poderosa, ainda que incipiente, vocação teatral", sugere que o autor reduza os dois atos a um só e termina avisando que "o local é o Teatro de Arena, dependendo a carreira da peça, projetada inicialmente para só três dias mas já prorrogada, da aceitação do público".

Augusto Boal contentava-se com os 70%, considerando o sucesso de bilheteria de um espetáculo do qual não se esperava nada. Ótimo negócio. Só para ele, porque os 30% que sobravam para pagar os custos de produção, mesmo baixos, e pagar artistas e técnicos inviabilizavam a continuidade de *Dois perdidos* no Teatro de Arena. Depois de alguns meses, e com o nome feito, o espetáculo se mudou para o Teatro da rua, em uma galeria da rua Augusta, 2.203, entre Oscar Freire e Estados Unidos, dividindo a programação com *Zoo Story*, de Edward Albee, dirigido por Emílio Fontana. Aliás, Sábato Magaldi dizia que, pela crueldade, a peça de Plínio se aparentava com a de Albee, mas sem "a adoçante autopiedade" do texto americano, com "uma carga dramática incomum, um diálogo vivo e pertinente, uma forma agressiva e espontânea da natureza, que marcará toda a geração surgida depois dele".

Mais que temporada fixa em São Paulo, *Dois perdidos* precisava cumprir o seu destino e viajar, apresentar-se em qualquer canto e "fazer dinheiro". Como Ademir Rocha não tinha disponibilidade para todas as viagens, foi substituído por Berilo Faccio, que estreou ainda no Arena. Depois, Berilo se dedicaria mais ao cinema, assinando roteiros de filmes como *Roberto Carlos e o diamante cor-de-rosa*, de Roberto Farias, e *Jeca e seu filho preto*, com Mazzaropi.

Nessa ocasião, o Núcleo 2 do Teatro de Arena encenava a peça de Chico de Assis, *Farsa de cangaceiro com truco e padre*, sob a direção de

Afonso Gentil. No elenco de ilustres desconhecidos, a crítica de Décio de Almeida Prado reconheceu Antonio Fagundes como um ator promissor e limitou-se a citar os demais atores. Entre eles, Carlos Costa, um negro bom de bola, bom de samba e ator apenas esforçado, que saiu da Vila Maria para um curso de teatro com Emílio Fontana e, dali, para um teste no Arena. Foi lá que conheceu Plínio Marcos. Carlos Costa, Carlão da Vila ou simplesmente Carlão, tinha sido um dos poucos a ver *Dois perdidos* no Ponto de Encontro. Ficaram amigos. Para a vida inteira. De futebol, de samba, de teatro, de estrada. De vida, almoços em família, bares, botecos e puteiros do interior. Feito a corda e a caçamba. Sua lembrança:

"Um dia o Plínio falou se eu não queria vender a peça para escolas. Topei e comecei a vender, vendia feito água, prometendo que depois haveria debate com o autor. Era espetáculo de manhã, de tarde e de noite, com um papo do Plínio com os estudantes. Vendia também para cidades do interior. Vendia muito. Ele chiava, dizia que eu estava querendo matar ele de tanto trabalhar."

NO RIO, AULA DE TEATRO E INTERPRETAÇÃO Fato decisivo na projeção de Plínio Marcos como dramaturgo, a montagem de *Dois perdidos* no Rio de Janeiro, em abril de 1967, com Fauzi Arap e Nelson Xavier, fez o teatro, a imprensa e o público cariocas descobrirem o novo autor. Na época dizia-se que ninguém virava assunto nacional sem passar pelo Rio. Verdade ou não, até o respeitado crítico Yan Michalski atribuía apenas uma "repercussão relativa" à estreia de *Dois perdidos* em São Paulo. Mas, ele escreveu, "a ótima montagem carioca dirigida e interpretada por Fauzi Arap e Nelson Xavier projetou a personalidade de uma voz nova e forte que surgia nos palcos: uma voz que reproduzia o linguajar popular brasileiro com uma autenticidade que até então (apenas) Nelson Rodrigues soubera articular". Mais que isso, segundo Michalski, uma voz que "colocava esse linguajar nas bocas de personagens até então ausentes do teatro: marginais, verdadeiros *lumpen* condenados a uma precária sobrevivência na periferia da sociedade, cujo sórdido cotidiano o autor revelava com uma exemplar dignidade e notável espírito de observação, jogando-o, como um insulto, na cara do espectador bem-pensante".

Fauzi Arap, que tinha sido um dos primeiros amigos de Plínio em sua chegada a São Paulo, estava trabalhando no Rio, em busca de outra viagem, diferente daquela agitação política e ideológica dos primeiros anos de 1960 no CPC da UNE e no Teatro de Arena. Eles se conheceram em Campinas no festival universitário e depois Fauzi o indicou para dirigir o grupo da Faculdade de Arquitetura e Urbanismo, FAU, no casarão da rua Maranhão, em Higienópolis. A convite de Augusto Boal, os dois se encarregaram do núcleo universitário do Arena. Fazia-se, então, um teatro político e catequético.

Nessa época Fauzi começou a dirigir Plínio e Walderez em *Enquanto os navios atracam* (depois, *Quando as máquinas param*), mas abandonou o trabalho porque "o Plínio ator ficou muito rebelde, brigou comigo e a gente parou". Em depoimento a Quartim de Moraes, Fauzi garantiu que "não houve nenhuma grande briga, mas certo mal-estar causado pela nossa notória divergência em relação à forma como o espetáculo deveria ser dirigido". O episódio marcou para sempre a relação deles, "de respeito e admiração mútuos e profundos e uma grande estima pessoal", mas arranhada por "algumas pinimbas".

Explica-se assim Fauzi Arap não ter se interessado por *Dois perdidos* quando Plínio o procurou com o papo de que escreveu a peça para ganhar dinheiro porque a Walderez estava grávida. "Confesso que fiquei um pouco ofendido, perguntando a mim mesmo: 'Bolas, por que é que uma peça para ganhar dinheiro é a minha cara? Por que não é a cara dele?'." Fauzi nem leu a peça e foi ao Rio para uma temporada de *O fardão*, peça de Bráulio Pedroso. Numa de suas vindas a São Paulo, no início de 1967, foi ver *Dois perdidos* no Arena. "Tinha pouca gente assistindo, umas vinte pessoas, e meu queixo caiu no chão. Fiquei apaixonado pelo texto e pela interpretação do Plínio." Terminado o espetáculo, Fauzi foi ao camarim.

— Você tem que levar a peça para o Rio.

— Não, no Rio eu quero que você faça.

Plínio Marcos definiu ali mesmo o elenco. Fauzi faria o seu papel, Tonho, e Nelson Xavier seria o Paco. Fauzi conhecera Nelson no Teatro de Arena, mas nunca tinham trabalhado juntos. "Eu conhecia o Xavier só a distância e confesso que não me entusiasmei muito com a ideia." De volta ao Rio, eles se encontraram num bar frequentado pela classe teatral e Fauzi falou de *Dois perdidos* e da proposta de Plínio. Formado pela EAD e ex-integrante do Teatro de Arena, Nelson vivia numa pindaíba de dar gosto. Deu um jeito de ir a São Paulo conferir se a peça era tudo aquilo que o amigo dizia. Voltou na maior empolgação. A dupla, então, saiu a campo.

"Chamamos o Marcos Flaksman para os cenários e figurinos, a trilha sonora foi feita pelo Denoir de Oliveira, que compôs um chorinho-tema para o espetáculo, e fizemos uma espécie de cooperativa", conta Fauzi, que assumiu a codireção com Nelson Xavier. Eles chegaram a oferecer a direção a Carlos Kroeber, que, recém-chegado de Belo Horizonte ao Rio, preferiu aceitar o convite de Oscar Ornstein, um prestigiado produtor, para dirigir uma peça de Françoise Sagan. Se arrependimento matasse... O não de Carlos Kroeber valeu para consolidar um talento que o ator Fauzi Arap relutava em assumir, o de diretor. Inseguros com a direção a dois, embora Fauzi se distinguisse na tarefa, no programa os atores agradeceram a "colaboração inestimável" do ator Flávio Migliaccio nos últimos ensaios, "dando uma conferida na direção do espetáculo".

Na crítica, na *Tribuna da Imprensa*, Fausto Wolff deu destaque aos diretores: "É o espetáculo mais importante do ano, dos que assisti até agora. Trata-se de uma aula de teatro, uma aula de interpretação onde a emoção dá lugar à crítica e vice-versa. Poucas vezes vi dois atores dissecarem de tal maneira dois personagens e, ainda assim, (tamanha é a força do texto) deixarem um sem-número de dúvidas à plateia. Fauzi e Nelson tentaram — com sucesso, pois que não há uma falha no espetáculo — dirigir-se a si mesmos. A experiência foi brilhante".

DO CENTRO DA CIDADE À ZONA SUL A de Carlos Kroeber não foi a única negativa que Fauzi Arap e Nelson Xavier ouviram. Procuraram todos os teatros do Rio de Janeiro e em todos tiveram recusa. Podiam pelo menos pedir 70% da bilheteria, como aconteceu em São Paulo. Mas nem isso. O que fazer? Antonio Bivar, que ainda não se lançara autor de teatro e era aluno de Barbara Heliodora, tentava se incorporar à dupla, fazendo qualquer coisa para ajudar. Foi dele a ideia de estrear *Dois perdidos numa noite suja* no Teatro Nacional de Comédia, TNC (depois Teatro Glauce Rocha), que pertencia ao Serviço Nacional do Teatro, então presidido por Barbara Heliodora. A localização, no centro da cidade, não era das melhores, mas não havia escolha. Combinado: se conseguisse o TNC, Bivar estaria empregado como divulgador. Ele conseguiu.

Barbara Heliodora não se lembra de pessoalmente ter assinado a cessão do teatro, embora considere *Dois perdidos* o grande momento da obra de Plínio Marcos, ao lado de *Navalha na carne*. Na época ela escreveu, defendendo a peça e o autor dos censores de plantão:

"Outra vítima da sanha da moralidade das aparências é Plínio Marcos, cujo *Dois perdidos numa noite suja* é uma das obras mais pungentes e poéticas que têm aparecido na dramaturgia nacional. Obra de perfeita economia dramática na qual não existe uma só palavra que não contribua para a composição geral da imagem, e que a ela não se integre, constituindo um todo de tal modo unificado, de tal modo voltado para a criação de uma visão dramática do homem nas condições mais extremas da existência, que espanta que ocorra a quem quer que seja destacar desse maravilhoso complexo esta ou aquela palavra para ser avaliada fora de seu contexto".

A estreia de *Dois perdidos numa noite suja* no Teatro Nacional de Comédia foi um acontecimento. Martim Gonçalves, em *O Globo*, escreveu que "Plínio Marcos é senhor de um dos diálogos mais vivos e mais cruéis do teatro nacional", apostando que "ele chegará a ser um páreo duro para o nosso Nelson Rodrigues". O sucesso de crítica e de público levou a temporada do centro da cidade para a Zona Sul, no Teatro Opinião, onde ficou meses a fio.

Os atores, que tinham decidido reduzir os dias de peça porque estavam cansados de trabalhar de terça a domingo, passando a uma temporada de quinta a domingo, agora como produtores de um sucesso, tiveram de mudar os planos. Fauzi ainda tentou resistir. Em vão: "Brigamos bastante, principalmente porque havíamos começado com aquela coisa de trabalhar menos, e o Nelson me obrigava a fazer o espetáculo desde terça. Acabou virando meu patrão. Mas nos tornamos grandes amigos".

Meses depois eles estavam juntos novamente, em *Navalha na carne*.

SEGUNDO ATO

1967–1985

Da navalha à luz de um abajur lilás

Subitamente, em 1967, Plínio Marcos saiu do anonimato. Na pegada de *Dois perdidos*, todos queriam uma peça dele. Casado com Walderez de Barros e com os filhos Léo e Kiko pra sustentar – Aninha só chegou em 1973 –, ele não se fez de rogado. Papel e caneta na mão, escrevia assim e em letra de forma, aprontou de uma tacada três novos textos e mexeu em um antigo ao qual deu o título *Quando as máquinas param*. Dar título às peças era outra qualidade dele, como as novas confirmavam: *Navalha na carne*, *Homens de papel* e *Dia virá* que mudou para *Jesus homem*. Das três, *Navalha* provocou o maior susto, com uma narrativa curta (em cena, no máximo cinquenta minutos) e grossa (os palavrões jorravam com assustadora poesia). "Quem começou a ir ao teatro em 1967 não tinha do que se queixar: viu nascer de novo o teatro brasileiro com Plínio Marcos", escreveu Flávio Rangel. As peças não rompiam só a linguagem e as convenções teatrais. Assanhavam o furor predatório da Censura. A batalha para liberar *Navalha* sintetizou as ações objetivas da gente do teatro, que se uniu em defesa da liberdade de expressão, quando o país chafurdava no autoritarismo da aliança civil-militar no poder. No primeiro momento, a repressão cedeu. Por pouco tempo. Logo vieram as prisões, a violência física contra o teatro e a censura implacável. Plínio Marcos se tornou alvo preferencial da ditadura. Bastava o seu nome como autor para um texto ser proibido. *O abajur lilás*, que sem sutileza denunciava a tortura e o autoritarismo, provocou a mais longa batalha judicial e pública de um escritor contra a Censura. Foram dez anos, em que Plínio mudou de emprego mais que de camisa, na imprensa, na televisão, no palco com sambistas ou em palestras-

-shows para estudantes. Defendeu-se, principalmente na literatura, editando os próprios livros que vendia de mão em mão. Resistiu até que, aos primeiros sinais de uma luz no fim do túnel com a liberação de *Barrela* e *O abajur lilás*, juntou-se a um grupo de artistas, a maioria desempregada, para criar O Bando. Durou pouco. Enquanto os militares preparavam sua saída de cena e o país se animava com a volta da democracia, Plínio Marcos estava de novo sozinho, diante de uma história pessoal que precisava continuar a ser escrita. Como sempre, a qualquer custo. Agora, também, ao custo de um enfarte.

LINHA DO TEMPO

1967 - 19 de junho, *Navalha na carne* é proibida.

- 3 de julho, Cacilda Becker promove ensaio da peça e inicia movimento pela sua liberação.
- 10 de julho, no Rio, polícia proíbe ensaio de *Navalha na carne,* que é transferido para a casa de Tônia Carrero.
- 17 de agosto, a peça é liberada para maiores de 21 anos.
- Em setembro, estreia em São Paulo *Dia virá* (*Jesus homem*).
- 11 de setembro, *Navalha* estreia em São Paulo e, em outubro, no Rio.
- 12 de outubro, estreia *Homens de papel* e, no dia 14, *Quando as máquinas param.*

1968 - 11 de fevereiro, greve de teatros de São Paulo e Rio contra a Censura.

- 13 de março, Censura impede estreia de *Barrela.*
- 5 de junho, estreia a *1ª Feira Paulista de Opinião.*
- 21 de junho, artistas devolvem troféus Saci ao jornal *O Estado de S. Paulo.*
- 19 de julho, Comando de Caça aos Comunistas agride elenco de *Roda-viva.*
- Plínio começa a escrever crônicas no jornal *Última Hora.*
- 4 de novembro, estreia na TV Tupi a novela *Beto Rockfeller.*
- 13 de dezembro, entra em vigor o AI-5, Ato Institucional nº 5.

1969 - 26 de maio, Plínio vai com *Dois perdidos* em Santos e é preso.

- 14 de junho, morre Cacilda Becker.

- 21 de junho, morre o crítico e diretor Alberto D'Aversa.
- 14 de agosto, *Dois perdidos* é proibida.
- 12 de outubro, repressão invade congresso da UNE – União Nacional dos Estudantes em Ibiúna e prende oitocentos.
- 26 de outubro, CCC e policiais invadem a Faculdade de Filosofia da USP, na rua Maria Antônia.
- 8 de dezembro, estreia na TV Tupi a novela *João Juca Júnior.*

1970 - 6 de março, no Rio, pré-estreia do filme *Navalha na carne.*
- Plínio escreve duas novas peças, *O abajur lilás* e *Balbina de Iansã.*

1971 - 8 de janeiro, estreia *Balbina de Iansã* em São Paulo.
- 22 de março, estreia o filme *Dois perdidos numa noite suja.*
- Plínio participa da novela *Bandeira 2* na TV Globo.

1972 - TV Globo exibe *Histórias de subúrbio,* de Plínio Marcos.
- Em fevereiro, a Banda Bandalha abre carnaval paulistano.
- Nova montagem de *Quando as máquinas param,* com Tony Ramos e Walderez de Barros.
- 8 de dezembro, *Nenê Bandalho* é proibido no Festival de Cinema de Brasília.

1973 – TV Tupi lança *A volta de Beto Rockfeller.*
- Estreia no TBC *Humor grosso e maldito das quebradas do mundaréu.*
- Filmagem de *A Rainha Diaba,* baseado em conto de Plínio.
- 12 de maio, nasce a filha Ana Carmelita.

1974 - Plínio conhece Samuel Wainer, criador do jornal *Última Hora.*

1975 – 15 de maio, Censura impede estreia de *O abajur lilás.*
- 25 de outubro, Vladimir Herzog é assassinado no 2º Exército.
- 12 de novembro, Ballet Stagium dança *Navalha na carne* com o título *Quebradas do mundaréu.*

1976 – Abril, reestreia *Humor grosso e maldito das quebradas do mundaréu.*

1977 – 27 de maio, estreia *Noel Rosa, o poeta da Vila e seus amores.*

1978 – Jornal *Movimento* publica o esquete *Ai que saudades da saúva.*

1979 - 1º de janeiro, revogado o AI-5.

- Em fevereiro, estreia *Feira livre* no Rio.
- Em maio, estreia *Sob o signo da discoteca* em São Paulo.
- 31 de maio, Plínio depõe em Simpósio sobre a Censura, na Câmara dos Deputados.
- 28 de junho, estreia *Oração para um pé de chinelo* no TBC.
- Em dezembro, nasce O Bando em sessões clandestinas de *Barrela*.

1980 – Em julho, estreia *O abajur lilás* em São Paulo, direção de Fauzi Arap.

1982 - O Bando se dissolve; Plínio cria grupo de estudos esotéricos.

1984 - Termina o casamento com Walderez de Barros.

1985 - Em outubro, Plínio sofre enfarte e é socorrido no Hospital das Clínicas.

Cena VI

No palco do Teatro Opinião, no Rio, na leitura proibida de *Navalha na carne* em 1967 *(Arquivo da Família/Reprodução)*

"Apanhava-se Plínio Marcos como, outrora, a febre amarela, a peste bubônica, a bexiga e a escarlatina."

"A gíria é a única linguagem que ele conhece e domina, a única capaz de exprimir o seu pensamento com vigor e naturalidade."

"A sociedade não gosta de admitir a existência de Neusas Suelis, Vadinhos e Veludos."

De repente, só dava ele — "todo mundo queria texto meu", disse. No teatro, 1967 ficaria na história como o ano Plínio Marcos. "Foi ele, dentro de nosso teatro, um surto epidêmico. Alastrou-se por todos os palcos, elencos e plateias. Apanhava-se Plínio Marcos como, outrora, a febre amarela, a peste bubônica, a bexiga e a escarlatina", constatou Nelson Rodrigues em artigo na revista da Sociedade Brasileira de Autores Teatrais (SBAT). Embora convivessem pouco, eles se conheceram e ficaram amigos logo depois da estreia de *Dois perdidos* no Rio. Ao se contrapor ao teatro engajado nos embates políticos da época, Nelson se transformou "num pária dentro da sua própria categoria", como registra Ruy Castro em *O anjo pornográfico*. Com a ressalva: "O único autor jovem que ainda ousava dizer-se seu fã era Plínio Marcos". A admiração e o respeito não exigiam que eles tivessem as mesmas posições ou pensassem igual. Isso ficou claro pouco depois de se conhecerem. Em maio de 1969, em crônica na *Última Hora*, Plínio caiu de pau na produção de *A cabana do pai Tomás*, novela da TV Globo, em que o ator Sérgio Cardoso seria maquiado para interpretar um negro. Ele sugeriu que então se "tingisse" também de branco o ator negro. Em *O Globo*, Nelson defendeu a emissora e espinafrou Plínio, a quem chamou de invejoso. Recebeu o troco no jornal *Última Hora*. Sentiria Nelson "inveja porque as peças do Plínio fazem no momento mais sucesso que as dele?".

Plínio continuou batendo duro: "O Nelson Rodrigues escreve o que mandam escrever... Ele deve estar lá no Nino's, um botequim de luxo que tem em Copacabana, enchendo a cara de uísque estrangeiro. Deve estar tentando afogar a consciência doída". Plínio aproveitou para fazer uma profecia que nunca se cumpriu: "Mais dia menos dia o Nelson Rodrigues abre o bico pra me xingar de comunista. É muito comum nele esse tipo de coisa". O bate-boca pela imprensa, antes de separar, aproximou os dois dramaturgos. Ele, sim, amigo de ambos, Sábato Magaldi não via exatamente amizade entre Plínio e Nelson: "Eles se admiravam, não eram amigos".

Do "surto epidêmico" nem a família de Nelson escaparia. O sobrinho Alberto Magno, com a tia Dulce Rodrigues no elenco, dirigiu e produziu *Oração para um pé de chinelo*, de Plínio Marcos, em julho de 1980, meses antes da morte de Nelson Rodrigues, em dezembro. Na estreia, no Teatro Tereza Rachel, lá estava Nelson, "orgulhoso do sobrinho e da irmã". Conta a irmã Stella Rodrigues que, todas as noites, Nelson esperava a chegada do sobrinho para saber como tinha sido o espetáculo, que teve estreia e temporada atribuladas. Nelson acompanhou de perto as agruras do sobrinho: "Você começou como eu. Não esmoreça por ser tão combatido. Isso é a glória, rapaz!". Uma recomendação que ele poderia ter repetido ao conhecer Plínio, a quem elegeria seu sucessor.

Se a glória era fruto das dificuldades, a de Plínio estava garantida.

UMA PEÇA ESCRITA EM TRÊS NOITES No início de 1967, embalado pela repercussão de *Dois perdidos*, Plínio concluiu em três noites uma nova peça, *Navalha na carne*. Retomou *Enquanto os navios atracam*, que, retrabalhada, recebeu novo título, *Quando as máquinas param*. Escreveu *Homens de papel* e, por encomenda do diretor Odavlas Petti para as alunas do Colégio Des Oiseaux, *Día virá*, rebatizada depois como *Jesus homem*. A que mais chama a atenção é *Navalha na carne*, entregue ao Grupo União recém-formado por João José Pompeo, Ruthneia de Moraes, Edgard Gurgel Aranha, Paulo Villaça, Tereza de Almeida e Jairo Arco e Flexa, e ao qual se integraram Walderez de Barros, Odavlas Petti e o cenógrafo

Clóvis Bueno. O grupo procurava um texto para estrear e, por sugestão de Fauzi Arap, bateu na porta de Plínio, que pediu alguns dias. Quando Ruthneia, Pompeo e Villaça voltaram, ele puxou um calhamaço.

— Tenho uma peça com papel para vocês três.

E leu *Navalha na carne*. Terminada a leitura, estavam os três chapados. Quem vai querer ver uma peça com uma prostituta, um cafetão e uma boneca? — reagiu Pompeo, ator excepcional cujo pessimismo rendeu histórias hilárias ao folclore teatral. Ruthneia, sua mulher, que se lançou em *Quarto de empregada,* de Roberto Freire, percebeu na hora o grande papel que tinha nas mãos. Para não contrariá-la, preocupado com o sustento da casa, Pompeo encontrou uma saída sensata. Enquanto a mulher se arriscava numa peça que ninguém iria ver, ele continuaria ator contratado do Teatro Popular do Sesi, com salário e benefícios garantidos. Com João José Pompeo fora, Ruthneia de Moraes seria a Neusa Sueli, Paulo Villaça, o Vado, e Edgard Gurgel Aranha, o Veludo. Na direção, Jairo Arco e Flexa.

Havia um problema. A peça era curta demais. Daria uma hora de espetáculo, se tanto. O público se sentiria logrado e pediria o dinheiro de volta, pois o padrão das temporadas teatrais exigia peças de dois atos no mínimo — como *Dois perdidos numa noite suja* — e duas horas de duração. Para resolver o problema, o Grupo União decidiu que *Navalha na carne* formaria um programa duplo com a peça americana *O incrível caso do Sr. Georg*, de Joe Anthony West, interpretada por Tereza de Almeida e Odavlas Petti. E assim seguiram os ensaios das duas peças, com cenários de Clóvis Bueno.

Os temores e o pessimismo de João José Pompeo pareciam se confirmar quando, na edição de 19 de junho, o *Diário Oficial* publicou portaria do dia 14, assinada pelo diretor-geral do Departamento de Polícia Federal, proibindo *Navalha na carne* em todo o território nacional: "Considerando a profusão de sequências obscenas, termos torpes, anomalias e morbidez explorada na peça *Navalha na carne*, a qual é desprovida de mensagem construtiva, positiva e de sanções a impulsos ilegítimos, o que a torna inadequada a plateia de qualquer nível etário, resolve denegar provimento ao pedido de reconsideração pela liberação da peça [...]".

E agora? Só havia a alternativa de mobilizar todo mundo para tentar revogar a portaria. Convidados foram chamados para assistir aos ensaios. Rapidamente se alastrou um movimento de solidariedade ao qual se juntou Cacilda Becker, que ofereceu seu apartamento, na esquina da avenida Paulista com a Peixoto Gomide. Na cobertura funcionava um Centro de Estudos Teatrais, com um pequeno palco. Cabiam perto de cem pessoas. Ali, na segunda-feira, 3 de julho, aconteceu o ensaio aberto das duas peças, *O incrível caso do Sr. Georg* e *Navalha na carne*, que de fato era o motivo do encontro. Além de imprensa, críticos e personalidades teatrais, a estratégia previa a presença do ministro da Justiça, Luís Antônio da Gama e Silva, na esperança de sensibilizá-lo e conseguir a liberação da peça de Plínio.

"O ministro não compareceu, mas há indícios de que vai se interessar pelo assunto", informou, dois dias depois em *A Gazeta*, Regina Helena de Paiva Ramos. Doce ilusão. Antes de iniciar a leitura, "o diretor Jairo Arco e Flexa explicou que um dos censores havia dito que a peça era pornográfica e subversiva. Quando ele lhe perguntou por que, o censor disse que era pornográfica porque continha palavrões; e subversiva porque o autor pôs palavrões sabendo que não podia pô-los". No jornal *Última Hora*, João Apolinário argumentou: "A tentativa, malograda, de levar o ministro Gama e Silva para ver o espetáculo e liberar o texto justificava-se, dada a importância que tem para o teatro brasileiro não apenas *Navalha na carne*, mas toda a obra de arte que seja estupidamente amordaçada, num atentado à consciência e ao pensamento responsável".

João Apolinário Teixeira Pinto — poeta e crítico português, exilado no Brasil desde dezembro de 1963, responsável por transformar a Associação Paulista de Críticos Teatrais, APCT, em Associação Paulista de Críticos de Arte, APCA, em 1972 — fez da defesa da peça uma provocação, contida no título do seu artigo, "Plínio, a navalha na carne dos burgueses". Apolinário definia a peça como outra pequena obra-prima do autor, diante da qual "só aqueles, pobres ignorantes ou submissos da engrenagem que ajudam a acionar, fogem horrorizados com a verdade". Ele registrava, depois de elogiar os atores e a direção, "o aplauso unânime da assistência, rigorosamente escolhida, que apoiou o texto proibido, mesmo que entre os espectadores houvesse (e quem sabe se havia?) quem saísse chocado com o realismo cruel e desmistificante de *Navalha na carne*". O crítico ainda chamava a atenção para o momento vivido pelo teatro brasileiro, dando a medida das contradições existentes: "De um lado, os monstros sagrados caindo nos abismos do cabotinismo e da exploração comercial; do outro, a audácia da experimentação, a coragem da verdade, a fidelidade à ação desmistificante e crítica do teatro como arte".

NAVALHA, UM ATO DE PURIFICAÇÃO Em reportagem sobre o ensaio, Regina Helena ouviu o dominicano frei Patrício, que definiu *Navalha na carne* como "um depoimento" e, em seguida, como "uma peça missionária, porque agride e interpela a sociedade". Quando atendeu ao convite de Cacilda e Walmor, o dominicano já conhecia o texto "e tinha receio que a montagem não correspondesse, o que na verdade não se verificou: a montagem é excelente". Frei Patrício observou que "uma das palavras mais repetidas no texto é *nojento*. Nojento no sentido de pessoas deterioradas, degradadas. E na peça de Plínio Marcos as personagens se veem como na realidade são". Para ele, "o verdadeiro motivo da proibição do espetáculo não foram os palavrões. Na verdade, a Censura, como participante da nossa sociedade burguesa, se sentiu agredida. A sociedade não gosta de admitir a existência de Neusas, Suelis, Vadinhos e Veludos".

Anatol Rosenfeld, no Suplemento Literário de O *Estado de S. Paulo*, em 15 de julho, comparou o encontro na casa de Cacilda a outro, acontecido oitenta anos antes, que deu origem ao Teatro Livre na Alemanha:

"Apresentava-se ali para um circulo restrito de associados, entre outras coisas, uma peça proibida pela censura imperial de Guilherme II. Hoje essa peça é considerada um clássico do Teatro Universal. Pode ser assistida por qualquer colegial. Trata-se de *Os espectros*, de Ibsen". Como *Navalha*, também a peça de Ibsen era tachada de pornográfica, pela simples razão de falar de uma doença "escabrosa", a sífilis, palavra em nenhum momento mencionada no texto de Ibsen. "A supressão da palavra não elimina a realidade. Disfarça-a e cultiva espectros", enfatizava o crítico. Em favor da peça de Plínio ("a denúncia dramática de um autor que ama o homem"), Anatol Rosenfeld argumentava ser ela "um ato de purificação justamente pela sua violência agressiva".

O ministro não viu *Navalha na carne* no ensaio para convidados. Mas o diretor regional da Polícia Federal, general Sílvio Correia de Andrade — "um homem justo, não vacilou depois em me pôr em cana", dizia Plínio —, foi e se emocionou. Seu chefe de gabinete, coronel Monte Serrat, teria chegado às lágrimas e depois vivia encorajando Plínio a não desistir. O general gostou da peça, mas não podia fazer nada. "Se eu liberar agora, tenho que despedir o censor", teria argumentado. "Mas se eu der um depoimento por escrito, vocês poderão usá-lo para incluir no recurso pedindo a liberação." Assim se fez. Não se tem notícia do fim que teve o depoimento do general. O mais provável é que tenha ficado com o ministro da Justiça quando Plínio e Tônia o procuraram pedindo a revisão da censura.

NO INVIOLÁVEL EXÍLIO DE SANTA TERESA Na segunda-feira seguinte, 10 de julho, o Museu da Imagem e do Som, no Rio de Janeiro, promoveu ensaio aberto de *Navalha na carne* em sessão fechada para convidados no Teatro Opinião, em Copacabana, onde *Dois perdidos* com Fauzi Arap e Nelson Xavier era a sensação da temporada. Quando as pessoas chegaram, o general Luiz Carlos Reis de Freitas chegou junto e o teatro foi cercado. "Já passava das 22h30 e a pequena multidão que se aglomerava na porta do teatro começou a se dissolver. Até aquele momento, ninguém sabia se a peça seria apresentada", registraram os repórteres José Paulo Kupfer e Henrique Nunes na revista *Fatos & Fotos*. "Com 32 anos e várias peças malditas, Plínio Marcos é o autor mais proibido do moderno teatro brasileiro", concluía a reportagem intitulada "Um jovem sob censura".

Na arena do teatro, Plínio e Walderez de Barros davam entrevistas como se nada estivesse acontecendo. De boca em boca e ao pé do ouvido, a notícia corria. Os convidados deveriam se dirigir na moita a uma casa em Santa Teresa, que Tônia Carrero havia comprado. A casa estava vazia à espera de reforma, bem em frente ao pequeno Teatro Duse de Paschoal Carlos Magno. Plínio contou:

— A casa ficou lotada com gente se agarrando pelos picos pra não espirrar pelo ladrão. Foi preciso fazer duas sessões para atender a toda a freguesia.

No Teatro Opinião, o general Reis de Freitas, acompanhado do inspetor Costa Sena no comando de cinco homens, admirou-se com o cumprimento pacífico da sua ordem pelos artistas. No dia seguinte, deve ter bufado de raiva ao ler, no *Jornal do Brasil*, reportagem do crítico Yan Michalski informando que *Navalha na carne* tinha sido apresentada pelo elenco paulista, "no inviolável exílio de uma residência particular". A proibição da peça em todo o país, "sob a incrível alegação de que o texto não continha qualquer mensagem positiva", já era ridícula. Mais ridículo ainda foi proibir o ensaio fechado no Teatro Opinião, organizado por uma entidade, o MIS, do governo estadual, escreveu Yan:

"Será que o general acha, realmente, que a integridade moral de quatrocentos artistas, escritores, jornalistas, intelectuais e até censores (pois também estes haviam sido convidados) corria perigo ao contato com a linguagem forte de Plínio Marcos? No mundo inteiro, sessões como essa costumam ser organizadas em casos semelhantes para que abalizados representantes da opinião pública possam fiscalizar, com o peso do seu prestígio intelectual, a ação da censura. Mas a nossa Censura, além de seus outros defeitos, não admite ser fiscalizada pela opinião pública. Em resumo, mais uma demonstração de arbítrio, de vontade de chatear e de falta de respeito à cultura".

Yan Michalski, apesar de ressaltar o "excepcional brilho e vigor" do diálogo, não escondeu a impressão de que a nova peça é "menos original, menos perturbadora" que *Dois perdidos*. De qualquer forma, "constitui a confirmação de um talento raro e extremamente pessoal", admitiu.

Se Yan não morreu de amores por *Navalha na carne*, Tônia Carrero viu ali a oportunidade de um grande trabalho de atriz, na contramão da imagem que faziam dela. O papel da prostituta maltratada por uma vida miserável jogaria na cara de crítica e público o seu talento de atriz, sem as graças e os benefícios da sua beleza e encanto pessoais. "Quando eles vieram corajosos ao Rio mostrar a peça, me seduziram", diz Tônia, que admitiu tempos depois: "Minha vida se divide em antes e depois de *Navalha na carne*. Eu já tinha dado demonstrações de talento e de coragem, mas não conseguia quebrar aquela imagem de mulher glamourosa, bonitinha, enjoadinha".

"NÃO DIGA PUTA, DIGA VACA, GALINHA" Tônia estava decidida em sua escolha, disposta a assumir a causa da liberação da peça desde que o autor lhe garantisse o direito de interpretar Neusa Sueli. Criou-se um impasse, pois Ruthneia de Moraes já fazia a personagem no espetáculo do Grupo União. Tônia concordou em não apresentar a peça em São Paulo, ficando com os direitos de levá-la no Rio e no resto do país. Acordo fechado, ela saiu a campo, enfrentando resistência na própria casa, "uma família de professores e militares", que já torcera o nariz quando dissera que queria fazer cinema. Agora, fazer uma prostituta numa peça cheia de palavrões, era demais. Tônia relembra:

"Quando eu fiz Neusa Sueli engordei oito quilos, botei enchimento no peito, um traseiro enorme, deixei o cabelo sem pintar. As minhas rugas, que o Ivo Pitangui já tinha tirado, eu pus todas de volta. Minha figura era uma tristeza, lamentável. Meu irmão falou assim: 'Eu não vou ver, é uma vergonha'. Eu era casada desde 1964 com o César Thedim, que ajudou a Sarah Ferez a fazer o cenário. César me aconselhava: 'Não diga palavrão, não vai ficar bem; diga vaca, galinha, piranha em lugar de puta; eu duvido que Barbara Heliodora vá gostar de ouvir você falando essas coisas'. Realmente, a Barbara disse: 'Olha, fica muito pesado na sua boca, troca'. Mas eu fui com a cara e a coragem e isso é que foi um espanto."

Tônia tinha consciência da necessidade de estabelecer uma nova imagem como atriz, diferente daquela que tantos outros tinham: "Uma pessoa muito bela quando sobe no palco, tudo o que se espera dela é a perfeição. Uma feinha faz bem uma cena e todos dizem: 'Como é talentosa, me deu um momento de beleza'. Essa, como já é bela, dizem que não tem técnica. E não há técnica que supere a beleza. Até hoje tenho insegurança por isso. Jamais a técnica corresponde ao grau de beleza que a gente já transmitiu. Tanto que, quando eu me despi de todo charme, fiz mais sucesso".

E fez mesmo, em *Navalha na carne*. Inventou que logo na abertura da peça ela apareceria como Neusa Sueli lavando sua calcinha na pia. De imediato dava um recado à plateia sobre a personagem que estava interpretando. Que não se esperasse dela, dali pra frente, nada menos que aquela imagem patética, triste, sofrida. Impressionada com o trabalho deles em *Dois perdidos numa noite suja*, Tônia convidou a dupla Fauzi Arap e Nelson Xavier, entregando a este a direção. Não, quem deve dirigir é o Fauzi, "esse é que é bom diretor", disse Nelson, na lembrança de Tônia. Na de Fauzi — que aos 29 anos se despediu como ator em *Dois perdidos* (um brilhante ator, sabem todos que o viram em cena) e estreou como diretor profissional em *Navalha na carne* —, o seu nome foi imposto pelo próprio Plínio, versão que Walderez de Barros confirma. Tônia e Fauzi tiveram então uma conversa reservada.

— Plínio sugeriu meu nome, mas não faço nenhuma questão de dirigir a peça.

— Ótimo, porque eu também não quero você.

César Thedim chegou, pegou essa conversa que não saía do chove e não molha, perdeu a paciência.

— Chega de frescura e marquem logo o início dos ensaios.

E os ensaios começaram, com a escolha de Emiliano Queiroz para o papel de Veludo. "Daí para a frente, no começo até meio empurrado pelo Plínio, acabei virando diretor sem nunca ter tido essa ambição", diz Fauzi. "Eu tinha minhas veleidades artísticas, mas não sabia bem se queria continuar no teatro ou voltar para a engenharia, estudar psicanálise, psicologia, ou sei lá o quê. Como eu e Tônia brigamos no primeiro dia, depois não precisamos mais brigar. Tudo deu certo no trabalho. Na estreia ela me disse que nunca mais eu dirigiria uma peça com tantos detalhes."

Fauzi escolheu a cenógrafa Sarah Ferez, "que fez um cenário impressionante, depois de pesquisar na zona de prostituição do Rio", e convidou o bailarino e coreógrafo Klauss Viana, que fez assim seu primeiro trabalho de preparação física de atores e, segundo Fauzi, "colaborou para que a sugestão de violência fosse muito forte". Por ironia, Veludo, Vado e Neusa Sueli nasceram no salão de uma igreja na praça Serzedelo Corrêa, em Copacabana, cedido para os ensaios. Tempos depois, Fauzi se lembraria de que "trabalhar com Tônia foi realmente fantástico". Por muitas razões: "Ela se revelou nos ensaios de uma juventude, de uma disponibilidade, de um comportamento não estelar, de um companheirismo encantador. Hoje, com mais experiência, sou capaz de acrescentar que a atriz Tônia é um gênio de produtora de teatro. Uma produtora fora de série, que sabe vender o espetáculo, que sabe escolher o elenco — o Emiliano Queiroz foi escolha dela. Foi uma dessas produções em que realmente tudo dá certo, incluindo o relacionamento das pessoas, que foi ótimo".

Entretanto, não foi tão fácil assim impedir que a beleza de Tônia tornasse nada crível a decadência física da sua personagem. Quando Vado pegava Neusa Sueli pelos cabelos e lhe esfregava um espelho na cara, apunhalando-a com um "você é uma galinha velha, todo mundo te acha um bagaço", era impossível acreditar. A uma mulher como a atriz jamais faltariam fregueses. Por mais que Fauzi pedisse para ela se enfear, não adiantava. Até que Tônia convidou algumas amigas para assistir a um ensaio. Entre elas, a atriz Djenane Machado e a crítica Barbara Heliodora, que no fim, depois dos elogios merecidos e de praxe, foi ao ponto:

— Tônia, só tem um problema. O texto diz que a personagem é uma mulher acabada, decadente, mas você em cena está deslumbrante!

— Mas eu estou sem maquiagem nenhuma!

Barbara se controlou para não rir da desculpa esfarrapada. Preferiu explicar que não usar maquiagem, no caso dela, era insuficiente. Precisava, sim, colocar umas olheiras, fazer uma maquiagem vagabunda que envelhecesse e derrubasse a figura de Neusa Sueli, como Plínio Marcos a escreveu. Foi então que Tônia se convenceu e Fauzi Arap ficou agradecido a Barbara Heliodora, já famosa por não ter papas na língua.

TÔNIA E PLÍNIO NO PÉ DO MINISTRO Os ensaios correndo, Tônia se dividia entre Neusa Sueli e as suas tarefas de atriz e produtora. A mais difícil era conseguir que a peça fosse liberada. Mas ninguém como Tônia estava mais preparada para essa tarefa. "Ela era uma grande dama do teatro, uma artista muito respeitada", diz Fauzi Arap. "Ao assumir o papel de protagonista da peça, ela se constituiu numa espécie de vacina contra a alegação de que se tratava de um texto pornográfico. Afinal, ela era uma *lady*."

Como uma *lady* Tônia se vestia todas as manhãs. Plínio Marcos também se arrumava. "Ele usava sapato, meia, terno e gravata, diferente daquele Plínio sujinho que eu reencontraria vinte anos depois, vendendo livro em frente ao Teatro Cultura Artística, em São Paulo", ela diz. Os dois foram à luta. Diariamente marcavam ponto, de manhã, na sala do embaixador Hélio Scarabotolo, chefe de gabinete do Ministério da Justiça, esperando a chegada de Gama e Silva. Brasília já era a capital federal, mas a vida política e institucional da República ainda girava no Rio de Janeiro. Tônia conta:

"No primeiro dia, fomos eu e o Plínio Marcos ao gabinete do ministro Gama e Silva para saber por que ele tinha proibido *Navalha na carne*. Quando ele disse 'não posso liberar esse texto', nós insistimos, voltando todos os dias ao gabinete. Eu já tinha um nome enorme, mas o Plínio era um principiante, ninguém o conhecia no Rio. Depois de uns trinta dias, o Gama e Silva disse assim: 'Eu vou liberar, agora a senhora não faça eu me arrepender disso, porque, quando o seu público a ouvir dizendo esses palavrões, a senhora vai ver como ele vai se comportar'."

O despacho do ministro Gama e Silva foi assinado em 17 de agosto, liberando *Navalha na carne* para maiores de 21 anos, mas só foi expedido em 6 de setembro. Considerando que a peça, graças à censura e à campanha, já era famosa mesmo antes de estrear, o temor de fazer um espetáculo em um ato, com duração de cinquenta minutos, desapareceu. Mesmo assim, os cartazes espalhados pelos muros de São Paulo deixavam clara a duração, com um golpe publicitário: "50 minutos de impacto". Ninguém estava dando a mínima para esse detalhe. Todos queriam ver *Navalha na carne*.

No dia 11 de setembro, uma segunda-feira, a peça estreou em São Paulo no Teatro Maria Della Costa, de onde sairia um mês depois para a Sala Gil Vicente do Teatro Ruth Escobar, cedendo o palco da rua Paim para outra peça de Plínio, *Homens de papel*. Como ficou muito tempo à espera da liberação, *Navalha na carne* não encontrou um teatro vago para estrear e o elenco foi se virar em outros trabalhos. Por isso as primeiras sessões aconteceram no Teatro Maria Della Costa às segundas-feiras no horário padrão, 21 horas, e sextas e sábados à meia-noite. Pouco depois, Edgard Gurgel Aranha deixou o papel de Veludo, substituído por Sérgio Mamberti, que cumpriria toda a longa temporada do espetáculo em vários outros teatros, como Itália e Oficina.

Um mês depois de São Paulo, *Navalha* estreia no Teatro Maison de France, no Rio. "Na noite da estreia o público não respirava", lembra Fauzi Arap. "No final, coloquei uma gravação de Clementina de Jesus. Quando Neusa Sueli pegava o sanduíche de mortadela e levava à boca, marca criada por Jairo Arco e Flexa na montagem paulista, Tônia congelava o gesto e eu tirava o som. E naquele silêncio, a imagem fixa, a luz se apagava." O resultado, claro, só podia ser uma ovação. Ao contrário do que o ministro previa, o público de Tônia se rendeu à sua interpretação, ao espetáculo e à peça.

"Poucos dias depois da estreia", escreveu Yan Michalski no *Jornal do Brasil* de 19 de outubro, "toda a cidade já sabia que *Navalha na carne* é uma peça à qual se assiste com a respiração presa, e a cujo fascínio não escapa nem o público mais conservador *a priori* menos disposto a enfrentar cara a cara a crueldade e a violência dessa *tranche de vie* passada num hotel suspeito de terceira categoria." O crítico finalmente se rendeu à peça, "estruturada com raro virtuosismo e que nada fica a dever, sob esse ponto de vista, a muitas obras de autores estrangeiros universalmente consagrados que temos visto recentemente". Sobre Tônia, Yan observou que, "por mais que os grandes momentos dramáticos me tenham emocionado, a lembrança mais forte que guardarei do seu desempenho é a das suas cenas de segundo plano, quando, com gestos apenas esboçados ou com discretas reações fisionômicas, ela traduz a poética e atormentada alma de Neusa Sueli".

O título da crítica de Van Jaffa, na edição de 15 de outubro do *Correio da Manhã*, fazia uma síntese dos elogios: "*Navalha na carne* é apenas um espetáculo, mas como dói". Definindo a peça como um "teste de fogo para o jovem dramaturgo", o crítico arrematava: "Plínio Marcos retorna pleno e cônscio de suas qualidades, afirmando seu talento e confirmando sua vocação".

Na estreia em São Paulo, Sábato Magaldi registrou em *O Estado de S. Paulo* "grande ovação no final do espetáculo" e "aplausos em cena aberta, repetidas vezes", o que seria "uma descarga emocional para equilibrar o incômodo provocado por numerosos diálogos de violenta dramaticidade". Ao notar que "três casais retiraram-se durante a representação", Sábato alerta: "*Navalha na carne* fere mesmo". E argumenta: "A literatura teatral brasileira nunca produziu uma peça de verdade tão funda, de calor tão autêntico, de desnudamento tão cru da miséria humana como essa de Plínio Marcos".

O impacto da peça não se limitaria ao público. Abriu as portas para outros jovens autores, que se encorajaram a escrever suas peças. No ano seguinte à estreia de *Navalha na carne* surgiram, entre outros, José Vicente com *Santidade* (logo proibida) e *O assalto*, Antonio Bivar com *Cordélia Brasil* e Consuelo de Castro com *À flor da pele*. Leilah Assunção reconhece ter se tornado dramaturga graças à *Navalha*. Manequim contratada do costureiro Dener Pamplona, Leilah dividia-se entre o *glamour* das altas rodas e a ferveção na porta dos teatros Arena e Oficina. Muitas vezes não dava tempo de se trocar ao fim dos desfiles de moda, nem mesmo tirar a maquiagem, e ia chiquérrima misturar-se aos jeans e camisetas. Foi assim que conheceu Plínio Marcos no Teatro Ruth Escobar, na estreia de Maria Bethânia no histórico show *Opinião* substituindo Nara Leão. Leilah afirma: "Não tenho a menor dúvida da influência de Plínio em minha vida. Eu era de uma família de Botucatu, no interior de São Paulo, em que não se ouvia palavrão. Quando vi *Navalha* fui para a pensão de moças em que morava, me tranquei sozinha no quarto e falei um monte de palavrão. Me destravei e escrevi minha primeira peça, *Fala baixo senão eu grito*, que estreou em 1969".

QUANDO AS MÁQUINAS PARAM_Enquanto se desenvolviam os esforços de Tônia e Plínio para liberar *Navalha na carne*, em São Paulo outra peça do autor era ensaiada pela companhia de Maria Della Costa e Sandro Polônio, *Homens de papel*. Como no caso de Fauzi Arap, Plínio impôs o diretor Jairo Arco e Flexa, que enfrentava a resistência dos produtores, que certamente pensavam em um nome consagrado como Flávio Rangel ou Gianni Ratto, dos quais eram próximos. Ocorre que Jairo dirigiu *Navalha* e passou por todas as turbulências até a estreia. Então, entregar-lhe a direção de *Homens de papel* seria uma forma de Plínio retribuir e agradecer seus esforços e resistência.

Entre as idas e vindas ao Rio de Janeiro, Plínio encontrou tempo para dirigir Miriam Mehler e Luiz Gustavo, o Tatá, em *Quando as máquinas param*, que três anos antes ele tentou fazer, ainda com o título original *Enquanto os navios atracam*, sob a direção de Fauzi Arap. Miriam, formada na EAD, vinha de um dos sucessos intermináveis da TV Excelsior, a novela de Raimundo Lopes, *Redenção*, em que fazia par com Francisco Cuoco. No puxa e estica da trama, ela e Cuoco "morreram" na novela, restando apenas a fotografia do casal em um porta-retrato mostrada até o final. Miriam era contratada das Indústrias Gessy-Lever, que podiam pedir a sua escalação em novelas sob seu patrocínio em qualquer emissora. Por isso, no início de 1968, fora de *Redenção* na Excelsior, ela foi parar na TV Tupi e formou com Sérgio Cardoso o par romântico de *Paixão proibida*.

Saída de um casamento com Cláudio Marzo, que conheceu quando atuavam no Teatro Oficina, Miriam Mehler ficou amiga de Luiz Gustavo e, por seu intermédio, conheceu Plínio Marcos. "Os dois eram amigos, muito animados e engraçados", conta Miriam. Logo os três se juntaram para produzir *Quando as máquinas param*, com direção de Plínio. Para Miriam e Tatá, dois filhos de classe média bem-nascidos, o desafio de interpretar um casal de periferia às voltas com o desemprego era irresistível. Ensaiavam no apartamento dela, na esquina da alameda Casa Branca e rua Oscar Freire. Miriam diz: "As roupas e os objetos de cena, Plínio e eu compramos numa feira livre que tinha perto de casa". O espetáculo estreou no sábado, 14 de outubro, inaugurando o Teatro de Arte, no porão do TBC, quatro dias depois da estreia de *Homens de papel* no Maria Della Costa.

Ao contrário de *Navalha na carne*, nenhuma das duas peças arrebatou público nem crítica. Décio de Almeida Prado não via "afinidade artística e de temperamentos" entre Luiz Gustavo e Miriam Mehler. Sobre o texto, ele repetiu o que diria de *Homens de papel*, que "a virtude, representada pela mulher, parece menos autêntica, não diremos que o vício, mas do que a fraqueza masculina". O público, pequeno, deve ter concordado com as restrições de Décio. Em meados de novembro, como *As máquinas* não emplacava, Plínio resolveu levar o espetáculo nas viagens que já fazia pelo interior, dando palestras. A produção era simples, o que facilitava transportar o elenco, o técnico Toninho Moura Mattos, que cuidava do som e da luz muito antes de se tornar respeitado diretor de novelas em Portugal, e os figurinos no Fusca de Luiz Gustavo e no Gordini de Miriam. Plínio cuidava da bilheteria e o dinheiro viajava embrulhado em jornal.

"SOCORRO, QUEBREI OS SEIOS!" Final de novembro, segunda-feira, dia 27, apresentação de *Quando as máquinas param* em Itapetininga, a poucas horas de São Paulo. Mal termina o espetáculo, os quatro reúnem a tralha pouca e pegam a estrada. Param num posto para abastecer. Desamarram o pacote de dinheiro, pagam a conta e seguem viagem. Na frente, vai o carro com Luiz Gustavo e Toninho. Atrás, Miriam Mehler dirige o seu, com Plínio de carona e a grana. Madrugada de chuva. De repente, "o Gordini derrapou na pista molhada, girou sobre si e capotou três vezes", noticiou a *Folha de S.Paulo* na quarta-feira. Miriam nunca soube explicar como aconteceu. "A atriz trincou várias costelas e Plínio sofreu um leve corte na cabeça." Ela foi jogada para o banco de trás. No escuro, Plínio não sabia de onde vinham os gemidos de Miriam.

— Onde é que você está?

— Não sei... Socorro! Me tira daqui.

Plínio arrastou Miriam de dentro do carro para o acostamento enlameado.

— Está sentindo alguma coisa?

— Sim, está doendo. Quebrei meus seios.

— Como? Quebrou os seios? Ninguém quebra os seios, Miroca. Se aguenta aí que eu vou catar o dinheiro que tá todo esparramado.

Duas horas da madrugada, "motoristas de caminhão que trafegavam pela estrada quase deserta" pararam para socorrer. Enquanto isso, Tatá e Toninho voltaram. Viram a atriz gemendo no acostamento debaixo da chuva.

— Cadê o Plínio?

— Tá lá no carro. Foi catar o dinheiro da bilheteria.

"Miriam Mehler sofreu prejuízos consideráveis no acidente. Seu automóvel está seriamente danificado e o dinheiro recebido na apresentação em Itapetininga ficou espalhado pela estrada", confirmou a notícia da *Folha*. Com um único pé de sapato, o outro sumido no escuro, Miriam tirou a roupa enlameada, enrolou-se numa japona e foram todos no Fusca de Luiz Gustavo à procura de um pronto-socorro em São Roque, a cidade mais próxima. Miriam tomou uma injeção contra a dor e foi dispensada. Constatou-se que ela tinha quebrado duas vértebras. Ao chegar a São Paulo de manhã, Plínio aconselhou Miriam a ficar na casa dos seus pais até se recuperar. Ela não podia ficar sozinha. Quando os pais dela abriram a porta, Plínio os tranquilizou.

— A Miriam está bem, mas do carro não sobrou nada.

E saiu contando a piada. Miriam era a única mulher que conseguira quebrar os seios. Ele contava a história do acidente e ria. Melhor assim. Muito melhor para a carreira do espetáculo. No dia seguinte os jornais informavam em detalhes o que tinha acontecido. Resultado: no final de semana houve longas filas na bilheteria do TBC. Todos queriam ver *Quando as máquinas param*. Plínio, que no dia seguinte ao acidente viajou ao Rio de Janeiro, concordava que a carreira da peça fosse interrompida. Luiz Gustavo insistiu e Miriam fez o espetáculo, contrariando a ordem do médico. "Sentia dores horríveis, mas terminamos a temporada em São Paulo com casa lotada."

VERÃO EM COPACABANA, SEM PRAIA Dias antes do acidente apareceu no TBC um produtor do Rio, Dalmo Janon, que se interessou por *Quando as máquinas param* e fechou contrato para dois meses do espetáculo no Teatro Jovem, em janeiro e fevereiro. Além de pagar bem a equipe, ele reservou duas quitinetes em Copacabana e cobriu as despesas. O verão de 1968 eles passaram todo no Rio. Tatá e Plínio dividiam uma quitinete. A outra era dividida por Miriam e uma jovem chamada Consuelo de Castro, que depois se revelaria uma dramaturga vigorosa. Naquele verão ela era apenas contrarregra e sonoplasta, indicada por Miriam. "Decididamente ela não nasceu para essas funções, esquecia tudo", ri da lembrança a atriz. Não ria na época. Plínio ficava entre Rio e São Paulo, mas atento. "Ele dizia que a gente estava fazendo muito mal o espetáculo e tirando o leite dos filhos dele. Um dia perdi a voz e o médico me mandou ficar de repouso, trancada no apartamento. E o Plínio me vigiava para eu não ir à praia."

Consuelo confirma a vigilância e o rigor de Plínio como diretor. Cansou de ouvi-lo, furioso, defendendo "o leite das crianças". Aluna de ciências sociais na USP, aspirante a atriz e com livro editado aos dezesseis anos, Consuelo aceitou o trabalho "para conhecer o teatro por dentro". Aprendeu mais do que esperava. "Quando, furioso, o Plínio falava no leite das crianças, ele não pensava só em ganhar dinheiro e sim na qualidade do espetáculo. Ensaiava e reensaiava à exaustão porque, dizia, se você faz de qualquer jeito, desqualifica o trabalho e perde o público, que percebe quando há uma avacalhação em cena. Por isso ele ficava puto até quando as piadas não funcionavam por culpa minha na técnica ou do Tatá que esquecia o texto e, em vez de falar, resmungava."

Um dia Consuelo de Castro mostrou a Plínio *A grande ressaca*, peça que ela escreveu a pedido de um ator. Tratava do encontro, dez anos depois, de colegas que naquele momento militavam na política estudantil.

— Tu não tá vivendo isso agora? Então não tem nada a ver contar como lembrança o que você ainda nem viveu. Senta e escreve de novo.

— Agora não, quando voltar a São Paulo eu escrevo.

— Porra, escreve agora. Tu não tá fazendo nada mesmo e, quando faz, faz tudo errado. É só não ir à praia e ficar em casa escrevendo.

Plínio arrumou uma mesa num canto acanhado do teatro, trouxe uma "Olivetti caindo aos pedaços" e um monte de papel.

— Agora tu senta e escreve, que eu vou cobrar pelo menos uma página por dia.

Foi ali que Consuelo de Castro começou *Prova de fogo*, proibida pela Censura (sua peça de estreia foi *À flor da pele*, que Miriam Mehler fez com Perry Salles, direção de Flávio Rangel, inaugurando o Teatro Paiol na rua Amaral Gurgel, em São Paulo, quatro anos depois).

"Plínio era um excelente didata, fazia a gente se apaixonar pelo teatro", diz Consuelo. "Explicava que, ao concentrar a ação em duas personagens, o conflito fica mais agudo e o diálogo mais eficiente. Insistia para eu começar a peça logo no conflito, pois é ele que determina a ação, dando autonomia ao personagem. Me ensinou que a verdade do personagem não é a minha e que o autor precisa conhecer bem seu personagem antes de colocá-lo falando. Foi Plínio, que diziam ser um ignorante, que me forçou a ler Strindberg, Faulkner, Tchecov. Ele me ensinou tudo, até a fumar Continental sem filtro. Um dos maiores prêmios que a vida me deu foi começar a fazer teatro com Plínio Marcos."

Se ele vigiava e cercava seu elenco de cuidados, a recíproca também valia. Quando ele ganhou o troféu Golfinho de Ouro de melhor autor de 1967, Tatá, Miriam e Consuelo o convenceram a cuidar dos dentes e o levaram às compras. Resmungando, Plínio saiu alinhado da loja, de terno, gravata e sapato. Como a temporada não estava lá essas coisas, ele sugeriu apresentar uma cena da peça na entrega dos prêmios, transmitida ao vivo pela televisão. Incautos, os organizadores adoraram a ideia.

"Embora fosse uma peça família do Plínio, *As máquinas* tinha aqueles palavrões inocentes tipo merda e puta que pariu. Na época nem isso era permitido, muito menos na televisão", conta Miriam. "Nós começamos a fazer a cena e a cada filho da puta se ouvia um 'corta!'. Mas quando o som era cortado, o palavrão já havia saído. Foi assim a cena inteira, a cada palavrão um corta. Ou seja, o Plínio conseguiu ludibriar a censura até na televisão. Isso deu o maior boca a boca e a partir do dia seguinte a peça estourou no Rio."

Foi nessa temporada que, lembra Consuelo de Castro, Plínio se aproximou de Nelson Rodrigues, que sem alarde foi assistir ao espetáculo. Certa noite Plínio e a equipe saíram para jantar e, no restaurante, talvez o Fiorentina, no Leme, viram Nelson sozinho. Vamos falar com ele, não vamos? Demorou até Plínio decidir convidá-lo para a sua mesa, diz Consuelo. "Nelson veio e ficou falando que o teatro do Plínio era fortíssimo, era o que tinha de melhor no teatro brasileiro e que não o via como um teatro político. Também acho que o seu teatro não é tão reacionário quanto dizem, o Plínio respondeu. Depois eu fiquei com raiva de ter achado o Nelson Rodrigues tão simpático."

Terminada a carreira no Rio, *Quando as máquinas param* se apresentou em Belo Horizonte, Curitiba e interior de São Paulo. Miriam Mehler, que no Rio conhecera o ator Perry Salles, estava grávida e as viagens começaram a rarear. Ela conta: "Plínio ameaçou tirar a peça da gente, dizendo que iria remontar com a Walderez e o Tony Ramos". O que de fato ele fez, quatro anos depois. Era 1971 quando Tony recebeu o convite para o que ele considera a sua estreia em teatro, depois de algumas experiências amadoras. Casado com Lidiane, pai de Rodrigo com um ano e meio e a filha Andreia a caminho, Tony, um bem-sucedido galã das novelas da Tupi, aceitou de pronto a sugestão de fazer *Quando as máquinas param* no palco do Sindicato dos Têxteis, na rua Oiapoque, no Brás, com direção de Jonas Bloch. Astro nas novelas da Globo, sucesso do cinema brasileiro, Tony Ramos diz: "Sou grato ao Plínio por olhar para mim e me dar a oportunidade de trabalhar com ele, um homem absolutamente veraz, transbordante de sinceridade e lealdade, emocionante no seu humor e até na sua crítica que vinha sempre acompanhada de afeto. Mais que orgulho, tenho a satisfação interior de ter participado de um momento com Plínio Marcos, que desde então foi um norte na minha vida, na minha carreira".

O "GÊNIO" QUESTIONADO PELA CRÍTICA Como *Quando as máquinas param*, a carreira de *Homens de papel* ficou longe da repercussão de *Dois perdidos numa noite suja* e *Navalha na carne*, o que não é difícil de entender pelos antecedentes e pela natureza de cada peça. No caso de *Homens de papel*, a produção também era mais complexa, até pelo número de personagens. Com música original de Gilberto Mendes, amigo de Plínio dos tempos do Bar Regina, em Santos, cenário e figurinos de Clóvis Bueno, eram treze atores em cena: Maria Della Costa, Elias Gleizer, Walderez de Barros, Raul Martins, Eduardo Abas, Vicente Acedo, Tereza de Almeida, Osvaldo Louzada, Sílvio Rocha, Ivete Bonfá, Raymundo Duprat, Fernando Balleroni e Ruthneia de Moraes, que se dividia entre *Homens de papel* e *Navalha na carne* (em dias e horários alternativos) e foi substituída por Joselita Alvarenga.

Como Tônia, Maria abdicou da beleza para encarar uma mulher em desesperada sobrevivência, integrando um grupo de catadores de papel. Dessa vez, porém, Plínio foi além do registro curto e grosso, do olhar agudo sobre uma situação. Ao contrário das personagens anteriores, as de agora assumiam uma consciência política, ainda que primária, de luta pelos seus direitos, em oposição ao poder de um homem que rouba no peso e no preço do papel recolhido nas ruas. A miséria humana explodia na violência sexual contra uma menina deficiente. Surgem claramente no palco o explorador e o explorado. Para alguns críticos e teóricos, *Homens de papel* estava mais para as peças políticas, e maniqueístas, ao gosto de um teatro pré-revolucionário, que para as personagens marginalizadas pelo processo econômico ainda quase feudal de uma sociedade que se recusava a se deter nelas.

Como nas peças anteriores, nesta também "as personagens não falam português e nem mesmo brasileiro: falam gíria", escreveu Décio de Almeida Prado, admitindo ser a gíria "a única linguagem que ele [Plínio] conhece e domina a fundo, a única capaz de exprimir o seu pensamento com vigor e naturalidade". A contragosto, Décio constatava que Plínio "não se revela tão convincente na virtude como no vício". Na disputa entre o explorador e o explorado que se rebela, vence o primeiro, "mais alimentado, mais forte", concluiu Alberto D'Aversa: "Os homens de papel são derrotados: outra solução não resta que apanhar os sacos vazios e voltar às ruas da cidade a catar a imundice e o lixo da própria condição humana".

Décio argumenta que a heroína "peca por excesso de perfeições, por conter um elemento de idealização quase romântica que se choca com o realismo cru das outras personagens". O que se agrava, ele diz, pela interpretação de Maria Della Costa, que "tem a simplicidade camponesa, a fé ingênua em si mesma, mas interpreta-o em escala de grandeza — uma espécie de Joana d'Arc das sarjetas — de dimensões já épicas".

Em *A Gazeta*, Regina Helena de Paiva Ramos rendeu elogios ao texto ("Plínio é realmente uma dessas vocações absolutas de teatrólogo") e à direção de Jairo Arco e Flexa ("crua, vigorosa, seca"), destacou a unidade do elenco e deteve-se em Maria Della Costa, "que transmite mais pelos olhos do que por gestos e palavras" os momentos capitais da sua personagem.

"Há muito que não via Maria representar e estou eu aqui surpreendido e não vou regatear meus elogios", reforçou Martim Gonçalves ao falar da curta temporada de *Homens de papel* no Teatro João Caetano, no Rio de Janeiro. O crítico registrou o pouco entusiasmo com que a peça foi recebida pela imprensa, afirmando que a sorte não sorriu para Plínio "com essa sua peça mais longa", depois de ser "endeusado" por *Dois perdidos* e *Navalha*: "O destino dos jovens autores no Brasil é bastante curioso. Quando aparece um novo talento, a tendência geral é para o endeusamento. É considerado o maior. Nunca houve melhor. Mas tão rápido o novo autor é considerado de gênio como logo mais 'perde' o talento, escreve 'baboseiras' etc. Raros são aqueles que se mantêm na crista da onda, como é o caso de Nelson Rodrigues. Com ele sempre foi oito ou oitenta. Há os que acham Nelson genial e há os que detestam a sua 'subliteratura', a sua morbidez etc. Mas Nelson não dá ouvidos às comadres e vai escrevendo. É o que eu aconselharia a Plínio Marcos, pois me parece ser esse o seu caso."

No balanço da temporada, Décio de Almeida Prado faz coro a Nelson Rodrigues. Não fala em "surto epidêmico", mas registra que 1967 ficará como o ano em que "as companhias paulistas descobriram que representar Plínio Marcos é um bom negócio tanto artístico quanto econômico". De certa maneira, ele escreve, "parece ter havido um remorso coletivo em relação a este escritor que os críticos não suspeitavam existisse e que permaneceu congelado por tanto tempo. Agora, deu-se o degelo — e o rio das produções pliniomarquianas começa a avolumar-se, ameaçando transbordamento".

Cena VII

No Bar Redondo, em frente ao Teatro de Arena, nos anos de 1970 *(Foto: Rosa Gauditano)*

"Quem foi ao teatro pela primeira vez em 1967 viu o teatro brasileiro nascer novamente com Plínio Marcos."

"Eu tinha uma coragem pessoal que a maioria não tinha e não dava espaço pra ninguém me invadir."

"A cultura e a inteligência brasileira foram massacradas em seu templo."

Logo nos primeiros meses, 1968 já dava sinais de que não terminaria bem. O que era ruim ficaria pior. Se olhasse para o próprio umbigo, e bolso, Plínio Marcos não tinha do que reclamar. Deu duro no ano anterior para colocar em cena as suas peças, a classe teatral ficou ao seu lado contra a Censura e o obscuro personagem que perambulava em torno do Bar Redondo e do Teatro de Arena saiu definitivamente do anonimato para o centro da cena. "A geração que foi pela primeira vez ao teatro em 1967 não tem do que se queixar nem por que ficar triste; viu o teatro brasileiro nascer novamente com Plínio Marcos", escreveu o diretor Flávio Rangel na *Revista da Civilização Brasileira*.

Começava para Plínio e sua família um período de vacas gordas. Ficaram para trás os tempos de morar de favor com parentes e até o acanhado apartamento alugado no centro foi trocado por outro, próprio e de classe média, na rua Turmalina, no bairro da Aclimação. Da vida financeira da família cuidava Walderez, que também não tinha afinidade nem talento para essas questões, mas perto de Plínio era um gênio. "Até o limite em que isso era possível, eu administrava as finanças da família", admite Walderez. "Na verdade, eu nunca pude administrar sabendo exatamente de quanto iria dispor naquele mês. Ele chegava e punha em minhas mãos todo o dinheiro que tinha. E nós nunca sabíamos quando isso ia acontecer de novo. Portanto, eu não tinha muito controle sobre o que entrava e o Plínio com dinheiro na mão ninguém segurava, começava a distribuir para todo mundo."

O caso Jesus Padilha foi o mais visível desse viver de mão aberta. Jovem e promissor talento formado pela EAD de Alfredo Mesquita, Jesus fazia *Manhãs de sol*, de Oduvaldo Vianna (o pai), no Teatro Popular do Sesi, dirigido por Osmar Rodrigues Cruz. Numa das sessões do espetáculo no Taib — Teatro de Arte Israelita Brasileiro, no Bom Retiro, ele caiu em cena desacordado. Vítima de um aneurisma cerebral, que um ano depois levaria Cacilda Becker à morte, Jesus foi socorrido e iniciou um longo e penoso tratamento. Penoso e caro. Plínio não teve dúvida, destinou os direitos autorais de *Navalha na carne* em São Paulo à recuperação de um ator com o qual não tinha nenhuma relação pessoal de amizade e a quem conhecia apenas de nome. Plínio nunca comentou o assunto, da mesma forma que a ninguém ele contou a história do Cobrinha, morador de rua que socorreu em Santos. No caso de Jesus Padilha, a SBAT — Sociedade Brasileira de Autores Teatrais, entidade arrecadadora, foi comunicada de sua decisão e o que era para ser segredo caiu nas bocas e ouvidos das pessoas. Muito depois, se perguntado sobre o assunto, Plínio limitava-se a dizer que apenas retribuiu a todos os artistas do teatro que o ajudaram na vida e que ficaram ao seu lado na batalha para liberar *Navalha na carne*. "E tem outra coisa", ele dizia:

— Para quem está sob a previdência divina não falta nada. A gente sempre acreditou nisso e nunca nos faltou porra nenhuma. Tudo o que tivemos sempre foi do melhor. Tudo de que a gente precisar vem. Ou você confia, ou não confia. Mas essa postura da fluidez, da liberdade, da confiança na previdência divina não pode ser confundida com uma postura de passividade diante da vida. Lembre-se da lei de causas e efeitos. Se você não planta, não colhe. Tem que ser militante, como eu sou. Eu me envolvo com as coisas, com as pessoas, com a vida. A generosidade que eu possa ter com você é poder até me envolver em conflitos com você. Só não se conflita quem está morto. E nisso há uma generosidade. Se as pessoas não percebem, o problema não é meu. Mas eu me envolvi com elas.

A Cobrinha e Jesus Padilha muitos outros se juntaram na lista de pessoas que Plínio socorreu no aperto. Walderez lembra o caso do "seu Pedrão, velho militante comunista muito querido por todo mundo no teatro, cujo sonho era construir um barraco para os netos". Ela não lembra os detalhes, mas acha que foram os direitos de uma montagem de *Jesus homem* que Plínio destinou ao velho Pedrão, "que antes de morrer conseguiu construir o tal barraco". Dinheiro nas mãos dele não parava: "O fato é que dinheiro nunca foi uma preocupação excessiva em casa. Nunca tivemos dinheiro aplicado, dólares, essas coisas. Poupança, por exemplo, era uma palavra que o Plínio abominava. Nunca tivemos uma caderneta de poupança sequer. Imposto de renda nós só fizemos naquela época em que o Plínio era muito visado. Nós nos convencemos de que seria conveniente não dar a chance de fazerem com ele o que fizeram com o Al Capone". E Walderez diverte-se com a comparação.

NELSON RODRIGUES SAI EM PASSEATA As duras batalhas contra a censura ao teatro, nas quais as peças de Plínio Marcos foram bandeiras de luta em 1967, recomeçaram nos primeiros dias de fevereiro de 1968. Durante a temporada de *Quando as máquinas param* no Rio, as garras da repressão se afiaram. Após três meses de exames e reexames, a Censura proibiu a peça *O poder negro*, do americano Leroy Jones. Em Brasília, um censor foi assistir a *Um bonde chamado desejo*, de Tennessee Williams, que Maria Fernanda já apresentava fazia muito tempo em turnê nacional. Ele não gostou do que ouviu no palco e ordenou o corte de três perigosas palavrinhas: vaca, gorila e galinha. A atriz se recusou a obedecer e, num ato inédito e absurdo da repressão, foi "suspensa" por um mês das suas atividades profissionais, por determinação do censor desacatado.

"Vagabundas", assim o general Juvêncio Façanha, chefe da Censura, se referiu a Maria Fernanda e a outra atriz. Como truculência pouca é bobagem, os censores ainda proibiram a peça de Jorge Andrade *Senhora da boca do lixo* às vésperas da estreia, com prejuízo para a produção e os trinta artistas envolvidos.

Aquilo já era demais. Até para Nelson Rodrigues, conhecido pela sua aversão a passeatas e outras manifestações do gênero. Ele não só aderiu à greve de três dias nos teatros do Rio de Janeiro e em São Paulo, decretada na noite de 11 de fevereiro, como engrossou a manifestação programada para o dia 13 nas duas cidades. O *Jornal do Brasil* aderiu ao movimento, com o editorial titulado "Navalha na carne", clamando: "Não se brinca assim com as manifestações da inteligência e do espírito de um povo". E terminava exortando o ministro da Justiça a mostrar a sua autoridade, para não ser cúmplice dos "crimes cometidos diariamente contra a cultura do país" pelos censores.

Empunhando cartazes — "Contra a Censura pela Cultura" —, os artistas se reuniram em São Paulo em frente ao Teatro Municipal, sob a liderança de Cacilda Becker, Paulo Autran, Walmor Chagas e Odete Lara. No Rio, Nelson Rodrigues foi à concentração para a passeata no Monumento aos Pracinhas, juntando-se à comissão de frente formada por Barbara Heliodora, Oduvaldo Vianna Filho, Ferreira Gullar, Flávio Rangel, Oswaldo Loureiro e Tônia Carrero, que foi presa pelo comandante da guarda. O tenente pensou que ela estivesse "fazendo comício" contra a sua ordem de proibir a colocação, pelos artistas, de uma coroa de flores "em homenagem aos que lutaram contra o fascismo na Itália". Graças à intervenção de outro militar e de políticos, e pressionado pelas vaias dos artistas, o tenente soltou a atriz.

O resultado dessa revolta do teatro foi a concordância do ministro da Justiça, Luís Antônio da Gama e Silva, em receber uma comissão de artistas. Claro, nem se cogitou de incluir nela Tônia Carrero e Plínio Marcos, que meses atrás já haviam aporrinhado o ministro o suficiente. Na comissão estavam Fernando Torres, Nelson Rodrigues, Walmor Chagas e Paschoal Carlos Magno, sobre os quais não se podia jogar a pecha de comunistas nem de subversivos. Para pôr água na fervura, o ministro anunciou a formação de um grupo de trabalho integrado por artistas de teatro e cinema e presidido pelo jurista Clóvis Ramalhete, com o objetivo de propor recomendações a uma mudança na Censura. O grupo entregou no final de junho o documento "Princípios e recomendações relativos à censura" ao ministro Gama e Silva. Tudo indica que ele nunca o considerou, sequer o leu. No final do ano, em 13 de dezembro, foi o mesmo ministro autor do texto do AI-5, Ato Institucional nº 5, que deu um basta às embora frágeis liberdades civis e transferiu todo o poder de mando e desmando a uma Junta Militar que, em seguida, escolheu Emílio Garrastazu Médici novo general-presidente. Mas, em fevereiro, a reação do teatro à censura foi uma espécie de senha à resistência da sociedade ao arbítrio, com a adesão imediata dos estudantes.

O espetáculo *Roda-viva*, de José Celso Martinez Correa, com texto e músicas de Chico Buarque, estreou no Rio de Janeiro, em 17 de janeiro, sem ser incomodado pelos censores. Por isso, e aproveitando a presença de Plínio Marcos na cidade, o Teatro Jovem, onde *Quando as máquinas param* estava em cartaz, apostou na montagem da primeira peça do autor, *Barrela*, sob a direção de Luiz Carlos Maciel, com numeroso elenco encabeçado por Milton Gonçalves e Fábio Sabag. A promessa conciliadora do ministro Gama e Silva aos poucos foi caindo por terra e os artistas caindo na real, ou seja, a Censura não só continuava a mesma como tendia a piorar. Às vésperas da estreia de *Barrela*, em 13 de março, o Teatro Jovem foi informado de que a peça estava proibida em todo o país. Para não jogar fora o trabalho, o espetáculo fez algumas sessões fechadas para a crítica e convidados. O autor escreveu a respeito disso depois:

— Doeu em mim essa proibição mais do que todas as das outras peças. Sei lá por quê. Talvez porque *Barrela* seja minha primeira peça. Doeu. Mas não me desanimou.

E não mesmo. Em 1º de maio, na praça da Sé, nas comemorações oficiais do Dia do Trabalho, com lideranças sindicais presas e cassadas, o governador Roberto de Abreu Sodré começou a falar e uma pedra voou na direção do palanque. A repressão caiu batendo. Plínio estava lá e conseguiu se safar, mas para sempre ficou a suspeita de ter sido ele o autor da pedrada. Modesto, ele negava:

— Infelizmente não fui eu.

A sua presença em qualquer assembleia ou manifestação era suficiente para que a suspeita de tudo o que acontecesse de ruim caísse sobre ele. Como se conclui, maio de 1968 não foi o mesmo em São Paulo e em Paris. No Rio de Janeiro, ele começou um mês antes, em 28 de março. A partir daquele dia, um misto de comoção e revolta tomou conta da cidade quando um soldado matou com tiro à queima-roupa um estudante secundarista. A ação da tropa reprimia uma passeata estudantil contra o fechamento do tradicional Restaurante Calabouço, que servia refeições a preços subsidiados. A morte de Edson Luís Lima Souto foi o estopim de uma série de manifestações, que começaram no enterro do estudante e culminaram na histórica passeata dos 100 mil, em 26 de junho, à qual aderiram artistas e intelectuais, no centro do Rio de Janeiro.

UMA FEIRA EM DESOBEDIÊNCIA CIVIL_Entre uma pedrada e outra, Plínio foi convidado por Augusto Boal a integrar o grupo de autores que fariam um balanço do momento político do Brasil, em peças curtas, que seriam encenadas sob o título geral de *1ª Feira Paulista de Opinião*. Estreou em 5 de junho na Sala Gil Vicente do Teatro Ruth Escobar. Produzida pelo Teatro de Arena, respondendo ao tema "O que pensa você do Brasil de hoje?", a *Feira* reunia seis peças curtas: *Verde que te quero verde*, de Plínio Marcos; *O senhor doutor*, de Bráulio Pedroso; *A receita*, de Jorge Andrade; *Animália*, de Gianfrancesco Guarnieri; *O líder*, de Lauro César Muniz; e *A lua muito pequena e a caminhada perigosa*, de Augusto Boal, que também dirigiu o espetáculo. Seis músicas originais foram compostas para cada uma das cenas por Edu Lobo, Caetano Veloso, Sérgio Ricardo, Gilberto Gil, Carlos Castilho e Ari Toledo.

Se, "artisticamente, o espetáculo deixava a desejar, porque apenas Guarnieri compôs uma peça em um ato perfeitamente realizada, era impossível, contudo, ficar indiferente à vitalidade da *Feira*, em que o *sketch* de Plínio Marcos provocava ininterruptas gargalhadas", segundo testemunho de Sábato Magaldi. Yan Michalski escreveu no *Jornal do Brasil* que a cena de Plínio, uma piada mais que uma cena, resumia-se a "uma pequena charge, uma espécie de desenho em quadrinhos transportado para o palco, mas o seu grosso e primitivo humor é de uma devastadora violência".

A provocação começava no título da cena. Longe de remeter ao poeta andaluz Federico García Lorca, o *Verde que te quero verde* referia-se mesmo ao verde oliva do uniforme dos militares brasileiros. No elenco, Rolando Boldrin, Paco Sanches e Renato Consorte, que, aos peidos, fazia do seu personagem um orangotango na chefia da Censura, com gestos, grunhidos e caminhar de um símio. Se a intenção era debochar dos agentes da repressão, chamados pela esquerda de "gorilas", Plínio não economizou na dose. Brincou até com ele mesmo. No esquete, o censor-chefe, de tanto cortar palavrões da "peça desse moleque" (adivinhe quem), se surpreende com a boca cheia de palavrões.

— Você vê como temos razão de proibir peças com palavrão. Até eu, que sou um homem de formação religiosa, me deixo influenciar, às vezes.

— Ora, o senhor não faz mais do que citar um autor.

— É verdade. A merda é que eu nunca cito Shakespeare.

(Três décadas depois, Plínio retomou o estilo esquete-piada quando a *Folha de S.Paulo* convidou vários autores a escrever cenas sobre a disputa eleitoral que elegeu Fernando Henrique Cardoso presidente da República. *No que isso vai dar*, de Plínio, era um escracho sobre todos os candidatos e foi apresentada em outubro de 1994 no auditório do jornal, interpretada por Léo Lama, Oswaldo Mendes, Bruno Giordano e o próprio Plínio. Três emissários violentos e com ar de mafiosos vão cobrar o Mago vidente, que havia previsto a vitória do Mestre Pron, a barbuda figura de olhos esbugalhados, e quem venceu foi o "pavão do bico comprido", deixando para trás também o "sapo barbudo" e o "dinossauro dos pampas". O Mago, autorreferência do autor, se defende:

— Me diz uma coisa. O que fede mais, o excremento de um bode montanhês ou o excremento de uma girafa angolana?

— Sei lá o que fede mais.

— Pois é. Vocês não entendem nem de merda e querem entender de política?)

Com a *1ª Feira Paulista de Opinião,* o Teatro resolveu medir forças com a Censura, que não se fez de rogada. Cortou todos os textos com voracidade. O espetáculo estreou "sob protesto", após assembleia da classe teatral que decidiu "realizar um acampamento de atores que permaneceria no teatro protegendo o elenco", ao qual se reuniam também Aracy Balabanian, Miriam Muniz e Antonio Fagundes. Para driblar os agentes da repressão, que estariam na porta do Ruth Escobar, o público foi instruído na surdina a se dirigir ao Teatro Maria Della Costa, onde a *Feira* seria apresentada sem cortes. Na noite seguinte, Cacilda Becker, presidente da Comissão Estadual de Teatro, dirigiu-se ao público: "A representação na íntegra da *1ª Feira Paulista de Opinião* é um ato de rebeldia e de desobediência civil. Trata-se de um protesto definitivo dos homens livres de teatro contra a Censura, que fez 71 cortes nas seis peças".

NA TV, DEPUTADA CONTRA A NOITE SUJA No meio de toda essa agitação, estava Plínio em casa no final da noite de folga do teatro, segunda-feira, assistindo ao programa O *quarto poder,* na TV Tupi. Walderez já tinha colocado os filhos Leonardo e Kiko pra dormir. De repente, surge na telinha em preto e branco a deputada Conceição da Costa Neves, que tinha sido atriz com o nome de Regina Maura. Ela era identificada pela esquerda como "marchadeira" — assim chamadas as mulheres que, em apoio ao golpe de 1964, saíram às ruas de São Paulo nas Marchas da Família com Deus pela Liberdade, contra o perigo comunista. Mas dessa vez o discurso da deputada era contra o teatro. Contra *Roda-viva,* a que ela assistira, e contra os palavrões que sujavam os palcos e as noites da cidade. São Paulo não quer uma noite suja, quer uma noite limpa! — ela esbravejou. Plínio se enfureceu, pegou um táxi e se mandou para o estúdio da televisão. Chegou arrepiando, conforme seu relato à revista *Caros Amigos*.

— Escuta aqui, ó vagabunda, por que tu não vai assistir antes de falar? "Quem é você?" Sou o autor da peça que você está descascando. E os caras: "Sai daqui, Plínio, não sei o que...", aqueles velhos lá da Tupi, o caralho. Aí foi uma discussão. "Sai." Eles tinham capanga. Vieram uns capangas, o pessoal da televisão veio de porrete pra me defender. Foi aquele tumulto.

O *Diário da Noite* noticiou que "várias agressões pessoais tiveram início" e só não descambou porque o produtor Walter Sampaio e o apresentador Almir Guimarães sugeriram que as partes se encontrassem em debate sobre o tema no próximo programa. "Vários policiais e investigadores estarão no estúdio de televisão e nada menos de dez radiopatrulhas policiarão o local", informou o jornal. Jogo combinado, Conceição escalou os deputados Aurélio Campos e José Carvalhaes no seu time e propôs que José Celso Martinez Correa, diretor de *Roda-viva*, e Ruth Escobar formassem o de Plínio. Ele reagiu na hora:

— Você não vai escalar o meu time!

"Então eu levei o Fernando Torres, um homem íntegro e muito inteligente, e Augusto Boal, que era habilíssimo no debate. O Zé Celso quando nervoso fica apavorado e a Ruth era um prato cheio para ser atacado."

José Celso nem por isso se calou. Escreveu para "alertar contra o perigo do obscurantismo e do gangsterismo praticado contra a cultura. Com a volta do clima das bruxas, vai se criar uma geração violentamente ressentida. O ódio e a repressão nesse momento estão sendo alimentados. [...] No momento em que as velhas gerações aceitam essa mulher como líder, estarão cavando e travando a luta contra a juventude deste país. A juventude culta, informada, sensata, não vai admitir isso. O mundo dessa mulher morreu".

Na segunda-feira seguinte, o estúdio da Tupi no Sumaré e a rua em frente foram tomados pela classe teatral e pelas radiopatrulhas. O programa *O quarto poder* alcançou picos elevados de audiência ("noventa por cento", nos cálculos de Plínio), que se repetiram na reprise, domingo, no horário de *Pinga fogo*. Não satisfeito, Aurélio Campos levou o ataque ao teatro à tribuna da Assembleia Legislativa. Até então a imprensa, a começar por um editorial do *Jornal do Brasil* sobre a greve de fevereiro, tinha defendido os artistas. A exceção foi O *Estado de S. Paulo*, que deu eco ao deputado e publicou, na edição de 11 de junho, terça-feira, um editorial depois considerado infeliz e dúbio pela própria direção do jornal. O texto começava por considerar "oportuno" o discurso de Aurélio Campos "sobre os excessos que se têm verificado em representações teatrais no terreno do desrespeito aos mais comezinhos preceitos morais".

Defensor do regime militar, apesar de ter entrado na política nos anos de 1950 pelo Partido Socialista Brasileiro, o deputado era um pioneiro do rádio e da televisão. Fez a fama com o programa *O céu é o limite*, em 1955, que popularizou o bordão "absolutamente certo", título de chanchada com Anselmo Duarte e Eliana. Depois se destacou como locutor esportivo e apresentador do programa *Pinga fogo*, do qual se afastou ao ser eleito deputado em 1967.

EDITORIAL DO *ESTADÃO* PEDE CENSURA Sem suspeitar que a censura logo o atingiria, o *Estado de S. Paulo* se excedeu, como teriam admitido seus diretores, no editorial em defesa do deputado-radialista: "O mundo teatral, tanto os atores e atrizes como os autores, vem movendo uma campanha sistemática contra a censura, e, como esta nem sempre é exercida por autoridades à altura de tão graves e, às vezes, tão delicadas questões, a tendência de muitos é cerrar fileiras entre os que (a) combatem. O que na censura geralmente se vê é uma ameaça à liberdade, o que assume a feição particularmente antipática quando a liberdade ameaçada é a artística. Carradas de razão, entretanto, teve o parlamentar acima referido ao assinalar, a propósito de peça teatral a cuja representação assistira, que a censura, longe de se mostrar rigorosa no escoimá-la de seus exageros mais escandalosos, o que revelou foi uma complacência que não pode deixar de ser severamente criticada".

No dia seguinte, a classe teatral reunida no Teatro Ruth Escobar considerou o editorial "totalmente favorável à Censura ditatorial", conforme registrou o próprio jornal, ao noticiar que "catorze artistas de São Paulo e quatro do Rio já resolveram devolver os prêmios Saci ao *Estado de S. Paulo* na próxima quinta-feira, às 4 da tarde. Essa decisão foi tomada na assembleia de anteontem e aclamada pelo plenário. Até lá, os líderes do movimento de protesto esperam receber novas adesões".

Quando se discutia como reagir ao editorial, foi Walmor Chagas quem sugeriu a devolução do prêmio. Conta o ator Sérgio Mamberti, que estava ao lado do líder estudantil José Dirceu, que "Walmor disse que só nos restava atingir o jornal na sua vaidade", devolvendo o Saci do qual "o dr. Júlio Mesquita tanto se orgulhava". Décio de Almeida Prado, em entrevista a Nelson de Sá e Alcino Leite Neto em 1991, na *Folha de S.Paulo*, confirmou Walmor como autor da proposta. Mas não só ele: "O Walmor Chagas e o Bráulio Pedroso. O Bráulio tinha sido demitido do jornal, e eu acho que isso contribuiu um pouco. É o lado chato da coisa". (O jornalista Bráulio Pedroso tinha sido lançado como dramaturgo por Walmor e Cacilda, que fizeram a primeira leitura da sua peça *O fardão*, em 1966. Naquele mesmo 1968 ele fez sua primeira e bem-sucedida incursão na TV como autor da novela *Beto Rockfeller*.)

Em 1953, o jornal tinha estendido o Prêmio Saci aos melhores do ano no teatro e no cinema, em várias categorias, com a entrega de um troféu, a figura da personagem do imaginário popular esculpida por Brecheret. Como o editorial atingiu diretamente o teatro, foi no teatro que se deu a reação que levou à extinção do prêmio, considerado então um dos mais importantes, ao lado do Prêmio Governador do Estado. Na assembleia que propôs a devolução dos troféus misturavam-se militantes políticos, estudantes e sindicalistas à classe teatral, que, segundo testemunhas, era minoria, coisa de 20%.

A participação de Plínio Marcos no episódio foi decisiva. José Dirceu, em nome da UNE, ameaçou: "Quem não quiser devolver o prêmio será boicotado pelos estudantes de São Paulo". O diretor Flávio Rangel reagiu à chantagem e pediu que se colocasse imediatamente em votação uma proposta de José Celso Martinez Correa, de aguardar uma semana para que o jornal se retratasse. Nesse momento, lembra Sérgio Mamberti, Flávio, muito amigo da família Mesquita, dona do jornal, disse que "o dr. Júlio tinha ficado muito triste" com tudo aquilo. Zé Dirceu contra-atacou, provocando: "Você anda tomando muito uísque com os Mesquita". Flávio reagiu, lembrando ter sido preso e torturado, e não admitia as insinuações do estudante. Juca de Oliveira tomou a defesa do diretor. No meio do bate-boca, Plínio pediu a suspensão da assembleia por dez minutos. "Aí, houve um conchavo geral", conformou-se Flávio.

Reiniciada a assembleia, Cacilda Becker disse que, "como presidente da Comissão Estadual de Teatro", aconselhava a negociação, mas concluiu, para delírio geral: "Como atriz, sou pela devolução". Cacilda reconheceu que, quando Walmor deu a ideia de devolver o Saci, ela a achou inadmissível. "Mas durante o dia tentaram me cooptar", foram mais ou menos essas as palavras da atriz que ficaram na memória de Sérgio Mamberti. Ela teria dito algo como: "Os poderosos telefonaram para a minha casa, pedindo que eu advogasse em seu favor. Agora, mesmo não entendendo direito o que está acontecendo e vendo o número de pessoas que aderiram a esse protesto, entre ficar com os poderosos e os da minha classe, fico com os meus".

Foi emocionante, diz Sérgio Mamberti. Deve ter sido mesmo, pois José Celso retirou a proposta de adiar a decisão e aprovou-se a devolução do Saci. Vários artistas continuaram a reunião na casa de Ruth Escobar, onde se divertiram jogando boliche com os troféus, "uma coisa escrachada e ao mesmo tempo muito divertida e debochada", lembraria sem mágoa Décio de Almeida Prado.

Na Assembleia Legislativa, Aurélio Campos voltou à tribuna no dia 20 de junho para defender requerimento "apelando para as autoridades no sentido de sanear o teatro brasileiro". Reclamou que, "desgraçadamente, na luta contra a obscenidade e a pornografia incluídas nas peças teatrais com objetivos puramente comerciais, pontos de vista são propositadamente distorcidos pelos 'esquerdinhas festivos'". Ao referir-se a artigo de Décio de Almeida Prado publicado naquele dia, em que o crítico com serenidade e elegância procurava reduzir as tensões, o deputado apostou numa divisão da classe teatral — "nem tudo está perdido". Tirou a discussão do âmbito restrito para projetá-la no quadro político nacional, e subiu o tom. "Não se trata, já agora, de higienizar os obscenos textos comerciais perpetrados por alguns pseudoautores do teatro brasileiro. O que se reclama é a defesa do próprio regime democrático, convulsionado pela agitação gratuita dos 'esquerdinhas festivos'", insistiu na adjetivação que apequenava o protesto dos artistas e intelectuais.

DEVOLUÇÃO DO SACI EM TARDE CHUVOSA Nem todos devolveram o seu troféu, mas no dia seguinte, às cinco horas da tarde chuvosa de sexta-feira, 21 de junho, a classe teatral se concentrou no Teatro de Arena, de onde sairia em passeata de 200 metros até a esquina das ruas Major Quedinho e Martins Fontes, local da sede de *O Estado de S. Paulo*. Cacilda Becker teria relutado em sair à frente da caminhada. Deixou-se convencer por Plínio Marcos.

— Olha aqui, Plínio, vou confiar em você. Não vai ter bagunça, né? Só passeata.

— É, só passeata, pode ficar tranquila.

Em frente ao jornal, o plano previa que um diretor viesse até os manifestantes que, então, em ordem e pacificamente, devolveriam um a um os troféus. O detalhe, diria Garrincha, é que ninguém se lembrou de combinar com o adversário. Primeira a falar, Fernanda Montenegro leu uma declaração em defesa da liberdade de expressão, sem agredir diretamente o jornal. Ela conta, na biografia de Cacilda Becker escrita por Luís André do Prado, que na manhã daquele dia refizeram o discurso original que lhe entregaram para ler, "um texto político e ideologicamente engajado", segundo ela. "Fui muito cedo à casa de Cacilda e, na cozinha do apartamento dela, eu disse: 'Cacilda, nosso problema aqui não é político-ideológico, mas de defesa da liberdade de expressão'." Foi esse o discurso que Fernanda leu, ficando para a atriz e cantora Marília Medalha o discurso mais duro e direto sobre as razões daquele ato.

O tempo foi passando e nada de aparecer alguém do jornal. Há relatos de que, indignada com a indiferença da direção de redação, a atriz Liana Duval urinou no seu Saci antes de depositá-lo na porta de entrada. Foi a senha para que todos amontoassem os troféus de Brecheret. Plínio Marcos esqueceu a promessa feita a Cacilda e mandou uma pedrada na porta de vidro do *Estadão*. Até aquele momento, segundo suas próprias palavras, tinha se controlado, assistindo a tudo do outro lado da rua ao lado do médico e dramaturgo Roberto Freire e do físico e crítico de arte Mário Schemberg:

— Foi quando o Bigode e o Mário disseram: "Precisamos fazer alguma coisa. O secretário de redação não desce, estão humilhando a Cacilda Becker. Deixaram ela na chuva no maior desprezo". Aí eu peguei um tijolo, subi num caminhão estacionado na porta do prédio e gritei: "Jornal filho da puta, enfia o Saci no cu". E mandei um tijolaço no vidro. Um chofer da *Folha* veio e me segurou. Eu disse: "Sai, viado, tá pensando o quê?". Mas o cara não largava. Dei-lhe um chute na moringa, desci e saí correndo. Daí saiu todo mundo correndo. Eu entrei na rua Maria Antônia, que era nosso ponto de encontro. O Roberto Freire descobriu depois que aqueles carros da *Folha de S.Paulo* estavam sendo dirigidos por gente do Dops. A *Folha* tinha emprestado os carros e eles fingiam que tinham ido cobrir.

Na redação, todos seguiram a rotina. Ninguém sequer se aproximou das janelas para olhar a confusão lá embaixo. O jornal ignorou a passeata, mas não ficou indiferente ao simbolismo do ato. Se os artistas não querem o prêmio, não há por que mantê-lo. Como foi só a gente de teatro que devolveu o troféu, ele poderia continuar sendo entregue às demais categorias. Não, a direção de *O Estado de S. Paulo* decidiu extinguir definitivamente o Saci. Decisão mais grave foi a de Décio de Almeida Prado, de deixar a crítica teatral, lamentada por todos. De nada valeu o argumento de que o protesto foi contra o jornal, não contra o crítico. Décio continuaria amigo pessoal dos artistas, mas concluiu que "ficava insustentável fazer crítica em um jornal que tinha sido atacado pelo teatro". Maior que o prêmio, foi essa a perda mais sentida.

ARTISTAS ESPANCADOS EM *RODA-VIVA* O Teatro Ruth Escobar, na rua dos Ingleses, era ponto de referência da resistência teatral e, por isso, atraiu a fúria dos que viam nele um foco subversivo a ser enfrentado. Além de palco de assembleias, ali estavam dois espetáculos incômodos: a *Feira Paulista de Opinião* e *Roda-viva*. Se politicamente parecia inofensivo com a bela música de Chico Buarque, o espetáculo de José Celso era "imoral e obsceno", segundo o deputado Aurélio Campos. Ao pedir ação "mais rigorosa" da Censura, ele advertiu "as famílias paulistas que não deixem as suas filhas ver *Roda-viva*". Nem famílias nem censores, no primeiro momento, atenderam ao apelo, mas os militantes do Comando de Caça aos Comunistas, o CCC, se armaram, e não só de coragem.

"Invadido e depredado o Teatro Galpão", deu na manchete da *Folha de S.Paulo* na sexta-feira,19 de julho.

O Galpão era a sala de cima do Teatro Ruth Escobar, onde estava em cartaz *Roda-viva*. A *Feira* era apresentada na Sala Gil Vicente, uma arapuca, pois seu acesso no subsolo, por estreitas escadas, não sugeria nem recomendava uma invasão. Mesmo assim, semanas antes a sala foi invadida por policiais e interditada pela Polícia Federal. Na quinta-feira à tarde o elenco da *Feira* recebeu, por telefone, ameaças de quebra-quebra. À noite, os terroristas mudaram a mira para o Galpão. Ao final de *Roda-viva*, quando o público se levantou para sair, eles entraram.

"Vinte elementos bem vestidos, alguns deles com terno e gravata, invadiram o teatro, foram espancando quem encontravam", noticiou a *Folha de S.Paulo* na sexta-feira. "Depredaram poltronas, quebraram refletores, instrumentos musicais, e subiram aos camarins onde as atrizes estavam mudando de roupa. Espancaram-nas, tirando-lhes a roupa, e praticaram atos brutais de sevícia, conforme afirmaram atores, testemunhas oculares da violência."

O *Jornal da Tarde* registrou que nos camarins os atores "começavam a mudar a roupa, quando ouviram os primeiros gritos e o grande barulho que vinha da plateia. Ninguém sabia o que estava acontecendo". Os policiais de três viaturas que estavam na frente do teatro não conseguiram entrar, "foram impedidos por mais de cem pessoas que queriam sair daquela confusão". Lá dentro, gritos e barulho de quebra-quebra, correria. "Marília Pêra, a atriz principal da peça, e Margot Baird, dentro dos camarins internos, foram agredidas, os homens arrancaram suas roupas. Walkíria Mamberti, outra atriz da peça, também foi despida e espancada, apesar de avisar, aos gritos, que estava grávida."

A classe teatral, mobilizada, reagiu imediatamente.

— A cultura e a inteligência brasileira foram massacradas em seu templo — Plínio Marcos resumiu assim o sentimento de todos. O Teatro Oficina, onde se apresentava *Navalha na carne*, recebeu carta anônima com ameaças. Às dez horas da manhã seguinte, sexta-feira, uma comissão formada por Plínio, Ruth Escobar, Assunta Perez, Sábato Magaldi, Alberto D'Aversa e Edgard Gurgel Aranha foi recebida pelo secretário da Segurança Pública, que prometeu enviar policiamento aos teatros. Cacilda Becker tomou a frente da resistência com uma frase com vocação histórica, estampada pelos jornais no domingo:

— Qualquer teatro é o meu teatro.

FALTA DE SEGURANÇA DIVIDE ATORES Presidente da Comissão Estadual de Teatro, órgão do governo, Cacilda se dirigiu às duas da tarde com uma caravana de artistas ao Palácio dos Bandeirantes. Na ausência do governador Roberto de Abreu Sodré, o grupo integrado por Cacilda, Augusto Boal e Ruth Escobar foi recebido pelos chefes das casas Civil e Militar, como noticiou o *Jornal da Tarde*. Cacilda saiu inconformada: "Eles disseram que podemos abrir um inquérito. Mas nós queremos é os criminosos. Inquérito é fantasia". Ao chegar ao portão de saída do Palácio, dirigindo o seu Fusca com a crítica Barbara Heliodora ao lado, Cacilda tremeu. Um soldado postou-se à sua frente, braços erguidos, solene.

— Ai, meu Deus, o que será agora? Todos os carros passaram, por que só vão parar o meu?

Barbara pediu calma, embora ela mesma estivesse apreensiva. Calmo estava o soldado, que caminhou até a porta, abaixou-se e olhou as duas senhoras.

— A senhora é Cacilda Becker?

— Sou eu mesma.

— A senhora se importaria em me dar um autógrafo?

Claro, claro, mais que depressa ela deu o autógrafo e, rindo do próprio medo, dirigiu seu Fusca até o Teatro Ruth Escobar, onde começou uma assembleia permanente. Decidiu-se que a proteção ao público e a segurança dos teatros ficariam com os próprios artistas.

— Não podemos contar com a proteção da polícia. Vamos pedir que esta noite a gente se defenda. Acho que todos devem levar um bastão de pau — sugeriu Augusto Boal, que presidia a assembleia.

— Bastão de pau não vai dar certo, quebra na primeira cacetada. Tem que ser de ferro — retrucou o ator Líbero Ripoli Filho.

— O que adianta um pedaço de ferro contra um revólver? A gente tem de entrar é armada — radicalizou Miriam Muniz.

— Isso de arma é problema de cada um. Nós só recomendamos que vocês se defendam — encerrou Boal a discussão.

Segundo o *Jornal da Tarde*, Luiz Gustavo, que fazia *Dois perdidos numa noite suja*, foi contra a ideia de os atores irem trabalhar armados:

— Os que nos agrediram são profissionais, não adianta a gente ter paus, ferros ou revólveres. Eles são profissionais. O que eu vou fazer é pedir ao público que espere dois minutos quando terminar o espetáculo. Aí apanho meu paletó e saio com eles. Ninguém vai agredir o público.

Rodrigo Santiago, protagonista de *Roda-viva*, tinha o pé esquerdo enfaixado, queixava-se de dores e temia não poder fazer o espetáculo naquela noite, quando Chico e o pai Sérgio Buarque de Hollanda estariam presentes. Cacilda Becker tomou a decisão por Rodrigo:

— Você tem que aparecer. O público tem que te ver assim, mancando. Mas sem fazer drama, sem tragédia, com dignidade. O espetáculo tem que sair, nem que seja simbólico.

Terminada a assembleia, Ruth Escobar recebeu um telefonema: "O que aconteceu ontem não foi nada. Vocês vão ver hoje e amanhã". Pressionado por um pedido formal, o general Sílvio Correia de Andrade, delegado regional da Polícia Federal, enviou catorze agentes sob o comando do seu oficial de gabinete para guardar a parte externa do teatro. Ao final do espetáculo, noticiou *A Gazeta*, "os artistas ficaram no palco esperando a saída de todo o público, enquanto nos corredores dos camarins a Polícia Federal, armada de metralhadora, guarnecia todas as dependências". A imprensa, segundo o *Jornal do Brasil*, classificou a invasão do teatro como "terrorismo idêntico a qualquer outro ato de terror, pois não há diferença essencial entre os extremistas que atiram bombas e os que se empenham em impedir pela força a livre manifestação do pensamento".

Em 17 de julho de 1993, a *Folha de S.Paulo* publicou entrevista do líder do Comando de Caça aos Comunistas ao repórter Luís Antonio Giron. O advogado João Marcos Flaquer, disposto a "contar a história da injustiçada direita brasileira", admitiu ter planejado e organizado o ataque a *Roda-viva*, que durou três minutos. Disse que "um companheiro quis estuprar uma atriz, mas eu impedi", e classificou a violência como um ato patriótico: "Foi um gesto cultural. Antecipou o AI-5 e cortou a via subversiva que o teatro estava seguindo. O objetivo era realizar uma ação de propaganda para chamar a atenção das autoridades sobre a iminência da luta armada, que visava a instauração de uma ditadura marxista no Brasil". Ele conseguiu mais que isso. O terrorismo de Estado alastrou-se apoiado em organizações clandestinas como o CCC. Os ataques chegaram ao Rio de Janeiro, com bombas nos teatros Gláucio Gil e Opinião, e a Porto Alegre, onde atores foram sequestrados e agredidos e a temporada de *Roda-viva* se limitou à estreia, no dia 3 de outubro; depois o espetáculo foi definitivamente proibido.

CORAGEM QUE OUTROS NÃO TINHAM Juntando-se ao terror do CCC, a Censura logo chamou para si os refletores. No dia 14 de agosto proibiu *Dois perdidos numa noite suja* em todo o país. No começo de dezembro, antes do AI-5, foi a vez de *Quando as máquinas param* ser proibida. Entre uma proibição e outra, em 17 de outubro, Gianfrancesco Guarnieri admitiu, à *Folha*, que a dramaturgia brasileira "está embananada" e atribuiu o sucesso das peças de Plínio Marcos "ao fato de que aborda situações particulares autênticas". Mas lhes negou o caráter transformador das relações sociais: "A mensagem fica apenas na piedade e no amor, não se colocando o sistema em xeque. Um marginal e uma prostituta passam a ser vistos com amor, mas a marginalidade e a prostituição permanecem".

Guarnieri, de formação marxista e militante do Partido Comunista, não estava sozinho nesse tipo de análise, comum a grupos políticos e ideológicos que reivindicavam, então, para o teatro uma tarefa revolucionária, de ação direta. O detalhe é que Plínio se recusava a pensar por outra cartilha e cabeça que não as suas. "Plínio era espontaneamente anarquista", resumiu Roberto Freire, que naqueles tempos tinha ligações com a Ação Popular (AP). "A gente às vezes se esquece que nenhuma ideologia nasce das instituições, mas sim dos indivíduos."

Nos anos 1990, ao olhar para aqueles tempos, Plínio Marcos mantinha a mesma clareza. Como Charles Chaplin, que temia todas as instituições e no auge do furor macarthista foi expulso dos Estados Unidos, Plínio não se vinculou a nenhuma associação ou partido. Ao que consta, não tinha carteirinha nem do Centro Acadêmico Oswaldo Cruz, da Faculdade de Medicina, cujas piscinas e campo de futebol frequentou anos a fio. Ele dizia:

— O grande erro da esquerda brasileira foi pegar os seus melhores quadros e transformá-los em funcionários, em burocratas de partido. Tirou os artistas do convívio com as pessoas e com os quadros sindicais fez a mesma coisa. Eles foram tirados das fábricas e passaram a ser vistos como figuras distantes. Passaram a ser senhores fulano de tal.

Em depoimento ao dramaturgo Reinaldo Maia, Plínio lembrou que naqueles anos 1960, em que as pessoas se sentiam compelidas à filiação política e partidária, a sua escolha de manter-se independente custou caro:

— Eu senti um vazio, porque nem a Igreja nem os partidos se interessavam por alguém como eu.

Foi essa independência que o levou a reagir aos ataques ao teatro e sozinho correr à TV Tupi e enfrentar a deputada Conceição da Costa Neves. A propósito, comentou:

— Eu tinha uma coragem pessoal que a maioria das pessoas não tinha. E não dava espaço pra ninguém me invadir.

Em outras palavras, como não precisava pedir a bênção a ninguém, não precisou também avaliar as consequências da sua revolta. Se participasse de uma organização ou de um grupo, não poderia reagir individualmente como reagiu. Tinha a sua teoria a respeito:

— Os grupos viram tutores das pessoas, que passam a se achar apóstolos.

Da sua avaliação não livrou nem o Teatro de Arena:

— Um bloco criador que se dissolveu porque as pessoas foram se decepcionando, largaram tudo e foram trabalhar pra televisão.

Mesmo nas dificuldades e nas prisões que encarou, concluía Plínio, "foram meus amigos que me socorreram — pessoas e não organizações".

Ele estava assim mais próximo do anarquista vislumbrado por Roberto Freire que do teatro que seu querido amigo Guarnieri lhe cobrava.

Cena VIII

Com Walderez de Barros, Terezinha Sodré e Luís Gustavo em festa do elenco de *Beto Rockfeller*
(Arquivo Walderez de Barros)

"O intelectual brasileiro é um marginal de classe média querendo ganhar status através da cultura."

"O diretor Ademar Guerra foi uma das pessoas que perceberam o drama de você não poder trabalhar na sua cidade."

"Perto dos palavrões que se ouvem de executivos na ponte aérea, Plínio era madre Teresa de Calcutá."

Quando um dos nomes mais influentes da história da televisão brasileira, Cassiano Gabus Mendes, assistiu a *Dois perdidos numa noite suja* no início de 1967, ficou perplexo. Como ele, diretor da TV Tupi, não sabia que a emissora tinha nos seus quadros o funcionário Plínio Marcos? No camarim, entre abraços e elogios, perguntou ao autor o que poderia fazer por ele.

— Me manda embora da televisão pra eu receber a indenização — respondeu Plínio.

Não era piada: "A gente saía em jornal todo dia, fazia um sucesso enorme, mas dinheiro mesmo não entrava", contou Plínio. Cassiano atendeu ao pedido e foi assim que ele deixou o emprego na TV Tupi, depois de três anos. Pagando 70% da bilheteria de *Dois perdidos* ao Teatro de Arena, o que sobrava para ele e Ademir Rocha, parceiro de cena, era muito pouco, insuficiente para um rateio que pagasse as contas da pequena equipe envolvida. A situação de Plínio só melhorou quando o espetáculo trocou o Teatro de Arena pelo Teatro de rua e começou a viajar pelo interior, e quando Fauzi Arap e Nelson Xavier fizeram a peça no Rio de Janeiro.

Na agitação de 1968 — estando já superado o aperto de grana e seu nome já tendo saído da lista dos ilustres desconhecidos —, Plínio recebeu telefonema de Cassiano Gabus Mendes.

— Ele me chamou para ver um jogo no Morumbi, entre São Paulo e América de Rio Preto. Disse: "Vamos lá, a gente vê o jogo e conversa". Ele queria que eu escrevesse uma novela na linha de *Dois perdidos*.

Plínio escreveu então a sinopse de *Dentro da noite*, uma novela policial que foi imediatamente proibida.

CONVITE PARA ESCREVER BETO ROCKFELLER Cassiano não desistiu e lhe propôs desenvolver uma história que tinha e que se chamava *Beto Rockfeller*. Em silêncio, Plínio ouviu a ideia. E se recusou a escrever a novela.

— Não é meu gênero. Pega o Bráulio, que vive no ambiente de rico e está doente, na cama.

Autor de uma peça premiada, *O fardão*, o jornalista Bráulio Pedroso tinha sido demitido de *O Estado de S. Paulo* e, vítima de um atropelamento, enfrentava sérios problemas de saúde. Com dificuldades motoras, como poderia escrever uma novela? Plínio tinha a solução:

— Pega o Paulo Bolha, o Paulo Ubiratan. Ele é meu contrarregra em *Dois perdidos*, funcionário da Tupi e precisa ganhar dinheiro. Põe ele lá pra bater a máquina para o Bráulio.

E assim se fez. A direção da novela foi entregue a Lima Duarte, com Walter Avancini de assistente, pois Lima também se aventurou em vários personagens misteriosos, que nunca mostravam o rosto. Para protagonista, Cassiano escalou seu cunhado, o jovem ator Luiz Gustavo, filho de diplomata espanhol e que, ainda adolescente, se empregou na televisão como ajudante de estúdio e ali construiria a sua carreira. Plínio Marcos, que só tinha feito uma pequena aparição em novela em *Éramos seis*, no ano anterior, ficou com o papel de Vitório. Ele era o fiel escudeiro de Beto, um vendedor de sapatos em loja da rua Teodoro Sampaio, que morava com seu pai Pedro (Jofre Soares) ali mesmo em Pinheiros, bairro de classe média em São Paulo, não muito longe da rua Augusta, onde a garotada bem-nascida e bem-nutrida fazia roncar os seus carrões.

Beto (Luiz Gustavo) namora Cida (Ana Rosa), mas na sua gatunagem para viver no meio dos grã-finos dá uma de milionário e namora

Lu (Débora Duarte) e Renata (Bete Mendes). Valendo-se de que seu personagem Vitório podia ser gago como ele e de que se podia improvisar à vontade, Plínio Marcos se deu bem, ao lado de um elenco de primeira: Maria Della Costa, Walter Forster, Marília Pêra, Irene Ravache, Eleonor Bruno, Rodrigo Santiago, Ruy Rezende, Pepita Rodrigues, Walderez de Barros, Zezé Motta, Lima Duarte, Jayme Barcelos, Gésio Amadeu e Etty Fraser, esta no papel de uma vigarista que se apresentava como Madame Valeska.

"Em *Beto Rockfeller* eu não tinha ainda muita ideia de quem era Plínio e da importância dele", diz Irene Ravache, que estava chegando do Rio com um filho pequeno, Hiran, para criar. Suas amigas mais chegadas eram Débora Duarte e Ana Rosa. Tímida, ela se recolhia ao seu canto. Irene vinha de uma novela na TV Excelsior, "uma televisão bem comportada", e ao entrar na Tupi encontrou outro ambiente nas primeiras gravações de *Beto*. Ela conta:

"Para mim o Plínio Marcos era só um rapaz bonitinho, que falava de um jeito engraçado, diferente. Mas tudo na novela era diferente, começando pelo próprio Tatá, o Luiz Gustavo. Se ele não se enquadrava no padrão dos galãs da Tupi, o Plínio muito menos. Eu achava que ele tinha um jeito moderno de interpretar, com muita improvisação, e o Lima Duarte também não era um diretor convencional. O Plínio chegava e ficava no canto dele e só chamava a atenção quando começava a interpretar, fazendo uma dobradinha imbatível com o Tatá. Com o tempo, todos os atores começaram a se adequar ao jeito dos dois, a improvisar, o que dava um frescor à novela. Depois, na padaria da esquina da Tupi, eu ficava ouvindo o Plínio falar com aquela indignação e todos os palavrões a que tinha direito. Hoje, perto dos palavrões que se ouvem de executivos engravatados na ponte aérea, Plínio era madre Teresa de Calcutá."

Sem o melodrama de inspiração mexicana das novelas da época, com muito humor e um galã que era o anti-herói, *Beto Rockfeller* caiu rapidamente no gosto do público, que também se renovou. O sucesso foi tanto, que no meio da novela o autor Bráulio Pedroso pediu água e a história continuou sendo escrita por uma equipe de autores encabeçada por Eloy Araújo. Tudo soava novo. A linguagem próxima do cotidiano incorporou gírias e expressões familiares ao público em diálogos ágeis, que recorriam a notícias de jornal para aproximar ainda mais a trama e os personagens da realidade. Como nem tudo podia ser perfeito, *Beto Rockfeller* inaugurou o merchandising nas novelas, que, porém, se resumia ao Engov que o personagem tomava para se curar das ressacas. Para o bem e para o mal, a novela foi um divisor de águas. E o seu sucesso não se devia apenas a essas inovações, na análise de Plínio:

— Tinha um time de primeiríssima qualidade, mas a questão principal da novela era política. A história do Beto Rockfeller é do cara que quer sair da classe média pra ser da classe alta, mas não deixam. Ele pode até comer umas mulheres lá, mas ser da classe alta não pode. Esse era o nó dramático da novela, esse cara que quer se enfiar e progredir, mas não consegue. Provavelmente, se na época se dissesse isso, a novela não passaria pela Censura. E era tudo muito improviso. Quando o Bráulio foi fazer *A volta de Beto Rockfeller*, em 1973, e o filme, ele tirou essa coisa política e não deu certo, porque ficou a gracinha pela gracinha.

A novela, que estreou em novembro de 1968, ficou um ano em cartaz e deu a Plínio Marcos, além de popularidade, o Troféu Imprensa de ator revelação. Serviu ainda para blindá-lo do risco de "desaparecer", como os órgãos de repressão da ditadura costumavam fazer com os que se opunham ao regime. (No início de 1969, Heleni Guariba, jovem e promissora diretora de teatro e militante política, foi presa e nunca mais se teve notícia dela. O caso inspirou Lauro César Muniz, que escreveu a peça *Sinal de vida*.) Mas *Beto Rockfeller* não livrou Plínio de frequentar as prisões.

ENGANANDO COMO ATOR NA TELEVISÃO A televisão sempre esteve na mira de Plínio Marcos, desde a malograda tentativa ainda em Santos de levar o palhaço Frajola para um programa da TV Paulista, precursora da Globo. Em São Paulo, o emprego de técnico de estúdio na Tupi lhe garantiu um salário e o aproximou de Benjamin Cattan, diretor do programa *TV de Vanguarda*, que colocou no ar *Réquiem para um tamborim*, sua estreia como autor na televisão, em fevereiro de 1964. Com a repercussão de *Beto Rockfeller*, a Tupi decidiu investir em Plínio como protagonista de *João Juca Júnior*, novela de Sylvan Paezzo dirigida por Walter Avancini, que estreou em 5 de janeiro de 1970.

O personagem, detetive de araque, mora na pensão de um velho com neurose de guerra, o judeu Bóris interpretado por Ziembinski, que dirigira Plínio na sua estreia no Teatro Cacilda Becker em *César e Cleópatra*. Debaixo da cama, João Juca guarda velhos livros de histórias policiais e, feito Quixote em heroicas aventuras de cavalaria, sonha desvendar crimes sem se importar com a zombaria dos outros. Na descrição de Plínio, João Juca era "um pobre-diabo, ex-vendedor de seguros fracassado, que resolve ser tira por conta própria, mas só pega treta. Por essas e outras, ele vai ficando chué da cuca e começa a lutar contra os moinhos de vento". A única a levá-lo a sério é dona Pequena, nordestina arretada, um Sancho Pança de saias, interpretada por Marilu Martinelli. Juntos, eles enfrentam um grupo de bandidas formado por Joana Fomm, Walderez de Barros, Débora Duarte, Gilda Lopes, Marilda Pedroso e Gilda Medeiros.

Dado o sucesso de *Beto Rockfeller*, a TV Tupi quis inovar outra vez, lançou *João Juca Júnior* no horário das dez da noite, e se deu mal. Depressa a novela foi para as seis e meia da tarde, na esperança de conquistar o público infantojuvenil. Cinco meses depois, saiu do ar. Embora lhe dessem o papel principal da novela naquele momento de glória como autor teatral, Plínio não queria ser ator. Queria escrever.

— Como acredito que a novela vai balançar a roseira, vou enganar mais algum tempo.

Já na estreia de *João Juca Júnior* ele não se dava importância como ator. Meses antes, recusou o papel de Paco na versão para cinema de *Dois perdidos numa noite suja* dirigida por Braz Chediak. Em janeiro de 1970 tinha terminado duas novas peças, *O abajur lilás* e *Oração para um pé de chinelo*, imediatamente proibidas pela Censura, e preparava um livro de contos, com os textos que publicava no jornal *Última Hora*. "Gosto é de escrever", ele dizia. Até novelas, por que não?

— Mas os diretores de televisão começaram a me achar maldito. Acham que é bobagem tentar, porque não passa na Censura. Com essas e outras, ninguém me convida pra escrever coisa nenhuma. Eu gostaria muito e me ofereço sempre, mas eles não querem.

O ator Plínio Marcos só voltaria à TV Tupi em 1976, para um papel sem muita importância em *Tchan! A grande sacada*, de Marcos Rey, protagonizada por Raul Cortez. Dez anos depois, em 1986, Luiz Gustavo o convidou para a novela *Tititi* na Globo, "numa tentativa de relembrar o passado". Ele recusou. Suas opiniões sobre a televisão tinham mudado:

— Uma máquina que tem como objetivo invadir o nosso país com filmes e músicas estrangeiras. Não concordo mais em fazer parte dessa engrenagem, que vai contra as minhas ideias.

Ainda não pensava assim em 1970, quando bendizia as telenovelas, que via como contraponto à produção estrangeira, argumentando que defendia "o meu mercado de trabalho, que está amesquinhado".

"EU E CHAPLIN SÓ TEMOS UM TIPO" Um ano depois do insucesso de *João Juca Júnior*, Plínio foi contratado pela TV Globo para ser o personagem Bem-te-vi em *Bandeira 2*, novela de Dias Gomes, dirigida por Daniel Filho. A história girava em torno de Tucão, espécie de rei de Ramos, interpretado por Paulo Gracindo. Com uma ponta de autocrítica debochada, Plínio dizia que fez três personagens na televisão, e todos iguais: Vitório, João Juca e Bem-te-vi:

— Fiz todos iguais, porque eu e o Charles Chaplin só temos um tipo.

Mais que ator, entretanto, Plínio tinha esperança de cavar um espaço para os seus textos na televisão. Cavou. No início de 1972, a Globo produziu um "Caso Especial" de sua autoria, *História de subúrbio*, em que o futebol, o Corinthians para ser exato, permeava a narrativa como pano de fundo ou personagem oculto. Era o mesmo texto que pegou o terceiro lugar em concurso promovido pelo *TV de Vanguarda* na Tupi. A direção ficou com Daniel Filho, que escalou para o elenco, entre outros, Carlos Vereza, Aneci Rocha, Osvaldo Louzada, Elza Gomes e Roberto Pirillo. Tirada de um de seus contos, a história envolvia um triângulo amoroso, mas, segundo o próprio Plínio, foi "pessimamente dirigida e interpretada". Reclamou até dos atores, que não sabiam andar de chuteiras. Em entrevista a Célia Moreira, do *Jornal do Brasil*, em que se apresentava como um ex-dramaturgo, porque suas peças de teatro estavam todas proibidas, foi duro na crítica:

— Infelizmente, muitos dos nossos diretores se levam muito a sério. Na televisão, acham que só conseguirão realizar um bom trabalho se fizerem uma série de cortes; caso contrário, não poderão ser chamados de gênios. Essa é a bendita formação do intelectual brasileiro, sempre voltado para a Europa, querendo jogar para cima do público todos os modismos do exterior. Às vezes, isso ocorre também com o ator, que interpreta com a maior perfeição nobres europeus, mas não consegue pontos de referência para encarnar um jogador de futebol, que devia estar dentro de sua realidade. Então acontece o que se viu na *História de subúrbio*: um ator andando de chuteiras como se estivesse deslizando em cima de patins.

Na mesma entrevista, mesmo não encontrando abertura na televisão para os seus textos, Plínio Marcos ainda se iludia com as possibilidades do veículo:

— Acho importante fazer novelas. Janete Clair, Dias Gomes, Bráulio Pedroso estão se matando para tentar mudar a linguagem. Lauro César Muniz, Walter Negrão, Lima Duarte e Sérgio Jockymann já realizaram trabalhos de alto nível. E há muitos outros que deveriam ser chamados para criar para a TV, como Vianninha, Guarnieri, Paulo Pontes, Marcos Rey.

Plínio foi logo atendido. Em 1972, escreveu para a TV Record a sinopse e o capítulo piloto da novela *O último dos mambembeiros*.

— Trata-se da história de um grupo de artistas de circo que viaja pelo interior, fugindo da TV, na ânsia de conseguir sucesso em longínquos lugarejos — ele explicou em entrevista a *Última Hora*, em julho de 1972.

O piloto foi gravado, mas a direção da Record mudou e o projeto morreu. A tentativa anterior na TV Tupi, uma novela baseada nas histórias da Barra do Catimbó, também teve um piloto gravado com Dercy Gonçalves de protagonista — projeto abortado pela Censura, que deve ter imaginado a combinação explosiva para "a moral e os bons costumes" de uma dupla como Dercy e Plínio.

Com o tempo, a esperança de escrever para a televisão se desfez e Plínio mudou a sua opinião sobre o veículo e as possibilidades de realizar ali uma obra autoral. Antes dizia que "a televisão é ruim porque os intelectuais deixaram que ela ficasse assim". E convocava os amigos a "entrar na briga" e "partir pro pau". Agora já não acreditava no próprio apelo contra os que viam na televisão "um negócio sujo". A ponto de, em uma de suas últimas entrevistas, avaliar que "muitos, pra ir pra televisão, inventam desculpas intelectuais para serenar a consciência". Assim, ele analisava, o autor "escreve um texto todo reacionário e no meio bota uma frase de efeito de esquerda, e não acontece nada". Plínio concluía a revisão de seu ponto de vista com um dos seus aforismos preferidos:

— O intelectual brasileiro é um marginal de classe média querendo ganhar *status* através da cultura. Nos anos 60 era bom você ser de esquerda. Depois, quando veio o pega-pra-capar, muitos foram se acanhando e, como precisavam viver, entraram na televisão, onde foram perdendo a embocadura de fazer coisas rebeldes. Então começaram a escrever só pra ganhar dinheiro. No tarô você aprende muito bem: tem que controlar suas energias e não perder a chama sagrada. Perdeu o tesão, perdeu tudo.

PLÍNIO, O SÃO FRANCISCO PROIBIDO Em meados da década de 1970, se a barra da Censura pesava para todos, para Plínio pesou um pouco mais. Apesar de ver suas peças proibidas e o cansaço da luta levando muitos a se acomodar, ou a recolher as armas, Plínio encontrou focos de resistência em pessoas que o empregavam aqui e ali, até mesmo na televisão. Afinal, como ele dizia, era preciso defender o leite das crianças, que estavam crescendo e cheias de quereres. Em setembro de 1975, o diretor de teatro Ademar Guerra, autor de espetáculos memoráveis como *Oh que delícia de guerra* (1966/67), *Marat/Sade* (1967), *Hair* (1969) e *Missa leiga* (1972), convidou Plínio Marcos para protagonizar um teleteatro na TV Cultura sobre a vida de São Francisco de Assis. Plínio contou:

— Ademar era um diretor que sabia mexer com o ator. Ele foi uma das pessoas que perceberam o drama de você não poder trabalhar na sua cidade, no seu país. Por isso, um dia me convidou para fazer o papel de São Francisco. Ele achava que eu devia fazer e eu disse vamos lá. Fomos e no meio da gravação veio uma ordem pra parar e me mandaram embora. Ele ficou chocado, triste. Apesar da generosidade do Ademar, o texto era muito ruim, não sei onde ele queria chegar com aquele teleteatro. Eu estava fazendo porque tinha de fazer qualquer coisa, estavam me proibindo até em desfile de escola de samba. Ademar me chamaria pra fazer São Francisco ou qualquer outra coisa. Havia um pouco de provocação no seu gesto.

Os militares também viram provocação. Não na história do santo e sim na escolha de Plínio Marcos para o papel, com direito a uma cena de nu, quando Francisco se despe das suas roupas de nobre para assumir a pobreza que o levaria à santidade. A cena de nu chegou a ser gravada, mas se perdeu como todo o teleteatro.

Na manhã de sexta-feira, 24 de outubro de 1975, Ademar Guerra foi à Cultura para mais um dia de gravação. Havia um alvoroço nos corredores. Mal entrou, alguém lhe pediu para ir ao departamento de jornalismo, com urgência. Como vivia usando os equipamentos do jornalismo, disputando câmaras e estúdios, Ademar imaginou que fosse mais um capítulo das dificuldades do teleteatro. Ao entrar na redação, recordaria Ademar Guerra tempos depois, "alguém que não me lembro disse que um coronel do 2º Exército tinha telefonado à minha procura. O clima era de muito medo".

— O que esse coronel quer comigo?

— Ninguém sabe. Ele não falou. Só deixou o número do telefone. É bom ligar. Também telefonaram para o Vlado e ele vai se apresentar amanhã cedo no DOI-Codi.

Vlado, Vladimir Herzog, era diretor de jornalismo da emissora. Ademar passou a mão no telefone e ligou. Atendeu o tal coronel, cujo nome ele não guardou.

— O senhor quer falar comigo?

— Quero.

— Do que se trata?

— Venha até aqui, precisamos conversar.

— Desculpe, mas eu não posso sair daqui, não.

— Por quê?

— Estou no meio da gravação de um teleteatro e tenho os dias contados para terminar esse trabalho.

— É sobre isso mesmo que preciso falar com o senhor.

— Sobre o teleteatro?

— É. Sobre essa história do São Francisco. O senhor vai ter que explicar isso.

— Explicar o quê, coronel?

— Como é essa história?

— Do São Francisco? Vai me dizer que o senhor não conhece a história do São Francisco de Assis?

— Claro que eu conheço.

— Então, pra que é que eu tenho que ir aí, coronel? Se parar a gravação pra ir aí falar com o senhor, vou perder uma tarde ou uma manhã de trabalho. Isso vai me atrasar todo o roteiro de gravação do teleteatro. O senhor não tem ideia das dificuldades que a gente tem pra conseguir uma câmara a mais...

Ademar desfiou o rol, nada pequeno, das dificuldades de fazer teleteatro com recursos tão curtos. "Fiquei falando um tempão. O pessoal do jornalismo à minha volta, ouvindo, de olho arregalado. O coronel não devia estar entendendo nada do que aquele louco, eu, estava falando."

Na primeira brecha, o coronel foi ao ponto:

— E essa coisa do Plínio Marcos ser o São Francisco de Assis?

— O que é que tem? Ele é bom ator e vai fazer muito bem o papel...

— E a tal cena de nu? O Plínio Marcos nu?

— Não é o Plínio, é o São Francisco...

— Como?

— Coronel, o senhor não conhece a história do santo?

— Já disse que conheço.

— Então o senhor lembra...

— Eu sei, eu sei, mas o Plínio...

— É um grande ator. E eu é que escolho o meu elenco, coronel. Eu sou o diretor, tenho a obrigação de saber que ator pode fazer este ou aquele papel. E o Plínio está fazendo muito bem o São Francisco de Assis. O senhor vai ver...

— Não sei...

— Vai passar daqui a uns quinze dias no *Teatro 2*, se a gravação não atrasar.

— Por que o senhor está fazendo a história do São Francisco?

— Porque é uma história bonita, a história de um santo...

— Mas é perigoso...

— O que há de perigoso na história de um santo, coronel? Quer que eu mande o texto para o senhor ler?

— Não quero ler nada, não.

— O senhor é quem sabe.

— Mas não tem outro ator para fazer o São Francisco?

— Não, não tem. E mesmo se tiver, eu não vou tirar o Plínio. Já começamos a gravar, tem muita cena pronta...

— Até a cena do nu?

— É, já gravei a cena do nu, sim. Ficou muito bonita. Gostei. O Plínio fez muito bem a cena. Se o senhor quiser ver...

"Foi uma conversa de doidos", segundo o próprio Ademar. "O coronel deve ter me achado um louco, porque eu não parava de falar e num tom acima do normal. As pessoas faziam sinais para eu me acalmar." A TV Cultura estava na mira da repressão, que via nela um antro de comunistas e subversivos. "Falei tanta abobrinha que o coronel deve ter me achado um louco de pedra. Tanto que quando eu, já de saco cheio, disse que topava ir falar com ele desde que a direção da emissora me desse mais um ou dois dias de gravação, ele interrompeu a nossa conversa."

— Não precisa, não precisa.

— Eu posso falar com a direção...

— Não.

"Assim fui dispensado de depor no 2º Exército. Naquela mesma sexta-feira, a TV Cultura suspendeu as gravações do teleteatro. Na manhã de segunda-feira fiquei sabendo da morte de Vladimir Herzog. No sábado ele tinha comparecido para depor no DOI-Codi. Foi torturado e morto. Fiquei revoltado e indignado, como todos. Mas só então eu percebi a gravidade da conversa que tive com o tal coronel na sexta-feira. Acho que fui salvo pela minha loucura, sei lá. Não sei se veio ordem de fora, mas a TV Cultura mandou dispensar o elenco do teleatro sobre São Francisco de Assis e suspendeu as gravações, sem dar nenhuma explicação. Nem era preciso."

Plínio Marcos soube desse episódio depois da morte de Ademar Guerra, em fevereiro de 1992. Como Plínio, Ademar se manteve longe dos partidos e das organizações políticas. Roberto Freire, amigo comum de ambos, por certo explicaria melhor essa independência, que lhe permitia gestos de coragem pessoal como o diálogo com o coronel, que de tão surreal e absurdo o livrou de comparecer ao DOI-Codi — e então a história contada aqui seria outra. A Cultura continuou a produzir teleteatros e Plínio foi procurado, em 1987, por um jovem diretor, cujo nome ele não guardou — "Roberto não sei do quê", disse —, que queria adaptar uma de suas peças. O episódio, lembrado por Plínio:

— Eu perguntei se ele sabia se Plínio Marcos estava vivo. Porque, se eu estava vivo, eu mesmo poderia adaptar. Ele falou que precisava entender de televisão e eu dei *Homens de papel* para ser adaptada. Com isso ele ia ganhar mais do que eu. Depois ele me trouxe a adaptação. Eu não tinha tempo de ler uma peça que já conhecia e dei para o Marquinhos Santista (Marco Antonio Rodrigues), que é um amigo e bom diretor. Ele leu e disse que estava ótima a adaptação. Devolvemos a peça para o garoto e falamos: pode fazer. Ele foi à TV Cultura e proibiram.

DISCURSO CONTRA A CULTURA DE CONSUMO Muito depois, ao participar do programa *Roda-viva* na TV Cultura de São Paulo, em 15 de fevereiro de 1988, Plínio reclamava de não ser mais chamado para fazer televisão. Queixava-se mais da falta de trabalho do que da ilusão de ter espaço para seus textos. No carnaval daquele ano, conseguiu um bico na cobertura dos desfiles, depois de pegar no pé do Roberto de Oliveira, diretor da Cultura. No ano anterior alguém lhe tinha dito que indicara o seu nome, que não foi aceito.

— Roberto, que história é essa de não me deixar trabalhar no carnaval?

— Ao contrário, no ano passado eu sugeri o seu nome e os caras falaram que você não quer mais trabalhar.

— Mas eu quero, pô. Claro que eu quero.

Querer ele não queria, mas precisava. E carnaval nem era trabalho. Ele iria para a avenida de qualquer jeito. Poder estar lá, sem precisar quebrar pontas pra conseguir ingresso, e ainda dar os seus palpites, era o que ele queria. Ficavam por aí as facilidades de Plínio Marcos na televisão, mesmo numa emissora pública. Mas não tinha queixa de Sílvio Santos, que o convocava para o seu programa, mesmo quando a barra pesou. Nem de Carlos Alberto de Nóbrega, que, para lhe garantir um cachê, convidou Plínio a participar da velha *praça da alegria*, então na TV Bandeirantes. Ficou no convite — "porque eles não deixaram". "Eles", figura com a qual deparava sempre ao ouvir o veto a seu nome. E se "eles" deixassem, Plínio não aceitaria:

— Eu não iria porque não posso. Faço em média três palestras por semana em igrejas, em periferias, em favelas, em colégios, no interior e pelo Brasil inteiro. E digo determinadas coisas que não permitem que eu apareça fazendo outras palestras. Posso aparecer aqui neste programa [*Roda-viva*] porque vou dizendo as minhas coisas. A juventude está desacorçoada do cara que faz um discurso bonito e não cumpre. O que tem me diferenciado, e a minha religiosidade me obriga, é ser uma pessoa que procura viver o próprio discurso. E eu não posso aparecer numa favela dizendo uma coisa e, de repente, aparecer na televisão fazendo outra. Eu não posso fazer, por exemplo, comercial de televisão porque eu abomino comercial. É apregoar a loucura você pegar pessoas que não podem comprar e insistir que elas comprem. Morro na sarjeta, se for o caso, mas não posso fazer isso. Porque eu sei que a molecada não acredita no padre, no professor, no pai, no artista, não acredita em ninguém. Por quê? Porque ela não tem, neles, parâmetro de honestidade.

Vinte anos antes, a campanha de Plínio era em defesa do campo de trabalho, na televisão e no rádio, para o artista brasileiro. Vivia dizendo que havia mais ator americano morto trabalhando nos filmes da televisão que brasileiro vivo. Queixava-se da invasão cultural. Desfiava números: "9.600 filmes estrangeiros por ano nos cinemas, 80% de música estrangeira tocando nas nossas rádios, 280 filmes estrangeiros por semana na televisão brasileira". Repetia o mesmo discurso até quando era preso. Sem se preocupar em ser repetitivo. No *Roda-viva* voltou à carga:

— Essa massa de cultura de consumo não está aí por acaso. Ela está aí para esmagar as manifestações do povo brasileiro, para descaracterizar o homem comum brasileiro, para amesquinhar o mercado de trabalho do comunicador brasileiro, impedindo que a gente possa discutir os aspectos culturais da nossa profissão. Em plena crise econômica, o Brasil gasta muito mais na importação de cultura de consumo do que na importação de petróleo, e ninguém fala em economizar nisto porque, para vender café, soja, sapato aos Estados Unidos, nós temos que comprar essa bagulhada. Eu me apresso a dizer que sou contra as fronteiras, sou contra essa ideia de país, essas coisas todas. Mas não posso aceitar o mundo sem a participação cultural de um povo onde me criei. Não posso aceitar o mundo sem berimbau, caipirinha, bumba meu boi, sem feijoada, sem farofa, sem macumba. Então eu quero que seja a recíproca verdadeira. Eu quero um espaço de criação. O jornalista, de repente, não pode ter compromisso com a notícia. O ator não pode discutir os aspectos culturais do seu trabalho. Então é ruim, é muito ruim a televisão que está sendo feita aí.

IRONIA AFIADA NO TELEJORNAL A crítica não anulava a importância do veículo. Se não via sentido em fazer novela ou coisa do gênero, Plínio não rejeitava convites que lhe permitissem dar o seu recado. Em 1992 ele surgia de madrugada na Rede Manchete, no telejornal *Noite e dia*, de camiseta, calça surrada, cabelos em desalinho. "A voz grossa, de ironia afiada, soa por entre a barba cerrada, quase brusca. O homem parece um insubordinado *on the road* na rota do tempo perdido." Esse é o retrato que Marília Martins, crítica do *Jornal do Brasil*, fez de Plínio.

O tema de suas crônicas era político, quase sempre. Mas não lhe interessavam os políticos. Preferia a crônica dos puxa-sacos, que classificava em vários tipos, os que puxam os sacos certos, os que puxam os sacos cheios e os que se penduram em saco alheio. Recorria a surradas piadas populares para, invertendo o final, fazer a crítica dos poderosos de plantão. Na tela a sua imagem denunciava a impostura engravatada e asséptica do bom-mocismo da televisão, que ele subvertia, desafiando "a rebeldia de butique", segundo Marília Martins. Ela comparava a presença "estranhamente atual" de Plínio Marcos na TV à fúria discursiva e corrosiva do cineasta Glauber Rocha no programa *Abertura*, na mesma Manchete: "O mesmo espírito rebelde dança por entre as palavras. Só que o escritor parece ainda tímido em relação à câmara. Glauber era puro movimento, era imagem revirada em revolução. Plínio é mais didático, mais arquetípico. Sua figura parece a de um pastor brandindo o cajado na direção do público".

Muito antes da própria Rede Manchete, Plínio Marcos saiu do ar. Voltou ainda uma vez, em 1996, na TV Gazeta de São Paulo, quando a emissora se transformou por um tempo em CNT. Ricardo Kotscho, na direção do jornalismo, convidou Plínio Marcos a repetir as crônicas que fazia no telejornal *Noite e dia*.

Porém, a sua energia física não era a mesma. A saúde lhe impunha restrições e cuidados sempre maiores. Isso de alguma forma se refletia no desempenho diante das câmaras. Kotscho o demitiu e não foi por pressões políticas. O argumento é que a participação de Plínio no telejornal não correspondia ao esperado. Em alguns programas ele se limitava a ficar ao lado de Vera Artaxo, que lia os seus textos. O mesmo expediente usado nas palestras para as quais era requisitado e de cuja agenda a companheira cuidava com carinho, evitando longos e cansativos deslocamentos e viagens.

GALÃ DESDENTADO DO CINEMA NACIONAL Foi a fama conquistada no teatro que levou Plínio Marcos para a televisão e o cinema, onde estreou numa obscura ponta ao lado de Otelo Zeloni e Consuelo Leandro em um episódio de *A arte de amar... bem*, de Fernando de Barros, em 1969. A frustrada versão de *Beto Rockfeller* em superprodução de Aníbal Massaini dirigida por Olivier Perroy não foi o único filme em que ele se deu mal. Em 1978, Flávio Porto dirigiu *A santa donzela*, adaptada de *A morte do imortal*, peça de Lauro César Muniz, e escalou Plínio como galã, deixando o papel de vilão para — ele, sim, um reconhecido galã — John Herbert. Eles viajavam juntos para as filmagens no carro de Johnny, que não se conformava:

— É por isso que o cinema brasileiro não vai pra frente.

Um dia entraram num bar e alguém desabafou:

— Ô, seu John Herbert, depois o senhor quer que a gente veja o filme. Estão dizendo que no seu filme botaram um galã sem dente!

A profecia se cumpriu. *A santa donzela* nem chegou a ser fracasso. Ninguém tomou conhecimento. Tempos depois, o filme foi exibido na televisão.

— Por sorte, nem a minha filha me reconhece — confortava-se Plínio.

Ele sempre dizia que evitava ser ator das próprias peças para não prejudicar o espetáculo. Nem Olivier Perroy, com *Beto Rockfeller*, nem Flávio Porto, com *A santa donzela*, acreditaram que ele falava a sério. Pagaram caro. Mais prudente foi Braz Chediak, ao não insistir diante da recusa de Plínio em protagonizar o filme *Dois perdidos numa noite suja*, que foi feito por Emiliano Queiroz e Nelson Xavier. Braz Chediak já havia dirigido e assinado o roteiro final da versão para cinema de *Navalha na carne*, com Glauce Rocha em interpretação inesquecível ao lado de Jece Valadão e Emiliano Queiroz.

Como a peça, o filme padeceu nos corredores da Censura Federal. De agosto a dezembro de 1969, o produtor Jece Valadão cumpriu longa peregrinação para obter a liberação de *A navalha na carne*, que recebeu o acréscimo de um artigo ao título original. Em 3 de dezembro, "defendendo a moral pública do espetáculo tão degradante e atentatório aos nossos costumes", segundo parecer do tenente-coronel Aloysio Muhlethaler, o Serviço de Censura de Diversões Públicas proibiu o filme em todo o território nacional. Em 30 de dezembro, acolhendo recurso de Jece Valadão, o diretor-geral da Polícia Federal, ao qual o SCDP era subordinado, liberou a exibição do filme com cortes de cenas "e substituição das seguintes palavras: porra — puteiro — puto — puta — rabo". Entretanto, o certificado definitivo de liberação somente seria assinado em 19 de fevereiro de 1970. Na pré-estreia em 6 de março, na Cinemateca do Museu de Arte Moderna do Rio de Janeiro, a aprovação da crítica e do público fazia prever a boa bilheteria alcançada por *A navalha na carne*, que figurou entre os mais assistidos daquele ano.

Destino inverso teve *Dois perdidos*, que Jece Valadão produziu em cores, ao contrário do anterior, feito em preto e branco. O excesso de teatralização teria prejudicado o filme, que estreou em março de 1971. Jean-Claude Bernardet observou que "muitas cenas são filmadas com uma câmara frontal, como se elas se desenvolvessem num palco". (Em sua excelente tese *Navalha na tela*, transformada em livro de tiragem modesta e leitura obrigatória, Rafael de Luna Freire lembra que a trilogia do diretor Braz Chediak sobre a obra de Plínio Marcos seria completada com a filmagem de *Homens de papel*, projeto que o fracasso de *Dois perdidos* condenou à gaveta.)

Como autor de argumentos para o cinema, Plínio Marcos se deu muito melhor que como ator. É intrigante observar que, no mesmo momento em que ele surgia no teatro, no cinema paulista outro artista, logo incluído no topo da lista dos marginais, chamava a atenção: Ozualdo Candeias. Ex-caminhoneiro, ele foi na contramão do discurso elaborado e intelectual do Cinema Novo e, com muitas ideias na cabeça, uma câmara na mão e recursos quase indigentes, lançou em 1967 *A margem*. Como nas peças de Plínio, os protagonistas de Candeias eram a gente anônima e sem rosto que até então não encontravam lugar nas telas. Longe do neorrealismo italiano e também das mais consequentes tentativas de colocar o homem comum brasileiro na tela, sintetizadas no magnífico *Rio 40 graus* de Nelson Pereira dos Santos e no laboratório político de *Cinco vezes favela*, produzido pela UNE, Ozualdo Candeias surpreendia. Não pelo resultado quase artesanal de seus filmes, mas pela narrativa que se aproximava daqueles personagens marginalizados sem comiseração. Como nas peças de Plínio, seus personagens estavam distantes do ideário utópico que a esquerda admitia. Poucos deram atenção à analogia que, já em dezembro de 1967, em matéria no *Correio Braziliense*, o jornalista Reynaldo Ferreira fez entre Candeias e Plínio, focalizando ambos "a vida de prostitutas, bandidos e marginais, a gente colocada à margem da civilização, num grande centro industrial como é São Paulo".

PÉ DE CHINELO PROIBIDO NA TELA Em 1968, ano seguinte ao lançamento de *A margem*, filme de estreia de Candeias, Plínio Marcos foi procurado por Emílio Fontana, com um projeto do artista plástico Douglas

Marques de Sá: fazer cinema alternativo, de baixo custo, filmando em 16 milímetros para posterior ampliação. Como a sua área era o teatro, ao se aventurar pelo cinema, Fontana pediu a Plínio um roteiro. A resposta foi:

— Roteiro é coisa de diretor. Posso lhe dar um argumento.

O argumento que Plínio ofereceu era um conto, *Nenê Bandalho*. Inspirada em notícia de jornal sobre um batedor de carteira morto cruelmente pela polícia ao se render, a história de Plínio falava de um bandido pé de chinelo caçado pela polícia após matar uma mulher. O filme se concentrava na perseguição até a morte de Nenê, papel entregue a Rodrigo Santiago. Filmado entre março e maio de 1969 no centro de São Paulo, na chamada Boca do Lixo — que tanto identificava a zona de prostituição como o ponto de encontro do pessoal do cinema paulista —, *Nenê Bandalho* reuniu um elenco numeroso e eclético. Aos conhecidos Jô Soares, Maria do Carmo Bauer, Sandro Polônio, Leda Villela e Ugo Georgetti misturavam-se alunos de teatro e policiais, usando os próprios uniformes, armas e viaturas, e devidamente autorizados. Mais que marginal, um filme quase amador como modelo de produção. *Nenê Bandalho* esperou mais de um ano pelo certificado da Censura, que o liberou em dezembro de 1970. Ao vê-lo, diz Fontana, alguns críticos o incluíram na trilogia fundadora do cinema *underground*, ao lado de *O bandido da luz vermelha*, de Rogério Sganzerla, e *A margem*, de Candeias.

Sem estrutura de produção e distribuição por trás, *Nenê Bandalho* caiu na vala dos filmes cultuados e não vistos. Para complicar, caiu sobre ele a mesma mão pesada da Censura que se exercia sobre o teatro de Plínio Marcos. No Festival de Brasília do Cinema Brasileiro, o filme de Fontana foi programado para a véspera do encerramento e da festa de premiação. Às oito e meia da noite de 8 de dezembro de 1971, meia hora antes da exibição de *Nenê Bandalho*, a polícia ocupou o Cine Atlântida já lotado e, não podendo prender o autor, quis apreender o filme, que foi salvo por Fernando Adolfo, um dos organizadores do festival. Ele levou as latas de filme para a Fundação Cultural de Brasília, enquanto o público reagia aos gritos e quebrando as poltronas do cinema, em cuja tela se exibiu pela segunda vez e sob vaias *Brasil bom de bola*, uma apropriação ufanista da recente conquista do tricampeonato mundial na Copa do México.

A apreensão de *Nenê Bandalho* teria ocorrido por denúncia de um membro do júri do próprio festival ao ministro da Justiça Alfredo Buzaid. Ao escrever sobre o episódio, que levou à suspensão do Festival de Brasília nos três anos seguintes, Plínio disse que tudo aconteceu "porque um cagueta avisou para a polícia que os intelectuais do júri eram bons moços e obedientes; os críticos estavam controlados e não fariam graça. Porém (e sempre tem um porém), haveria um júri popular. E com certeza o *Nenê Bandalho* ganharia".

Deu-se então a cena, conforme Plínio:

"Logo de saída o crítico Luís Eugênio de Almeida Salles veio avisar o Fontana:

— Nós fomos proibidos de indicar o seu filme para o prêmio.

— Por quê?

— Por causa do nome de Plínio Marcos.

— Não pode ser.

Podia. Podia tudo naquela porca Censura. O ministro Buzaid mandou a polícia invadir o cinema e prender os rolos do filme. Fontana ainda tentou resistir:

— Cadê o alvará de apreensão?

— Sem alvará. Alvará é o caralho. O Buzaid mandou e fim."

SANGUINÁRIA E VIOLENTA RAINHA DIABA O filme *Nenê Bandalho* cumpriu a sina do teatro de Plínio. Somente voltaria a ser exibido em uma pré-estreia no Rio de Janeiro, em 5 março de 1977, antes de integrar a programação de uma quinzena do cinema brasileiro promovida pelo Instituto Goethe, em Salvador. Melhor sorte teria outro argumento de Plínio, escrito por encomenda do diretor Antonio Carlos Fontoura, a quem ele foi apresentado pela atriz Odete Lara. Registra Rafael de Luna Freire que Plínio pediu quatro dias a Fontoura e, no prazo, entregou "55 páginas datilografadas de um conto intitulado *A Rainha Dia-*

ba". Com Milton Gonçalves no papel do "sanguinário marginal negro e homossexual que dominava o tráfico de drogas" no Rio de Janeiro, papel que antes fora recusado pelo cantor Agnaldo Timóteo, o filme foi realizado em 1973. Foi bem nas bilheterias brasileiras e fez boa figura nos festivais de Cannes na França, de San Sebastián na Espanha e de Brasília, na volta do evento em 1975. Sobraram elogios para Plínio e também equívocos, como o de supor que a sua Rainha Diaba se inspirava em Madame Satã, personagem do submundo carioca, homossexual, negro e bandido, que ocupou o lendário da cidade desde décadas anteriores. Pelo testemunho do diretor Antonio Carlos Fontoura, Plínio teria se inspirado em uma "boneca" que comandava o tráfico em Santos, conhecida como Barrão.

"Como no conto de Plínio", observa Rafael de Luna Freire, "o filme de Fontoura trazia também a sensação de violência crescente que marcou os anos 70 com a emergência da figura do marginal. *A Rainha Diaba* terminava com uma sentença cruel: os malandros estão acabando, assim como os otários. Num universo de extrema violência onde existem apenas os marginais, todos estão condenados a ser vítimas."

Cena IX

Na primeira página do jornal *Cidade de Santos*, foto de Plínio na Polícia Federal *(Foto: Folhapress)*

"Em Santos um capitão disse que eu não podia fazer o espetáculo. Aí eu falei: Aqui eu faço, porque aqui eu sou maioria."

"A Maria Bethânia, com sua coragem, mandou acender a luz da plateia e anunciou que estavam me prendendo."

"Eu fiz por merecer! Se eu dava pedrada, o que ia esperar? Que eles me mandassem flores? Bateu, levou."

Já um homem de teatro com reconhecimento nacional, e popular pela novela *Beto Rockfeller*, Plínio Marcos se reencontra com o público da sua cidade. O palco não é mais o acanhado Clube de Artes, onde fez os primeiros trabalhos como ator e diretor, nem o picadeiro de um circo, mas o histórico e ainda imponente Teatro Coliseu, indiferente à decadência que se avizinhava. A apresentação de *Dois perdidos numa noite suja* foi marcada para a noite de segunda-feira, 5 de maio de 1969. Em Santos, Plínio se tornara figurinha fácil e carimbada nos palcos, picadeiros, cabarés do cais, esquinas e mesas do Bar Regina dez anos antes. Agora, era um nome nacional.

A volta, entretanto, não seria tranquila. Nos dias anteriores à apresentação houve pressão para impedi-la. O jornalista João Russo, então um estudante que fazia teatro amador e ajudou Carlos Costa, o Carlão, empresário e amigo de Plínio, na organização do evento, lembra que a pressão se baseava no boato de que a renda seria destinada à UNE — União Nacional dos Estudantes. Extinta pela ditadura militar, a entidade tentava resistir na clandestinidade, depois do congresso em Ibiúna, que em outubro de 1968 resultou na prisão das suas principais lideranças. Ao contrário do que se suspeitava, porém, não saiu dinheiro da bilheteria de *Dois perdidos* para ajudar a UNE. O dinheiro saiu para pagar o espetáculo. O que sobrou teria ficado mesmo com o Partido Comunista, que promoveu a apresentação.

A memória de Carlão diverge pouco e em detalhes. A Javier Contreras, no livro *Plínio Marcos, a crônica dos que não têm voz*, ele disse que a iniciativa partiu de "um grupo de pessoas vítimas da ditadura, que tinham familiares desaparecidos ou presos" pela repressão. A bilheteria foi para ajudar "essas famílias" e "não ficamos com nada". Ao jornal *Cidade de Santos*, Plínio declarou, na época, que na segunda-feira, dia da apresentação, ele ligou para a Polícia Federal em São Paulo:

— Entrei em contato com o general Sílvio Correa de Andrade e fiquei sabendo que o problema não era de texto, mas sim do destino que seria dado ao dinheiro arrecadado. Contestei firmemente e esclareci que o dinheiro seria destinado ao Centro Acadêmico Frei Gaspar, e não à determinada entidade extinta pelo governo.

Na verdade, a pressão era mesmo sobre a peça de Plínio. A autoridade em Santos que respondia pelo serviço de censura era o capitão José Siciliano, conhecido das pessoas de teatro da cidade, que a ele recorriam para obter o alvará de seus espetáculos. Ele teria resistido aos que queriam proibir a apresentação de *Dois perdidos* na cidade. O seu argumento era simples: a peça e o espetáculo estavam liberados para todo o país.

Aqui vale lembrar que, ao contrário de quando *Barrela* foi proibida em 1959, não havia mais a censura local, estadual. Agora os censores eram agentes do quadro do Departamento de Diversões Públicas da Polícia Federal e havia duas censuras no teatro: ao texto e ao espetáculo. Primeiro, os censores avaliavam o texto, impondo cortes de palavras, de diálogos ou de páginas inteiras, quando não proibiam a peça toda. (Às vezes convocavam o autor para se explicar. E ficavam furiosos ao ser informados de que ele não compareceria. Os agentes não gostaram de saber que Sófocles, autor de *Édipo Rei*, além de grego, tinha morrido havia mais de dois mil anos.) Se o texto fosse liberado, o espetáculo não poderia ser visto pelo público antes do crivo de dois ou mais censores. Era o temido "ensaio geral para a Censura", que determinava a liberação ou não do espetáculo, eventualmente com cortes de cenas ou a proibição pura e simples da temporada. (As proibições na véspera da estreia de *O berço do herói*, de Dias Gomes, em 1965, e depois de *O abajur lilás*, de Plínio, e *Calabar*, de Chico Buarque, são exemplares dessa truculência que impunha desemprego aos atores e prejuízo aos produtores.)

Dois perdidos numa noite suja passou por essas barreiras e estava liberado desde 1966. O texto e o espetáculo. Para resolver o impasse e permitir a apresentação em Santos, o capitão Siciliano assumiu a tarefa de assistir ao espetáculo na primeira fila, com o texto na mão. Se os atores fugissem do escrito e liberado, ele entraria em ação.

"SOLTA ELE!", GRITA A PROFESSORA Tudo contornado e arranjado para a grande noite. O Teatro Coliseu apinhado, gente agarrada nos lustres e saindo pelo ladrão. Mais de setecentas pessoas, que Plínio multiplicaria por três ao se referir ao episódio. O espetáculo correu sem problemas. No final, aquele auê.

Plínio, a respeito disso:

— Em lágrimas e na linguagem que a gente sempre falou no cais do porto e nas praias, agradeci o meu pessoal. Fui dizer obrigado e ir em cana.

Ele agradeceu ao general Sílvio Correa de Andrade, delegado regional do Departamento de Polícia Federal: "E no final, com palavras obscenas e gestos ofensivos, amaldiçoou os alcaguetas, que segundo ele teriam espalhado um boato de que a renda da peça seria revertida em benefício da extinta União Nacional dos Estudantes", como saiu no jornal *Cidade de Santos*. Segundo João Russo, Plínio reservou um agradecimento ao capitão Siciliano, a quem apontou na primeira fila da plateia, como uma das pessoas que tornaram possível o espetáculo. Os eventuais aplausos que recebeu não mudaram a decisão do capitão, que subiu ao palco, aproximou-se de Plínio, cercado por estudantes que o beijavam e abraçavam, e falou no seu ouvido:

— Beije logo as moças que eu vou ter que te levar preso.

Motivo alegado: atentado violento ao pudor, pelos palavrões e gestos ofensivos que não constavam do texto de *Dois perdidos numa noite suja*. Motivo não declarado: o agradecimento colocava o capitão em uma apertada saia justa com os que exigiam a proibição do espetáculo. Ao perceber o que acontecia, o público reagiu. Testemunhas fantasiam até a presença de uma senhora que dizia ter sido professora do Plínio e saiu aos gritos: "Solta ele, solta ele!".

Era surpreendente que o terror das professoras agora estivesse sendo defendido por uma delas. Seja como for, os apelos da generosa senhora não surtiram efeito e lá foi o Plínio preso, no Aero Willis azul do capitão Siciliano. Também foram levados o ator Ademir Rocha, Carlão e integrantes da equipe técnica do espetáculo. Já era quase meia-noite, a tempo de o jornal *Tribuna de Santos* incluir a notícia na edição de terça-feira: "Agentes da Polícia Federal detiveram ontem à noite o teatrólogo Plínio Marcos, no Teatro Coliseu, logo após haver sido apresentada ali sua peça 'Dois Perdidos Numa Noite Suja'. A detenção se verificou depois do espetáculo, quando Plínio se dirigiu ao público, para os agradecimentos, e o fez em tom considerado desrespeitoso às autoridades. O teatrólogo foi a seguir conduzido à sede da PF, na rua Braz Cubas, onde prestou depoimento. Sua situação, porém, somente deverá ser resolvida hoje".

Não foi.

O advogado Carlos Augusto Corte Real lembra ter sido "chamado às pressas para o Teatro Coliseu". Plínio já estava na delegacia, onde "assumiu toda a responsabilidade" e, com isso, todos os outros foram dispensados. Em São Paulo, o advogado criminalista Iberê Bandeira de Mello foi acionado. Walderez de Barros, avisada da prisão e sem saber por onde começar, procurou Alberto D'Aversa de manhã para mobilizar a classe teatral. Élida, mulher de D'Aversa, atendeu a porta, Walderez entrou e lá estava o crítico e diretor de teatro passando enceradeira na sala: "Eu tomada pelo pânico, debulhando-me em lágrimas e o D'Aversa passando enceradeira na sala. Foi uma daquelas situações dramáticas que se você coloca numa peça vão dizer que é absurda. Nós éramos muito ligados ao D'Aversa. Ele vivia lá em casa e nós na casa dele. Era um grande amigo".

Para enfrentar a repressão, caso alguém fosse preso e para evitar que ele "sumisse", uma das estratégias era fazer barulho, avisar a imprensa e o maior número possível de pessoas. Foi o que se fez. D'Aversa sugeriu que se procurassem pessoas representativas, como o diretor Antonio Abujamra e a atriz Maria Della Costa, que no ano anterior havia produzido *Homens de papel*.

MARIA ENTRA EM CENA NA FEDERAL Na terça-feira, Plínio "foi removido às 16,30 horas para o Departamento de Policia Federal, na Capital, à disposição do gen. Silvio Correa de Andrade, que resolverá o problema criado pelo autor em Santos". Na mesma reportagem, o *Cidade de Santos* informava que a detenção de Plínio na segunda-feira "ocorreu por volta das 23,15 h, e os agentes da Polícia Federal o transportaram para a Subdelegacia, situada na rua Braz Cubas, e posteriormente o encaminharam para o xadrez correcional do Palácio da Polícia. Ali, estava de plantão o delegado Manoel Luiz Ribeiro Júnior, que, por solicitação do delegado Madalena, da Policia Federal, recolheu o ator e autor ao xadrez, onde ficou à disposição da PF". Na terça à tarde, "Madalena, acompanhado do capitão Siciliano, compareceu ao xadrez correcional para retirar Plínio Marcos e providenciar sua remoção para a Capital".

Antes da viagem, permitiram que Plínio falasse com os jornalistas.

"Estava eu desejoso de apresentar-me em Santos, pois nasci aqui. Como saí em situação difícil, tinha a intenção de retornar com uma peça de valor" — ele começou, antes de dar os detalhes da sua prisão. "Quando tudo foi resolvido, as rádios locais já estavam anunciando que a peça não seria mais apresentada. Assim mesmo ainda houve tempo de desfazer a situação. Já à hora do espetáculo eu estava bastante nervoso, pois o meu eletricista não conhecia o ambiente e nos testes iniciais queimou algumas lâmpadas. A peça foi levada sob tensão e passei a perder o fio da meada, truncando mesmo algumas piadas. Quando terminou o espetáculo eu já estava esgotado e no clímax da tensão nervosa, fora da consciência normal, confesso, explodi contra os que constantemente me alcaguetam, sem motivos justificáveis, tentando impedir sempre o trabalho que tenciono realizar. Dirigi-me à plateia e ofendi essas pessoas, que não eram autoridades, espectadores nem integrantes de qualquer tipo de corporação policial presentes ao teatro, e, sim, inimigos comuns."

A reportagem concluía que "após esse depoimento, quando Plínio procurava acrescentar que fora bem tratado pelos agentes e delegados, conduziram-no para um Volks de cor marrom, em que foi levado para a Capital, onde ficará à disposição das autoridades competentes".

Quando Plínio Marcos chegou à sede da Polícia Federal em São Paulo, um velho casarão no bairro de Higienópolis, na esquina das ruas Piauí e Itacolomi, lá estava a gente do teatro para negociar a sua libertação. Antonio Abujamra fazia plantão, conversando com policiais e escrivães na esperança de criar um ambiente favorável às negociações. Em depoimento a Warde Marx, Maria Della Costa conta em sua biografia que ficou esperando com alguns atores. O encarregado do caso disse que só falaria com uma pessoa. E apontou para Maria. Ela entrou na sala e seguiu-se então o diálogo:

— Por que vocês querem tirar o Plínio daqui?

— Porque é um grande autor.

— Autor de palavrões! A senhora tem filhos? Eu tenho filhos, tenho vergonha do seu Plínio Marcos e desses palavrões! Aquilo é teatro? Aquilo é peça?

— Não, general. Não é tanto assim... Ele veio do nada, ele veio do cais...

Maria prossegue:

"Depois de um papo muito grande, ele disse: 'Muito bem, Maria, eu vou mandar tirar ele da cela, eu nem quero ver ele. Olhe, eu vou virar as costas [e fez isso!] e ele vai passar por aí. Tenho nojo dele! Agora, se acontecer alguma coisa com ele, se ele der alguma declaração, não é ele que vai preso, nós vamos buscar você, aí você vai no lugar dele. Você será fiadora dele'. Plínio saiu e eu dizia assim: 'Plínio, pelo amor de Deus, olha, me respeita; porque eu vou lá pra aquela cela onde você foi; porque o cara lá, o general, disse que ia me prender mesmo'."

"AQUI EM SANTOS EU SOU MAIORIA" A versão posterior de Plínio para o episódio diverge de algumas testemunhas. O que pesa na balança é que a prisão e os seus desdobramentos conferem. Ele contou que já vinha enfrentando problemas na excursão com *Dois perdidos numa noite suja*. Problemas que atribuía à polícia e à repressão.

— Fui para Uberlândia, assaltaram a minha bilheteria. Fui para Sorocaba, só tinha metade da renda — e aí eu fiz o prefeito me pagar o resto. Fui para Limeira e não pude fazer o espetáculo porque veio um reforço de Piracicaba, não me deixando entrar na cidade. Fui para Santos e veio um capitão dizer que eu não podia fazer o espetáculo. Aí eu falei: "Aqui não, aqui eu vou fazer, porque aqui eu sou maioria".

A atriz Irene Ravache é testemunha do quanto a peça e o autor incomodavam. Quando Plínio levou *Dois perdidos* a Santo André, ela foi assistir com os seus pais, que tinham se mudado havia pouco para a cidade. Depois do espetáculo levaram o elenco e a equipe para jantar em sua casa. "No dia seguinte a polícia bateu na porta. Queria saber por que os meus pais tinham recebido subversivos na noite passada. Minha mãe ficou apavorada, sem saber o que estava acontecendo. Meu pai, que era mais informado e sabia muito bem quem era Plínio Marcos, respondeu que não eram subversivos e sim artistas, amigos da sua filha."

Segundo Plínio, eram cinco da tarde da segunda-feira, dia da apresentação em Santos, e a lotação do Teatro Coliseu estava quase esgotada. Ele encarou o militar.

— Vai ter espetáculo.

— Eu não vou deixar.

— O senhor sozinho não vai impedir.

— Eu vou buscar reforço, onde está o telefone?

— No telefone do teatro o senhor não vai telefonar, porque não vai chamar a polícia no meu telefone, não é? Tem graça...

"Aí ele saiu, eu tranquei todas as portas, botei o público e começamos o espetáculo. Eu acho que nenhum ator no mundo passou por isso. É um negócio realmente comovente. Eu fiz um discurso antes, dizendo o que estava se passando e todas as frases que dizia no texto foram aplaudidas. Todas as frases, eu abria a boca e era aplaudido. E, quando acabou, ficou todo mundo de pé aplaudindo, aplaudindo, aplaudindo. Eu pedi para ficarem em silêncio. Os ratos vão me pegar. O público queria incendiar o carro de polícia, aquelas coisas todas. Fui preso — fiquei dois dias em Santos —, daí eles me trouxeram para a Polícia Federal, fiquei mais dois dias. Foi quando a Cacilda me tirou."

Plínio se confundiu nesse relato à escritora Edla van Steen. Ele ficou um dia preso em Santos e quem o tirou da Polícia Federal dessa vez foi Maria Della Costa. Na tarde de terça-feira, 6 de maio, quando ele estava preso em Santos, Cacilda Becker não voltou para o segundo ato de *Esperando Godot* que ela apresentava em sessão para estudantes. Com fortes dores de cabeça, ela foi levada ao Hospital São Luiz, onde ficaria entre a vida e a morte. Vítima de aneurisma cerebral, Cacilda morreu em junho.

Para Plínio terminou em Santos a carreira de ator em *Dois perdidos*, iniciada em dezembro de 1966. Nunca mais ele seria o Tonho medonho. Escreveu em uma crônica:

"Não pisei mais no solo firme e quente da minha ilha. Nunca mais representei *Dois perdidos numa noite suja* em lugar nenhum. Se não podia mais ser em Santos, eu não queria que fosse em outro pedaço".

MARIA BETHÂNIA, PIERRÔ E MANETA Os problemas de Plínio Marcos com a polícia e a repressão começaram bem antes do episódio no Teatro Coliseu. Em 1964, casado e com o filho Leonardo a caminho, ele se virava como podia pra defender algum. Os golpistas de 31 de março, ou 1º de abril — "o primeiro de abril mais sujo da história do Brasil", ele disse —, faziam misérias, prendendo professores e lideranças operárias e estudantis, de preferência na calada da noite. Na época, havia um grupo de baianos na órbita do Teatro de Arena. No embalo do sucesso de *Zumbi*, o diretor Augusto Boal criou *Arena canta Bahia*, com Maria Bethânia, Gal Costa (então Maria da Graça ou Gracinha), Tom Zé, Pitti, Caetano Veloso, Gilberto Gil, Macalé e Roberto. O nome em destaque era o de Bethânia, que Nara Leão havia chamado para substituí-la no show *Opinião* e fazia sucesso com *Carcará*, música de João do Valle. A estreia, sexta-feira, 10 de setembro de 1965, no TBC — Teatro Brasileiro de Comédia, na rua Major Diogo. Dia de sua aula no curso de dramaturgia da Escola de Arte Dramática, Augusto Boal fez as últimas recomendações ao elenco e saiu. Plínio Marcos foi para a porta do teatro.

"De repente aparece um gordinho careca, arrogante, falando grosso", na descrição de Plínio, que continuou: "Apresentou-se como censor e perguntou pelo diretor. Ele não está. Quem é o responsável pelo espetáculo? Eu. Tem que cortar três músicas do espetáculo. Por quê? São subversivas.

— Tá, pierrô. Vem amanhã. Cedo. Não chega em cima da hora. E outra coisa: não vem cheio de bafo e cara limpa. Traz papel timbrado, carimbo, assinatura com firma reconhecida e o escambau a quatro. Entendeu?"

O censor se encheu de coragem e reagiu aos berros, exigindo que sua ordem fosse cumprida. A lei manda que a proibição seja por escrito, alegou Plínio, sem sequer saber se isso era verdade. O censor engrossou. Mais ainda por ser chamado de pierrô. E ameaçou prendê-lo por desacato à autoridade. Plínio lhe deu um empurrão, foi para o camarim contar o episódio e todos "acharam muita graça". Começou o espetáculo, Plínio voltou para a porta. Quando tudo parecia tranquilo, a frente do teatro se transformou em praça de guerra, com policiais descendo de três viaturas, aos gritos de "cadê o valente?". O comando era de um oficial maneta. O pierrô, que sumira, reapareceu apontando para o valente. "Prende ele, prende ele!" Plínio correu para dentro do teatro.

"A Maria Bethânia, com sua coragem de sempre, mandou acender a luz da plateia e anunciou que estavam me prendendo", relata Plínio no livro *Figurinha difícil*. Relato cheio de detalhes, como o do chá com mel servido por Bethânia ao maneta, que levara um tombo nas escadarias do teatro e desfiou sua triste história de mutilado de guerra. A cantora acalmou o oficial, na esperança de que tudo se resolvesse sem a prisão de Plínio. Inútil. Ele foi levado para o camburão. Na saída do teatro, plateia e artistas aos gritos de "solta ele", a maior confusão. O jovem advogado Idibal Piveta, que se lançava como autor de teatro sob o pseudônimo de César Vieira e ensaiava sua peça *Os sínceros* numa das salas do TBC, tentou interferir. Acabou fazendo companhia a Plínio no camburão.

De repente, silêncio. Ela chegou. A própria. Cacilda Becker, em todo o esplendor de primeira-dama do teatro. Com sua autoridade, ela convenceu os policiais a não prenderem o Plínio. Prometeu estar com ele na manhã seguinte no Departamento de Diversões Públicas para esclarecer os fatos. Assim se fez. Mas dessa Plínio não se livraria tão fácil. No Bar Redondo, um amigo o avisou que Pierrô e Maneta estavam na sua captura, jurando vingança — Maneta foi como Plínio chamou o oficial que baixou no TBC para prendê-lo e o apelido, como o do Pierrô, pegou entre os próprios policiais. Portanto, o que era um caso de polícia virou pinimba pessoal.

Até na casa de Márcia, irmã de Plínio, onde ele e Walderez moraram algumas semanas, vira e mexe aparecia a polícia atrás do valente. Dez dias depois do episódio no TBC nasceu Leonardo, primeiro filho do casal. Pierrô e Maneta se diluíram no tempo, mas as suas ameaças se cumpririam em outras ocasiões na ação de outros policiais. Mesmo muitos anos depois, quando, em 1978, Plínio foi falar na Universidade de Brasília a convite dos estudantes, seu irmão Neto, que acabara de se mudar para a cidade e tinha amigos na Polícia Federal, foi procurado por uma policial enquanto a palestra corria solta: "Neto, pega seu irmão e leva ele direto para o aeroporto, senão ele será preso". Neto deu um jeito de chegar ao pé do ouvido do Plínio e informá-lo da ameaça. Sem que a plateia percebesse, a palestra terminou mais cedo e Plínio pegou o primeiro avião para São Paulo. Dessa, ele escapou.

No ano seguinte, 1979, ele voltaria a Brasília em circunstância diferente, como convidado de um simpósio sobre a censura na Câmara dos Deputados. Era o início da chamada abertura política, "lenta e gradual" como prometera Ernesto Geisel, general-presidente. Mas, até esse dia, muita água correu nos dez anos anteriores.

PEDRA NO GOVERNADOR NA PRAÇA DA SÉ Nas comemorações oficiais do Primeiro de Maio de 1968, na praça da Sé, em São Paulo, Plínio Marcos marcou ponto. A praça abarrotada de gente pronta a reagir ao espetáculo montado pela ditadura sob o pretexto de homenagear os trabalhadores no seu dia internacional. Espetáculo chegado a uma farsa, pois as principais lideranças sindicais estavam sendo perseguidas e presas. No meio da multidão Plínio foi alertado pelo ator e cantor Rolando Boldrin da presença de policiais à paisana, disfarçados e infiltrados na massa. Os dois se afastaram a uma distância prudente. E ali ficaram quando, no palanque oficial, o governador Roberto de Abreu Sodré começou a discursar e foi interrompido por uma pedrada. Correria. O pau comeu. Na companhia de Boldrin, Plínio conseguiu se safar. Mas a sua presença foi notada. O que bastou para se espalhar que foi Plínio quem atirou a pedra no Sodré. Foi ele mesmo? Não se sabe. Da sua parte, ele às vezes confirmava. Em outras, negava.

Os amigos logo se deram conta de que era preciso garantir o Plínio, que, mesmo não sendo filiado a qualquer corrente política, se tornara alvo preferido da repressão. Os amigos da TV Tupi o escalaram na novela *Beto Rockfeller*. A estratégia para salvar a sua pele era simples: com a novela, e Plínio, no ar, ficaria mais complicado dar sumiço nele, como era comum acontecer aos que se opunham à ditadura e aos militares no poder. Antes de *Beto Rockfeller*, Plínio Marcos escreveu, a pedido de Cassiano Gabus Mendes, a sinopse da novela *Dentro da noite* para a TV Tupi, que foi proibida. O superintendente da emissora, Edmundo Monteiro, se mandou para Brasília na tentativa de obter a liberação. Ouvir "não" foi o de menos. Pior foi saber das ameaças que pesavam sobre ele. O relato é do próprio Plínio:

— Em Brasília o Edmundo Monteiro teve que ouvir esta pérola: "Não insista com esse garoto. Um dia a gente vai prender ele e ele vai ver o que vai acontecer, ele vai pular miudinho, porque temos uma lista aqui das pessoas que ele vai matar quando o partido dele tomar o poder". E o primeiro da lista era o Edmundo Monteiro — que Deus o tenha, o que é difícil, porque ele era patrão. Edmundo, que não primava pela inteligência, procurou a direção da emissora com a tal lista. "Olha aqui, ele ia me matar." E as pessoas diziam: "Ele não ia te matar porra nenhuma, ele gosta de brincadeira..." "Mas ele atirou pedra no Sodré!" E atirei mesmo, no Sodré, no *Estadão*. Então vieram me perguntar: você ia matar o doutor Edmundo? "Claro que não. Vontade não me falta, mas eu não ia matar ele..." O Edmundo Monteiro ficou comovido e disse que tinham que me colocar na novela *Beto Rockfeller*, que foi escrita para o lugar da minha. Foi assim. Chegaram com a história que os homens queriam me pegar, e a única forma de eu me livrar era entrar na novela e fazer sucesso. Tiraram o Juca de Oliveira, que ia fazer o Vitório e foi fazer Nino, o italianinho, e me deram o papel de Vitório, que podia ser gago como eu era. E aí eu fiz bem gago, pra me proteger. Então, quando fui preso, eu era um ídolo da televisão brasileira e não podiam mais sumir comigo.

A PRISÃO DO AMIGO DE BETO ROCKFELLER Sob o manto pesado do AI-5, janeiro de 1969 começou com uma investida violenta da ditadura sobre o teatro. De uma tacada, os militares do 2º Exército e os policiais civis e federais do Dops levaram para a prisão Lélia Abramo, Marília Pêra, Ruth Escobar, Renato Consorte e Augusto Boal, entre outros. A atriz e empresária Ruth Escobar conta que "tomava banho, antes do jantar, as crianças estavam de pijama e esperavam na sala, assistindo à televisão, quando sete homens à paisana armados com metralhadora saltaram de dois jipes e rodearam a casa da rua Petrópolis". Nem os agentes da Polícia Federal nem os militares do DOI-Codi (Destacamento de

Operações de Informações — Centro de Operações de Defesa Interna) precisavam de motivos para prender. Bastava a suspeita de envolvimento com a subversão e com a luta armada. Sobrou também para Plínio Marcos, apesar do sucesso de *Beto Rockfeller*. Numa tarde daquele janeiro, Walderez de Barros chegou a sua casa e encontrou a empregada em pânico: "Chegaram aí uns homens de metralhadora e levaram o seu Plínio".

Ele estava no quartel do 2º Exército, na rua Tutóia, no Ibirapuera, acusado de ser assaltante de banco — "mas eu não tinha feito nada; queriam era me prender de qualquer jeito, porque eu enchia o saco". Cassiano Gabus Mendes ligou para o Exército, agendou uma visita e lá foram Walderez e o ator Walter Forster, que tinha cargo de direção na TV Tupi, tentar libertar o Plínio. Ela no papel de "mulherzinha burra, ingênua, chorosa", que não entendia o que estava acontecendo:

— Oh, meu Deus, doutor! O que aconteceu com o meu marido? O que ele fez, doutor? Pelo amor de Deus, doutor!

Walter Forster com um discurso mais profissional, sem emoção.

— Por favor, senhor general, precisamos saber quando o nosso funcionário vai sair. O senhor sabe como é, estamos com todo o estúdio parado, sem poder gravar. Desse jeito vamos ter que atrasar alguns capítulos da novela e justificar para o público, sabe como é. Explicar que houve motivo de força maior, que o nosso funcionário está sob a responsabilidade dos senhores...

Plínio contou o desfecho:

— Então resolveram fazer uma coisa engraçada: eles me soltavam de dia pra fazer a novela e eu voltava de noite pra ficar preso. E eles ficavam me enchendo o saco, pedindo autógrafo pras mulheres deles, essas coisas todas.

Dessa prisão Plínio se livrou, como os demais artistas presos na mesma leva, pela ação direta de Cacilda Becker.

"O general Sílvio Correa de Andrade, se está vivo, pode confirmar", declarou Plínio em 1981 a Edla van Steen. "No auge do terrorismo, o general falou para a Cacilda: 'Mas o Plínio é acusado de ter atirado granada não sei onde!'. E a Cacilda virou e falou assim: 'Ora, general, o que o senhor pensa que um homem de teatro é? Ele escreve peças, e peças são muito mais fortes que todos os seus canhões. Solta ele!'. E o general me soltou."

O DIA EM QUE PLÍNIO MARCOS CHOROU No período em que ficou preso no 2º Exército, um episódio deu a Plínio uma lição — "a coisa mais sábia que me aconteceu". Antes do fato é preciso lembrar que ele sempre foi um incorrigível paquerador. Coisa mais comum era vê-lo ciscando, jogando seu charme em cima das mulheres. Não era segredo pra ninguém. Pois bem, entendido esse detalhe, segue o episódio como ele revelou trinta anos depois, em público, no Festival de Teatro de Curitiba, em 1998, e confirmado pela atriz Irene Ravache, que fazia na novela *Beto Rockfeller* par romântico com Walter Foster:

"Quando eu saía do interrogatório e voltava pra cela, tinha um cara que me procurava e perguntava:

— Você quer um sanduíche?

— Não, não quero.

— Quer cigarro?

— Não.

— Então me conta uma coisa, você comeu a Irene Ravache?

— Não.

— Comeu sim, porra!

— Não comi.

— Comeu, uma mulher bonita, dá prestígio pra qualquer pau!

— Não comi, porra! Se tivesse comido, eu dizia.

— Não, você comeu, você comeu...

Ficou todo o tempo em que estive preso me enchendo com isso. Quando eu saí, falei pra Irene: 'Eu acho bom você dar pra mim, pois não sei por que cargas d'água eles acham a sua xoxota subversiva. Se eles me colocarem no pau de arara, eu confesso: 'Comi, comiiii...'.

Daí a Irene perguntou como era o cara. Eu disse que era um sujeito filho da puta. E ela disse: 'É meu ex-marido, ele quer achar um comunista que tenha me comido pra tomar o meu filho de mim'.

Foi a primeira vez na vida que, no meio dessas palhaçadas todas, eu tive medo. Imaginem, se eu, levado por vaidade, por afirmação machista ou qualquer besteira, se eu dissesse que tinha comido... Porra, o cara queria tomar o filho da Irene, amigo dos meus filhos todos... Daí eu fui pra casa, rezei e chorei de agradecimento. Foi uma coisa muito forte e comovente pra mim. Foi a única vez que eu tive medo dessas coisas. O resto, eles pegavam, davam porrada, tapa na orelha, essas coisas todas. Eu já tinha sido preso várias vezes como vagabundo, tudo isso era uma brincadeira pra mim."

LUTA ARMADA CHEGA AO TEATRO NO BRÁS No período em que a luta armada contra a ditadura militar acirrava os conflitos com o aparelho de repressão do Estado, Plínio Marcos bateu nas portas da Oban por conta de um episódio insólito. Foi para se garantir. A Oban — Operação Bandeirante — foi criada, com financiamento compulsório de empresários, para ajudar as forças de repressão do Estado no combate à subversão. Acusados de terroristas, entre tantas coisas mais, Plínio, Walderez de Barros e Tony Ramos se apresentaram como vítimas do terrorismo.

Aconteceu o seguinte. Em 1971, o casal resolveu remontar *Quando as máquinas param*, com Tony e Walderez, que faziam sucesso na telenovela *Simplesmente Maria*, no pequeno palco do Sindicato dos Têxteis, no Brás. Detalhe: o sindicato era comandado por comunistas do Partidão que não concordavam com a luta armada, que já registrava pesadas baixas. Pois bem.

Na matinê de um domingo, o espetáculo correu normal até o fim. Ao sair de cena, depois dos agradecimentos, Walderez e Tony toparam na coxia com "alguns encapuzados, de roupas escuras", lembra o ator. "Voltem para o palco!", ordenaram. Eles voltaram, com armas apontadas para a cabeça. Na plateia, homens com metralhadoras. O que apontava a arma para Walderez tinha um manifesto na mão, que queria ler. A atriz reagiu:

— Não! Aqui no palco vocês não vão falar! Este espaço é meu. Se alguém tem que fazer discurso aqui, sou eu.

— É melhor você ficar quieta.

Walderez obedeceu ao ver que Plínio e a administradora Beth Rocco, que fechavam o borderô no escritório, no primeiro andar, já tinham sido rendidos e trazidos para baixo. Grávida, Lidiane, mulher de Tony Ramos, descansava numa sala e só ficou sabendo do ocorrido depois, nem teve tempo de se assustar. "Foi tudo muito rápido, não conseguíamos entender o que acontecia", diz Tony. Eram todos muito jovens, lembra Walderez: "O que apontava o revólver na minha cabeça leu o manifesto. Estava nervoso, tremia tanto, que eu morri de medo de, até sem querer, ele me dar um tiro". Lido e distribuído o manifesto contra a ditadura, os jovens pregaram cartazes e saíram. Levaram o carro de uma espectadora e deixaram um problema para os artistas. Avisar ou não do episódio a polícia?

"Discutimos a situação e concluímos que não havia outra coisa a fazer senão comunicar o ocorrido às autoridades. Até para nos preservarmos de futuras complicações, já que uma das obsessões da repressão era provar, de alguma maneira, a ligação do Plínio com a guerrilha, coisa que realmente nunca houve. Sem falar que também não podíamos criar mais problemas para a diretoria do sindicato, que, àquela altura, estava quase toda na prisão", lembra Walderez.

O público, com os atores, ficou esperando a polícia. Chegaram os agentes da Oban. Chegaram rindo, tirando sarro, "gozando o Plínio". Pegaram o testemunho das pessoas e convocaram Plínio e Walderez para prestar depoimento ao temido delegado Sérgio Paranhos Fleury, de triste memória desde os tempos do Esquadrão da Morte, em que fez fama caçando e matando bandidos pés de chinelo e foi "promovido" à caça de subversivos.

Dias depois, lá estava o casal diante de Fleury. Feitas algumas perguntas gerais, o delegado mostrou fotos de militantes da luta armada que pudessem ser reconhecidos como autores da ação no Sindicato dos Têxteis. Walderez alegou que estava tão nervosa que nem viu o rosto dos guerrilheiros. Plínio deu desculpa parecida. "Na verdade, estavam praticamente todos lá nas fotos, o que nos convenceu de que a Oban sabia exatamente quem eram os caras que estiveram no teatro", recorda Walderez. "Foi uma experiência terrível. Mas naquele momento, para mim, o que veio com muita clareza foi a necessidade de o artista defender seu espaço, o palco, não permitir que as coisas se misturassem, se confundissem. Era uma situação absurda, louca. Aqueles jovens ali, todos muito jovens, ocupando o teatro, lutando por uma causa que também era nossa, embora reprovássemos os métodos de luta deles, e a gente tendo que defender o nosso espaço contra eles. Foi uma experiência que me marcou muito, incluindo a farsa que fomos obrigados a representar diante do Fleury."

"NÃO SOU BUNDA MOLE, FIZ POR MERECER" Ser preso ou intimado a comparecer nos órgãos de repressão para depor foi uma constante nesse período da vida de Plínio. Não era exatamente brincadeira, como ele diria quando a poeira baixou. Mas ele jamais se deixou envenenar pela amargura. Tinha consciência de que tudo fazia parte, como repetia como um mantra, da "lei das causas e efeitos". De alguma maneira, sempre se armou de uma natural espiritualidade para enfrentar os problemas. Espiritualidade que Iberê Bandeira de Mello identifica como "uma procura incessante de ser leal a si mesmo e de viver de acordo com o que dizia e pregava", o desapego a coisas e bens materiais. Quando, nos anos 1990, Boris Casoy — "todo mundo diz que ele era de direita, mas é um cara profundamente honesto e leal", observou Plínio — o convidou para uma entrevista em seu programa na TV Record, perguntou se ele tinha sido muito perseguido. Plínio não se fez de coitado nem de vítima:

— Se sentir perseguido é coisa de bunda mole; eu fiz por merecer!

No depoimento no Festival de Teatro de Curitiba, em 1997, ele explicou:

— Eu sacaneava a milicada a toda hora e eu conheço bem a lei das causas e efeitos. Se eu dava uma pedrada na cabeça do Sodré, o que ia esperar? Que eles me mandassem flores? Porra! Bateu, levou. O Ibrahim Sued escreveu na coluna que ele tinha que tinha sido eu quem acertou a pedrada na cabeça do Sodré. E eu de sacanagem disse: "Não tive essa sorte, atirei pedra pra caraco, mas não acertei". E eles ficavam um pouco revoltados com essas coisas, ficavam mesmo, e o que é que eu queria?

Iberê Bandeira de Mello perdeu a conta das vezes em que foi chamado para tirar Plínio Marcos da cadeia. Sem falar das outras tantas que Plínio o chamava para livrar algum amigo ou conhecido — "ele se preocupava mais com os outros do que com ele". No entanto, que Iberê se recorde, Plínio nunca ficou preso por muito tempo. Tirando o caso do Pierrô e do Maneta, em que talvez ele tenha se excedido no deboche e na provocação, em geral os policiais comuns e sem altas patentes gostavam do Plínio, segundo Iberê.

"Ele era muito conhecido no meio policial e no meio da bandidagem, que o amava. Acontecia de eu chegar à prisão e encontrá-lo em uma roda, batendo papo com os policiais. Como era uma pessoa muito afetiva e coerente, que falava tudo o que pensava com muita propriedade e humor, todos o ouviam. Até os policiais."

Ser bom papo e contador de histórias servia para livrá-lo de enrascadas ou, no mínimo, para aliviar certas situações, Plínio admitia. Somavam-se a esse talento o linguajar e o tom de voz só dele, que davam charme às narrativas que, contadas por outro, não teriam a menor graça. Plínio seduzia pela palavra.

"Ele era um homem da palavra, escrita ou oral, que se comunicava como ninguém", define Iberê.

Sedução à qual ninguém escapava. Fosse bandido ou polícia.

Cena X

Em debate com Patrícia Galvão (Pagu), camisa xadrez à direita, em 1959 *(Arquivo da Família)*

"Mais vale um Plínio Marcos na mão
que dois Shakespeares voando."

"Cacilda Becker tinha uma força
que a deixava com dois metros de altura."

"Eu me orgulho de representar uma classe
que sai pelas ruas em passeata para lutar
contra a opressão."

Na terça-feira, 25 de fevereiro de 1969, o tempo esquentou no Teatro da Aliança Francesa, no centro de São Paulo. Com muitos decibéis acima do razoável, Plínio Marcos investiu contra Cacilda Becker, sua madrinha, amiga e protetora. Artistas e produtores foram convocados pela atriz, que prestou contas de sua gestão à frente da Comissão Estadual de Teatro, da Secretaria de Estado da Cultura, no governo Roberto de Abreu Sodré. Ela havia assumido em 4 de março de 1968 para um mandato tampão, substituindo Décio de Almeida Prado, que se afastou pressionado pelas "rivalidades existentes entre as companhias, com bases políticas e estéticas ou pessoais". Ocorre que essas rivalidades não podiam "descarregar-se entre si", na análise cirúrgica de Décio, "para não destruir o mito da união da classe teatral, que na verdade só se efetivava em ocasiões especiais". Por isso, concluiu, o alvo das rivalidades internas se desviava para projetar-se "em cheio sobre a Comissão, na pessoa do seu presidente". Só lhe restava afastar-se e indicar Cacilda Becker para o cargo.

Décio, certamente, não tinha ilusão de que a simples presença de uma atriz, com tamanha autoridade artística, diluísse em um passe de mágica as rivalidades e interesses em conflito entre a gente de teatro. Por um tempo, e graças à contribuição da Censura e da repressão, os artistas se uniram, mas as diferenças não foram superadas. Ao indicar a atriz, Décio tinha outra razão, de ordem pessoal. "Desentendendo-

-se temporariamente com Walmor Chagas, [ela] encontrava-se numa situação delicada, sem companhia, sem elenco, sem saber o que fazer de sua vida".

A presidência da Comissão Estadual de Teatro, de fato, fortaleceu em Cacilda a consciência não só da sua representatividade como atriz, mas do seu papel como ente político, em um momento especialmente conturbado. Na sexta-feira, 29 de março de 1968, semanas depois da sua posse na CET, Cacilda telefonou para Ruth Escobar, "a portuguesa", como ela se referia carinhosamente à atriz e empresária: "Mataram uma criança, temos que fazer alguma coisa".

A criança era o estudante Edson Luís, de 18 anos, morto na noite anterior pelo tiro de um soldado, no restaurante universitário do Calabouço, no Rio de Janeiro. Conta Ruth que foi de Cacilda a iniciativa de juntar a classe teatral ao protesto, que se organizou no mesmo dia em encontro com Luís Travassos e José Dirceu, dirigentes da UNE. Programou-se, então, para a tarde de sábado, a concentração no largo do Paissandu, centro da cidade, de onde sairia a passeata até a praça da Sé, passando pelo Teatro Municipal e cruzando o viaduto do Chá. Na primeira fila da caminhada, de braços dados, um time de atrizes: Cacilda Becker, Eva Wilma, Odete Lara, Elisabeth Hartmann, Norma Bengell, Tônia Carrero e Ruth Escobar, entre tantas.

"Os organizadores acharam importante que os artistas puxassem a passeata e Plínio Marcos ia à nossa frente, comandando a manifestação e gritando o bordão *Mataram um estudante, poderia ser seu filho*", lembra Elisabeth Hartmann. "Quando chegamos ao viaduto do Chá, veio a cavalaria da Polícia Militar ao nosso encontro. Nós saímos numa correria e até hoje não sei que trajeto fiz para chegar em casa."

No meio do viaduto, olhando o vale do Anhangabaú embaixo, Cacilda se deu conta do tamanho do risco e da imprudência. A única possibilidade de fuga seria saltar do viaduto. "Só esquecemos os paraquedas", reagiu com humor antes de se isentar de culpa e responsabilizar Ruth Escobar: "A estratégia é da portuguesa".

UM VIBRANTE FEIXE DE NERVOS Embora a presidência da CET fosse um cargo de governo, Cacilda Becker o revestiu de um significado de liderança além das questões administrativas para as quais havia sido nomeada. Nas semanas que antecederam o fim do seu mandato, ela se empenhou pessoalmente na libertação de colegas presos pela repressão no início de janeiro. Aproveitando o recesso de final do ano, Cacilda tirou licença da CET em novembro de 1968 e viajou a Nova York com Ruth Escobar para reencontrar Walmor Chagas. Ao voltar, na segunda semana de janeiro, o país já estava sob a ditadura sem disfarces do AI-5 e ela logo saiu a campo para tirar os colegas da prisão no Dops e no DOI-Codi.

Dizia Ruth Escobar que do fascínio de Cacilda não escapavam nem os agentes da repressão, como Celso Teles, chefe da Polícia Federal. Foi para o gabinete dele que Cacilda telefonou às dez da noite para falar com a atriz Lélia Abramo, que estava detida: "Eu ouvi a voz dela que dizia que eu tivesse coragem, que sairia. E foi o que ela [Ruth] fez, arrumou para eu conseguir sair do Dops".

Durante três dias, às sete da manhã, Cacilda se plantou na porta da residência do prefeito e brigadeiro Faria Lima, ausente da cidade. Não arredou pé até conseguir um encontro, testemunhado pela primeira-dama Yolanda Faria Lima, de quem Ruth Escobar se fizera amiga.

Dizia Plínio Marcos que Cacilda tinha uma força "que a deixava com dois metros de altura". A fragilidade física — ela tinha 1,62 m de altura e chegou a pesar 40 quilos — era compensada por uma coragem pessoal que explodia quando precisava defender um colega. Muito antes daqueles anos turbulentos, Cacilda se deixava consumir, literalmente, pelo teatro.

Décio de Almeida Prado confessava, já em 1960, a emoção de acompanhar "a carreira dessa mulher, na aparência tão frágil, que se vai consumindo pelo teatro diante de nossos olhos, emagrecendo de papel a papel, à medida que mais se afina sua arte". No pequeno texto que escreveu em 1960 para o programa de *Virtude e circunstância*, peça de Clô Prado encenada por Cacilda e Walmor, Décio fez uma comovente síntese da trajetória da atriz, que ficaria para as gerações futuras como o exemplo mais acabado no teatro brasileiro de uma legítima vocação para o palco: "Cacilda vive do teatro e para o teatro, a ponto de se ter reduzido materialmente, pela sobrecarga de trabalho, pela exaustão física, a um vibrante feixe de nervos, como se a atriz dispensasse tudo que não constituía matéria para a sua arte, tudo que não seja sensibilidade e energia nervosa".

PEÇAS VALEM MAIS QUE VINTE CANHÕES Nem o corpo frágil nem a voz aguda e nasalada enfraqueciam Cacilda, que tanto fez que conseguiu tirar Plínio Marcos da prisão no 2º Exército, no início de fevereiro de 1969, semanas antes da tumultuada assembleia no Teatro Aliança Francesa. Plínio disse:

— Eu estava preso, ela foi lá, me chamaram e ela me tirou. Eu era acusado de ser assaltante de banco, mas não tinha feito nada. Queriam era me prender de qualquer jeito, porque eu enchia o saco. Ela disse para o general Ciro Correia: "General, um homem que escreve as peças que ele escreve vale mais do que vinte canhões seus, não precisa assaltar bancos".

Tanto Plínio enchia o saco que, depois de libertado por ela, escolheu Cacilda como alvo de suas aporrinhações. Ele contestou os números apresentados pela atriz, dizendo que mais uma vez a Comissão de Teatro privilegiava as grandes companhias, deixando ao desabrigo os grupos menores. Em *Cacilda Becker, fúria santa*, ele lembrou o episódio a Luís André do Prado:

— Eu era sempre contra, porque a distribuição da verba era feita para as companhias tradicionais, como a do Sandro [Polônio] e da Maria Della Costa. Era foda! Aí eu virava a mesa e perguntava: "Pra que dar dinheiro para eles e para peças que são vitoriosas?". Porque a mim ninguém dava verba nunca. Eu descia como um trator e a Cacilda era sensível, sabia que eu estava falando a verdade. Xinguei pra caramba e fui embora, porque era sempre voto vencido.

O discurso feroz de Plínio dividiu a assembleia. Cacilda ficou imobilizada diante da confusão que se seguiu. Havia quem insinuasse que ela favoreceu Ruth Escobar, amiga com quem viajara a Nova York e dona de teatro. Cacilda não se defendeu. Apenas chorou. Quando os gritos se cansaram, das raras vozes em sua defesa a mais contundente foi do crítico Sábato Magaldi. Ele lembrou o episódio ao biógrafo de Cacilda:

"Aí o Plínio Marcos contestou a orientação dela na Comissão. Ele tinha as razões dele, mas a Cacilda não podia fazer tudo o que desejasse. Havia limitações, pressões, era um inferno! Foi uma administração excelente para que pudesse ser contestada daquela maneira, sem possibilidade de resposta. Uma coisa emocional, sem pé nem cabeça. Mas Cacilda era frágil e muito amiga do Plínio, gostava dele; e começou a chorar. Como jornalista, pedi a palavra e tomei a defesa dela. Expliquei o que achava e o Plínio, indignado, saiu da sala".

Depois, Décio de Almeida Prado ainda propôs aos demais membros da CET que enviassem uma carta à atriz, que seria "mais um agrado, porque ela tinha trabalhado bastante". Como alguns se recusaram a assiná-la, a carta foi esquecida.

Em relação às verbas distribuídas, Plínio não se manifestava em causa própria — ele evitava personalizar as suas críticas —, mas não eram justas. Ao assumir a presidência da CET, Cacilda se preocupou em documentar as ações da Comissão. A primeira providência foi publicar um *Anuário do Teatro Paulista* referente ao período anterior, 1967, que, além de avaliações críticas de Anatol Rosenfeld, Augusto Boal e Tatiana Belinky, reunia documentação fotográfica e fichas técnicas de espetáculos, com respectivos números de espectadores. O minucioso relatório da movimentação financeira, que acompanhava o *Anuário*, contestava em parte as críticas de Plínio Marcos, cujas peças *Navalha na carne*, *Homens de papel* e *Quando as máquinas param* foram contempladas com verbas da CET — até mesmo a montagem amadora e escolar de *Dia virá*, que Odavlas Petti fez com alunas do Colégio Des Oiseaux. Portanto, não era verdade que "a mim ninguém dava verba nunca".

CENSURA À ATRIZ COMUNISTA E SUBVERSIVA Em 20 de março de 1968, dias após assumir a presidência da CET, Cacilda Becker assinou contrato com a TV Bandeirantes para apresentar um programa de entrevistas e protagonizar adaptações de peças para a televisão. (Considerando que sua única participação em novela foi em *Ciúme,* na TV Tupi, em 1966, o programa teve o mérito de registrar imagens de Cacilda para as gerações futuras, embora o veículo não se prestasse, como se comprova nos raros teleteatros conservados, para dar a exata medida de uma atriz feita para o palco. Diga-se o mesmo do filme *Floradas na serra,* de 1954.) Por sua atuação política, ela teve carreira curta na Bandeirantes. Na manhã de 13 de setembro, recebeu carta de demissão. À tarde, reuniu a imprensa e informou:

"Acabo de ser demitida sob a acusação de que minha representação é subversiva. Tiveram o cuidado de dizer que não são os textos, mas sim a minha atuação. Um programa levado às 23 horas, com liminar de juiz, não pode ser classificado de subversivo e comunista, como quer a Censura Federal, numa violação ostensiva do meu direito de trabalhar. Quem julga meu trabalho é a crítica, não a Censura. Eu me orgulho de representar uma classe que sai pelas ruas em passeata para lutar contra a opressão. De início, perseguiram o teatro. Agora é a vez da TV. Mas o que se pode esperar de uma Censura que proíbe *Casa de bonecas*, de Ibsen, alegando que a mesma tratava de pederastia, tomando como base o título? Onde estamos?".

Não se tem notícia de nenhuma mobilização em defesa de Cacilda, que na semana seguinte recebeu carta pessoal de João Saad, diretor e dono da TV Bandeirantes, explicando-se. Segundo ele, a demissão se devia a "um obstáculo severo, às vezes enigmático, incoerente e, por isso mesmo, absurdo, de parte da Censura Federal", que pressionava a emissora "desde as primeiras apresentações".

O cerco da Censura, incapaz de conter a desobediência do teatro, voltou-se para atingir atrizes e atores no seu direito ao trabalho. Na televisão ela poderia exercer na plenitude o seu poder de fogo. Se não pela concordância pacífica de donos e diretores, pelo simples fato de que as emissoras de rádio e televisão eram concessões do Estado. Ou seja, quem não se comportasse de acordo com as vontades do governo saía do ar. Simples assim.

Na avaliação de Sábato Magaldi, ao deixar a presidência da CET em fevereiro de 1969, Cacilda Becker não havia apenas quadruplicado a verba destinada ao teatro, mas assumido claramente uma postura de liderança:

"Cacilda tinha coragem de falar com as autoridades, se precisasse, e prestígio com o governador Abreu Sodré. Punha-se à frente da classe teatral, assumia o posto de primeira-dama do teatro brasileiro e tinha plena consciência do papel que desempenhava".

Santista e amigo de Plínio Marcos, Carlos Pinto integrava como representante do teatro amador a Comissão presidida por Cacilda. Ele não dá importância à assembleia que contestou a gestão da atriz, inflamada pelo discurso de Plínio. Para ele ficou a imagem da mulher "frágil na aparência, imbatível na garra e na luta por seus ideais, por seus amigos, pelo teatro". Uma liderança que jamais ele veria igual. "Em várias oportunidades assisti à Cacilda telefonar para o governador Abreu Sodré e, com a clareza que caracteriza os verdadeiros líderes, dizer: 'Governador, nós, da Comissão Estadual de Teatro, estamos colocando os nossos cargos à disposição do senhor, pois vamos participar da passeata que ocorrerá hoje em São Paulo, em protesto contra a ditadura militar'. Do outro lado, o governador respondia: 'Vocês podem participar da passeata, que eu vou manter todos nos cargos que ocupam. Não aceito as demissões'."

TEATRO DÁ DIGNIDADE AO ARTISTA O episódio do Teatro Aliança Francesa não mudou uma vírgula o sentimento e a admiração de Plínio Marcos por Cacilda Becker. Até o fim ele a citaria como referência na sua formação, um dos raros exemplos de pessoa vocacionada para o palco. Talento e vocação são coisas distintas, ele pregava. E sem a determinação quase suicida de dedicar a vida ao palco, o talento é inútil. O que lhe dá sentido é a vocação. Com a vocação de Cacilda, Plínio só havia conhecido até então um ator, que dizia ser "do mesmo gabarito": Procópio Ferreira.

Nos primeiros contatos com a atriz, antes que ela desconfiasse estar diante de um autor, Plínio aprendeu lições que lhe seriam úteis como dramaturgo:

— Sou um raro autor que não enche o saco do ator, não vou ver ensaio, não discuto com ator. Os atores às vezes vêm me perguntar alguma coisa e eu falo: "Porra, alguém já foi perguntar para o Shakespeare? E ele sabia muito mais que eu. Então me trate como morto". E isso eu aprendi com Cacilda Becker. Uma vez a companhia dela ia fazer uma peça do Jorge Andrade. No primeiro dia de ensaio o Jorge apareceu e leu a peça pra nós. No segundo dia ele foi e explicou a peça. No terceiro, não era mais a peça dele que seria feita. Imagina, falou Cacilda, eu como atriz ter um cara me pentelhando, me explicando o que eu tenho que fazer! Claro que não, Cacilda tinha a intuição dos grandes artistas.

Com ela, Plínio aprendeu os limites do autor e do diretor no teatro. Principalmente do diretor, função que só começou a ter relevância no Brasil a partir da segunda metade do século XX. Até então o que existia era o ensaiador — segundo Plínio, "um cara que ficava com o texto na mão e falava 'vai, faz isso aí', um cara que gritava com quem estava aprendendo, mas com os antigos não falava nada". Era assim no Pavilhão Teatro Liberdade, em Santos, onde Plínio conheceu Procópio Ferreira e, ele dizia e não há provas, até entrou como figuração em um dos seus espetáculos. O ensaiador chegava antes, preparava os atores secundários e figurantes, deixando o centro da cena para o ator principal, que só chegava na hora da apresentação. Mas o ator, principal ou não, era o que Plínio mais admirava:

— Diretor que manda apareceu muito depois. E espetáculo de diretor é muito chato. O diretor, como o teatro de vanguarda, pode durar uma peça ou duas. Isso eu aprendi no teatro da Cacilda Becker, a respeitar o ator. Então por que eu tenho que me meter? Nós autores e diretores é que precisamos do ator.

O ator, para ele, estava necessariamente associado ao palco, ao teatro. Claro, no cinema ou na televisão, o protagonismo é mais do diretor, às vezes do autor e quase sempre de outros fatores que nada têm a ver com a arte do ator. Outra lição que Plínio aprendeu com a atriz e madrinha:

— A Cacilda dizia, com convicção: a televisão nos dá popularidade, o teatro dá a dignidade para o artista.

CACILDA BECKER, A CORAGEM DA DOR Ao deixar a presidência da CET em 25 de fevereiro de 1968, Cacilda e Walmor Chagas se entregaram em março aos ensaios de *Esperando Godot*, de Samuel Beckett, sob a direção de Flávio Rangel. Nos demais papéis, três Carlos: Kroeber, Silveira e Martins (Cuca), este filho de Cacilda, do casamento com o jornalista Tito Lívio Fleury Martins. Era a mesma peça que Plínio conhecera nos encontros em Santos, na casa de Patrícia Galvão e Geraldo Ferraz, e que o levou à arrogância juvenil de dizer que "peça como essa eu escrevo uma penca". *Godot* estreou em 8 de abril de 1969 no Teatro Cacilda Becker. Nos dias seguintes, a crítica se curvava ao trabalho da atriz. Para Sábato Magaldi, ela atingira "o ponto mais alto da carreira". Décio se referia à sua figura "frágil, desajeitada, chapliniana" e Alberto D'Aversa resumiu seu encantamento no título da sua crítica: "Cacilda, irrepetível". Pareciam palavras premonitórias. No sábado, 3 de maio, o *Jornal da Tarde* publicou matéria de Marco Antônio de Menezes em que se promovia o encontro de Cacilda e Tônia Carrero.

— Você tem a coragem da dor — reconheceu Tônia.

— No começo eu só sentia as minhas dores. Mas com o tempo fui sentindo as dores dos outros — explicou Cacilda.

Na tarde de terça-feira, 6 de maio, informada da prisão de Plínio em Santos na noite anterior, Cacilda se sentiu mal em cena, numa sessão para estudantes. "Foi impressionante. Não sei como ela chegou ao fim do primeiro ato. A imagem da sua dor e a aflição que tomou conta da gente depois ficariam comigo para sempre", conta a jornalista Sílvia Jafet, então estudante, que estava na plateia. No intervalo, o público foi avisado de que não haveria o segundo ato, enquanto uma ambulância já levava Cacilda Becker ao Hospital São Luiz, na avenida Santo Amaro, driblando o trânsito congestionado de fim de tarde. O diagnóstico: aneurisma rotocerebral, "um derrame violento", segundo o médico. Seguiram-se 39 dias de vigília da classe teatral. Walmor, Cuca e a irmã Cleyde Yáconis se revezavam no quarto. Na manhã de sábado, 14 de junho, "morreram Cacilda Becker", escreveu o poeta Carlos Drummond de Andrade, corrigindo a gramática.

— Ela foi a voz mais sonora, o berro mais livre, o talento mais brilhante, a garra mais contagiante, a liderança mais autêntica — resumiu Plínio Marcos.

O velório e a missa na Igreja de São Domingos, dos dominicanos aliados de Cacilda e do teatro na luta contra a ditadura, atraiu uma multidão. Na manhã de domingo, segundo a *Folha de S.Paulo*, cinco mil pessoas seguiram o cortejo da rua Caiubi, em Perdizes, ao Cemitério do Araçá. Na crônica "A lenda da rainha eterna", publicada na *Última Hora*, Plínio Marcos reverenciou Cacilda, cuja fé "dava forças para todos cumprirem com grandeza a jornada". Descreve seu encontro com o anjo da morte, "no meio de um diálogo com sua gente mais querida, os jovens", e a luta que se seguiu, porque ela "recusou-se a obedecer de imediato à ordem do anjo". E "aos jovens que resolvessem seguir seu caminho", ela deixou a sua mensagem, grafada assim por Plínio: "Para chegar aonde eu cheguei, só amando como amei a minha profissão. Não se render nunca diante dos obstáculos. Não se sentir derrotada nos fracassos, nem vitoriosa nos sucessos. Prosseguir sempre pra frente, sempre para o alto. Uma meta atingida tem que ser substituída imediatamente por outra. Não maldizer a dor, nem a solidão, porque delas brota a arte de viver".

Plínio Marcos termina a sua crônica com um pedido: "Meus cupinchas, se vocês são de Deus, rezem por Cacilda, Rainha magnífica. Se não são de nada encantado, pensem em Cacilda com bondade. Essa Rainha foi a artista mais generosa do Brasil".

A crítica e jornalista Barbara Heliodora, a quem Cacilda Becker substituiu na temporada paulista de *Hamlet* em 1948, lamentou no *Jornal do Brasil*: "A cada um de nós, individualmente, a lembrança de Cacilda no palco poderá enriquecer ainda, e por muito tempo. Mas não poderemos oferecer às novas gerações a mesma experiência. E elas serão mais pobres por isso... Não nos será mais possível, em nossos momentos de luta, contar com seu entusiasmo, com o brilho de seu olhar ou com o calor de sua emoção, ou a força de sua coragem. E nós seremos mais pobres por isso".

Enquanto durou a agonia de Cacilda Becker, Plínio Marcos se revezava entre as visitas ao hospital e os ensaios de *Barrela*, que estava sendo dirigida por Alberto D'Aversa. Uma semana antes da morte de Cacilda a Censura proibiu o espetáculo e, uma semana depois, novamente a dor que acompanha a perda de amigos. Morreu D'Aversa. No mesmo sábado em que a crônica de Barbara Heliodora sobre a morte de Cacilda saiu. Duas perdas irreparáveis para o teatro. Para Plínio, mais que isso. Perdas pessoais.

ALBERTO D'AVERSA, GENTE DE FÉ E VALIA "Mais vale um Plínio Marcos na mão que dois Shakespeares voando." A recomendação aos atores que, sem preparo, se aventuram na interpretação de clássicos sintetiza o respeito do professor, diretor e crítico Alberto D'Aversa ao dramaturgo santista. Mais que respeito, amizade. Ele foi um dos poucos, senão o único, a quem Plínio reverenciou com o título de mestre. E D'Aversa o era. Um mestre, uma das primeiras referências afetivas e intelectuais que Plínio encontrou ao chegar a São Paulo. A identificação se deu, sobretudo, pelo temperamento parecido dos dois, ambos avessos a filiações partidárias, irreverentes, inquietos, sem papas na língua, diretos, irônicos, de um humor rápido e, muitas vezes, demolidor — até com os amigos.

A convivência com D'Aversa rendeu histórias que Plínio repetiria, à sua moda, pela vida afora. Uma convivência que cresceu depois da estreia de *Dois perdidos numa noite suja*. Depois que Fauzi Arap não quis ler a peça, Plínio procurou D'Aversa para dirigi-la. Ele recusou, por falta de tempo e porque trabalharia sem ganhar nada e não podia se dar a esse luxo. Certamente, também não apostou no sucesso comercial do texto, que depois, em série de artigos no *Diário de São Paulo*, ajudou a promover e incensar. Não procede a suspeita de que o conto de Alberto Moravia, que inspirou a peça, tenha caído nas mãos de Plínio graças a D'Aversa. O conto, segundo Walderez de Barros, integrava uma coletânea de escritores italianos que Plínio comprou e estava esquecida nas prateleiras da sua casa.

Plínio escreveu *Dois perdidos* e saiu mostrando "pra uns e outros, mas ninguém se interessava". De alguns ouviu que o texto seria proibido. Outros simplesmente não punham muita fé nele. No livro *Figurinha difícil*, Plínio diz que D'Aversa achava a peça "uma obra-prima, que não tinha nada a ver com o conto do Moravia". Mas não aceitou dirigi-la porque "andava numa merda de fazer gosto" e se defendia dirigindo as comédias de Otelo Zeloni, ator italiano que ficou na memória popular, ao lado de Ronald Golias e Renata Fronzi, pela sua participação no programa *Família Trapo*, na TV Record.

— Aliás, tanto o Zeloni como o D'Aversa eram gente de fé e valia. Porém (e sempre tem um porém), eles eram marginalizados pelos intelectualoides, oportunistas. Esses idiotas não faziam cerimônia. Esculachavam mesmo. Discriminavam. Principalmente o D'Aversa, que não tinha dinheiro. Grande artista. Ainda hoje me vêm à cabeça cenas da inesquecível montagem do *Panorama visto da ponte*, de Arthur Miller, que ele dirigiu. E também mentalmente revejo o filme que o D'Aversa fez sobre o livro de Jorge Amado, *Seara vermelha*. Acabava com uma cuspida na cara da plateia. O Roberto Freire, o Bigode, escritor, guia da juventude, elemento instigador, escreveu na *Última Hora* que esse filme era sem dúvida a mudança do cinema brasileiro, o recomeço. As patotas do cinema, enturmadas, não puderam falar mal. Não dava. Mas puderam se omitir diante dessa obra-prima. Pois é. O D'Aversa sem dinheiro. Eu sem dinheiro. Não deu pra ele pegar o pião na unha.

Assim Plínio explicou a razão por que D'Aversa não dirigiu *Dois perdidos numa noite suja*.

❦

Com razoável bagagem de trabalhos em teatro e cinema, o italiano Alberto D'Aversa desembarcou em São Paulo a convite de Alfredo Mesquita, para dar aula na Escola de Arte Dramática, em 1957. Era contemporâneo, na academia de Silvio d'Amico, em Roma, de uma fornada ilustre de atores e diretores: Vittorio Gassman, Adolfo Celi, Luciano Salce, Nino Manfredi e Marcello Mastroianni. Terminada a Segunda Guerra, a situação do teatro na Itália era de terra arrasada, como o país. Depois de dirigir uma bem-sucedida montagem de *A ópera dos três vinténs*, de Bertolt Brecht, com Gassman, D'Aversa aceitou um convite de trabalho do ator e produtor de cinema argentino Armando Bó, mais tarde famoso por dirigir os filmes de Isabel Sarli, estrela de erotismo ingênuo perto de padrões posteriores. D'Aversa chegou em 1950 a Buenos Aires, com mulher e dois filhos, que logo o deixaram e pegaram o caminho de volta à Itália. Ao mudar-se para São Paulo no início de 1957, casado com a atriz argentina Élida Gay (Gayoso) Palmer, dividia as aulas na escola de Alfredo Mesquita com a direção artística do TBC, onde dirigiu vários atores em início de carreira, como Fernanda Montenegro, Natália Thimberg, Ítalo Rossi, Sérgio Britto, Francisco Cuoco, Raul Cortez e Leonardo Vilar. Depois de alguns filmes curtos e documentários, dirigiu *Seara vermelha*, baseado no romance de Jorge Amado, entre 1963 e 1964, e aí se viu diante de um Brasil que só conhecia por notícias e livros. Numa cidadezinha no interior do Ceará, percebeu que, "de cada três crianças que estava vendo, uma morreria antes dos três anos e outra nos próximos cinco anos". O choque de realidade radicalizou o seu pensamento político e social, a ponto de se perguntar: "Não estaremos brincando demais com o teatro?". Assim, quando conheceu os primeiros textos de Plínio Marcos, seria natural que sua afeição pelo jovem dramaturgo aumentasse.

CRÍTICO IMPLACÁVEL E BEM-HUMORADO Ter o aval de críticos como Décio de Almeida Prado e Sábato Magaldi, a cuja competência se aliava uma elegância de linguagem, já era para encher a bola de qualquer um. Mas receber o aplauso de dois estrangeiros — o português João Apolinário no jornal *Última Hora*, de um marxismo quase religioso, e o italiano Alberto D'Aversa no *Diário de São Paulo* — era definitivamente uma dose consagradora para Plínio Marcos. Mais ainda de D'Aversa, que se tornara crítico em 1965, indicado à direção do jornal pelo jornalista e colunista de teatro Hilton Viana, e escreveu até morrer, deixando uma contribuição que Antonio Mercado Neto registrou em tese de mestrado na USP, em 1979.

Como crítico, D'Aversa não amaciava. Suas tiradas e frases faziam inveja a qualquer Nelson Rodrigues, "o mais católico dos nossos autores de teatro", ele dizia. De um espetáculo escreveu que era "para todos, até para cretinos" (*A cozinha*, direção de Antunes Filho). De outro, que era "obrigatório até para torcedores do Corinthians" (*O burguês fidalgo*, direção de Ademar Guerra). De um terceiro, *As fúrias*, dirigido por Antonio Abujamra, sucesso de crítica e fracasso de público, que era "proibido para beócios e, por isso mesmo, de difícil êxito comercial: os sobreviventes não deveriam perdê-lo".

Quando falava mal, entretanto, sua escrita afiada não tinha para ninguém. Com José Celso Martinez Correa foi assim. Depois de rasgar elogios ao diretor por *Pequenos burgueses*, escreveu que a até hoje consagrada montagem de *Galileu Galilei*, de Brecht, pelo Oficina, era "um Petit Larousse da antiencenação brechtiana" (referindo-se à enciclopédia *Larousse*) e que "o diretor reduziu esse espetáculo a um protagonista rodeado por um coro", concluindo que "o espetáculo poderia ter-se salvo se um deplorável amadorismo não tivesse permeado a maioria das interpretações". José Celso já havia dado o troco, quando D'Aversa contrariou a unanimidade consagradora de *O rei da vela* dizendo que o espetáculo esvaziou a contundência crítica da peça de Oswald de Andrade e, "isto é mais grave, a própria compreensão do extraordinário texto". O diretor acusou D'Aversa de criar "um espetáculo mental que não existe" e destilar "todo um mundo de critérios de velho conservadorismo italiano".

Nem Plínio Marcos escapou das tiradas de D'Aversa. Quando *Dia virá (Jesus homem)* foi encenada por Odavlas Petti com as alunas do Colégio Des Oiseaux, de freiras, em 1968, D'Aversa resumiu sua opinião numa frase: "Dia virá, clamam as virgens; e nós acreditamos". E depois de ver a *1ª Feira Paulista de Opinião* não se deixou levar pelo entusiasmo e não salvou nem a pele do amigo: "Muita feira e poucas opiniões. O que está acontecendo com os autores do teatro nacional? Foi uma decepção, com a maioria dos autores fazendo trapaça consigo mesmos — falsa consciência política e falsíssima concepção estética". Plínio levava essas críticas na piada. Mas nem todos tinham o mesmo humor. Menos ainda os atores da malograda montagem de *Júlio César*, de Shakespeare, no Teatro Municipal de São Paulo, uma superprodução de Ruth Escobar dirigida por Antunes Filho, em 1965. E não eram quaisquer atores. Lá estavam Juca de Oliveira, Jardel Filho, Sadi Cabral, Raul Cortez, Aracy Balabanian à frente de um elenco numeroso. Em sua crítica, D'Aversa investiu contra o que lhe parecia uma afetação homossexual nas interpretações sem qualquer propósito. Houve uma reação furiosa, à qual o crítico respondeu no seu estilo: "Soube que do elenco que atualmente está guilhotinando o shakespeariano *Júlio César* no Municipal partiu a nobre e pouco higiênica iniciativa de enviar um abaixo-assinado ao diretor deste diário contra o crítico que ousou falar da pederastia no teatro. Alguns dos ofendidos ameaçam até me bater. Como? Com uma flor?".

E prosseguia contra o espetáculo: "Vários atores entram e fazem seus personagens como pederastas. Por quê? Acho que nem o diretor saberia explicar os motivos. O resultado é a gratuita e ridícula infâmia que cai sobre o ator e a queda da cena em intensidade dramática. Estas foram as minhas palavras; se alguém se sentiu molestado ou ofendido, que culpe a sua capacidade de leitura, seu orgulho ou seu sexo... Já muito me custa carregar a minha própria ignorância, quanto mais a dos outros...".

Esses foram os fatos. A versão de Plínio Marcos é mais curta e divertida:

"D'Aversa escreveu: 'Foi uma bicharada só'. As bichas estavam todas no teatro, trabalhando. Os caras, como o Juca de Oliveira e o Jardel Filho, que não tinham nada de *gay*, ficaram revoltados. 'Vamos dar uma surra nesse italiano.' E todo mundo sabia que ele ficava às quatro horas da tarde no Costa do Sol, um restaurante na rua Sete de Abril, em frente ao prédio dos Diários Associados. Eles entraram e ele estava tomando um cafezinho. Aquela massa de atores se aproximou.

— Porra, D'Aversa, você escreveu que a gente era tudo bicha!

— E não são mais?

Daí os caras começaram a rir.

— Vocês levam tudo a sério, caralho. É por isso que o teatro não vai pra frente. Vão encher o saco de outro. Vão embora, vão embora."

E enxotou todo mundo, que achou tudo aquilo engraçado e ficou por isso mesmo, porque o D'Aversa era um humanista fantástico, não tinha raiva de ninguém.

"CENSURA É UMA CÔMODA ESCUSA" D'Aversa se divertiria com as versões muito particulares que Plínio daria a episódios que ele protagonizou, mesmo sendo mero figurante. No debate nos estúdios da TV Tupi, em São Paulo, em 1968, entre a deputada Conceição da Costa Neves e seu time, que atacou a "pornografia no teatro", e o time de Plínio, com Augusto Boal e Fernando Torres de titulares, D'Aversa comandou a claque do teatro. Lá pelas tantas, um segurança ameaçou partir pra cima da atriz Maria Luiza Castelli, que comandava a claque barulhenta, quando foi contido por ele. Os fatos foram esses, mas a versão que Plínio espalhou pelos quatro ventos como sempre é melhor.

"Alberto D'Aversa era uma pessoa única. No debate na TV Tupi, teve um rolo com a polícia, e aí a Maria Luiza Castelli correu pra cima da deputada. Quando um polícia foi pegar a Maria Luiza, o D'Aversa, que era muito grande e muito forte, agarrou o polícia por trás e encostou o pau nele. 'Que é isso, querido? Isso é paz e amor, isso é o teatro.' O polícia não sabia o que fazer. 'Não se agite, meu bem!' Daí a gente ficou preocupada. E agora? Quando ele soltar o cara, o cara vai dar tiro no D'Aversa. E ele: 'Meu querido, deixa beijar esse pescoço, humm...

humm... hummm..." Quando o cara conseguiu se livrar, ficou sem saber o que fazer. D'Aversa foi saindo devagar, mandando beijinhos e dizendo: 'Querido, não desapareça da minha vida'. E mandava mais beijinhos... Ele era gozador, brincalhão..."

Não há exagero em dizer que Plínio e D'Aversa eram almas gêmeas, para ficar em um lugar-comum que ambos repudiariam. Embora despertasse paixões e ódios por sua língua solta e pelas críticas muitas vezes ácidas, todos reconheciam em D'Aversa um batalhador solidário pela liberdade de expressão. Entretanto, fiel à sua independência e integridade intelectual, não poupava nem mesmo os do seu lado, como os autores que se queixavam da ação inibidora e castradora da Censura. Na crítica às peças que formavam a *1ª Feira Paulista de Opinião* — que a história colocou no altar dos grandes momentos de resistência nos tempos da ditadura —, ele não disfarçava sua decepção com os autores, dos melhores do nosso teatro, de quem esperava "gritos, berros, protestos, incêndios, inteligência mascarada ou declarada". Mas o que ele viu foi "a mais prudencial apatia, a mais funesta abstenção". E continuou pegando pesado, ao dizer que os autores "revelaram-se sem ambição e sem consciência do momento histórico que o país — e, portanto, o teatro — está atravessando". Antes que alguém em autodefesa colocasse a culpa na Censura, D'Aversa contra-argumentava:

"Não é verdade que não se pode escrever o que a gente quer; no caso específico, não se pode representar o que a gente quer, o que é muito diverso; mas escrever, sim. E depois, devemos lutar contra a censura, sempre; contra qualquer censura, sempre; toda vez que há uma censura, nós devemos, por princípios morais, ser contra, sempre — e a única maneira de demonstrar esse propósito moral é escrevendo sem medo. Mas, quase sempre, a censura é uma cômoda escusa, uma justificação do medo".

Parece o Plínio falando? Parece. Assim era Alberto D'Aversa, que dirigiu apenas uma peça do amigo, *Quando as máquinas param*, no período em que trabalhou em Salvador com os alunos da Escola de Teatro da Universidade Federal e com o Teatro Livre da Bahia, em 1967 e 1968.

Dirigiu *Barrela* em 1969, mas a Censura não permitiu que o espetáculo estreasse. Plínio havia convencido os amigos santistas Pedro Bandeira e José Roberto Melhem a investir na produção, alguém da Censura garantiu que a peça seria liberada. Não foi. Os amigos perderam o dinheiro e os atores, o emprego.

Alberto D'Aversa morreu em 21 de junho de 1969, pouco antes da meia-noite e uma semana depois da morte de Cacilda Becker. Até o fim ele esteve presente às assembleias e movimentos da gente do teatro. Aos leitores da sua coluna no jornal, ele já havia se desculpado por expor com tanta insistência o que pensava, dizendo que o momento "nos proíbe ficar na janela: o nosso lugar é, e será sempre, na rua ou no lugar onde se tomam as decisões". Ao falar no seu sepultamento, Juca de Oliveira admitiu que "quase tudo que eu sei e que sou, aprendi um pouco com Alberto D'Aversa... não há um só ator de teatro no Brasil cuja formação não contenha o seu ensinamento, direto ou na consulta de seus trabalhos, no ouvir falar na lenda do gênio gordo e italiano". E concluiu, resumindo um sentimento que era de todos: "Discutiu e orientou a dramaturgia nascente, aplainou as arestas da nossa incultura com a verdadeira humildade da sabedoria. Ensinou a ler, a escrever, a representar, a dirigir. Qualquer assunto o conduzia a uma conferência. Conhecê-lo foi, sem favor, uma escola. Agora estamos mais burros".

OPERAÇÃO ESPÍRITA PARA CURAR D'AVERSA Porém, e sempre tem um porém, Plínio Marcos fez da morte do "mestre" o episódio derradeiro de uma coletânea de histórias divertidas. De novo, não interessa se verdadeiras. Vale a versão contada à exaustão por ele. Foi esta:

"Logo depois da morte da Cacilda, o D'Aversa teve um enfarte. Todo mundo o amava, ele era um mestre nosso. Todos passavam na casa dele pra saber da sua saúde. Na época ele queria comer uma japonesinha que tinha conhecido, dizia: 'Porra, eu preferia morrer, mas vocês não me deixaram. Agora, quando eu estou pra pôr a mão na japonesinha, vem a Ruthneia e diz não, D'Aversa, você teve um enfarte! Ia beber um conhaquinho e a mão da Rosamaria Murtinho aparecia e me batia: não, D'Aversa, você teve um enfarte! Porra, assim eu não quero viver, caralho!'. Aí, resolveram fazer uma operação espírita nele. Ele concordou, deitou na cama às onze horas da noite todo vestido de branco, e a Rosamaria, a Ruthneia, o Mauro Mendonça e outros espíritas foram para um centro em Pinheiros. Na hora marcada para a operação, o D'Aversa começou a se agitar na cama: 'Estou sarando, estou sarando! Estão me cortando, estão me operando...'. E a mulher dele, a sogra dele, os filhos dele: 'Graças a Deus, graças a Deus, ele sarou!'.

Ele se levantou da cama, tirou a roupa branca e saiu pra rua. Daí estava havendo um debate no Teatro Ruth Escobar, uma reunião do Lyons, ele chegou aos berros: 'Tudo filho da puta! Reacionários! Os terroristas vão pegar um por um de vocês'.

A Ruth tentou acalmar. E o D'Aversa: 'É isso mesmo, e você fica tomando dinheiro desses bundas!'.

Conseguiram tirar o D'Aversa dali. Então ele ficou sabendo que estava acontecendo a maior peixada da paróquia na casa do Jô Soares, que era ali perto: 'Então eu vou pra lá'.

Mas ele sumiu no meio do caminho. Ninguém sabia onde o D'Aversa tinha ido parar. No meio da madrugada ele apareceu na casa do Jô Soares. 'Porra, D'Aversa, você chegou atrasado! Mas ainda tem muita comida lá na cozinha.'

Claro, em casa de gordo o que não falta é comida. E ele foi pra cozinha e pulou em cima da peixada toda, com aquela volúpia. Aí foi pra fora e caiu: puft! Estava tendo outro enfarte."

Aqui se interrompe a narrativa de Plínio, para o relato "sem nenhuma fantasia" de outro dramaturgo, Lauro César Muniz, amigo de D'Aversa, que não estava no jantar, mas foi chamado às pressas pelo ator

Altair Lima: "Lauro, estamos na casa do Jô Soares e o D'Aversa se trancou no banheiro da empregada e não há quem o faça sair. Como você é amigo, vem pra cá". Lauro foi. "O Jô morava numa vila na Brigadeiro Luís Antônio. Quando cheguei, do quintal já dava pra ouvir o D'Aversa trancado no banheirinho. Gritei: 'Sai daí'. 'Não, estou todo vomitado', ele respondeu. Depois de insistir, consegui que saísse. Altair Lima trouxe uma cadeira para o quintal e, com muito esforço, porque o D'Aversa era enorme, conseguimos colocá-lo sentado. Ruth Escobar já tinha ligado para o pronto-socorro cardiológico da Brigadeiro. O médico chegou e disse que ele não podia ficar sentado, era preciso deitá-lo. Levamos para dentro e o deitamos num tapete. Fiquei segurando a cabeça dele. 'Lauro, eu vou vomitar!' Eu falei: 'Vomita!'. 'Não vou vomitar no tapete, ele é muito bonito.' 'Vomita, vomita!' Altair pegou uma revista *Manchete* e disse: 'Vomita!'. E abriu a revista numa reportagem de página dupla sobre o filme do Glauber Rocha, *O dragão da maldade contra o santo guerreiro*. O D'Aversa olhou e disse: 'Esse filme é uma merda!'. Deu uma estrebuchada, virou o olho e apagou. O médico pulou em cima dele, dando socos no peito até ressuscitá-lo. Em seguida ele foi levado para a clínica, onde morreu."

A partir desse ponto, Plínio Marcos entra como personagem e narrador na história:

"Daí, as pessoas começaram a me procurar: 'O D'Aversa está querendo falar com você, ele está morrendo, ele é seu amigo'. Eu fui pra lá e o médico disse que ele estava me esperando, queria falar comigo. Aí eu entrei na sala. 'Vai devagar', disse o médico. Eu coloquei a orelha na boca do mestre e ele, ofegante, disse assim:

— Comi a japonesa!

Saí, e nesse meio tempo ele morreu. E todos queriam saber: quais foram as últimas palavras do mestre? Para os mais íntimos eu falei, mas não acreditaram:

— Pô, você não escutou direito. Ele não ia falar isso na hora da morte!

Mas era só o que ele podia falar, uma pessoa que amava a vida só podia falar isso. Claro, para as filhas dele eu não falei isso. 'O que papai falou?' 'Não escutei.' 'Porra, você não escuta, justo numa hora dessas? Ele deve ter falado uma coisa importante.' E eu pensava: mais importante que isso não existia:

— Comi a japonesa."

Essa história, como todas as outras que Plínio Marcos contava sobre o amigo, D'Aversa não ouviu para confirmar. Se ouvisse, certamente soltaria uma sonora gargalhada. E Cacilda se conformaria com mais uma molecagem do afilhado e protegido que a desafiou diante da classe teatral.

Cena XI

Com as peças proibidas, encontro com estudantes em sala de aula na década de 1970 *(Foto: Folhapress)*

"O corte numa peça implica quase em uma parceria. E eu nunca dei parceria pra nenhum censor."

"Acabo de rasgar *O abajur lilás*. Aos 36 anos de idade sou um cara que morreu para a dramaturgia nacional."

"Estão enganados se pensam que vão me cansar. Se eu me cansasse, sentiria uma profunda vergonha diante dos meus filhos."

Se na primeira fase da ditadura militar, instalada em 31 de março de 1964, havia alguma tolerância com a cultura, a partir de 13 de dezembro de 1968 as máscaras caíram. Nos cinco anos entre essas datas, o teatro e a música popular, para ficar em duas áreas atuantes e parceiras, viveram um invejável período de produção, criatividade e surgimento de talentos. Apesar da censura e da repressão, os embates eram possíveis. Foi nesse período que se projetou uma safra raríssima de músicos, atores, compositores, dramaturgos, cantores. A vitalidade dos palcos contagiava as plateias, fosse em espetáculos teatrais, fosse nos shows e festivais de música popular brasileira. A imprensa acolhia e ecoava essa agitação artística, embora a maioria se alinhasse com os golpistas de 1964 e fizesse apenas críticas pontuais ao novo regime; jornais identificados com a oposição, como *Última Hora* e *Correio da Manhã*, foram alvos imediatos de prisões, censuras, perseguições e empastelamento.

Ao destituir João Goulart, os militares colocaram na presidência da República o marechal Humberto de Alencar Castelo Branco, que assumiu em 4 de abril de 1964 com a promessa de realizar eleição e dar posse a um novo presidente, em 1966. Só promessa. Em 1965, os partidos políticos foram extintos e a eleição presidencial esquecida. Lideranças civis que apoiaram o golpe e eventuais candidatos como Carlos Lacerda, Juscelino Kubitschek e Ademar de Barros foram cassados e perderam seus direitos políticos, levando para a oposição alguns jornais. Eleito, melhor dizer referendado pelo Congresso, o general Artur da Costa e Silva assumiu a presidência em 15 de março de 1967. Se Castelo Branco, que morreu quatro meses depois em acidente aéreo, assumia ares de democrata e amigo dos artistas, seu sucessor estava mais afinado com os setores militares que pediam um recrudescimento da repressão. Eles constituíam a chamada "linha dura". Costa e Silva, sem a ambição intelectual de Castelo, entrega-se à influência dos duros, enquanto a sociedade civil, artistas e estudantes à frente, pede democracia e liberdade. Grupos de militantes, entretanto, recusam as vias institucionais, rompem com suas organizações, o Partido Comunista e a Ação Popular da esquerda católica, e partem para a luta armada contra o poder militar. Os eventos de 1967 e 1968 culminam na sexta-feira, 13 de dezembro. Costa e Silva reúne ministros e chefes militares para apresentar o Ato Institucional nº 5 — AI-5. Com um único voto contra, do vice-presidente Pedro Aleixo, o instrumento de força é aprovado e comunicado à nação. O poder, a partir de 1º de janeiro de 1969, concentra-se nas mãos e nas vontades do presidente da República, que, entre outras coisas, pode legislar como bem entender sobre qualquer tema. Ou seja, o Legislativo e o Judiciário tornam-se poderes de fachada, para homologar as determinações do Executivo. Enfim, e sem meias palavras, a ditadura se apresenta em sua forma acabada. Para silenciar a sociedade, a Censura, que antes se limitava aos espetáculos e à diversão pública, chega às redações e às gráficas de jornais e revistas. Algumas ganham a presença física de um leitor privilegiado, o censor, investido da prerrogativa de decidir o que pode ou não ser publicado. A maioria é dispensada dessa presença incômoda e ostensiva, desde que acate as determinações prévias de como, e se, certas notícias devem ser tratadas e levadas ao leitor.

A INGENUIDADE DE CONFIAR EM CENSOR Muitos, porém, no primeiro momento não se deram conta de que as regras tinham mudado, para valer e para pior, em 1969. O tempo se encarregou de pôr fim às ilusões. Plínio Marcos foi dos primeiros a sentir que a conversa era outra. Como não se entregava, nem se encolhia, saiu a campo para liberar e encenar *Barrela*, sua primeira peça, proibida desde 1959. Ele contou:

— Em Brasília, conversando com um figurão da Censura Federal, ele me disse que o caso *Barrela* poderia ser revisto, desde que houvesse possibilidade de ele assistir a um ensaio. Acreditei. Santa ingenuidade! O [ator] Ginaldo de Souza, testemunha dessa conversa, também acreditou, mas não tinha condições de produzir a peça na ocasião. Vim pra São Paulo, contei a conversa para uns amigos, que resolveram produzir a peça. Convidaram o nosso querido Alberto D'Aversa pra dirigir. E em junho de 69, com a peça prontinha, procuramos o figurão da Censura pra assistir ao ensaio. E o homem simplesmente negou tudo, negou ter prometido alguma coisa a mim. A peça continuou proibida. E todos nós sofremos.

O escritor Pedro Bandeira e o advogado José Roberto Fanganiello Melhem, amigos dos tempos de Santos, apostaram na promessa que Plínio trouxe de Brasília e bancaram a produção de *Barrela*, com um numeroso elenco encabeçado por João José Pompeo, Jonas Mello e Antonio Petrin. "Nossos primeiros ensaios foram no escritório do Melhem, na rua Martinho Prado. D'Aversa já estava mal de saúde e tossia muito. Seria o meu primeiro trabalho com ele, então imagina a frustração", conta Petrin, que só pôde fazer a peça trinta anos depois, no Teatro Eugênio Kusnet (ex-Arena), dirigido por Sérgio Ferrara, meses antes da morte de Plínio.

No final de maio de 1969, com dois meses de ensaios, o espetáculo estava pronto, "precisando estrear para não apodrecer", lembra Pedro Bandeira usando jargão do teatro. Ele e Melhem acompanharam Plínio no encontro com o tal figurão, para cobrar a promessa de liberar a peça. Depois de interminável chá de cadeira, o homem apareceu e negou tudo, que sequer tinha conversado com Plínio sobre o assunto. "Vocês são loucos de acreditar nesse cara", atirou na dupla de produtores, virou as costas e saiu. Produção desfeita, elenco pago, D'Aversa morto dias depois, Plínio continuou escrevendo. Terminou duas peças novas. *Oração para um pé de chinelo*, que, antes de se iludir com a liberação de *Barrela*, ele anunciou em fevereiro que seria dirigida por D'Aversa com Juca de Oliveira e João José Pompeo, denunciava o Esquadrão da Morte formado por policiais que barbarizavam na periferia de São Paulo.

— Eu sei que é perigoso mexer com os poderosos. Tenho medo. Mas me sentiria muito pior se me calasse — Plínio declarou à revista *Veja*.

A outra peça, *O abajur lilás*, interessou ao casal Paulo Goulart e Nicette Bruno, que promoveu uma primeira leitura em sua casa, com a presença de Plínio, Walderez de Barros, João José Pompeo, Ruthneia de Moraes e Antonio Abujamra. Antes, porém, que a produção e os ensaios avançassem, alguém fez chegar a informação de que o texto não seria liberado pela Censura. De fato, no início do ano seguinte, *O abajur lilás* foi proibido oficialmente em todo o país. O mesmo valia para *Oração para um pé de chinelo*. Em 1972, foi a vez de *Navalha na carne* ser expulsa dos palcos. O autor tentou resistir. Em vão. Declarou na época:

— A medida da Censura me desorientou. Como posso aceitá-la se a peça ficou tanto tempo em cartaz e o filme continua a ser exibido tranquilamente? Se *Navalha na carne* não for liberada, não escrevo mais para teatro. Acabo de rasgar *O abajur lilás* e *Oração para um pé de chinelo*. Aos 36 anos de idade sou um cara que morreu para a dramaturgia nacional.

Aparentemente, *O abajur lilás* se assemelhava a *Navalha na carne*, ao retomar a prostituição como tema. Neusa Sueli multiplicada por três, Dilma, Leninha e Célia, sob o domínio de Giro, dono do pardieiro, uma boneca em fim de carreira, que usa o capanga Osvaldo para torturar as mulheres e assim descobrir quem quebrou o seu abajur novo e lilás, em um jogo de violência sem as alternâncias de *Navalha*. Portanto, a semelhança, se houvesse, terminava aí. A peça era mesmo uma escarrada metáfora sobre o poder e as relações entre quem manda e quem é forçado a obedecer. O poderoso pode ser paternal ou truculento, a depender de como as pessoas respondem às suas vontades. Se essas pistas levam a imaginar uma parábola sobre o AI-5, não há por que se surpreender. E se os censores, muitas vezes rotulados de tolos e imbecis, perceberam o que o autor dizia nos desvãos de uma história de submundo, isto é pouco provável, a julgar pelos argumentos usados para a proibição. Ao mirar a moral e os bons costumes, sem querer eles passaram batido na denúncia política, que se lia por trás da narrativa de Plínio Marcos. A perversidade da Censura foi calar o grito no momento da indignação. Passado esse momento, o grito perdeu a significação histórica. Não perdeu, porém, a força da metáfora e da poesia presentes, e ainda vigorosas, em *O abajur lilás*, mesmo que os tempos e os caudilhos sejam outros. Aparentemente.

A SAGA DE O *ABAJUR LILÁS* Prova de que, a partir de 1969 e do AI-5, a ditadura despiu-se de vestígios de tolerância com a cultura e, na sociedade, o poder de resistência e de desobediência civil se enfraqueceu: as manifestações pela liberação de *O abajur lilás* em 1970 não tiveram a contundência e os resultados da luta por *Navalha na carne* três anos antes. Dessa vez Plínio Marcos estava sozinho, com o apoio de alguns solitários e solidários parceiros. Seria preciso vencer um período de medo até que a sociedade começasse a romper o silêncio no final de 1975, após o assassinato do jornalista Vladimir Herzog nos porões da ditadura. Mas, antes desse crime, Plínio voltou a questionar e a incomodar o governo do quarto general-presidente, Ernesto Geisel.

A saga de *O abajur lilás* seria retomada em março de 1975, com novo protocolo na Censura e o pedido de liberação. O censor ou, para usar um eufemismo da época, o "técnico de censura" José Antônio Costa, encarregado do parecer final, sugeriu que o texto fosse liberado "com impropriedade máxima", o que significava "para maiores de 21 anos", como ocorreu com *Navalha*. Impôs uma condição — "se o autor reduzir alguns palavrões" — e recomendou que o texto fosse reescrito "sem o linguajar pornográfico", mesmo admitindo que, "dentro do contexto, não se pode querer que os personagens falem outra linguagem". Traduzindo: o "técnico" posou de mocinho sem deixar o papel de vilão. Plínio achou graça. Cortar uma palavra aqui, outra ali, tudo bem. Agora, dar parceria a censor, jamais. Ele se lembrou da batalha por *Navalha na carne*, quando o chefe de gabinete do então ministro da Justiça, embaixador Hélio Scarabotolo, que negociava a liberação da peça, o chamou para dizer:

— Olha, nós temos que dar uns cortezinhos aí na peça.

— Não, não aceito cortes. Depois dessa luta toda, se vocês quiserem, liberem; senão, deixa proibida e eu continuo a luta.

O embaixador disse que Plínio estava sendo marrudo, intransigente. Pensou um pouco e refez a proposta:

— Então, o seguinte. Eu contei vinte vezes a palavra "porra". A gente corta dez e deixa dez.

Negócio fechado. Nas circunstâncias, cortar palavras dava pra engolir. Cortar cenas mutila a obra e o pensamento do autor. Uma teoria de Plínio:

— Se você cortar um texto de Shakespeare com determinada visão, você é capaz de transformar o Shakespeare num nazista. Então, não se pode permitir. É diferente você deixar que um grande diretor faça cortes artísticos que ele ache necessários no texto. Veja bem, o corte feito numa peça implica quase em uma parceria. E eu nunca dei parceria pra nenhum censor.

No início de 1975, o general Emílio Garrastazu Médici, sucessor de Costa e Silva, passou a presidência da República ao general Ernesto Geisel, que acenou ao país com uma "distensão política lenta e gradual". A ditadura, que sob Médici tivera sua fase do "Brasil, ame-o ou deixe-o" e do "milagre brasileiro" operado pelo economista Antonio Delfim Netto, entraria em um novo período, sem abrir mão de seus instrumentos de força, baseados no AI-5 e na Lei de Segurança Nacional, na qual eram enquadrados todos os inimigos do governo. As eleições do ano anterior deram expressiva vitória ao MDB — Movimento Democrático Brasileiro, partido da oposição consentida, sobre a Aliança Renovadora Nacional, a Arena, e os fiéis servidores do governo militar. Lá fora a crise do petróleo indicava alterações profundas na economia mundial, fazendo esboroar o "milagre brasileiro". Aqui dentro os eleitores deram nas urnas o recado direto da insatisfação da sociedade civil que, enfim, começou a sentir na pele as consequências da falta de liberdade. Portanto, as novas diretrizes do governo Geisel eram uma adequação do Estado totalitário às sinalizações que recebia.

UM MINISTRO DA JUSTIÇA CONTRA PLÍNIO Plínio Marcos formava entre os que não se deixavam seduzir pela luz no fim do túnel, anunciada pelo novo general-presidente. A luz podia ser a de uma locomotiva em alta velocidade viajando em nossa direção, ele suspeitava. Com base no parecer do "técnico de censura" e dando umas imperceptíveis mexidas no texto, quase uma simples revisão sem alterar a narrativa, Plínio voltou a apostar fichas na montagem de *O abajur lilás* e testar a "distensão" política prometida em 1975, tendo como padrinho Samuel Wainer, então diretor do jornal *Última Hora*.

— Uma noite, entrei no Gigetto e o Samuel me apresentou o Américo Marques da Costa, que viria a ser uma das pessoas mais lúcidas e mais amigas que conheci. Ele queria botar grana numa peça minha. Meti a mão na sacola e tirei de lá *O abajur lilás*.

O empresário Américo Marques da Costa fechou naquela mesma noite com Plínio a montagem da peça, cuja encenação estava autorizada, sob condições, pelo "técnico de censura". A única etapa a vencer seria mostrar o espetáculo à Censura para obter a autorização para entrar em cartaz. Sob a direção de Antonio Abujamra, os atores Lima Duarte, Walderez de Barros, Cacilda Lanuza, Ariclê Perez e Osmar Di Pieri ensaiavam no cenário criado por Flávio Phebo, enquanto a produção fazia a sua parte, alugando o Teatro Aliança Francesa e cuidando de tudo para a estreia em 16 de maio de 1975.

Aconteceu que, contrariando o parecer do "técnico de censura", o ministro da Justiça, Armando Falcão, chamou para si a decisão sobre

O *abajur lilás*. Tirou cópias da peça e distribuiu entre as autoridades de Brasília para que todos vissem a que ponto chegava a degradação moral e dos costumes. O tiro quase saiu pela culatra. As opiniões se dividiram. Não faltou até quem achasse a peça moralista, com uma mensagem positiva. Mas proibir *O abajur lilás* virou ponto de honra para Falcão. No ensaio geral para a Censura, na quarta-feira, antevéspera da estreia, as duas censoras escaladas entraram mudas e saíram caladas rumo ao Departamento de Censura da Polícia Federal, onde deram razão ao ministro, proibindo o espetáculo. Tempo e dinheiro jogados fora: *O abajur lilás* não podia estrear.

No sábado, 17 de maio, a *Folha de S.Paulo* informava que "quase todas as casas de espetáculos teatrais estiveram fechadas na noite de anteontem, em solidariedade a Plínio Marcos". Na quinta-feira, a classe se mobilizou. A Apetesp — Associação dos Produtores Teatrais do Estado de São Paulo redigiu um manifesto ao público para lembrar "o quanto se exige de esforço e de recursos financeiros aplicados na produção de um espetáculo teatral. No caso específico da peça de Plínio Marcos, além de um autor importante ser impedido de se expressar, tal proibição também coloca repentinamente no desemprego nossos colegas que estavam envolvidos nesse projeto, já que estava tudo pronto para ser estreado. Assim, em solidariedade a eles, resolvemos não apresentar nosso espetáculo hoje à noite". Depois da leitura do manifesto, devolveu-se ao público o dinheiro dos ingressos.

Na tarde de sexta-feira, em entrevista coletiva no Aliança Francesa, Plínio historiou os seus esforços em Brasília:

— Quando fomos ao Ministério da Justiça, o ministro Falcão não nos recebeu e sim seu preposto, que não poderia fazer nada. Houve de nossa parte grande vontade de dialogar. No Amazonas, em recente encontro, o presidente da República Ernesto Geisel mostrou-se muito interessado pelo teatro.

Plínio informou ainda ter buscado apoio do ministro da Educação e Cultura, conhecido como amigo da classe teatral desde os seus tempos de governador do Paraná:

— O ministro Nei Braga também visita teatros, mas não pode influir no teatro brasileiro, só a polícia e o ministro da Justiça.

Na entrevista, o produtor Américo Marques da Costa lamentou ter perdido com a proibição de *O abajur lilás* 150 mil cruzeiros, um dinheirão, "mas a grande perda para a cultura brasileira, essa não se pode repor". E antes que o ator Paulo Goulart lesse o manifesto que nas semanas seguintes abriria todos os espetáculos em São Paulo e Rio, Lima Duarte discursou:

— Profissionalmente, é lamentável, e tudo o que eu falar já foi dito. Tenho apenas fatos de ordem pessoal que estão ligados a essa proibição. Eu tinha quatro meses de licença na Rede Globo. Nesses quatro meses pretendia fazer teatro e recebi vários convites, mas o que mais me apaixonou, pela qualidade, foi *O abajur lilás* de Plínio Marcos. Aceitei, mas agora volto para as novelas. Eu tento fazer teatro e queria fazer uma peça que fosse definitiva para a dramaturgia brasileira. Infelizmente, não vamos poder mostrar esse trabalho.

Para amenizar os prejuízos do produtor Américo Marques da Costa, que havia alugado o Teatro Aliança Francesa, Antonio Abujamra dirigiu às pressas *Bye bye Pororoca*, uma comédia debochada de Timochenko Wehbi, jovem autor paulista, com Cacilda Lanuza, Walderez de Barros e Clarisse Abujamra. A partir desse espetáculo, Clarisse se aproximou de Plínio e participaria, ao lado de Antonio Fagundes com quem era casada, na produção de *O abajur lilás* em 1980, quando enfim a peça foi liberada.

A DERROTA COM UM VOTO DE QUALIDADE Plínio Marcos não se deu por vencido. Resolveu medir forças com o ministro da Justiça, famoso por responder a tudo com um lacônico "nada a declarar". Nada a declarar à imprensa, nem a ninguém. Plínio o desafiou a falar. Na Justiça.

Pediu os serviços dos amigos advogados Iberê Bandeira de Mello, Pedro Paulo Negrini e Marco Antonio Nahum, que escreveram um texto muito bem fundamentado juridicamente, técnico. Plínio leu. Não gostou. Queria algo arrebatador, uma defesa mais política e menos jurídica. Os advogados assinaram o mandado de segurança encaminhado ao Tribunal Federal de Recursos (equivalente ao Supremo Tribunal Federal), em que, denunciando abuso de poder, o reclamante, Plínio, colocava Armando Falcão contra a parede. Ele pedia que o ministro demonstrasse em que ou por que O *abajur lilás* "exterioriza matéria contrária à moral e aos bons costumes", como foi dito em seu despacho proibitório. Dizia o mandado, em tom acusador: "Toda decisão, especialmente a de ordem administrativa, deve ser fundamentada. Ao impedir a encenação da peça O *abajur lilás*, sem a devida justificação, ofende S. Exa. esse princípio constitucional inscrito nos direitos e garantias individuais do autor".

Em entrevistas à imprensa, Plínio Marcos fazia a sua parte, divulgando o recurso apresentado por Iberê, Negrini e Nahum:

— Não posso dizer que motivos levaram o ministro Armando Falcão e a Censura, antes dele, a dizer que a peça era imoral e atentava contra os bons costumes. Nada foi explicado além disso. O que eu posso dizer é que minha peça não pretendia pregar nem a prostituição, nem a exploração do homem pelo homem. O que ela pretendia era moralizar os costumes. Pretendia dizer pelo menos isto: que, sem liberdade de expressão, é praticamente impossível defender na total plenitude os direitos humanos. Ou eu não soube escrever ou não me souberam entender.

O autor supunha, então, que o ministro se chocara com os palavrões e se defendia argumentando que a história acontecia numa "casa de tolerância", um eufemismo para puteiro, e, portanto, ele só poderia usar aquela linguagem. "Se fosse passada em um convento, a coisa mudaria de figura", ironizou, lembrando já ter sido processado e defendido pelo mesmo trio de advogados "quando fiz gestos considerados obscenos, mas não por palavrões". Concluía se apresentando:

— Eu sou pai de filhos e não sou nenhum imoral. Ao contrário. Agora, eu uso a linguagem do meu povo, que é cheia de palavrões, sim. Eu não sou de fazer cerimônia, sou um autor que saiu do seio do povo.

Dias antes do julgamento do mandado de segurança, Plínio e Iberê chegaram a Brasília para entregar a sua defesa a cada um dos dezessete juízes, pessoalmente. Na quinta-feira, 30 de outubro de 1975, o autor, de paletó e gravata, sentou-se ao lado do advogado, que fez a sustentação oral da defesa. Em seguida os juízes declararam seus votos, mantendo a proibição da peça *O abajur lilás*. A maioria alegou que, se acatasse o mandado, o Tribunal estaria abrindo um precedente perigoso, ao desautorizar o ministro da Justiça. O único voto a favor foi proferido por um juiz de São Paulo, Jarbas Nobre, lembra Iberê: "O juiz começou revelando ter assistido, acompanhado de suas filhas, a um dos ensaios abertos, ao qual compareceu sem se identificar. E o que viu foi um espetáculo com uma denúncia fundamentada na realidade, um anátema à violência e a favor da libertação das mulheres e dos oprimidos. Foi um voto belíssimo, que correu o mundo".

De fato, o *Estado de S. Paulo* noticiou no dia seguinte que Jarbas Nobre afirmou não ter ficado escandalizado com a peça. E assinou embaixo dos argumentos de Plínio: "A concepção de moral e imoral depende da formação cultural de cada um. E como a peça se passa num bordel, não poderia ter outro tipo de palavreado senão o que o autor empregou". Foi além. Considerou a peça sadia e que o seu conteúdo não assustava os jovens: "Ao contrário, os jovens, tão carentes de fé, ao verem a peça de Plínio Marcos irão em busca de Deus. Por isso, entendo que *O abajur lilás* não atenta contra a moral e os bons costumes. Ademais, vai ao teatro quem quer e pode, pois custa caro".

Terminada a sessão, Iberê disse à imprensa que a decisão do Tribunal de manter o despacho do ministro Armando Falcão "joga por terra o direito ao trabalho e de livre expressão do pensamento, ambos garantidos pela Constituição". Prometeu apresentar novo recurso, por acreditar que "na Justiça é que têm que se dar as decisões dos problemas brasileiros". Quando os jornalistas se afastaram, sozinho com Plínio, ele comentou com pesar:

— Você se fodeu.

— Não, Iberê. Nós ganhamos. Ganhamos o único voto de qualidade.

Na estreia de O *abajur lilás* em 1980, o juiz Jarbas Nobre lá estava como convidado. No final, Walderez de Barros contou o episódio e lhe fez um agradecimento público. Apesar dos aplausos, ele permaneceu sentado e não se identificou. Ao seu lado, o médico Julio Abramczyk estranhou. Na saída cobrou do amigo:

— Por que você não se levantou e agradeceu a homenagem?

— Como juiz, eu não fiz mais que a minha obrigação.

O *ABAJUR* PROIBIDO TAMBÉM EM LIVRO Haveria ainda um terceiro *round* nessa batalha iniciada em 1970 e retomada em 1975. Derrotado no segundo *round* ao ser proibido de colocar a peça no palco em 1975, Plínio apelou para o livro, área menos visada pela Censura, que talvez apostasse no estigma de que este é um povo que não lê. A primeira edição de O *abajur lilás* saiu pela Editora Brasiliense. A segunda, pela Global, que, ao imprimir nova tiragem com cinco mil exemplares, metade dos quais já vendida, foi visitada pela Polícia Federal com ordem de apreensão, na manhã de 20 de julho de 1978. Plínio Marcos era duro na queda. A ditadura também, embora fizesse repetidas juras de promover a "abertura política", com o fim das leis de exceção e a volta do Estado de Direito, devolvendo à nação a prerrogativa de decidir sobre o seu destino.

Mas se Plínio já havia editado tantos livros sem nenhum problema, por que apreender justamente O *abajur lilás*?

— Como este livro, ao contrário dos outros, é muito grosso, sessenta páginas, eles levaram todo esse tempo para ler e decidir sobre a apreensão — ele ironizou, antes de dar uma explicação que lhe parecia mais razoável:

— Por motivos de força maior, sou colocado para fora de todos os empregos que já tive; então, passei a falar que estava vivendo dos meus livros. Pode ser que por esse motivo é que resolveram proibir O *abajur lilás*.

Jogado contra as cordas no terceiro *round* do embate provocado pela peça, Plínio evitou colocar-se no papel de vítima. Aos que, com carradas de razão, diziam tratar-se, a apreensão do livro, de uma perseguição pessoal, ele ampliava a discussão, lembrando que antes disso Rubem Fonseca e outros também tiveram livros apreendidos:

— Penso que, com essas apreensões, eles pretendem mostrar que não é fácil resistir. Estão redondamente enganados se acham que assim vão acabar me cansando. Eu vou continuar. Se me sentisse cansado, sentiria uma profunda vergonha diante do meu público, da minha família, dos meus filhotes, sobretudo diante de alguns gigantes da luta pela liberdade de expressão e pelos direitos humanos no Brasil, como dom Paulo Evaristo Arns, Hélio Bicudo, Florestan Fernandes e tantos outros.

E investia contra as promessas liberalizantes da ditadura:

— Não houve abertura nenhuma, permanece tudo aí, o AI-5, o 477 [decreto que proibia a organização estudantil] e a censura que ficou até mais feroz. Não sou ingênuo de acreditar em promessa de ditadores. Sou daqueles que acham que, quando um ditador fizer alguma coisa generosa para o povo, assim mesmo estará fazendo um mal, porque impediu que o povo conquistasse isso por luta. Mas eles são muito inteligentes. Acabaram com a censura prévia a três jornais [*Movimento*, *Tribuna da Imprensa* e *O São Paulo*] que têm uma tiragem bastante reduzida. Com isso criaram um clima de fim de censura e de certa liberalização. Enquanto isso, eles caem em cima do pessoal de teatro e dos escritores, que não fazem muito estardalhaço com as proibições.

Plínio defendia, então, a única forma de se contrapor a esse estado de coisas: a mobilização geral dos intelectuais:

— Temos de formar uma opinião pública para mostrar que o obscurantismo que envolve nossa nação é da responsabilidade absoluta do governo que está aí e que necessita de uma censura rígida, pois não pode suportar que seus artistas e escritores retratem a realidade.

A LIBERAÇÃO CHEGA COM A ABERTURA Exatos dez anos depois de proibida, *O abajur lilás* foi liberada para maiores de dezoito anos, junto com *Barrela*, em abril de 1980. O país vivia sob o tacão do seu quinto general-presidente, João Batista Figueiredo, que, fiel ao estilo da caserna e à promessa do antecessor que o ungiu na presidência, dizia que iria "prender e arrebentar" quem se opusesse ao seu projeto de levar adiante a Abertura, que restabeleceria as liberdades civis e públicas. O mesmo velho e aterrador discurso da violência vinha agora assegurar a paz. Nesse quadro de paradoxos, criou-se um Conselho Superior de Censura. Se é de censura não pode ser superior, ironizou Millôr Fernandes. Foi esse Conselho, formado por juristas ilustres e representantes da sociedade civil, que abriu as gavetas e liberou as obras proibidas.

Um dos conselheiros, Geraldo Sobral, recordou a tenaz perseguição ao autor desencadeada pelo ministro Armando Falcão — a quem chamou de "famigerado doutor Falcus" — e lamentou o "incalculável prejuízo à dramaturgia brasileira pela censura a Plínio Marcos, criador de uma linguagem teatral autenticamente brasileira". Ao conselheiro Daniel Rocha, dos quadros da Sociedade Brasileira de Autores Teatrais, coube relatar o caso das duas peças. O parecer da SBAT, aprovado por unanimidade, pedia a liberação dos textos sem cortes, ficando a exibição ao público do espetáculo na dependência do ensaio geral para a Censura, que, se vetado, poderia ser revisto pelo Conselho: "Não há mais assuntos proibidos, nem recantos de acesso interdito ao conhecimento do ser humano. Ao trazer à tona as grandes mazelas da sociedade, o teatro realiza sua precípua função educativa".

Em seu parecer, Daniel Rocha desdenhou quem usava os palavrões como argumento de proibição; considerou O *abajur lilás* uma peça "construtiva, de fundo moral, embora o autor se enquadre entre os veristas, levando à cena a verdade na sua integral crueza"; sublinhou o respeito pela mulher, "por mais decadente que seja", e arrematou: "Ele [Plínio Marcos] expõe, não julga, nem condena".

Entretanto, quando O *abajur lilás* foi liberada, o estrago da Censura estava feito. Tirada do momento histórico em que o autor a escreveu, a peça perdeu o impacto de denúncia contra a ditadura e a tortura a presos políticos, prática de rotina nos porões da repressão. Ainda assim era urgente e necessário que ela cumprisse o seu destino, o palco. O ator Antonio Fagundes bancou a produção. Fauzi Arap, convidado para dirigir o espetáculo, recusou no primeiro momento, pois estava de viagem marcada ao exterior. Voltou e, como outro diretor ainda não fora escolhido, assumiu o trabalho.

Fauzi encontrou a produção a caminho, com Tawfik e Gilberto Vigna cuidando de figurinos e cenário, e o elenco pronto, com Walderez de Barros, Annamaria Dias, Cláudia Mello, Zecarlos Andrade e José Fernandes. Havia a satisfação de voltar a trabalhar com Walderez, que participara no ano anterior de *Mocinhos e bandidos*, peça escrita e dirigida por ele, mas havia também certo desconforto.

DE DENÚNCIA A LEMBRANÇA AMARGA "Eu tinha lido *O abajur lilás* dez anos antes e achara uma obra-prima", diz Fauzi. "Quando peguei a peça para dirigir em 1980, a impressão de genialidade tinha passado e não tive a coragem de dar uma mexida no texto. Ainda assim, dirigi o melhor que pude. Procurei trabalhar a ambiguidade, tirando a alegoria política. Com pouco tempo, os ensaios foram muito corridos. Se ao dirigir *Navalha na carne* tudo deu certo, *O abajur* foi uma coisa sofrida."

Fauzi Arap tentou aliviar, "o mais que pude", as cenas de violência para sair da metáfora política. Um dos momentos mais fortes da peça, quando Osvaldo, capanga de Giro, prende o bico do seio da prostituta com um alicate e o torce, remetia à tortura de presos políticos e, sem essa referência, "era uma violência desproporcional naquele ambiente de prostitutas". Pensando assim, o diretor procurou estilizar a violência. Em vão. Fauzi lembra que em um ensaio aberto para convidados no Teatro Aliança Francesa estavam alguns ex-presos políticos e, nessa cena, uma mulher reagiu dolorosamente, aos gritos:

— Plínio, eu quero esquecer essas coisas!

O que em 1970 era denúncia vigorosa, em julho de 1980 teria se transformado apenas em lembrança amarga. Não foi bem assim. *O abajur lilás* continuava sendo "um contundente veredicto contra o poder ilegítimo", sugeria o título da crítica de Sábato Magaldi em *O Estado de S. Paulo*. No mesmo jornal, outro crítico, Clóvis Garcia, via na peça "as relações entre explorador e explorado", que ajudam a revelar "a condição humana, que se corrompe sempre que assume o poder sem restrições", ao mesmo tempo que expõe as várias reações ao arbítrio. Para Sábato, "de todas as peças que analisaram a situação brasileira pós-1964, [esta] se distingue certamente como a mais incisiva, dura e violenta. Plínio Marcos fundiu nela, mais do que em outras obras-primas, *Navalha na carne* e *Dois perdidos numa noite suja*, talento e ira. A estrutura do Poder ilegítimo está desmontada, para revelar, com meridiana clareza, seu ríctus sinistro". Ao observar que "a produção de Antonio Fagundes e Clarisse Abujamra recebeu os maiores cuidados", Sábato Magaldi reservou referência superlativa ao "perfeito acabamento profissional" do espetáculo: "Ritmo, energia, verdade interior valorizam permanentemente a encenação, uma das mais felizes assinadas por Fauzi Arap".

Elogios iguais repetiu Alberto Guzik, na revista *Isto É*, ao definir a peça como "momento de plena maturidade de Plínio Marcos", da qual emana "um canto de piedade e amor pelos deserdados, marginalizados, espezinhados". E "o espetáculo dirigido por Fauzi Arap e muito bem produzido pelo dinâmico Antonio Fagundes é ágil, fluente e adequadamente opressivo". Na *Folha de S.Paulo*, Cláudio Pucci classificou o espetáculo de Fauzi como "um latejante desespero de 'bichos' acuados, ao som de boleros e chorinhos". Para ele a peça não é, apenas, "a alegoria da situação política brasileira do fim dos anos 60 sob a escalada da repressão", mas "uma reflexão sobre o ser humano, seus limites, paixões, fracassos, esperanças". Sobrevivente de três períodos distintos da luta contra o obscurantismo e contra três generais-presidentes, ao chegar ao palco, *O abajur lilás* escreveu o capítulo final de uma história de resistência. Talvez a mais longa e atribulada cumprida por uma peça brasileira. Como sintetizou Ilka Marinho Zanotto, presidente da Associação Paulista de Críticos de Arte à época da segunda proibição, em 1975, "as circunstâncias fizeram de *O abajur lilás* mais do que uma simples peça, uma bandeira".

Cena XII

Último Carnaval na Banda Redonda, com Tiago Artaxo, Paulo Goulart, Carlão Costa em fevereiro de 1999
(Foto: Cláudio Lira/ Arquivo Carlão Costa)

"Preservar a arte popular é garantir trabalho aos nossos artistas contra a importação cultural."

"Para quem acredita que o sambista possa ser substituído por lantejoulas e panos brilhantes, o Carnaval foi um sucesso."

"A estreia dos Pagodeiros foi ameaçada. O público cantou junto e cantou melhor. Em compensação, bebemos mais do que ele."

Com a proibição de *O abajur lilás*, em 1970, Plínio não puxou o carro, nem tirou o time de campo. Retomou um texto iniciado em 1968 após sugestão de Alfredo Mesquita, que lhe pediu que escrevesse um trecho de *Hamlet* em gíria para ser utilizado como exercício dos alunos da Escola de Arte Dramática. Plínio não concluiu a encomenda do dr. Alfredo, mas, ao se debruçar sobre Shakespeare, parou em *Romeu e Julieta*. Misturou com as histórias da Barra do Catimbó e das Quebradas do Mundaréu, publicadas no jornal *Última Hora*, e assim nasceu *Balbina de Iansã*, um mergulho na religiosidade popular. Ele não inventou nada. Pegou o velho tema de amor e o colocou no universo do candomblé, para decifrar os misteriosos e escabrosos caminhos do homem neste mundo do bom Deus. Se Shakespeare se valia do romance do desafortunado casal para desnudar a intolerância das disputas familiares, Plínio questionou a fé manipulada que leva não à libertação do indivíduo e sim à sua submissão. Julieta virou Balbina e Romeu, João. O seu amor, contrariado pelas conveniências materiais do candomblé, leva o casal a romper "com a mãe de santo, com a religião, com Deus e com tudo", segundo Plínio disse a *Veja* em setembro de 1968, acrescentando:

— A linguagem é a minha de sempre, rápida e rasteira.

Proibidas *O abajur lilás* e *Oração para um pé de chinelo*, ele concluiu a terceira parte de *Balbina de Iansã* e a enviou à Censura. Essa não dava para proibir. Como observou Jefferson Del Rios em crítica na *Folha*, "sem usar uma única vez um palavrão contundente, motivo de tantas discussões a respeito de suas peças, [Plínio] criou uma estória brasileira e popular e a transportou para o palco em um espetáculo belo e vigoroso embora com defeitos".

O autor pôs a mão no próprio bolso para pagar a produção e assumiu a direção do espetáculo. Convidou Juca de Oliveira para formar com Walderez de Barros o par central da história. Juca não pôde aceitar, ele convocou Roberto Rocco. Deu a Wanda Kosmos o papel da temível mãe de santo e reuniu um elenco numeroso, com especial destaque para seus amigos do samba. O espetáculo era o que na época, e depois, se poderia chamar de uma superprodução, tantos os recursos e as pessoas envolvidas.

Regina Helena de Paiva Ramos, crítica de *A Gazeta*, amiga do folclorista Rossini Tavares de Lima, renomado estudioso da cultura popular, foi das primeiras a saudar a nova peça de Plínio Marcos, que o autor empunhava como uma bandeira: "Chega de cultura importada". Ela, que participara da campanha pela liberação de *Navalha na carne*, agora apostava em *Balbina de Iansã*. Para ajudar a divulgá-la e promover a estreia, entrevistou o professor Rossini, que destacou a importância de um autor como Plínio se voltar para temas da nossa cultura popular. Quando a entrevista saiu, Plínio ligou para a repórter e agradeceu. Regina Helena, entretanto, ficou preocupada ao entrevistá-lo.

— Você fez pesquisas?

— Não estou interessado em pesquisa folclórica, estou interessado na preservação da arte popular brasileira.

FESTA PARA RECEBER *BALBINA DE IANSÃ* A estreia de *Balbina de Iansã* na quinta-feira, 8 de janeiro de 1971, à meia-noite, foi uma festa. "Há muitos anos não se via uma estreia assim", escreveu Roberto Freire. "A rua Albuquerque Lins, onde fica o Teatro São Pedro, estava cheia de gente, guardas proibiam até a entrada de carros no quarteirão. Na porta do teatro, num palanque, instrumentistas; e na rua, desfilando, uma escola de samba. O povo dançava e cantava, enquanto artistas famosos de teatro, cinema, televisão e música popular se acotovelavam na bilheteria para conseguir ingressos. Dentro, teatro já lotado, grande expectativa. Artistas, intelectuais e povo estavam ali para assistir ao espetáculo, mas, sobretudo, para prestigiar o melhor autor brasileiro contemporâneo e a pessoa humana inédita e querida (apesar da agressividade, do primitivismo, da coragem dura e quente), o amigo Plínio Marcos."

Porém, nem a declarada amizade impediu Roberto Freire de reconhecer que "os artistas lá presentes devem estar decepcionados" e "o que restou do espetáculo, apesar da apoteose final, deve ter decepcionado muita gente que se ocupa de estreia tradicional ou de vanguarda em teatro, bem como os folcloristas ou especializados em religiões de origem africana". Freire parecia intuir o que viria pela frente. Pediu "a toda essa gente, em nome do público comum que estava no teatro, que esqueça um pouco sua erudição e sensibilidade, estruturadas na tradição e no estrangeiro". Pediu que se visse, em *Balbina*, "a mais linda explosão de criatividade e comunicação de gente pura e simples, ocorrida fora dos carnavais, fora das favelas, fora dos clubes de bairro, fora das ruas em dias de festa".

É possível que Sábato Magaldi não tenha lido os apelos de Roberto Freire, mas seguiu a mesma linha de análise. Na semana seguinte à estreia, a sua crítica n'*O Estado de S. Paulo* começava pedindo atenção ao que acontecia nos palcos da cidade para avaliar *Balbina de Iansã*: "Atingimos um nível internacional em espetáculos como *O arquiteto e o imperador da Assíria*. Participamos da vanguarda europeia e norte-americana com as experiências do Oficina. *Cemitério de automóveis* reproduziu o lançamento parisiense. *O balcão* é modelo para a próxima montagem da Broadway. Em meio a esse ambiente de elite, sofisticado e alheio a raízes nacionais, Plínio Marcos tenta impor a sua voz brasileira, modulada numa linguagem autenticamente popular. *Balbina* representa uma posição radical, que vale como um manifesto". Sábato faz restrições à estrutura do texto e à direção do espetáculo, assinada pelo autor, recomenda "maior apuro artístico", mas termina considerando *Balbina* "uma promessa importante de Plínio Marcos na tentativa de realizar um teatro popular brasileiro".

FAJUTAGEM VIRA TEMA DE POLÊMICA A crítica Regina Helena não ouviu Roberto Freire e, ao ver o espetáculo, foi ao ataque. "Não nos parece possível preservar a arte popular brasileira sem pesquisas", escreveu em *A Gazeta*. O título da crítica já indicava a que vinha: "Balbina fajutou cultura popular". Depois de afirmar que *Balbina de Iansã* "como teatro é o texto mais fraco de Plínio Marcos", ela o acusou de ser "um amontoado de desinformações a respeito de um dos mais fortes, mais sérios, mais arraigados temas da nossa cultura popular: o candomblé". Contestou a obra a partir do seu anúncio dirigido "ao povo da umbanda", estabelecendo a confusão, que segundo Regina estaria em cena, entre candomblé, macumba e roda de samba.

Depois de se estender longamente nessas questões, a crítica reserva elogios às atrizes Maria Helena Velasco, Malu Rocha e Walderez de Barros e termina batendo duro: "A mensagem que Plínio Marcos nos passou foi esta: tudo é fajutagem, tudo é superstição, tudo é bobagem. Candomblé e cerimônias congêneres são coisas de ignorantes. O rapaz e a moça, os únicos sinceros de toda a patota, acabam jogando o patuá no chão, quebrando o *congá* (o altar nas cerimônias de candomblé e macumba) e indo embora. Os dois heróis quebram suas tradições, repelem a ignorância da 'massa ignara' que continua no candomblé, mostram a supremacia da inteligência sobre a ignorância e o atraso dos que ficam. Uma posição, esta, um pouco estranha para Plínio Marcos, homem do povo e que acha que fora do povo não há salvação. Peço vênia para discordar humildemente do autor. As tradições populares devem ser respeitadas e preservadas. Nem tudo é fajutagem neste mundo misterioso do candomblé e da umbanda. Há muita coisa errada e fora da lei, mas generalizar é cometer injustiças".

Bateu, levou. Dois dias depois, 20 de janeiro de 1971, em sua coluna "Plínio Marcos escracha", no *Diário da Noite*, o autor partiu para o contra-ataque já no título: "Regina Helena, a fajuta dona do folclore". E esclareceu a declaração à jornalista de que não se interessou em pesquisar o tema da peça:

"Pra mim, preservar a arte popular é garantir a oportunidade de trabalho aos nossos artistas contra a importação cultural. E foi o que fiz. Contratei trinta e oito atores populares, entre eles os atabaquistas".

Em sua defesa, Plínio citou os atabaquistas participantes do espetáculo:

"Mestre Ananias, ogã de valor provado, homem nascido e criado dentro dos terreiros e que deu seu testemunho em favor do espetáculo. Outro atabaquista é o bem baiano Narciso, filho de carne de um dos maiores pais de santo de São Félix. São Félix, provavelmente a distinta não saiba, fica na Bahia e é onde atualmente funcionam os candomblés mais puros".

Plínio desfiou nomes, "muita gente do candomblé e da umbanda, e que está no nosso espetáculo". E concluiu: "Ninguém estranhou a autenticidade da peça. Só a distinta Regina Helena". Se a questão era acadêmica, ele tinha aprovação de Wilson Rodrigues de Moraes, "arquiteto e folclorista de gabarito, cenógrafo e consultor folclórico de *Balbina de Iansã*", que prometia dar aulas à crítica sobre o assunto. Plínio identificou na opinião de que a peça reduzia tudo a "fajutagem e superstição" uma tentativa de "indispor o povo do candomblé e da macumba contra o meu espetáculo". Em sua defesa citou as palavras do compositor Monsueto, "grande sambista e chefe de terreiro", que viu e aprovou *Balbina*: "Realmente, conheço muita mãe de santo igual a essa Zefa. Gente que abusa da fé, gente que se mete onde não entende e chega até a trocar o santo da cabeça da filha, provocando desgraças. Essa gente tem que ser desmascarada. Sempre que vier a São Paulo, venho ver o espetáculo e vou mandar gente aí".

A crítica deu a réplica e nunca mais falou com Plínio Marcos. "Eu gostava dele, escrevi várias matérias em sua defesa e contra a Censura, mas depois disso nem nos cumprimentamos mais. Ele me virava o rosto quando a gente se encontrava", conforma-se Regina. Polêmica à parte, o público que Monsueto prometeu mandar para ver o espetáculo não apareceu. Se apareceu, não foi em número suficiente para garantir a temporada de *Balbina de Iansã*, que trocou o palco do Teatro São Pedro pela quadra da escola de samba da Casa Verde. Ali não faltaram público e entusiasmo. Mas os ingressos, muito baratos, não pagavam a produção, que terminou em prejuízo para Plínio. Prejuízo do qual ele não se refez com a montagem da peça, ainda em 1971, no Rio de Janeiro, com um casal que fazia enorme sucesso nas novelas da TV Globo: Yoná Magalhães e Carlos Alberto, que também dirigiu o espetáculo.

No *Jornal do Brasil*, Macksen Luiz tirou o chapéu para a iniciativa: "Com o prestígio que a televisão lhes deu, Carlos Alberto e Yoná Magalhães até então não tinham se preocupado com a melhoria de seu repertório teatral. O teatro nada mais era que o prolongamento (menos restrito) do que faziam nas novelas. Investir prestígio, fama, dinheiro em um texto como *Balbina de Iansã* é, pelo menos, uma prova de honestidade de propósitos. Ainda mais quando se sabe que *Balbina* teve uma acolhida (crítica e público) fria em São Paulo. Insistir num sucesso duvidoso para quem só vive para fórmulas infalíveis de êxito é uma ousadia e um desrespeito aos padrões do bom comércio. Mas, agora, a dupla não quer somente vender seu nome. Quer também vender uma ideia: a do teatro de raízes populares. E ninguém melhor que Plínio Marcos para dar-lhe realidade".

Macksen Luiz pegou leve em sua crítica ao espetáculo e a Plínio: "Ao contrário de seus textos anteriores, *Balbina de Iansã* é esquemático, tem poucos diálogos e menos acabamento. Mantém, no entanto, a mesma sinceridade nas mensagens". Sem se deter nas restrições, o crítico ressaltou que, "com habilidade pouco comum, Plínio Marcos diz tudo que deseja sem qualquer complicação, desmontando o processo de alienação de certa prática mística. Ingênuo, até simplório, o fato é que *Balbina de Iansã* emociona a plateia ao final. Cultura popular autêntica, com um diálogo habilidosíssimo (reproduzindo a gíria dos frequentadores de terreiros), *Balbina* pode não ser o melhor de Plínio, mas é, certamente, o mais sincero".

NÃO CREIO EM BRUXAS, PERO... Os ecos de *Balbina* e da polêmica do autor com Regina Helena, porém, não silenciaram. Pelo menos, não para Plínio Marcos. O sucesso ou o fracasso de uma peça ao estrear dizem pouco do destino que lhe está reservado. Há estreias estrondosas que se desfazem em pouco tempo e fracassos aparentes que ganham surpreendente sobrevida. Curiosamente, no caso de *Balbina de Iansã*, o próprio autor parece ter trancado a peça na gaveta, uma espécie de limbo que nunca seria explicado a contento. Ele não voltou a falar da peça, nem se interessou em vê-la encenada de novo. Uma única edição em livro se esgotou e não foi relançada. Quase vinte anos depois, o diretor Emílio Fontana pensou em montar *Balbina*. Foi ao Plínio e surpreendeu-se com a reação dele:

— Não quero mais que se apresente essa peça.

Mesmo assim, Emílio insistiu em ler. Plínio disse que não tinha mais o texto, nem fazia ideia de quem pudesse ter uma cópia. Desconversou. Sugeriu que ele recorresse a Walderez de Barros. Ela prometeu procurar a sua cópia, mas nunca mais deu notícia. Na impossibilidade de sequer avaliar a atualidade de *Balbina de Iansã* e, depois, convencer o autor a liberá-la para uma encenação, o diretor desistiu. Ficou a impressão de que a primeira resposta de Plínio era mesmo definitiva. Se se considerar que nessa época, década de 1980, o autor vivia em dificuldade financeira, como de hábito, surpreende que não tenha se empenhado em conseguir alguns trocados cedendo os direitos da peça. Maior a surpresa porque agora, quase duas décadas depois, ele estava mais próximo de temas esotéricos do que em 1970. Talvez esteja aí, na religiosidade assumida, a razão da recusa e do desinteresse.

Não creio em bruxas, pero... A conclusão é do próprio Emílio Fontana, para quem, ao encenar *Balbina*, Plínio se envolveu com o sagrado sem tomar certas precauções. "Na época ele era agnóstico e quebrava objetos de macumba em cena. Não se pode pisar num patuá, chutar obadás, nem destruir um congá, como ele fazia no espetáculo, sem pedir licença aos Santos. Ele foi temerário em lidar desrespeitosamente com essas entidades. Por isso, creio, o espetáculo teve tantos problemas na sua carreira. Então, como uma espécie de purgação, Plínio não permitiu mais que a peça fosse apresentada."

Para reforçar seu argumento, Fontana cita experiência própria, ao encenar *Galileu da Galileia*, de Chico de Assis, que tinha um demônio em cena. O diretor foi pedir permissão a um pai de santo, que colocou uma guia no pescoço do ator Carlos Meceni, intérprete do demo, com a recomendação de que ele nunca a tirasse. "Na estreia, Meceni estava sentado na coxia, esperando para entrar em cena, quando se ouviu uma explosão, a guia estourou e as contas se espalharam no chão. O Plínio, ao fazer *Balbina*, não se protegeu."

A hipótese de Emílio Fontana não é descartada por Fauzi Arap. Ele se lembra de ter assistido a *Balbina*, no Teatro São Pedro, vestido de branco e com uma túnica indiana. Naquele mesmo ano Fauzi dirigiu *Macbeth*, com Tônia Carrero e Paulo Autran. Na cena inicial, substituiu as bruxas medievais de Shakespeare por macumbeiras. "Eu projetava um ponto da umbanda quando Macbeth falava com as bruxas. Um dia o vidro do retroprojetor rachou exatamente nas linhas do ponto. Ao ver aquilo eu tirei do espetáculo aquele efeito, que era lindíssimo. Percebi que eu estava errado, que era ignorante, não entendia que aquela linguagem era real e tinha um efeito energético."

Curiosamente, no período de busca pública de maior espiritualidade, nos anos 1980, Plínio Marcos não foi beber nas fontes do nosso sincretismo religioso e sim em personagens e ensinamentos esotéricos de fora. O que não significa ter dado as costas a esses elementos da cultura popular, aos quais sempre esteve ligado por afinidade de sua história pessoal e por inabalável convicção ideológica, e não por uma xenofobia pueril. "Um povo que não preserva a sua cultura jamais será um povo livre", era um dos aforismos que ele sacava contra todos os sinais de invasão cultural, expressos no lixo cultural imposto pela indústria do entretenimento, seja na música, no teatro e, principalmente, na televisão.

Balbina de Iansã retrata bem o interesse de Plínio pelas manifestações mais primitivas, no sentido *naïf*, da arte e cultura populares. Interesse que se traduz em generosa cumplicidade, registrada em forma literária nos contos e histórias publicados na imprensa. Se *Balbina de Iansã* não correspondeu às suas melhores expectativas como autor e diretor, Plínio Marcos selou a amizade com o pessoal do samba paulista, da música produzida à margem do mercado regido por gravadoras e emissoras de rádio e televisão.

BANDA BANDALHA ABRE O CARNAVAL A informalidade da convivência nas quebradas se traduziu, a partir de *Balbina*, em convivência profissional no palco. O grupo de músicos e compositores que colocou no espetáculo reunia os melhores da área, alguns dos quais, como Geraldo Filme, ainda esperam maior reconhecimento. O prejuízo mais visível da frase de Vinicius de Moraes, de que São Paulo era o túmulo do samba, foi impedir que compositores da Casa Verde ou da Vila Matilde tivessem a mesma reverência e promoção que cercaram os pagodeiros e poetas dos morros cariocas, embora toda comparação nesse campo seja perigosa.

Enquanto *Balbina de Iansã* tentava, em vão, melhor sorte nos palcos do Rio de Janeiro, em 1971, Plínio Marcos se defendia na cidade na novela *Bandeira 2,* de Dias Gomes, na TV Globo, e de quebra aparecia ao lado de Leila Diniz, Marília Pêra e Grande Otelo, em uma participação especial no filme *O donzelo*, dirigido e protagonizado por Flávio Migliaccio. Nos intervalos de gravações e filmagens ainda aguentava as gozações dos amigos cariocas sobre o samba dos paulistas, fazendo coro a Vinicius. Eram tempos do semanário *O Pasquim* e da Banda de Ipanema, glória carnavalesca da grã-finagem intelectual e artística da praia da moda. Plínio, folião formado na tradição do Banho da Doroteia e dos blocos na orla santista, esperou para dar o troco e provar que São Paulo também tinha samba no pé.

No carnaval de 1972, convocou a sua gente a sair pelas ruas da Pauliceia arrastando suas sandálias e fantasias, improvisadas ou não. Chamou seu fiel escudeiro Carlão Costa num canto.

— Que nome você acha bom?

Ouviu algumas sugestões, não aprovou nenhuma.

— Deixe eu pensar... Vai ser Banda Bandalha.

"É claro que ele já tinha escolhido o nome, me perguntou só por perguntar", conforma-se Carlão. "Disse que bandalho também era uma gíria pra sujeito desengonçado e malvestido. Daí ele conseguiu que a Secretaria de Cultura pagasse os músicos e o rei momo Irineu Poliesi, que trabalhava na Antarctica, conseguiu um caminhão de chope. Plínio queria que a banda saísse na sexta-feira, mas eu insisti que fosse na segunda-feira pra fazer a abertura do carnaval e ele acabou aceitando."

Cabia de tudo na banda que remetia ao nome de Nenê Bandalho, jovem bandido metralhado pela polícia ao se render. Ilustres e anônimos, malandragem, senhoras de respeito, putas e travestis, batuqueiros e doentes do pé, na Banda Bandalha quem chegasse estava bem-chegado. Da convocação feita às pressas se encarregou a imprensa, ajudada pelo boca a boca nas vésperas da folia. "Eu estava saindo de um ensaio no Teatro de Arena quando o Plínio me chamou e lá fui estrear no carnaval de rua", lembra a atriz Eva Wilma, escolada nas sapatilhas do Balé do 4º Centenário. Ao ver a concentração na esquina da Ipiranga com a Teodoro Baima, executivos engravatados e outros desinformados aderiram. No elenco de notáveis se destacavam jornalistas — Milton Coelho da Graça, Giba Um (Gilberto Di Piero), Walter (Pica-Pau) Silva, Alessandro Porro e até o carioca Sérgio Cabral — e artistas: Eva Wilma, John Herbert, Walderez de Barros, Chico Martins, Anselmo Duarte, o bailarino Joshey Leão, Carlos Imperial e Etty Fraser, padrinho e rainha da banda, e Tony Ramos, guindado a mestre-sala.

A quem interessar pudesse, Plínio explicava, em sua fantasia de pierrô ao lado da colombina Walderez, que a Bandalha "há quinze dias era apenas uma ideia, uma vontade de sair nas ruas, brincando, cantando, como se fazia tempos atrás". Em duas semanas, com a promessa de que "a alegria será grande e a farra honesta", conseguiu a adesão das bandas da TV Record e de dois clubes de futebol, o São Paulo e a Portuguesa de Desportos, lamentando a ausência da banda do Corinthians naquele primeiro ano.

GORDINHA SEXY É A RAINHA DA BANDA Mandava a tradição que banda tivesse rainha. Como a de Ipanema era a estonteante e debochada Leila Diniz, por decreto e sem ressalvas Plínio "elegeu" a não menos estonteante e debochada Etty Fraser. A atriz estranhou ser a Rainha da Banda Bandalha e quis tirar o seu avantajado corpo fora. Puro charme. Enquanto relutava em aceitar a honraria, Etty já definia a roupa para o desfile, com direito a exibir suas pernas em transparentes meias de renda, como as que usou na peça *O rei da vela*, no Teatro Oficina. Em crônica na *Última Hora*, Plínio explicou o que não pedia explicação:

"Etty Fraser é boa amiga de todas as pessoas. Não só dos meios artísticos como do povo em geral. Ela passa o ano todinho perdendo horas preciosas com quás-quás-quás e auê-auê com gente que ela nunca viu, mas que a breca na rua pra chorar as pitangas. E na casa dela o telefone não para nunca. São colegas que pedem socorro de uma boa palavra, de uma dica, de uma grana. E tem mais, meu lorde. Etty Fraser, a gordinha sexy, Rainha da Banda Bandalha, está sempre alegre, bonita e bem amada. Não castiga a natureza com regimes absurdos. E por isso mesmo é a gorda mais satisfeita do planeta".

Deu-se então que, sob o reinado da gordinha sexy, a Banda Bandalha saiu no dia 16 de fevereiro do Bar Redondo, em frente ao Teatro de Arena, desceu a Consolação, entrou na contramão na São Luís até a praça da República, dobrou a Ipiranga de volta ao ponto de partida. No dia seguinte, a imprensa — leia-se Plínio Marcos — calculou em quatro mil o número de pessoas envolvidas pela banda. Mais modesto, o jornalista Alessandro Porro se lembrava, muitos anos depois, de "um séquito de algo como trezentos foliões" e da repressão. "Quando chegamos à praça da República, fomos obrigados a voltar para as nossas casas, por imposição de um senhor de terno preto que nunca descobrimos se era o responsável por uma casa funerária ou um delegado do Dops, como ele dizia ser."

Quatro mil ou apenas trezentos, nada mal para uma cidade com a fama que Vinicius lhe pregou. Plínio Marcos nem se deu ao trabalho de reportar o acontecido aos desafetos cariocas, representados por Sérgio

Cabral e Carlos Imperial, que testemunharam o desmentido ao túmulo do samba. Não se tem notícia de incidente grave nos dois anos seguintes em que a Bandalha saiu. A não ser episódios de ordem pessoal, como o reportado por Alessandro Porro, que teria sido chamado pelo dono da Editora Abril, onde trabalhava em alto cargo. "Acho que os nossos diretores deveriam evitar se exibir em manifestações carnavalescas. Especialmente ao lado de pessoas complicadas", disse o patrão, apontando uma foto no jornal em que Porro e Plínio apareciam "eufóricos e festivos".

CARNAVAL, COISA DE MALANDRO E DA NEGADA Quando Plínio Marcos se mudou para São Paulo no início dos anos 1960, a polícia e as autoridades municipais davam razão a Vinicius de Moraes. Tanto ou mais que passeatas estudantis, manifestações populares como o carnaval eram tratadas na borracha. "O pau comia feio na praça da Sé, ponto de reunião dos sambistas, e no vale do Anhangabaú", lembra Carlão Costa, o Carlão da Vila, do Boné, do Apito e do Carnaval, que manteve a tradição da Bandalha na Banda Redonda, quando Plínio se cansou da folia. Não da folia, mas de ser guru da festa. Trinta anos depois, no carnaval de 1998, a Redondo sob o comando de Carlão convocou a gente do samba e do teatro para homenagear o parceiro, que não escondia a saudade dos velhos carnavais, conforme recordou:

— O carnaval em Santos tinha crítica social, mas isso não era o fundamental. O fundamental eram os blocos. Eu saía, na Doroteia, em um bloco chamado Chineses do Mercado, com duas mil pessoas, que depois a ditadura mandou acabar. Por quê? Porque eram chineses e chineses eram comunistas. Era um bloco de peixeiros, que antes de sair passava pela casa de todos os donos de barcos que tinham assinado o livro de ouro. Era bonito pra caramba. Havia outros blocos fantásticos: o Bola Alvinegra, que era do Santos, o Agora Vai, que saía no sábado antes do carnaval com enormes carros alegóricos e atrás iam as turmas distribuindo chope, cachaça...

Carlão foi o principal elo de Plínio com os pagodeiros de São Paulo. Ele diz isso e logo pede atenção para que se distinga o pagode daqueles tempos do que se tornou depois: "Branco não saía no samba, que era considerado coisa de malandro, de mulher à toa e da negada. Na sua coluna no jornal *Última Hora*, Plínio defendia o pessoal do samba e foi graças a ele que o então prefeito Faria Lima resolveu apoiar o carnaval, acabando com a repressão e a discriminação que havia". Entretanto, se a repressão acabou e alguns pioneiros, como seu Nenê da Vila Matilde, não precisavam mais ficar se explicando e fugindo da polícia, não demorou muito para os políticos e o poder público organizarem a festa e, ao soltar dinheiro em forma de subvenção, condenarem o carnaval ao arremedo de evento com raízes populares em que se travestiu. Criou-se até uma lei para obrigar a Prefeitura a realizar o desfile. Não era exatamente isso o que Plínio pedia em seus artigos no jornal. Crítico de todas as subvenções que subjugam o artista, seja no teatro, seja no samba, Plínio Marcos logo voltaria suas baterias contra a apropriação do carnaval e demais manifestações espontâneas do povo por pessoas e instituições que lhe roubaram a força, a beleza e a razão de existir. No carnaval, não sobraria mais espaço para os blocos, os grupos de bairros e até os bailes de clubes, condenados, como foram, a desaparecer. Mesmo assim, e até para poder bronquear, Plínio continuou presente no carnaval. Ora como espectador, ora como comentarista de jornal, rádio e televisão.

SAI O SAMBISTA, ENTRAM AS LANTEJOULAS A melhor avaliação do que acontecia e do que ainda estava por acontecer, Plínio a fez ao colunista Walter (Pica-Pau) Silva, da *Folha de S.Paulo*, que lhe pediu suas impressões do carnaval de 1976. Naquele ano o palco do desfile ainda era a avenida São João, da praça do Correio à avenida Duque de Caxias. Depois foi transferido para a avenida Tiradentes, onde ficou até a construção do Sambódromo, na marginal do Tietê.

Contratado como comentarista da Rádio Tupi, o carnaval, segundo Plínio, tinha sido um sucesso. Sucesso para quem?

"Para quem acredita que trezentas mil pessoas apinhadas, esmagadas, em arquibancadas que mal comportavam vinte mil, é algo genial. Para quem acredita que a polícia merece medalha unicamente porque não espancou o povo que passivamente se espremia nas arquibancadas. Para quem acredita no paternalismo da Prefeitura, dando subvenções para as escolas de samba. Para quem acredita que não tem importância que das quarenta escolas de samba apenas quatro ou cinco possam sair à rua com seus próprios recursos. Para quem acredita que o sambista nas escolas possa ser substituído por lantejoulas e panos brilhantes. Para quem gosta de bateria tocando no melhor estilo fanfarra de pelotão naval. Para quem acredita que alas marchando em passo marcado é melhor que samba espontâneo dito no pé. Para quem acredita que não tem importância que seis ou sete compositores somente, todos eles com mais de quarenta anos, tenham fabricado os sambas-enredo das escolas dos três grupos (Jangada fez uns seis ou sete e Geraldão uns quatro ou cinco). Para quem acha que a poluição sonora do Trio Elétrico — o lixão sonoro — substitui com vantagem vários aspectos tradicionais dos carnavais de bairro. Para quem acha que um baile de quarenta mil pessoas dançando ao som de fitas pode ser classificado como lazer deste povo que fica mais de seis horas diariamente indo e vindo para o trabalho, o carnaval de São Paulo foi um sucesso. Um sucesso retumbante. Um sucesso estrondoso."

Considerando que essa avaliação, súmula do pensamento de Plínio Marcos sobre o carnaval, se referia aos primeiros sinais do que aconteceria a partir da década seguinte, ela não deixava de ser profética. Entre esses sinais, ele lamentava que "várias escolas de samba deixaram de desfilar no seu próprio bairro em homenagem à comunidade a que pertencem para desfilar em cidades do interior por altos cachês, fazendo no mesmo dia, algumas delas, até três desfiles". Como o futebol, que o povo subtraíra das elites, o carnaval estava se condenando a virar só um negócio. Para quem defender e preservar as expressões culturais espontâneas era urgente, Plínio não tinha por que se alegrar com os novos tempos. Mas não recolheu armas. Enquanto viveu, chiou.

"Em 1998, ele me pediu credencial para o Sambódromo", recorda Carlão, que continuou trabalhando na Anhembi Turismo indiferente à aposentadoria. Plínio lhe disse então:

— Quero ficar no meio da escola, conversando com os sambistas.

Mesmo sabendo que Plínio não aguentaria, Carlão arrumou a credencial e foi com ele para a pista do Sambódromo. Por poucos minutos. "Minha perna dói", Plínio queixou-se e saiu. Era a sua despedida definitiva do carnaval. Uma semana antes, ao lado do ator Paulo Goulart e do sambista Germano Mathias, recebera a homenagem, última, da Banda Redonda, sucessora da Bandalha, que acabou em 1973. "Acabou porque ia sair no Sábado de Aleluia e a Prefeitura não pagou os músicos", fala Carlão. "Daí o Plínio ficou puto: 'Eu não vou fazer mais banda nenhuma'. Avisei o povo e fui ao Plínio: 'Vamos fazer uma banda e você vai ser o presidente'. E ele aceitou." Presidente de araque, claro, porque não se metia mais nas decisões e só "ajudava por fora". Coube ao ator Luís Carlos Parreira sugerir o nome Redonda, aceito por ser óbvia referência ao bar, e usar seus predicados de artista plástico para criar o estandarte com uma pomba da paz dourada no centro sobre o fundo azul, franjas douradas e letras em branco.

PAGODEIROS COM HUMOR GROSSO E MALDITO Carlão, que vivia no meio dos pagodeiros desde que se entendeu como gente, estreitou a ligação de Plínio Marcos com o pessoal do samba, ligação que fincou raízes profissionais a partir do espetáculo *Balbina de Iansã*. Em 1970, aconteceu o primeiro show de Plínio e os Pagodeiros da Pauliceia, que estreou em Belo Horizonte a convite do Diretório Central dos Estudantes, então nas mãos do Partido Comunista, o velho Partidão. A renda do show reverteu, inteirinha, para a defesa de presos e perseguidos políticos. Tratava-se de uma operação triangular: ao socorrer os companheiros que nem estudantes eram, o DCE usava dinheiro do caixa da entidade, que era reposto com a bilheteria de alguns eventos. No caso do show dos pagodeiros, Plínio assinou o recibo, mas não viu a cor do dinheiro, que ficou para o DCE. Ele brincava:

— Foi o cachê mais alto que assinei na vida.

Dos Pagodeiros da Pauliceia fazia parte a fina flor de compositores e sambistas da cidade: Geraldo Filme [de Souza], que trabalhou com Solano Trindade, baluarte na defesa da arte popular a quem o físico Mário Schemberg deu a maior força para projetar Embu das Artes; Zeca da Casa Verde [José Francisco da Silva]; Toniquinho Batuqueiro [Antonio Messias de Campos], que saiu de Piracicaba para se defender como engraxate na praça da República; [Geraldo] Talismã, autor de lindos sambas ("meu mundo não é uma esfera, tem uma forma de cruz"); Sílvio Modesto, Paulo Carrera e o carioca [Marco Aurélio] Jangada, jornalista esportivo que trocou a Unidos de Lucas por São Paulo, ao ser contratado pela Editora Abril.

A Fausto Fuser, crítico de teatro, Plínio explicou:

— Os estudantes descobriram esse show, não sei bem por quê. Talvez porque, na simples apresentação de uma realidade, os estudantes, ávidos de respostas, tenham encontrado afirmações justas.

No show, Plínio Marcos atuava como mestre de cerimônias, contando "pedaços da vida de cada um e da sua própria vida", segundo Carlão, histórias que serviam de ligação dos sambas. Depois de algumas andanças, o grupo pousou para uma temporada no Teatro de Arena, em 1º de agosto de 1972. "São poucos os sambistas de São Paulo conhecidos nacionalmente e eis uma injustiça que se comete com eles", escreveu o crítico Walter (Pica-Pau) Silva na *Folha*. "Para muitos, tirando Adoniran Barbosa, não há sambistas em São Paulo. Puro engano."

O encontro foi tão bom que eles resolveram dar uma caprichada no espetáculo. Chamaram o diretor Emílio Fontana, que, modesto, admite ter apenas ajudado a definir o roteiro, evitando tirar a espontaneidade do grupo. O singelo título *Plínio Marcos e os Pagodeiros* foi trocado pelo explicativo *Humor grosso e maldito das quebradas do mundaréu*. A estreia aconteceu em agosto de 1973 no Teatro de Arte, no porão do TBC.

Ao terceiro sinal, Plínio caminha até o centro do palco, encarando a plateia para logo dizer:

— Aparece tanta gronga boiando nas águas barrentas em que navego contra a maré, que meu patuá de fé e de valia já anda até entortado. Nas quebradas do mundaréu, lá onde o vento encosta o lixo e as pragas botam os ovos, nos atalhos esquisitos, estreitos e escamosos do roçado do bom Deus, vive o povão lesado da sociedade, que, apesar de tudo, é generoso, apaixonado, alegre, esperançoso e crente numa existência melhor na paz de Oxalá.

O texto de abertura não era só poesia. Referia-se ao episódio que inspirou o espetáculo, depois de inspirar um dos mais belos sambas de Geraldo Filme, *Silêncio no Bexiga*. Mais que homenagem, era um lamento por Pato N'água, personagem querido da Vai-Vai.

— O maior artista popular brasileiro, o maior apitador de samba que já houve em São Paulo, o melhor chefe da torcida organizada do Corinthians — na apresentação superlativa e amorosa de Plínio, que no meio do espetáculo contava a história:

— Ele amanheceu, uma manhã, boiando numa lagoa, comido de peixe e de bala. A notícia chegou no bairro do Bexiga na hora da Ave Maria e o povo das quebradas do mundaréu chorou a morte do grande sambista. Geraldo, legítimo poeta do povo, chorou por todos nós nessa joia que é *Silêncio no Bexiga*.

COMPANHEIROS DE SAMBA E TERNURA O espetáculo estreou com quinze sessões vendidas, ficou oito meses em cartaz no Teatro de Arte do TBC, foi gravado em disco que hoje é raridade de colecionadores. Em crítica na *Folha de S.Paulo*, Fausto Fuser descreve:

"O riso do espectador se coloca seguidamente em faixas variáveis, ora franco, ora encabulado, ora cúmplice. Aos poucos, um silêncio de reflexão mais séria vai-se infiltrando, sem perturbar a comicidade dominante, conferindo uma dimensão insuspeitada aos episódios por vezes dedicados ao palavrão, à grosseria deslavada, forma de protesto de igual qualidade à receita culinária da apresentação. Ao dirigir Plínio Marcos e aqueles três maravilhosos engraxates-poetas [Zeca, Geraldo e Toniquinho foram, respectivamente, guia de cego, carregador de sacos de batatas, entregador de marmitas, todos engraxates], seus companheiros de samba e ternura, Emílio Fontana reafirma-se como um de nossos raríssimos homens de teatro movidos apenas pela convicção".

O sucesso na capital levou *Humor grosso* ao interior do Estado. "As viagens para mim terminaram em São Carlos", lembra Fontana. "Logo que chegamos à cidade, sentimos que havia alguma coisa errada. O combinado era o cachê ser pago antes do espetáculo. O teatro lotado, perguntamos pela grana. Os caras disseram que ainda estavam fechando o borderô. O espetáculo começou, e eu cobrando. Quando percebi que estavam me enrolando, fiz um sinal e o Plínio deu um intervalo que não existia. Prensamos os caras: ou pagam ou a gente vai lá e avisa o público que o espetáculo não continua por culpa de vocês. Depois disso, eu nunca mais quis saber de viajar pelo interior."

O sucesso de *Humor grosso e maldito das quebradas do mundaréu* com os estudantes rendeu, em setembro de 1974, convite da Secretaria de Turismo da Prefeitura para uma série de 24 palestras-shows intitulada *Plínio Marcos conta a história do samba em São Paulo*. Fazia parte do Projeto Universitário, que procurava despertar o interesse por uma carreira profissional, o Turismo, e enfatizar a hospitalidade que se deveria dispensar aos visitantes. Uma das estratégias era aproximar os jovens paulistanos da história e da cultura de sua cidade. *Humor grosso* também foi o trunfo de Plínio quando as coisas engrossaram nos anos seguintes. Em abril de 1976, ele reuniu os pagodeiros disponíveis — Geraldo, Zeca, Talismã, Sílvio Modesto e Toniquinho — e começou nova temporada do espetáculo na Igrejinha, casa de música popular brasileira no Bexiga, na confluência das ruas Santo Antônio e Treze de Maio. Sem trabalho na imprensa e com as peças proibidas, Plínio inventava o que fazer. No dia seguinte, o crítico Walter Silva quis saber como tinha sido a estreia.

— Foi ameaçada — disse Plínio. — O público cantou junto com a gente e cantou melhor. A dona da casa, a Suade, disse: "Já que o público gosta de cantar, não preciso de vocês". Mas, em compensação, nós bebemos mais que o público.

— Mas você é cantor? — insistiu Walter.

— Não. A bem da verdade, eu não sou nada. Mas depois que estou com dois uísques na cuca, eu penso que sou tudo. Tenho comigo compositores e cantores da pesada que garantem o sucesso e permitem que no meio disso tudo eu arrie minha cascata.

Cena XIII

Com Osmar Rodrigues Cruz, Walderez e Procópio Ferreira no palco de *Noel Rosa, o Poeta da Vila e seus amores*
(Foto: Silvestre P. Silva/Arquivo Walderez de Barros)

"Se o meu teatro sempre se deveu aos grandes atores, o meu balé também teve a sorte de ser feito pelo Stagium."

"Chamei o Osmar para ouvir a leitura da minha peça sobre Noel Rosa. A Walderez, de vergonha do texto, não quis escutar."

"Valores como dignidade, amor e fé não contam. O que conta é o poder aquisitivo de cada um."

A solidariedade da gente do teatro, que ele conheceu no episódio pela liberação de *Navalha na carne*, Plínio a experimentaria outras vezes. Solidariedade espontânea, sem aviso e de diferentes formas. De pessoas com as quais sequer convivia e nem frequentavam os mesmos pedaços. Quando as peças de Plínio estavam todas proibidas, o diretor Ademar Guerra, enquanto o escalava como São Francisco de Assis em teleteatro proibido na TV Cultura, transformou *Navalha na carne* em roteiro de dança. Se o texto, condenado pela Censura, não podia ser falado, nada impedia que fosse dançado. Os bailarinos e diretores do Ballet Stagium, Márika Gidali e Décio Otero, para não cutucar os censores com vara curta decidiram junto com Ademar Guerra mudar o título para *Quebradas do mundaréu*. Pioneiro em vários setores da dança no Brasil, o Stagium fez da peça de Plínio violento e comovente espetáculo. Dança ou teatro? Dança e teatro. Uma linguagem que a companhia já havia experimentado em outros balés, quando o mundo ainda não reverenciava Pina Bauch como precursora do que se rotulou "dança-teatro" — quatro anos antes, sob a direção do mesmo Ademar Guerra, Márika Gidali dançou *A infanticida Marie Farrar*, balé criado sobre o poema de Bertolt Brecht, narrado pela atriz Araci Balabanian.

"Se o Ademar falou com o Plínio antes, eu não sei, mas nós só entramos em contato com ele para avisá-lo da estreia", diz Márika, que interpretou Neusa Sueli e, "sem palavras, conseguiu tirar a mesma força da personagem que as atrizes tiraram", segundo Plínio. Ele disse mais:

— Quando a Márika me disse, eu fiquei encantado, porque a estreia daquele balé vinha numa hora em que eu estava completamente apagado, não estava trabalhando em absolutamente nada. Eles me comoveram com um espetáculo tão bonito, que, apesar da ausência da palavra, passava tudo da *Navalha na carne*. Eu já acompanhava o trabalho deles. Posso dizer que descobri o balé por meio do Stagium, que conseguiu impor um balé másculo, que me encantou. Se o meu teatro sempre se deveu aos grandes atores, o meu balé, se eu posso dizer assim, também teve essa sorte de ser feito pelo Stagium.

BALLET STAGIUM DANÇA *NAVALHA* Ao lado de Márika Gidali, Décio Otero interpretou Vado e Milton Carneiro, Veludo. Na estreia, em 12 de novembro de 1975, o Teatro Municipal de São Paulo tinha gente se agarrando nos lustres e saindo pelo ladrão, no registro do próprio Plínio Marcos, que não assistiu a nenhum ensaio, nem acompanhou o rigor de Ademar Guerra. Rigor que começou no trabalho com os atores — "eu não entendia por que ele deixava o Décio e o Milton me baterem tanto, sem falar nada, sem intervir", queixou-se Márika — e atingiu o maestro e compositor erudito Aylton Escobar, que compôs a trilha original.

A primeira versão mostrada por Aylton era lindíssima, segundo Ademar, que cobriu o compositor de elogios antes de dizer que aquela música não servia nem à peça de Plínio nem ao seu espetáculo. Ele não queria bailarinos dançando sobre uma partitura musical bem estruturada, harmoniosa e definida, como ensinava a tradição do balé, mas sim sobre sons que remetessem à realidade do submundo urbano das três personagens. Aylton Escobar se controlou para não mandar tudo para o espaço, deixou de lado a formação erudita, pegou um gravador e foi para as ruas "ouvir a cidade". Não surpreende que ele tenha sido premiado por esse trabalho.

No final de *Quebradas do mundaréu*, Plínio reservou elogios especiais a Márika Gidali, que comparou a Cacilda Becker — "são mulheres vocacionadas para o palco, que nunca perdem o *élan*".

Diretor de espetáculos memoráveis nos anos 1960, como *Oh, que delícia de guerra*, *Marat/Sade* e *Hair*, Ademar Guerra fazia uma análise na contramão do que todos, até Plínio, diziam, que *Navalha na carne* é uma peça para grande atriz: "Pensam que Neusa Sueli é a principal [na estrutura da peça], mas o condutor, a base e a própria razão de ser da peça é o Vado". Depois da estreia, Ademar explicou em carta o seu silêncio nos ensaios, quando Décio, marido de Márika, se excedia nas cenas de violência.

"Décio batendo em você, Márika, era o desafio final, a comporta que faltava romper para você se tornar uma intérprete mesmo. Isso é que foi difícil, não as sacanagens em cena. O truque estava na violência partida de alguém que não te respeitasse fisicamente. Daí eu nunca ter te dado razão quando o Décio te mandava a mão nos ensaios. Daí eu nunca ter dito para ele o que eu sempre digo para os meus atores no teatro, que é tolice bater de verdade se a mesma ilusão se consegue tecnicamente. Daí até eu mesmo incentivar discretamente as surras que você levou. Precisava enfrentar isso. Se perdesse, [seria] uma amadora de talento. Se enfrentasse e ganhasse, uma intérprete real. Você venceu."

Ademar justificava assim ter "forçado" o Ballet Stagium a enfrentar a peça de Plínio Marcos. *Navalha na carne* definiria, para o bem e para o mal, a qualidade interpretativa de cada ator-bailarino. Exatamente como o autor disse sempre, que escrevia para os atores. No caso, também para os bailarinos. Mas se no Brasil *Quebradas do mundaréu* foi uma unanimidade nos aplausos da crítica e do público, no ano seguinte, na Cidade do México, dividiu a plateia. "De repente, em cena, começamos a ouvir alguns apupos, encobertos por reações a favor", lembra Márika. "No final, aplausos e vaias se misturaram até que sobrou uma grande ovação. Sabíamos do risco, pois aquele era um festival de dança bem comportado. Plínio Marcos teria adorado ver aquilo."

Plínio também não veria outras eventuais adaptações de suas peças para balé. Décadas depois do Stagium, a última de que se tem notícia é a versão de *Deux perdus dans une nuite sale* coreografado em maio de 2007, na França, por Jean François Michaud, que se propôs fazer "uma releitura física da obra".

OS AMORES DE NOEL, O POETA DA VILA Meses depois da estreia do balé *Quebradas do mundaréu*, o diretor Osmar Rodrigues Cruz procurou Plínio Marcos. Queria um texto sobre Noel Rosa para inaugurar em 1977 a sede própria do Teatro Popular do Sesi (TPS), na avenida Paulista. "Quando me decidi pelo Plínio, tive de vencer uma batalha no Sesi. Ninguém queria se arriscar com um autor que estava no índex militar e só conseguimos contratá-lo porque o Theobaldo De Nigris, presidente da Fiesp à época, assinou o contrato", conta Osmar em sua biografia. Plínio relutou — "eu já estava constrangido de prejudicar colegas que tentavam me ajudar, como o Mino Carta ou o Ademar Guerra". Como Osmar já recebera o aval do presidente da Federação das Indústrias do Estado de São Paulo, o constrangimento desapareceu. No aperto, Plínio atacou de Nelson Rodrigues, de quem zombava pela insistente pergunta: tem um dinheirinho aí? Dinheiro para a pesquisa. Tinha.

Ele contou:

— Não era para pesquisar que eu precisava de dinheiro. De dinheiro eu precisava para a feira. Pesquisa, fiz por telefone. Liguei para o meu chapa José Ramos Tinhorão, um dos mais importantes historiadores da música popular brasileira, e no dia seguinte estava soterrado de recortes de jornais, discos, publicações. Pensei que seria mole. Pensei. Mas pensando morreu um burro.

Com grana adiantada e um prazo razoável para escrever o que a encomenda exigia, ele se entregou ao trabalho. Se entregou sem muita pressa, é verdade. Sem afobação. O tempo foi correndo. "O Plínio deu um trabalho para entregar o texto! Cada vez que o cobrava, lá vinha uma desculpa", dizia Osmar Rodrigues Cruz, prestes a realizar um projeto que tinha a marca do seu empenho pessoal, desde que começou a ensaiar "grupos dramáticos" do Sesi, em 1951: uma casa própria para o TPS.

O embrião da primeira, única e bem-sucedida companhia profissional voltada no Brasil para a popularização do teatro foi um grupo amador inspirado nas ideias de Romain Rolland e Jean Villar, este diretor do Teatro Nacional Popular francês. O Teatro Experimental do Sesi, criado em 1959 para oferecer espetáculos gratuitos aos industriários, começou no ano anterior com um Curso de Introdução ao Teatro ministrado por Ruggero Jacobbi, Sábato Magaldi, Emílio Fontana e o próprio Osmar. A fase de amadorismo do TES durou pouco. Ao alugar o Teatro Maria Della Costa para uma temporada regular do próximo espetáculo, *Cidade assassinada*, de Antônio Callado, que estreou em 20 de setembro de 1963, Osmar convenceu os diretores da entidade a transformar o TES em Teatro Popular do Sesi.

Desde então, o TPS garantiu trabalho a atores, cenógrafos e técnicos, como uma companhia estável, subvencionada pela Federação das Indústrias, que na década de 1990 enterrou uma experiência única na história do teatro brasileiro. Experiência que, justiça seja feita, se deveu sobretudo a Osmar Rodrigues Cruz, que resistiu a todas as pressões externas e internas. Uma das pressões, apenas uma e não a pior, diga-se, vinha da Censura, que, não podendo proibir uma peça sobre Noel Rosa só porque o autor se chamava Plínio Marcos, interditou *O Poeta da Vila e seus amores* para menores de dezoito anos.

ENREDO DE ESCOLA DE SAMBA ENTRA EM CENA Não foi exatamente uma peça o que Plínio entregou a Osmar. O próprio autor reconheceu tratar-se mais de um roteiro, que "ficava meio esquema de teatro de revista, meio enredo de escola de samba". O primeiro a torcer o nariz ao texto foi o cenógrafo e figurinista Flávio Império, que, ao entender a tese de Plínio de que "o grande espetáculo musical brasileiro é a escola de samba", deu um tratamento visual à encenação que arrebatou público e crítica. Ao assistir à encenação de *O Poeta da Vila*, Sábato Magaldi também reconheceu que a peça "não correspondeu à expectativa". Em sua crítica ele observa que "o texto contenta-se, frequentemente, com flashes e esboços, quando as exigências dramáticas impunham um desenvolvimento da história. Sente-se a falta de maior número de informações e até a polêmica entre Noel e Wilson Batista, que ocupa tempo apreciável do espetáculo, permanece solta, sem justificativa plausível". Sábato termina com uma pergunta: "Plínio se dá melhor com a própria vivência, não se sentindo à vontade com um compositor mesmo tão popular?". Pergunta que voltaria quando Plínio buscou a biografia de Madame Blavatsky e a do cantor Francisco Alves, "o rei da voz", que tentou transformar em musical na peça inacabada *Chico Viola*.

No caso de Noel Rosa, ele certamente demorou a se dedicar ao trabalho e, quando não deu mais para adiar, escreveu o texto em algumas horas.

— Sentei-me às dezenove horas de um domingo e à meia-noite já estava carteando a marra nos botequins. Não tinha escrito uma peça, mas um roteiro para um musical.

Até então ele vivia fugindo de Osmar, cada dia mais impaciente. Plínio passava, vez ou outra, em frente ao número 1313 da avenida Paulista, via o andar das obras, conversava com os operários. "Ah, isso aqui ainda demora uns dois anos", ouviu de um operário e seguiu devagar o seu caminho. O que ele não sabia é que o teatro seria inaugurado antes do final das obras da sede da Fiesp. Para driblar a cobrança, escreveu um rascunho da peça.

— Chamei o Osmar, a Nize [Silva] e o [Benjamin] Cattan para ouvirem a leitura. A Walderez, de vergonha do texto, não quis escutar. Os três chegaram alegres e ficaram mudos, pasmados, sem saber o que dizer diante de tal lixo. Eu, depois que eles foram embora preocupados, ri muito da cara de susto do Osmar.

O roteiro final, entretanto, permitiu a Osmar Rodrigues Cruz realizar um espetáculo arrebatador, que estreou em 27 de maio de 1977, noite de emoção para Plínio, que declarou:

— Desde 1971 não vejo um texto meu de verdade no palco. Desde 1971 não vejo minha Dereca [Walderez de Barros] no palco defendendo texto meu. Essa estreia é uma festa. Basta a noite de estreia para me ver compensado por ter escolhido essa dura e maravilhosa profissão.

Com um elenco de 26 atores — encabeçado por Ewerton de Castro, Nize Silva, Analy Alvarez, a cantora Ana Maria Brandão e Walderez de Barros — e mais cinco músicos do Regional de Evandro, *O Poeta da Vila* cumpriu uma das longas temporadas do Teatro Popular do Sesi e saiu em 1979 para dar lugar a *A falecida*, de Nelson Rodrigues. Em sua crítica na revista *Isto É*, a escritora Cecília Prada reservou elogios a Plínio — por "alinhavar os episódios da vida do poeta e suas composições, fugindo completamente do didatismo" — e, especialmente, ao elenco, ao diretor e a Flávio Império, por fazer do espetáculo "uma reconstituição do ambiente da boêmia carioca dos anos 30" e, "em sentido amplo, um retrato do Brasil". Na *Folha*, Jefferson Del Rios observou que "ao final do espetáculo, quando o teatro inteiro aplaude emocionalmente, torna-se evidente que Noel viajou no tempo e na memória para breve reaparição". Ilka Marinho Zanotto, em *O Estado de S. Paulo*, valeu-se da "altíssima carga de apelo popular" do espetáculo para contestar os que "prejulgam o gosto das plateias e inundam nossos palcos com as pornochanchadas teatrais" para obter "um êxito duvidoso de bilheteria".

PROCÓPIO FERREIRA E OS SEUS AMORES Durante a temporada do *Poeta da Vila*, uma noite ficaria especialmente na memória do elenco e de Plínio Marcos, com a presença de Procópio Ferreira, contemporâneo de Noel Rosa. Foi uma das últimas aparições públicas do ator que Plínio viu pela primeira vez no palco do Pavilhão Teatro Liberdade, em Santos, e que se tornou companheiro nas noites do Gigetto. No Gigetto, depois de assistir ao musical de Noel Rosa, o ator fez um pedido a Plínio Marcos:

— Quero que você escreva a minha biografia. Vai se chamar "Procópio e seus amores".

— Porra, Procópio, eu não vou falar mal de mulher morta.

— Pode falar bem delas e mal de mim, que eu cafetinei elas, que eu fiz e aconteci...

O pedido ficou na piada. Procópio morreu pouco depois, em junho de 1979. Mas serviu para Plínio incluir em seu repertório de histórias, que ele repetia a três por quatro, aumentando aqui e ali de acordo com o interesse da plateia:

"Na minha vida, vi artistas com vocação inacreditável. Vi um homem como Procópio Ferreira, trabalhando até o último sopro de vida. De vez em quando ele sumia e ninguém achava o Procópio. Cadê o

Procópio? Ele estava andando pelo interior. Ele fazia uma peça com quarenta personagens, *Deus lhe pague*, em que ele fazia tudo, o padre, o marido, o corno, tudo ao mesmo tempo, e era brilhante, porque ele era brilhante. Tinha outra peça que era uma merda, *Esta noite choveu prata*, mas ele fazia sensacionalmente. Sua presença de espírito o ajudava a sair de cada sinuca... Uma vez foi estrear uma peça em São Paulo, já velho, coitado, uma peça bonita, com um enredo bonito... Abre a cortina, o teatro a três de alto, Procópio está em seu gabinete, entra o galã e ele diz:

— Foste tu, desonraste minha filha. Hás de morrer!

Ele abre a gaveta e não vê o revólver. Procópio olha para um lado, olha para o outro, não vê faca, nada... Ele vai ficando nervoso, que o Procópio era nervoso, bravo pra caralho, avança para o galã, dá um pontapé na bunda dele e diz:

— Morre!

O cara, que não era fácil, põe a mão no coração, vai caindo e diz para o público:

— Morro, sim! O sapato dele estava envenenado!

Um dia toca o telefone, é a Bibi.

— Plínio, papai está no hospital, entre a vida e a morte, eu não posso parar o espetáculo no Rio, ele está sozinho e gosta tanto de você, não dá pra você ir?

Aí eu fui. Cheguei um pouco tarde, devia ser umas nove e pouco, o médico não queria me deixar entrar. Eu insisti e ele falou:

— Então entra, calmo, porque ele está mal mesmo, é a bola da vez.

Entrei no quarto devagar, ele estava de bruços, com a cara virada pra parede, gemendo, eu pus a mão nas costas dele:

— Mestre, sou eu, Plínio Marcos.

— Pô, que bom que você veio. Eu ia te procurar quando saísse daqui. Eu quero que você escreva pra mim uma peça sobre o Catulo da Paixão Cearense, igual aquela que você escreveu do Noel Rosa. Você sabe quem é o Catulo?

— Sei, aquele de 'a lua nasce por detrás da verde mata...'.

— Não, essa o filho da puta roubou do João Pernambuco. A dele é essa aqui: 'Cabocla do Caxangá, minha cabocla vem cá...'.

E começou a cantar. Entrou a enfermeira que trazia aquela comadre para ele mijar deitado, ficou ouvindo espantada. Entrou a outra que dava injeção pra ele dormir. Entrou um médico. Começou a se ouvir risada dentro do quarto. Veio outro médico e, de repente, tinha muito mais gente do que aqui... E um artista como Procópio Ferreira, quanto mais vê público, mais se estimula. E ele foi se estimulando, começou a contar e o povo ria e o povo aplaudia e o povo falava e de repente ele falou assim:

— Entendeu o que eu quero que você faça?

Estava pronta a peça. Ele não precisava de autor, de nada. Ele era um ator nato, um verdadeiro artista do teatro. Aí, todo mundo aplaudiu, ele piscou o olho pra mim e foi deitando, deitando, deitando... Eu pus a mão nele e falei:

— Obrigado, mestre!

E eu fui saindo, todo mundo foi saindo, saindo... Dois dias depois ele foi levado para Nova Iguaçu, que era a cidade dele, e lá ele morreu. Esse era um ator. Até o último momento da vida ele estava apaixonado pela profissão dele, querendo fazer o espetáculo."

FEIRA LIVRE CONTRA CULTURA IMPORTADA *O Poeta da Vila e seus amores* ainda estava em cartaz quando Plínio Marcos concluiu o que pretendia fosse uma opereta. E a escreveu em versos, em 1976, enquanto adiava a entrega da encomenda feita por Osmar Rodrigues Cruz. Tanto ele não considerava o roteiro sobre Noel Rosa um texto acabado, que dizia que "há oito anos não estreio uma peça minha", desde *Balbina de Iansã*. Era início de 1979 e o Teatro Opinião, do Rio, anunciava a estreia em 1º de março de *Feira livre*, sob a direção de Emiliano Queiroz, com música original de Cátia de França e coreografia de Graziela Figueroa, com Louise Cardoso, Maria Helena Velasco e Maria Letícia à frente do elenco.

Havia naquele momento promessas de mudança, no país e na Censura. Não por obra e graça da abertura política prometida pelo general

Ernesto Geisel e encampada pelo seu sucessor João Batista Figueiredo, que assumira a presidência da República. Os focos de resistência à ditadura e de pressão da sociedade civil se alastravam em movimentos organizados. Exigia-se a volta do Estado de Direito e o fim das leis de exceção, clamava-se pela anistia política e a libertação de presos e a repatriação dos brasileiros exilados pelos governos militares. Em 1º de janeiro de 1979, revogou-se o AI-5, encerrando-se assim o terror jurídico e a repressão política institucionais. Como vingança contra o arbítrio, mais que para festejar a propalada abertura, Plínio Marcos anunciou que inundaria os palcos com as suas peças.

— Estou me preparando neste momento para empestear o teatro de peças: vou colocar dez em cena, antigas e novas — ameaçou em entrevista a Miriam Alencar, do *Jornal do Brasil*, em 17 de fevereiro. E continuou:

— O país está envolvido há quinze anos numa onda de obscurantismo proveniente da censura, das prisões, dos exílios. O Brasil é um país esmagado pela cultura importada. Visa justamente esmagar a manifestação espontânea do nosso povo, descaracterizando o nosso homem comum, amesquinhando o nosso mercado de trabalho, impedindo que o profissional do ramo discuta os aspectos culturais do seu meio. Isso seria uma questão de segurança nacional, se nós tivéssemos um governo que se preocupasse com o povo. Como não temos, é maravilhoso quando aparece um grupo de teatro como esse que vai montar *Feira livre* e se propõe rever todas essas influências que nós estamos sofrendo.

Três peças suas continuavam proibidas — *Navalha na carne*, *O abajur lilás* e *Barrela*. Embora não proibidas oficialmente, *Oração para um pé de chinelo* e *Homens de papel* não conseguiam alvará para encenação. *Dois perdidos numa noite suja* voltara à cena com Juca de Oliveira e Oswaldo Loureiro, excursionando pelo país. Cogitava-se nova montagem de *O Poeta da Vila* no Rio de Janeiro. Duas peças novas, *Feira livre* no Rio e *Sob o signo da discoteca* em São Paulo, tinham estreias marcadas para os meses seguintes. Ele ainda trabalhava na adaptação para teatro de *Querô, uma reportagem maldita*, prêmio de melhor romance de 1976, concedido pela Associação Paulista de Críticos Teatrais. Plínio estava cheio de gás no início de 1979. Mas sem ilusões.

O teatro, com o fim da censura, conseguia a sonhada regulamentação da profissão de artistas e técnicos. "Não adianta regulamentação sem mercado", berrava Plínio, sem influir no resultado daquele jogo. Um jogo que, se garantia direitos, impunha limitações ao exercício da profissão de ator. Ele mesmo, Plínio, sem diploma de escola de teatro, teria de se virar mais que mãe de porco-espinho na hora do parto para trabalhar se a lei existisse no início da sua carreira. Para ele, a regulamentação seguia critérios "dos patrões". Os artistas continuavam fora de um mercado dominado pelo que ele dizia ser "um lixo cultural supérfluo que tanto mal faz ao povo brasileiro". Artista americano morto trabalha mais que brasileiro vivo nas telas do cinema e da televisão, insistia, arriscando uma análise econômica:

— Na importação da cultura de consumo gastamos mais que na importação de petróleo. É uma fonte de escoamento de divisas dos cofres do Tesouro nacional, faz aumentar a dívida externa e vem possibilitar a esses traidores da pátria justificar a venda da floresta amazônica. A nossa luta é impedir a invasão do país através dos veículos de comunicação, em vez de ficar brigando por regulamentações tacanhas, subvenções ridículas e favores do governo.

APENAS UM DESFILE DE TIPOS PITORESCOS Seria equívoco reduzir esse discurso de tons nacionalistas a uma xenofobia fora de moda, ainda mais na globalização econômica e cultural que viria nas décadas seguintes. Plínio pedia reciprocidade nas relações culturais e, antes de tudo, que o Brasil e o homem brasileiro pudessem se reconhecer nos palcos e no trabalho dos seus artistas. Esse era o discurso que vinha fazendo havia mais de dois anos na palestra *As necessidades culturais do povo*, que, ele calculava, percorreu 89 cidades — "eu ganhava dois mil cruzeiros por palestra e ainda podia vender meus livrinhos". Como autor, *Feira livre* era a sua contribuição para retomar a discussão da realidade da sua gente.

— Acho a feira um lugar que retrata, como mercado, uma situação-limite da sociedade de consumo, onde todas as pessoas estão transando lucro, pechinchando a maioria das coisas para comer. Apesar do ambiente descontraído, pois na ânsia do lucro as pessoas são sempre simpáticas para envolver o próximo, a violência está presente porque todos estão sob tensão. Ao mesmo tempo, há uma agitação, um movimento, e foi isso que eu quis retratar. A estupidez de uma sociedade como a nossa, de consumo, onde os valores como dignidade, amor e fé não contam. O que conta é o poder aquisitivo de cada um.

Ao escrever *Feira livre*, o autor já pensava nas músicas e chegou até a rabiscar sugestões para um balé, dizendo: "Desde que *Navalha na carne* ganhou um balé de Márika Gidali, eu fiquei sempre entrujando um balezinho nas minhas peças". O resultado, porém, não entusiasmou crítica e público. No *Jornal do Brasil*, Yan Michalski lamentou que "Plínio Marcos demonstre tão pouca disposição a exigir mais do seu conhecido talento". Como já se dissera de *O Poeta da Vila*, aqui também o autor não chegou a escrever uma peça. "Seria, no máximo, um roteiro para a criação de um clima", segundo Yan, severo na sua crítica, a única que se debruçou mais longamente sobre *Feira livre*:

"O que temos é simplesmente um desfile de tipos pitorescos, sumariamente definidos como feirantes, ou fregueses, soltos no tempo e no espaço, e entre os quais quase nunca acontece nada que mereça atrair a atenção do espectador. Quando o autor se lembra de fazer com que alguma coisa aconteça — como, sobretudo, no caso do personagem em busca de um lugar onde possa satisfazer as necessidades fisiológicas, e nos desdobramentos do fato —, a notória facilidade de Plínio para a construção de um diálogo colorido e eficiente como elemento propulsor da ação faz um rápido reaparecimento; fugaz demais para desfazer a impressão global de mero desfile de tipos".

Yan Michalski reconhece no autor "o generoso inconformismo para com as coisas como elas são", mas vê na crítica à sociedade do lucro capitalista "uma mensagem excessivamente superficial e redundante". Mesmo quando na peça se canta "vamos ver como é que fica/ quando mudar a situação", observa o crítico, "permanecemos sem saber em que sentido a situação vai mudar, nem como é que as coisas vão ficar. Não é formulada uma sugestão de uma atuação concreta no sentido de que as coisas sejam transformadas, mas acena-se com uma misteriosa modificação que, supõe-se, cairá do céu".

Não sobraram elogios ao espetáculo criado por Emiliano Queiroz, nem à coreografia de Graziela Figueroa — "dança-se bastante mambo e tango, acontecimentos, ao que consta, pouco habituais nas feiras livres do Brasil". Mas o crítico reconhece que o diretor se aproximou do "tipo de espetáculo que o roteiro de Plínio estava pedindo: uma revista musical escrachada e colorida, na qual a intensa vibração e energia física do elenco e a força da música de Cátia de França criam eventualmente algum tipo de alegre empatia com o público".

A JUVENTUDE NO EMBALO DAS DISCOTECAS O discurso contra os enlatados americanos, ou lixo cultural como Plínio preferia, que infestavam a televisão brasileira em séries policiais como *Kojak* e as telas dos cinemas, Plínio tentou traduzir na peça *Sob o signo da discoteca*. Ao contrário de *Feira livre*, agora ele voltava ao diálogo nervoso, fechando a narrativa em três personagens em um cenário único, como nos seus primeiros textos. Era um tempo em que os jovens crescidos sob o manto da ditadura se embalavam nos sábados à noite aos sons e passos de John Travolta e Olivia Newton-John. Os redutos da música brasileira e os pagodeiros da Pauliceia, que atraíam os universitários, agora eram invadidos pela onda das discotecas, com o estridente som eletrônico, mecânico. As drogas não eram mais, se é que foram um dia, apenas um viés escapista ou contestatório de alguns guetos de jovens inconformados. Seu consumo se vulgarizava e, com ele, o tráfico e a complexidade de um mercado que não tardaria a estrelar o noticiário policial. Para um "maldito", Plínio se revelou bem menos que isso ao comentar:

— Moro numa cidade, e a imprensa noticiou, onde houve catorze casos de estupro numa noite. Sei que mais ou menos 10% da população da capital federal, isso foi dito por uma autoridade de Brasília, está se drogando e que o maior índice é na faixa de 12 a 25 anos. O prefeito de Petrópolis declarou que, de vinte jovens na cidade dele, dezesseis se drogam. Sei de muitos casos, casos horrorosos, de moças da alta sociedade paulista, carioca, mineira e gaúcha que se envolveram com tráfico de drogas e de carne branca.

Em entrevista a Maria da Paz, do Folhetim, suplemento da *Folha de S.Paulo*, Plínio Marcos enumerava as razões que o levaram a escrever *Sob o signo da discoteca*. O espetáculo, estreado em abril de 1979 sob a direção de Mário Masetti no Teatro Igreja, na rua Treze de Maio, provocava incômodo. Na matinê de um domingo, logo após a estreia, um diretor de escola levou um grupo de alunos ao teatro e saiu no meio do espetáculo "dizendo que a peça atentava contra a moral e os bons costumes e que a Censura deveria verificar isso", segundo Plínio ouviu. Comentou:

— Se denunciamos que existe um tipo de jovem brasileiro, aliás, a grande maioria, que não está tomando conhecimento da realidade e está se alienando, nós evidentemente não estamos procurando agradar, estamos procurando o debate.

Em cena, o embate envolve um jovem de classe média (Herson Capri) e um pintor de parede (Walter Breda), que falam de suas proezas na noite, em que se envolveram com uma mesma garota (Malu Rocha). Uma espectadora de catorze anos frequentadora de discotecas, ouvida pela repórter Maria da Paz, também não gostou do que viu na peça — e por argumentos diferentes do diretor de escola: "Isso não tem nada a ver com discoteca. Pela madrugada! Um carinha fica o tempo todo pintando parede, o outro bebendo e falando das minas. No fim eles contam a história de uma moça que conheceram em discoteca, que, papinho vai, papinho vem, enganaram ela. Não é qualquer uma que vai cair nessa lábia de ir na casa do outro. Transo muito discoteca e não sei de nenhum caso assim. Se o carinha quer conversar com a gente, conversa na rua". Em defesa da discoteca, a jovem espectadora acabava dando razão a Plínio Marcos, ao dizer que "ali não tem papo, não tem comunicação, você se esquece das pessoas, dos amigos, esquece a semana".

O diretor Mário Masetti não se preocupou em criticar o som e o ambiente das discotecas: "Não vou porque não sei dançar e o barulho me incomoda, mas não vejo mal nenhum na música em si". Como Plínio, também lhe interessava a discussão proposta em *Sob o signo da discoteca*. "A peça vai além, coloca o problema de um operário que, de repente, se vê também um pouco desviado de seus reais anseios, seduzido por esses apelos. O cara que não tem meios de chegar ao sexo e, no entanto, é solicitado pra isso. Fica fascinado com as ideias que a publicidade joga, mas não tem meios pra consumir. Tem uma frase do texto que define muito bem isso, é quando o operário diz: 'Tá todo mundo se tratando, só eu é que estou no prejuízo'. Acho que a juventude está um pouco no prejuízo."

A NOSSA LENTA PERDA DE IDENTIDADE O fato é que, sob o signo da discoteca e outros signos menos dançantes, o país havia mudado e uma nova geração dava as caras, diferente daquela da turbulenta década de 1960. Os velhos e não resolvidos problemas sociais e políticos permaneciam os mesmos, agravados até, mas não mobilizavam mais os que chegavam sem a indignação da geração anterior. Mesmo a mobilização operária, que, naquele momento, emparedava a ditadura e a repressão com as históricas greves do ABC paulista, vinha com uma carga reivindicatória diferente, pontual, classista.

Plínio Marcos sabia o que queria dizer ao colocar um trabalhador na sua peça. As lideranças emergentes, das quais o torneiro mecânico Luiz Inácio Lula da Silva se tornou a síntese mais bem-acabada, traziam um discurso de ruptura com o passado. Na bacia de água usada, jogava-se fora tanto o perverso peleguismo em que dirigentes sindicais se locupletaram quanto as lutas históricas dos que se moviam por utopias. O pragmatismo das reivindicações, que desembocaria no "sindicalismo de resultados", herdeiro direto das gestões assistencialistas e paternalistas dos velhos pelegos antes tão combatidos e condenados, não abria espaço para reflexões ideológicas. Artistas e intelectuais se aproximaram do movimento sindical como linha auxiliar, como apoio estratégico, aliados que ajudavam a legitimar a luta operária junto aos demais setores da sociedade. A compreensão de que o direito de greve, do interesse dos trabalhadores, estava no mesmo capítulo do direito à livre expressão do pensamento fugia do centro da pauta sindical. A desculpa, tão repetida, de que os operários não queriam ser tutelados pelos artistas e intelectuais era exatamente isso. Uma desculpa. Para não macular a pureza *naïf* dos novos líderes, o exercício do pensamento, abstrato como é da natureza das ideias, acanhou-se. Não estranha, portanto, que o Zé das Tintas, de *Sob o signo da discoteca*, tivesse os mesmos pobres objetivos do jovem loiro da classe média com quem se confrontava.

Definida pela crítica como "peça de tese", o espetáculo fez curta temporada no Teatro Igreja e em breve turnê por algumas cidades do interior. Mas a tese de Plínio não comoveu nem gerou debates. Segundo ele, o Black-soul que desbancava o samba nos morros cariocas, como a onda das discotecas entre os jovens de classe média, fazia parte de uma estratégia de colonização cultural. Isso soava discurso rançoso, num momento em que até o carnaval abandonava suas raízes para se transformar em espetáculo de luxo para a televisão. Plínio exemplificava:

— Para você ter uma ideia, a Beija-flor de Nilópolis foi três anos seguidos campeã do carnaval carioca sem ter a melhor bateria, o melhor puxador de samba ou o melhor mestre-sala e porta-bandeira. Eles ganhavam com harmonia do desfile, fantasia e alegoria, pelos padrões do Joãosinho Trinta, que é um artista do Teatro Municipal, um artista erudito. O sambista então se sentiu marginalizado, não era mais necessário na escola, ele se afastou. As multinacionais, percebendo que esse negro precisava de uma forma de afirmação, ofereceram o Black-soul, que passou a ser para o negro suburbano a mesma coisa que o iê-iê-iê para o boyzinho branco, uma forma de afirmação. Isso levou o negro a se dividir e a competir com o branco pobre. Você chega hoje a uma favela do Rio e encontra um negro que diz: negro pobre sofre mais que branco pobre, nós temos que lutar contra o branco. Esse cara que consome a moda americana vai defender a importação de cultura. A música Black tem que entrar. Se você disser que a música Black não tem que entrar, ele vai te chamar de repressor e dizer que você não quer que o negro se desenvolva. É assim que eles ocupam o país.

Se preconceito havia, não havia ainda a questão racial colocada nos termos em que, nas décadas seguintes, seria discutida na sociedade brasileira, à luz de uma história de discriminação que não é exatamente a nossa e de uma polêmica política compensatória. Plínio antecipava um entendimento sobre o tema, denunciando a já irrefreável colonização cultural, conceito estigmatizado pelo uso corrente no vocabulário da esquerda, mas que, entendido em sua extensão, ajuda a compreender o processo de perda da nossa identidade.

"Um povo que não ama e não preserva suas formas de expressão mais autênticas jamais será um povo livre." O conceito contido no aforismo, que Plínio repetia à exaustão, parecia condenado ao esquecimento.

Cena XIV

Com Walderez e os filhos Leo, Kiko e Aninha na redação do jornal *Última Hora (Arquivo da Família)*

"Estou aqui apenas para defender o feijão com tranqueira e para defender pontos de vista."

"O Samuel Wainer me dizia: você tem que me tapear, porque a sua pena é livre, mas o papel tem dono."

"Eu fui escrever literatura porque a Censura não estava liberando nenhuma peça minha."

No Congresso da Sociedade Brasileira para o Progresso da Ciência (SBPC), em 1977, na Universidade de São Paulo, o jovem estudante de ciências sociais viu aquela figura solitária encostada na parede e não resistiu à curiosidade que o assaltou. Também tímido, aproximou-se para tirar a dúvida.

— Você é o Plínio Marcos?

— O tempo todo.

Depois de um brevíssimo silêncio, os dois riram. Nada mais foi dito. Precisava? O rapaz se afastou e Plínio continuou no seu canto quieto e sozinho. Nem se deu conta de que o estudante se chamava Otavio. Mais que isso, filho do "seu Frias", dono da *Folha de S.Paulo*, jornal para o qual ele tinha acabado de voltar a colaborar depois de ser demitido da revista *Veja* pelo "seu Civita". Nunca mais Otavio Frias Filho esteve assim tão perto de Plínio Marcos, autor que só conhecia da leitura de *Dois perdidos numa noite suja* e *Navalha na carne*. Quando essas peças estrearam dez anos antes, ele não tinha idade para ir ao teatro. E agora, chegando aos vinte, não podia assisti-las porque estavam proibidas.

"Eu tinha enorme admiração, sobretudo pelo poder do seu diálogo. Voltei a encontrá-lo, mesmo no jornal, mas nunca conversamos. Me impressionava a sua figura meio patética, vendendo seus livrinhos. Plínio me lembrava Iessiênin, poeta rival de Maiakovski, que não se cuidava e vestia-se como camponês, embora não o fosse."

(Sierguéi Iessiênin, o poeta lembrado por Otavio, enforcou-se num quarto de hotel aos trinta anos; Maiakovski lhe dedicou um poema: "Nesta vida morrer não é difícil. O difícil é a vida e seu ofício".)

A resposta curta e grossa, e divertida, com que se apresentou, deu a Otavio a síntese de um personagem que foi Plínio Marcos o tempo todo, no teatro ou nas histórias, crônicas e reportagens que publicou na imprensa. Plínio foi saído da *Veja* em janeiro de 1976 e em 6 de fevereiro de 1977 assinava a sua volta à imprensa, agora na *Folha de S.Paulo*. Voltava "sem mágoas e sem rancores". Com um único e claro objetivo: "Estou aqui apenas com as mesmas finalidades de sempre, defender o feijão com tranqueira e defender pontos de vista".

Voltava, segundo ele mesmo, depois de ser "afastado do jornalismo por motivo de força maior, aliás, de força muito maior". Voltava a convite de Tarso de Castro, editor do caderno Ilustrada.

— E aqui estou. Plínio Kid em carne e osso. Mandando ver. Os peles-vermelhas podem trocar bala com os caras-pálidas, que nem me afobo. Conheço o enredo e só vou morrer no fim da fita.

DEMISSÃO DA *FOLHA* NA POLÍCIA FEDERAL O fim da fita estava mais perto do que ele imaginava. Ernesto Geisel, terceiro general-presidente do período militar, enfrentava resistências ao seu projeto de promover no país uma abertura política lenta e gradual. Já sentira o tamanho dos problemas nos episódios do assassinato, no 2º Exército em São Paulo, do jornalista Vladimir Herzog e do operário Manoel Fiel Filho. Em 1977, sob o pretexto de impor sua determinação, Geisel fechou o Congresso por um curto período, o suficiente para editar o "pacote de abril", com mudanças no Poder Judiciário. Na imprensa, o reflexo visível apareceu no expediente, em que surgia no lugar de diretor-proprietário a figura do diretor-responsável, ou seja, do jornalista que responderia por qualquer deslize passível de ser enquadrado na Lei de Imprensa e da não menos temida Lei de Segurança Nacional. Na *Folha de S.Paulo*, as consequências viriam com a substituição de Cláudio Abramo na direção de redação por Boris Casoy.

Na noite de 11 de agosto, Plínio Marcos fora intimado a comparecer na sede da Polícia Federal, na rua Piauí, que ele já conhecia de outros carnavais. O motivo, uma crônica publicada em maio na *Folha* com o título "Quando o sol raiar eu irei a Cruzeiro". Ela falava de um incidente com o autor e ator ao se apresentar tempos atrás na cidade de Cruzeiro, no Vale do Paraíba. Para impedi-lo, as autoridades locais exigiram que ele tivesse um alvará que só poderia ser retirado na vizinha cidade de Lorena. Como já era noite, seria impossível obter o documento, que era exigido por absoluta intolerância da repressão municipal. O absurdo da exigência inspirou a crônica de Plínio. O absurdo continuou na intimação tardia da Polícia Federal, para ele explicar o inexplicável. Foram várias idas e vindas, que terminaram quando ele foi informado, pelos policiais, que Cláudio Abramo não era mais diretor do jornal e ele, Plínio Marcos, estava demitido da *Folha*.

O cerco à *Folha* se fechou com a publicação de uma crônica de Lourenço Diaféria em agosto — *Herói. Morto. Nós.* No Dia do Soldado, em vez de reverenciar o Duque de Caxias, patrono do Exército, Diaféria preferiu homenagear outro herói, um soldado anônimo que arriscou a vida atirando-se num lago de ariranhas para salvar uma criança. Aquilo, para os militares, soava como provocação. Provocação que aumentou quando o jornal, reagindo à prisão do cronista, saiu com o espaço da coluna em branco, denunciando a violência aos leitores.

Bela tarde, Plínio Marcos estava de volta à Polícia Federal — além do inquérito por causa da crônica, era acusado agora de pregar a subversão em palestras que fazia no interior com o tema "Necessidades culturais do povo brasileiro". De repente o interrogatório foi interrompido por uma comissão do Sindicato dos Jornalistas. O delegado recebeu Audálio Dantas — bravo presidente do sindicato, que falou com Plínio e, segundo ele, "não me disse nada" — e autorizou a visita a Diaféria, "brilhante colunista e bom amigo", observou Plínio. Ele se juntou ao grupo para dar força ao amigo. Terminada a visita, todos saíram. Menos Plínio, que continuou sendo interrogado. Ninguém sequer se interessou em saber o que ele fazia na Polícia Federal. Até o delegado que o interrogava se admirou, segundo o relato de Plínio em crônica publicada depois no *Diário da Noite*.

"Eu expliquei com sinceridade:

— Sabe como é, eles são do Sindicato dos Jornalistas e eu não sou jornalista. O Ministério do Trabalho não me reconhece como jornalista. E o sindicato cuida dos sindicalizados.

O homem fez uma cara de pasmo e me perguntou:

— E você o que é, então?

Mais uma vez fui honesto na resposta:

— Um marginalizado, como a grande maioria dos brasileiros.

O delegado, com expressão de tristeza, ficou pensativo. Saiu da sala, cochichou com outros policiais e quando voltou estava muito sério e anunciou com voz grave:

— É, você vai cair mesmo na Lei de Segurança Nacional."

Demitido da *Folha*, Plínio voltou à grande imprensa em 11 de dezembro de 1978, no *Diário da Noite*. Na primeira crônica, em que registra o episódio citado, ele também respondia aos que atribuíam o convite do jornal à abertura política que se insinuava no país:

— Não houve abertura nenhuma. Na verdade, não se abriu nem uma fresta.

Dito e feito. Meses depois ele já estava fora do *Diário da Noite*. Plínio voltou ainda uma vez à *Folha*, e por seis meses em 1980, a convite de Boris Casoy, como colaborador da seção de esportes, editada por José Trajano e José Roberto Malia — o "Zé Maria", que ele conhecera nos primeiros tempos de redação na *Última Hora*, em 1968.

— Zé Maria, por mais que um cartola possa ser bom, ele nunca é bom.

Malia guardou bem essa definição sobre os dirigentes de futebol, alvo das críticas de Plínio já na sua estreia como cronista no *Última Hora*, e conta: "Três vezes por semana ele vinha à redação. Entrava tranquilo, chinelo, calça branca, sem pressa pra nada, com aquele ar de santista indo pra praia. Trazia a coluna pronta e ficava conversando a tarde toda, sempre com histórias novas que paravam a redação, atrapalhando o fechamento do jornal. Eu tinha que interromper: 'Vai tomar café, Plínio'. Aí ele descia, mas logo estava de volta. Não falava só de esportes, mas de tudo, era muito bem-informado".

PROIBIDO ANTES MESMO DE SER LIDO Desde sempre estava claro que a pressão sobre Plínio não se limitaria ao seu teatro. Em agosto de 1968, ano em que ele iniciou sua colaboração semanal no jornal *Última Hora*, a *Folha* noticiava que a situação era a seguinte: "Trabalho dele que chega a Brasília é proibido antes mesmo de ser lido. Os censores dizem: 'Plínio Marcos? Proibido'". A proibição tinha um objetivo mais cruel e restrito: impedi-lo de trabalhar. Fosse onde fosse.

O jornalista Alessandro Porro testemunhou a pressão para silenciar Plínio já naquela época. Depois do AI-5, Porro e Milton Coelho da Graça assumiram a direção da revista *Realidade* no lugar de Paulo Patarra, o que provocou uma revoada na redação, inconformada com a troca. Saiu até o escritor e médico Roberto Freire, que tinha feito a primeira e grande reportagem na revista sobre Plínio Marcos, em setembro de 1968. Ele e tantos outros, como Sérgio de Souza, Woile Guimarães e Mylton Severiano da Silva, saíram. (Sérgio e Mylton criaram no início dos anos 1990 a revista *Caros Amigos*.) Plínio, como colaborador, ficou na *Realidade* e outros, como Raimundo Pereira, que estava na *Veja*, chegariam depois. (Raimundo, em plena ditadura, criou publicações alternativas como os jornais *Opinião* e *Movimento*.)

Em texto de 1997, em O *Globo*, Alessandro Porro conta que certa manhã de 1969 Victor Civita o chamou para dizer que "um cretino fardado, cheio de estrelinhas" pediu que "o nome de Plínio Marcos não aparecesse mais em nenhuma publicação da editora", pois "é pernicioso para a moral brasileira". Seu Civita perguntou a Porro, sem meias palavras: "Ele é perigoso?". Depois de informado sobre o personagem e a importância de tê-lo "como colaborador da casa", Civita não o demitiu. Ele podia escrever, mas sem assinar as matérias. "Plínio virou *o pernicioso*, para pouquíssimas pessoas, inclusive o dono da editora e minha secretária. O pernicioso mandou o texto sobre futebol? Chegou a matéria do pernicioso sobre a vida dos palhaços de circo no interior? O pernicioso escreveu a reportagem sobre as cantinas do Brás? Eram esses os temas muito pouco malditos que o futuro autor de *O abajur lilás* fazia questão de propor, com um sorriso de desafio iluminando seu rosto."

Enfim, ele era Plínio Marcos o tempo todo. Por isso, no fim da vida, ao olhar para trás, não lamentou, só constatou o que lhe custou também ser jornalista:

— Fui despedido da *UH*, da *Veja*, da *Placar*, da *República*, da *Isto É*, da *Folha*, fui despedido de tudo quanto era lugar.

A PENA É LIVRE, MAS O PAPEL TEM DONO A colaboração de Plínio na imprensa diária passou a ser contínua em julho de 1969, no jornal *Última Hora*, em seguida à sua prisão em Santos. Criado no Rio de Janeiro por Samuel Wainer em 1952, após a eleição do presidente Getúlio Vargas, e identificado como "um jornal vibrante, uma arma do povo", ele foi um dos primeiros alvos do regime militar implantado no país em 31 de março de 1964. Antes de exilar-se na Europa, Samuel vendeu a sucursal paulista de *Última Hora* ao grupo Folha da Manhã, de Octavio Frias de Oliveira.

No fim do primeiro semestre de 1969, o jornal tinha saído de uma crise interna e o novo diretor Alcides Torres, notável artista gráfico que vinha da *Cidade de Santos*, também do grupo Folha, assumiu uma redação com um quadro reduzido de profissionais. O crítico de teatro João Apolinário, editor do caderno de Variedades, o convenceu a manter Plínio Marcos como colaborador. Torres concordou e o chamou para conversar. Para driblar a censura que chegava à imprensa, desde a promulgação do AI-5 em dezembro de 1968, Plínio escreveria histórias semanais de personagens populares e anônimos, que conhecia tão bem. Histórias das "quebradas do mundaréu", que o aproximaram definitivamente da produção literária, alternativa de sobrevivência para um dramaturgo expulso dos palcos. Ele contou:

— Comecei com contos. Era para ser uma coisa assim: já que você escreve peças, pode também escrever a vida como ela é. Mas uma coisa é escrever na *Última Hora* do Rio de Janeiro, outra é escrever na *Última Hora* caindo pelas tabelas, como andava na época.

De fato, *Última Hora* estava longe do jornal influente de outros tempos e em cujas páginas Plínio descobriu Nelson Rodrigues e "A vida como ela é". Foi Nelson um dos primeiros a quem ele falou do convite de João Apolinário. Vai por mim, ouviu do amigo, comece com uma coluna semanal, escrever coluna diária é de entortar patuá. E assim ele fez, contando a vida pela ótica de seus personagens marginalizados e esquecidos, aproximando-se ainda mais da cultura popular. Entre idas e vindas, Plínio ficou ligado à redação da *Última Hora* até 1975. Nos breves intervalos colaborou no *Diário da Noite* em 1970 e, em 1972, no *Guaru News*, jornal de Guarulhos, na Grande São Paulo, em que assinou por alguns meses a coluna "Nas Quebradas do Mundaréu". Quando Samuel Wainer, de volta do exílio em 1973, a convite de Octavio Frias de Oliveira, assumiu como contratado a direção do jornal que fundara, Plínio Marcos ganhou novos espaços na *Última Hora*. "Vai escrever pancada mesmo, escreve pra valer que a hora é essa." Plínio ouviu o estímulo quixotesco de Samuel, acompanhado de uma ressalva que ele jamais esqueceu:

— O Samuel me dizia: você tem que me tapear, porque a sua pena é livre, mas o papel tem dono. Então a gente tinha que se virar pra driblar a censura.

A convivência na redação e nas mesas do Gigetto deu a Plínio a certeza de que Samuel Wainer "era um homem muito magoado, embora não parecesse". A certeza veio em um episódio corriqueiro, quando, contou Plínio, "um bando daquelas perigosas criaturas com gravador e uniforme de colégio entrou na redação para entrevistar Samuel". Entrevista que resultaria em uma aula da história política recente do Brasil com um personagem que a viveu.

O episódio, na visão de Plínio Marcos:

— Samuel, eu sei lá se estava carente naquele dia, chamou parte da redação pra ouvir ele falar para as menininhas, todas encantadoras. E ele foi falando, falou de Getúlio Vargas, contou uma porção de passagens. Fim de tarde, o sol já se pondo, aquela coisa melancólica, aquele homem falando, aquelas menininhas tristes. "Tenho certeza...", antes de ele completar a frase o gravador fez *tec*, acabou a última fita. Ele continuou: "Tenho certeza que, quando vocês vieram me entrevistar, não sabiam que eu era nada disso que eu contei aqui". Aí a menininha mais bonita e mais inteligente de todas virou e falou assim: "Para ser franca, sr. Samuel, a única coisa que a gente sabia do senhor é que tinha sido marido da Danuza Leão". Aí saímos da redação e eu tive que ficar bebendo com ele até as quatro da manhã. O cara faz a história e aí fica como marido da Danuza Leão!

COM TOM JOBIM, TREMENDO NA BASE Compreendido que a pena é livre, mas o papel tem dono, Plínio não se limitaria a escrever artigos. Sairia às ruas como repórter. Ganhou uma página aos domingos para registrar os "Encontros de Plínio Marcos", o que o levou a rever amigos como Adoniran Barbosa e a "tremer nas bases" diante de Tom Jobim. O compositor voltava a São Paulo com Elis Regina a tiracolo para duas únicas apresentações no Teatro Bandeirantes, na Brigadeiro Luís Antônio, dias 25 e 26 de outubro de 1974. Eles tinham gravado um disco antológico, *Elis & Tom*, e agora se encontravam no palco, em espetáculo produzido por Roberto de Oliveira, recém-casado com Pinky Wainer, filha de Samuel e Danuza.

Na quinta-feira, véspera da estreia do show, Plínio foi escalado para entrevistar Tom Jobim. Na edição daquele dia, a *Última Hora* publicava uma declaração de Elis segundo a qual o maestro "é a Greta Garbo da música brasileira, aquela figura difícil que todos conhecem por tradição oral e que, na verdade, diz só querer Brahma morna e calção largo". Plínio relaxou. Era tudo o que ele em seus chinelos precisava saber para não se preocupar com a tarefa que Samuel lhe atribuiu. A entrevista seria à tarde, no teatro, antes do ensaio.

"Por não acreditar em pontualidade de artista carioca", escreveu Plínio, "saí da redação pro apontamento exatamente às catorze horas, certo de que ia ter de esperar pelo Tom, mesmo chegando atrasado.

Quebrei a cara. Ao chegar ao teatro, o Tom já estava ao piano. Fiquei admirado em voz alta: Pombas! O cara é profissional mesmo. Essa pontualidade ele deve ter aprendido nos EUA."

Atrasado, sem moral para se apresentar, Plínio ficou de lado, só ouvindo Antonio Carlos Jobim que brincava ao piano em uma audição quase exclusiva, enquanto o fotógrafo João Kuntz adiantava o seu trabalho.

"O Tom sorriu sem jeito e eu também sorri. Que se pode fazer? Aí, ele deu a partida: 'Então, Plínio Marcos, diz aí'. Pode ser besteira de minha parte, sei lá. Mas o Tom Jobim é um dos monstros sagrados da música popular brasileira. E diante de monstros sagrados eu tremo nas bases. Fiquei sem ter o que dizer."

O que saiu publicado foi menos uma entrevista e mais o registro de impressões de uma conversa sobre temas gerais, disco, show, condições de trabalho sempre difíceis no Brasil. No meio dessa conversa jogada fora, o repórter apareceu em uma pergunta mais direta. Nem foi uma pergunta. Plínio sugeriu que rolava um papo de que Tom Jobim não gostava de trabalhar. O que para ele, Plínio, seria até uma qualidade a mais no currículo do maestro. Não é bem assim, corrigiu Tom. "Não gosto muito de fazer show. Sabe, eu sempre fui mais compositor. Nunca fui muito artista de show. Por isso mesmo, tenho que ensaiar." Foi a indireta certeira para Plínio perceber que ele estava empacando o ensaio.

— Estava falado. Saí do palco e fui sentar na plateia, com o Roberto de Oliveira.

Era o mínimo que se podia esperar do repórter atrasado diante do monstro sagrado. No domingo, o jornal tinha a matéria encomendada por Samuel Wainer, embora não exatamente uma entrevista com revelações ou grandes tiradas. Como diria o Plínio, quem quiser que conte outra. A história dele com Tom ficou no pitoresco do encontro. O que, afinal, não era pouco.

A passagem de Samuel como empregado na *Última Hora* durou pouco. Cheio de projetos, e apostando no senso de oportunidade que o levou a se aproximar de Getúlio Vargas, a quem combatera no Estado Novo (até 1945) e cuja defesa assumiu ao criar o jornal em 1951, ele fundou em 1975 o *Aqui São Paulo*, um vespertino. Ou seja, um jornal que ia às bancas no começo da tarde com notícias da madrugada e da manhã. Tentara fazer isso na sua volta à *Última Hora* e não dera certo. Também não daria em *Aqui São Paulo*. Com a saída de Samuel, encerrou-se também o ciclo de Plínio Marcos na *Última Hora*.

NO GIGETTO, ENCONTRO COM CARLOS LACERDA O Gigetto não era apenas um restaurante de comida honesta e farta, o que permitia a artistas menores dividir pratos e convívio com variadas espécies de notáveis e nem tanto. Desde a década de 1950, ocupando primeiro um casarão na rua Nestor Pestana, em frente ao Teatro Cultura Artística, e depois na rua Avanhandava, as suas noites eram povoadas de encontros inusitados. Certa madrugada, Carlos Lacerda, ex-governador do Estado da Guanabara (área do Rio de Janeiro, antigo Distrito Federal), apareceu no Gigetto atrás de Plínio Marcos. Ostentando no currículo a fama de golpista, por conspirar pela queda de dois presidentes da República, Getúlio Vargas e João Goulart, Lacerda provou do próprio veneno ao cair em desgraça com os militares que ele incitou ao golpe de 1964. O seu projeto de eleger-se presidente da República foi por água abaixo quando os militares, a quem apoiara no golpe contra Goulart, suspenderam as eleições previstas para 1965.

Homem culto, tradutor de Shakespeare, orador brilhante e declaradamente de direita, seu nome provocava repulsa mortal dos adversários e principalmente da esquerda. Mergulhado em profunda solidão política, só lhe restava agora buscar a companhia dos que tão ferozmente combatera alguns anos antes. Articulou então com dois ex-presidentes cujas vidas já tinha infernizado, Goulart e Juscelino Kubitschek, a formação da Frente Ampla, que pretendia transformar em partido de oposição ao regime militar. Como os outros estavam no exílio, no Uruguai e em Portugal, respectivamente, Carlos Lacerda assumiu a tarefa de percorrer o Brasil atrás de apoio à Frente Ampla. Foi assim que chegou a São Paulo no início de 1968 para um encontro com políticos e, principalmente, artistas e intelectuais, na esperança de obter apoio.

O local escolhido foi o teatro de Ruth Escobar que, em 1966, produziu a montagem de *Júlio César*, de Shakespeare, em tradução de Lacerda. A atriz Maria Eugênia De Domenico, que acabara de ingressar na EAD, lembra-se desse encontro em que os poucos artistas que compareceram se limitaram a vaiar Carlos Lacerda, que encerrou a noite no Gigetto.

Ao entrar no restaurante, o ex-governador foi logo perguntando por Plínio Marcos, que àquela hora já estava em casa, dormindo. Tanto insistiu que alguém ligou para a casa do Plínio. Telê Cardim, jornalista e conhecida personagem daquelas noites paulistanas, testemunhou o episódio. "A Walderez atendeu irritada, pensando que fosse um trote." Não era. Plínio saiu da cama e foi para o Gigetto. Sentou-se à mesa de Carlos Lacerda. Conversaram até o amanhecer. Sobre o quê? Não se sabe. Na lembrança de Walderez, Lacerda queria o apoio de Plínio, que naquele início de 1968 já carregava o fardo de ser um dos autores mais visados pelos militares. Bateu em porta errada. Plínio, como ele dizia, não se negava a conversar com ninguém. Lacerda era mais um. Plínio sabia com quem estava conversando. Lacerda, provavelmente não.

Foi no Gigetto que Samuel Wainer convenceu o empresário Américo Marques da Costa a investir na produção da proibida *O abajur lilás*. Foi no Gigetto que se estreitou a amizade de Plínio e Mino Carta. Diretor de redação da revista *Veja*, quando Mino soube que o amigo saíra da *Última Hora*, em 15 de outubro de 1975, "entregou a Plínio Marcos, teatrólogo e ator, perseguido pelo regime, uma rubrica semanal de esportes que de tudo falaria menos dos próprios", como o jornalista relata no romance *O castelo de âmbar*. "Antes, ele já se deslocava até às margens do Tietê e ficava horas conversando na redação." Pacífico, cordial, gentil, educado. Mino se excede nos adjetivos ao falar do Plínio com quem conviveu. "Mesmo em política ele era muito equilibrado nas análises, defendia suas ideias sem babar na gravata." O período de colaboração com a revista, no entanto, seria tudo menos tranquilo. A Censura ensaiava retirar-se da redação de *Veja*, o que não significava muito. Poderia voltar a qualquer hora. Como voltou, antes mesmo de sair, com munição diferente. Palavras de Plínio:

— Eles logo de cara se irritaram porque eu escrevi uma crônica dizendo que o Santos Futebol Clube ficou 25 anos com aquele Athié Jorge Cury de presidente e teve até o seu milagre, Pelé. Mas tudo indicava que, quando acabasse o milagre, o Santos ia falir. Como faliu, e não precisa me chamar de profeta. Eles acharam que era igual à história do Brasil, que eu estava falando da ditadura militar e do milagre econômico. Então fui detido e depois demitido.

Quando Plínio foi colaborar em *Veja*, a Editora Abril, segundo Mino Carta em seu romance, pleiteava na Caixa Econômica Federal um empréstimo de cinquenta milhões de dólares. Tudo dentro das regras. Mas tanto dinheiro, e para a dona de uma revista que não se comportava ao gosto de Brasília, não sairia de mão beijada. Custaria a independência que Mino imprimia à publicação. Como ele não arredasse pé, a solução interna foi enviá-lo a Roma, por uns tempos. Isso acalmaria o ministro Armando Falcão, a quem irritava também a presença no time da revista do autor de *O abajur lilás*, peça que pessoalmente ele se negou a liberar. O afastamento de Mino se precipitou após a morte do jornalista Vladimir Herzog nos porões do DOI-Codi, em outubro. Afastamento que, para não parecer capitulação, se escudou em protocolo, a vigorar até 1º de abril de 1976, pelo qual a Abril se comprometia, entre outros pontos, a manter a linha editorial da revista e a não demitir, "por razões político-ideológicas", nenhum empregado ou colaborador, enquanto durassem as férias de Mino Carta, que em dezembro embarcou para Roma. No final de janeiro ele estava de volta a São Paulo. Nem desfez as malas e foi chamado por Victor Civita.

— Você precisa demitir Plínio Marcos, já!

— Como?

— Demitir Plínio Marcos.

— Por quê?

— A Censura está para sair de *Veja*, a demissão de Plínio Marcos é o que falta para encerrar o assunto.

— Seu Victor, assinamos o protocolo.

— Que está dizendo?

— Até 1º de abril as coisas ficam como estão, depois faça o que bem entender, mas despeça a mim antes de Plínio Marcos.

— Não, você demite.

— Demita o senhor, até logo e passar bem.

A conversa registrada em *O castelo de âmbar* não terminou aí. Seguiram-se dias de negociações internas e em Brasília. Quando soube da história, "Plínio recusou-se a voltar a colaborar", relata Mino. "Se ele tivesse continuado, eu ficaria só por pirraça até a data prevista no protocolo." A recusa de Plínio não foi ato heroico. Não poderia criar mais constrangimentos ao amigo. Antes que a editora o demitisse, Plínio se retirou. Mino, em 1979, lançou seu próprio diário, o *Jornal da República*, que meses depois saiu de circulação. Nem deu tempo de convidar Plínio a colaborar.

Demitido da *Veja* e da *Folha*, só lhe restava escrever na chamada imprensa alternativa, em jornais como *Movimento* e *Opinião*. Era um jeito de resistir, sem ganhar um centavo. Em dezembro de 1978, publicou no *Movimento* a peça *Aí que saudades da saúva*. Nem era uma peça. Estava mais para o desabafo de *Verde que te quero verde* que escreveu para a *Feira Paulista de Opinião* em 1968. Brincando com antigo aforismo — "ou o Brasil acaba com a saúva ou a saúva acaba com o Brasil" —, o esquete envolvia Patriotão, empresário brasileiro, e seu cliente Mister, um estrangeiro interessado em comprar a Amazônia. Na abertura o autor se apresentava: "Eu sou um ex-autor de teatro. Porém (e sempre tem um porém), hoje aqui (por ter certeza que não poderei colocar no palco) apresento minha última peça teatral". A última que escreveu até aquela data, entenda-se, pois ele não se entregava.

Na *Folha*, Plínio Marcos publicaria dois outros esquetes. O primeiro, *No que isso vai dar*, na eleição para a Presidência da República em 1994. O segundo, em 11 de junho de 1995 no caderno Mais, com o título *Nhenhenhém*, ou *Índio não quer apito*, que o editor Mario Vitor Santos definia como "mais uma chance para Plínio Marcos girar sua velha metralhadora contra igreja, governos passados, mineradores, escritores e intelectuais em geral, políticos e generais americanos". O nhenhenhém do título era uma referência direta ao presidente Fernando Henrique Cardoso que pusera o termo em voga e o enredo envolvia um ministro da Justiça, que se une a um general e a um intelectual, "numa manobra para obrigar os indígenas a restringir a extensão de suas reservas". Ao tratar de um tema cuja atualidade se conserva ainda, o autor não deixava fora da mira os dois índios da história, um "verdadeiro", Índio-Índio, e outro oportunista. Como dissera ao jovem estudante de ciências sociais, ele era Plínio Marcos. O tempo todo.

O REFÚGIO NOS LIVROS PARA SOBREVIVER De repente ele se viu novamente sem espaço na imprensa, menos ainda no palco. Vez ou outra surgia convite para palestras em escolas, trabalho eventual e raro, sem nenhuma garantia. Dos ofícios que a vida lhe ensinou, os de contador de histórias e camelô eram os que caíam bem. O escritor é ruim, mas o camelô é bom — passou a ser o lema da sua modéstia. Ocorre que escrever para teatro contém o vírus do efêmero. O destino de uma peça é o palco. Daí a fatalidade que acompanha a obra do dramaturgo numa sociedade repressora. Plínio sempre se definiu como repórter de um tempo mau. Mais que qualquer outro, até o jornalístico, o texto teatral se destina às circunstâncias do seu tempo. O dramaturgo não escreve para a posteridade. Foi assim com Sófocles, Shakespeare, Molière. E também com milhares de anônimos e esquecidos fora do seu momento, cujas obras cumpriram a tarefa circunstancial que lhes cabia e depois desapareceram. Um verso, canção ou romance podem sobreviver ao obscurantismo que os proíbe de chegar prontamente a ouvintes e leitores. Uma peça de teatro, nem sempre. Retirá-la do seu momento é comprometer o seu impacto e vitalidade. Não surpreendeu que depois, abertas as gavetas da censura, as peças ali aprisionadas se revelassem frágeis. Tolo, ou ignorante, é quem imaginou o contrário.

Calado no palco e na imprensa, o repórter Plínio Marcos encontrou na literatura e no livro a porta entreaberta ao testemunho de um tempo mau. Duas peças já haviam saído em livro. Em 1971, a Editora Obelisco publicou *Quando as máquinas param* em "edição comemorativa" da montagem no Sindicato dos Têxteis. Antes, a primeira e emblemática edição de *Navalha na carne* saiu por iniciativa do escritor Pedro Bandeira. Em junho de 1967, *Navalha* apresentava-se clandestinamente enquanto corria a batalha pela sua liberação. Amigo de Plínio desde as noites no Bar Regina, Bandeira não se conformava com a proibição do texto e do espetáculo. Sem as facilidades técnicas do cinema e do vídeo, e trabalhando na pequena Editora Senzala, de repente lhe veio a ideia: "A censura era feroz contra os jornais, contra o cinema, e principalmente contra o teatro, mas os livros ficavam mais ou menos fora da sanha controladora dos novos donos do poder. Então, que tal fotografar a peça inteira, usando as artes gráficas, o tamanho do corpo e a forma dos tipos das letras para dar a ênfase necessária ao embate cruel dos protagonistas? Além de tudo, a peça era muito curta e numa edição normal resultaria em um livro fino demais, que não poderia transmitir ao público o impacto daquela novidade genial".

Pedro Bandeira chamou Yoshida, respeitado fotógrafo de publicidade, e o artista gráfico uruguaio Walter Hüne para realizar o projeto. Ruthneia de Moraes, Paulo Villaça e Edgard Gurgel Aranha representaram cena por cena o espetáculo para o registro fotográfico. Saiu um livro inovador e surpreendente para os padrões da época. A dificuldade maior continuava no texto. As gráficas procuradas por Bandeira se recusaram a imprimir a obra, pois "havia moças entre seus funcionários e aqueles palavrões haveriam de escandalizar as moçoilas". Com muito custo o dono de uma gráfica aceitou o serviço, realizado de madrugada, depois do expediente e por homens, antes que as funcionárias voltassem ao trabalho.

Enquanto Pedro Bandeira editava *Navalha na carne*, a peça enfim foi liberada para maiores de 21 anos. O que não impediu que os cinco mil exemplares do livro — "uma tiragem enorme para a época" —, mesmo com uma distribuição precária, se esgotassem em duas semanas. Depois da morte de Plínio Marcos, o livro foi relançado pela Azougue Editorial, em 2005, acrescido de vários textos críticos sobre a peça.

DAS RUAS E TEATROS AO SALÃO DE PARIS A publicação de *Histórias das quebradas do mundaréu* em 1973, pela Editora Nórdica, reunia os contos produzidos por Plínio Marcos para a imprensa. Foi em 1975, premido pela falta de perspectivas de trabalho, que Plínio alternou teatro e literatura ao escrever *Uma reportagem maldita (Querô)*. O romance é exemplar da impossibilidade do autor de ocupar seu espaço natural, o palco. A versão teatral da saga dolorosa de Querô seria encenada em 1993, rendendo a Plínio o troféu de melhor autor de teatro, que se somou ao de melhor romance, concedido em 1976 pela seção de Literatura da Associação Paulista de Críticos de Arte (APCA). Fato raro, senão inédito: duas premiações, em literatura e em teatro, da mesma obra. O que, afinal, Plínio deveu em parte à sina de autor proibido:

— Eu fui escrever literatura porque a censura não estava liberando nenhuma peça minha. *Querô* ia ser mais uma peça de teatro. Só escrevi em forma de romance porque achei que não passaria pela Censura. Quem decidiu que era romance foi o dono da editora Símbolo, que falou assim: "Novela não vende. O público confunde com novela de televisão, então vamos chamar de romance". E todo mundo começou a chamar de romance. *Barra do Catimbó*, outro romance, foi proibido como novela de televisão. Foi a mesma coisa. Para mim era folhetim, escrito todos os dias no jornal. O editor falou: "Folhetim ninguém sabe o que é, então vai ser romance". *Quebradas do mundaréu* é consequência das historietas que escrevi na *Última Hora*.

Assim, enveredar pela literatura não foi decisão planejada. Foi necessidade de sobrevivência. Para todos os efeitos, Plínio se apresentava como contador de histórias, não um escritor. Havia nisso sincera modéstia. Ele só se reconheceu escritor um ano antes de morrer, quando participou em março de 1998 do 18º Salão do Livro de Paris. Naquele ano o evento foi dedicado ao Brasil, que "compareceu com 10 mil títulos e cerca de setenta escritores", segundo relatório do Ministério da

Cultura. Deu até para mandar Plínio Marcos e *Deux perdus dans une nuite sale*, traduzida por Ângela Leite Lopes, numa edição da Funarte. De repente, ele se viu cercado de escritores de ofício como Lygia Fagundes Telles, Jorge Amado, Antonio Torres, Zuenir Ventura, Chico Buarque, Dias Gomes e — por que não? — Paulo Coelho, que não foi incluído na delegação oficial e com quem Plínio se deu muito bem, segundo sua companheira Vera Artaxo.

Até então, e sem a ambição de ser um escritor, os livros só lhe serviram para pagar as contas. Eram lançados discretamente, sem noites de autógrafos. A única e última noite com a pompa da circunstância aconteceu em setembro do ano da sua morte, em 1999. O *truque dos espelhos* foi lançado no Gigetto em noite de autógrafos, na qual Plínio dispensou a piada que repetia, prometendo morrer logo para valorizar o autógrafo. Contentou-se com o carinho da festa.

CENTRO CULTURAL PROÍBE CAMELÔ DE LIVROS Da saída de *Veja*, em janeiro de 1976, à estreia na *Folha*, em fevereiro de 1977, foi o período em que Plínio amadureceu a certeza de que ser camelô de seus próprios livros era um trabalho que ninguém lhe poderia tirar. Fora disso, tudo era incerto e passageiro. No início limitava as vendas ao público das palestras para as quais era convidado. Quando a situação apertava, ia para as portas de teatros e restaurantes. Disse:

— Por que as pessoas compravam meus livros na rua? Compravam porque sabiam que estavam me ajudando, porque sabiam que de certa forma aquilo era uma resistência. Os jogadores do Corinthians uma época queriam fazer um jogo pra me ajudar. Mas eu não quis, porque achava que tinha saúde suficiente para ir pra rua e vender meus livros. Favor, eu devo pra caralho, mas nunca aceitei caridade, porque a esmola corrompe o cidadão. E o povo brasileiro é muito generoso. Quando me via vendendo meus livros na rua, sabia que eu estava resistindo.

Essa seria desde então a sua principal fonte de renda, como admitiu ao repórter Cláudio Pucci, da *Folha de S.Paulo*, em agosto de 1981:

— Eu vivo, na verdade, da venda dos meus livros na rua. Isso é que me dá independência. Esporadicamente eu escrevo em jornal ou revista. Se tiver uma peça em cartaz, ótimo, a gente já bota uma linguiça a mais no feijão. Se não, eu não fico desesperado.

Plínio Marcos camelô dos próprios livros também incomodava. A perseguição a *O abajur lilás* continuou quando a peça proibida no palco foi para o livro e teve a sua terceira edição apreendida em 20 de julho de 1978.

— Realmente, está um pouco difícil sobreviver, o que não me deixa nada desanimado, ao contrário. A censura passa e o autor fica. Eles podem proibir meus livros, mas nunca conseguirão me impedir de escrever. Para cada peça ou livro apreendido, escreverei mais três. A *Barra do Catimbó* sai no mês que vem e os outros dois começarei a escrever hoje à noite. Veremos quem tem maior resistência.

Embora discreto, como recomendava o ofício de camelô, nem sempre a sua figura desleixada e a barraca de livros eram bem-vindas. Sábado, 1 de agosto de 1985, três meses antes de sofrer um enfarte, ele foi para a porta do Centro Cultural São Paulo, na rua Vergueiro. Por volta das oito da noite, postou-se ao lado da bilheteria, onde a concentração de público era maior.

— O senhor não pode ficar aqui.

— Quem disse?

— Eu estou dizendo.

— Eu quem?

A autoridade era um segurança.

— Acontece que eu tenho autorização do diretor do Centro Cultural.

— Mas não pode vender livro aqui dentro. Se quiser, vai vender lá fora.

— E quem é que vai sair daqui pra comprar livro lá fora?

— Aqui dentro não pode.

— Mas, caralho, o diretor deixou.

O segurança sacou uma ordem da direção proibindo a venda de mercadorias nas dependências do Centro Cultural.

— Isso é livro, porra! — argumentou Plínio.

— Se não sair, eu chamo a polícia.

— Pode chamar.

Na ocasião Plínio comentou assim o incidente:

— Quando me recusei a sair, fui tido como um agitador profissional e pouco depois me vi cercado por quatro policiais militares. O que houve não é uma questão de polícia, mas é importante se perceber que o Centro Cultural está nas mãos de seguranças truculentos.

O caso foi parar no Distrito Policial do bairro da Aclimação, onde se lavrou boletim de ocorrência. O delegado de plantão constatou que o segurança foi o responsável pelo mal-entendido. Depois, para aliviar, o chefe de plantão no Centro Cultural disse que não foi bem assim, que o segurança apenas pediu que Plínio mudasse a sua barraca de lugar para não atrapalhar o movimento nas bilheterias. Não é o que ficou registrado no boletim de ocorrência.

CONVIVER COM O POVO PARA ENTENDÊ-LO No início de 1980, o balanço do seu sistema de vendas direto ao leitor era um incontestável sucesso. Poucos escritores poderiam exibir números tão altos de venda, mesmo com sofisticada rede de distribuição e propaganda. O autor era também o editor, que imprimia seus livros na gráfica de Paulo Fanelli, amigo que não pressionava nos atrasos do pagamento. Se a arte, nesse caso a literatura, faz-se de alguma inspiração e de muita transpiração, ninguém transpirou mais que Plínio Marcos. Quem se habituou a vê-lo em tudo quanto é canto, armando sua barraca de livros, não imagina o trabalho que dava. Para quem se dizia vagabundo, ele escolheu um penoso caminho de vadiagem. Convenhamos, ficar horas em pé não é o jeito mais confortável de ganhar a vida. Isso lhe custaria um preço alto, quando por pouco não teve a perna amputada. Mas, além de garantir o sustento, ser dono do próprio trabalho lhe permitia fazer o que mais gostava, conviver.

— É um verdadeiro diálogo do escritor com seus leitores, dos quais ele nunca se distancia, o que considero extremamente saudável — reconheceu, no balanço que fez à *Folha* em janeiro de 1980. Ele tinha reeditado *Inútil canto e inútil pranto dos anjos caídos*, com ilustração do irmão Flávio, em tiragem de trinta mil exemplares (a edição anterior, de 1978, foi de vinte mil). Em dezembro vendeu cinco mil na campanha de popularização do teatro: postado perto das Kombis que vendiam ingressos a preços baixos, ele oferecia o livro, também muito barato. Com a boa venda dos contos, já planejava nova edição de *Querô*.

O êxito na venda de livros estava associado à vivência de Plínio Marcos como andarilho e palestrante. Pelos seus cálculos, visitou 130 cidades em todo o Brasil, seja nas apresentações de peças seguidas de debate com o público, seja a convite para palestras. Na bagagem carregava os livros e as peças editadas. Sua teoria a respeito:

— Nessa maneira direta de atuar, sigo uma orientação de dom Paulo Evaristo Arns, que considero fundamental para aqueles que lidam com o pensamento humano e querem dar à sua mensagem um conteúdo verdadeiramente humanista. É preciso conviver com o povo para entendê-lo, perceber que tem a sua cultura própria e talvez até incentivá-lo a ocupar novos espaços.

No entanto, o sistema vitorioso de vendas adotado por Plínio lhe cobraria um preço alto, quando a sua saúde se debilitou depois do enfarte e da diabete. O casamento desfeito, morando em um apartamento que era mais um refúgio acanhado e sombrio, ele tentava driblar a solidão. Nem sempre conseguia. De quebra colhia a maldade de quem o via todas as noites no Gigetto, na mesma mesa ao fundo, batizada de "a mesa da diretoria", ao lado do caixa:

— Muita gente ficava puta: "Porra, esse filho da puta fica vendendo livro na rua, de chinelo, e depois vem comer no Gigetto que é restaurante caro!". Mal sabiam que eu comia de graça. Eu comi de graça no Gigetto vinte anos, desde os tempos da miséria total. Os restaurantes também ajudavam a gente; deixavam eu vender livro lá dentro e ainda me davam de comer.

A maldade não parava por aí. Os juízes da aflição alheia ironizavam dizendo ser muito rentável e confortável a condição de autor proibido. A eles Plínio respondia com uma recomendação:

— Todos que me fazem essa acusação deviam se juntar na luta para acabar com a censura. Aí nós veremos quem é quem. Estou sobrevivendo apenas da venda dos meus livros nas esquinas, nas escolas, por aí. Então os caras vêm e censuram meu livro. Onde é que estão meus benefícios?

ALTERNATIVO, NÃO; ENJEITADO, SIM Jornalista, atriz e amiga, Antonia Chagas o surpreendeu certa madrugada na saída do Gigetto, arrastando as sandálias havaianas e no ombro o embornal de pano cheio de livros, se dizendo "cansado desse negócio". Aos chegados, ele não economizava nas letras: "Estou de saco cheio de vender livro". Tanto que, surgindo outro trabalho eventual que lhe pagasse as contas, o camelô entrava em férias. "Vender livro em terra de analfabeto com fome não é uma tarefa fácil", ele reconheceu no programa *Roda-viva* da TV Cultura, em fevereiro de 1988.

No programa, o escritor Ignácio de Loyola Brandão declarou admiração a Plínio por editar e vender os próprios livros em praça pública: "Talvez a última pessoa que faça esse trabalho, talvez o último alternativo do Brasil". Depois de reconhecer que "esse é um trabalho que exige coragem", Loyola questionou os seus limites. Como os leitores de outras partes do país teriam acesso aos livros de Plínio Marcos, se ele os vendia de mão em mão, sem uma rede distribuidora? Esse aspecto, "não sei se negativo", não limitaria o seu trabalho?

Na resposta, Plínio observou que "Loyola é um dos poucos que vivem de escrever no Brasil, enquanto eu vivo de vender livro, não exatamente de escrever". E continuou:

— Agora, veja bem, eu vendo livro e estou gordo. Ele escreve e é profissional e está magro. Não limita, não, Loyola, ao contrário. Quando eu era de editora, ela tirava de *Querô*, o meu romance campeão, cinco mil exemplares por ano e era uma batalha para vender. Eram três livros para Goiânia, três para Corumbá, três para não sei onde. Hoje, quando vou fazer uma palestra, eu vendo trinta, quarenta, cinquenta e até cem livros em uma cidade. Quer dizer, eu vendo muito mais andando. E eu não sou alternativo, sou enjeitado. Alternativo é quem escolhe e eu fui posto para fora. Ninguém quer editar os meus livros! Eu queria que editassem e garantissem que o livro seria distribuído. Como não é distribuído, então eu vendo muito mais. Por exemplo, o *Querô*. Tiraram uma edição de cinco mil exemplares por ano. Qualquer livro que vendo de mão em mão, eu tiro quinze mil, vinte mil por ano. O escritor é ruim, mas o camelô é ótimo.

Quanto a ser ou não alternativo, não lhe sobrava opção e, portanto, não se cansava, por se reconhecer incapaz de ser profissional como escritor:

— Eu não teria a sutileza dos meus colegas que escrevem, por exemplo, novela. Provavelmente eu não conseguiria. Então não posso ser profissional. Tenho que escrever o que me dá na cabeça, o que me apaixone.

Se alguém ameaçasse se condoer do seu destino de camelô, Plínio Marcos espanava qualquer sinal de amargura, sentimento que não fazia parte do seu vocabulário, nem do manual de vida que pregava e seguia. Vender livro não é duro, disse a Antonio Carlos Ferreira, apresentador do *Roda-viva*:

— Na verdade é mole. Pego meu livro, por exemplo, e vou pra porta do Teatro Cultura Artística onde está o Cacá Rosset, um sucesso retumbante, e também o Antonio Fagundes, e as pessoas vão passando: "Esses dois canalhas lá dentro fazendo sucesso e você aqui fora! Me dá três livros". [Risos.] É meia hora de trabalho, rapaz. Eu não nasci para trabalhar. Eu nasci para ser *bon vivant*. Se eu gostasse de trabalhar, arrumava um emprego. Então é mole...

Acredite quem quiser.

Cena XV

Camelô dos próprios livros em feira, rua e porta de teatro *(Foto: Vic Parisi)*

"Um dia, quando tudo parece perdido, a dignidade se manifesta e recupera os seus espaços."

"Todos falam contra a censura, mas todos exercem a censura a todo momento."

"Em toda a minha vida eu corri os riscos de denunciar a repressão e paguei um preço por isso."

"O teatro nunca lutou contra a censura. O teatro lutou para a liberação de algumas peças."

Esse duro diagnóstico de Plínio Marcos ficou perdido no meio do seu longo depoimento, em 31 de maio de 1979, no Simpósio sobre a Censura realizado na Câmara Federal, em Brasília. A revisão de uma história, da qual ele foi um dos protagonistas, não embutia mágoa nem ressentimento pessoal, mas a necessidade de reconhecer que não se deviam discutir medidas que atenuassem a ação da Censura e sim o fim da prerrogativa do Estado de tutelar as escolhas da sociedade. O diagnóstico, porém, foi ouvido. Na década seguinte, Plínio se juntou à campanha Pela Defesa da Cultura, desencadeada em julho de 1987 em São Paulo pelo Sindicato dos Artistas e Técnicos, presidido pela atriz Lígia de Paula. A campanha bateu no Congresso Nacional, interferiu nas discussões da Assembleia Constituinte e acabou com a Censura. Pelo menos a Censura oficial como ela se colocou ao longo da história do país. Entretanto, no mesmo simpósio de 1979, Plínio denunciava os novos modelos de ação do Estado para, senão proibir, constranger e controlar o teatro:

— Em São Paulo, começa-se a perceber que o governo pode até abandonar a censura policial, porque eles estão fazendo outro tipo de censura. Os teatros, as casas de espetáculo, estão ficando nas mãos do governo. Então nós temos: ou os teatros são do governo federal, municipal ou estadual, ou estão ficando nas mãos de sociedades culturais estrangeiras, como a Aliança Francesa, ou teatros patronais, como o Sesi e o Sesc. Os teatros do interior são quase sempre dos municípios. E então só entram peças que eles querem e a gente acaba sofrendo duas ou três censuras.

Quem olhar o cenário teatral nos anos seguintes à morte de Plínio Marcos será tentado a considerar proféticas as suas palavras. Se profecia houve, foi gerada pelos dados da realidade, já então preocupantes, e não por um delírio persecutório. Ao observar que "a censura da Polícia Federal não é a pior", pois, segundo ele, "é consequência de uma sociedade repressiva, hipócrita, onde todos falam contra a censura, mas onde todos exercem a censura a todo o momento, reprimindo o próximo", Plínio investe contra a subvenção "corruptora" do governo ao teatro:

— Essas são as duas censuras: a policial, que nos impede de discutir até às últimas consequências o problema do homem, e a subvenção governamental, que é constrangedora, e as companhias todas precisam dessa subvenção. [...] O governo [não] está acabando com a censura. Ele está encontrando outras fórmulas para nos censurar. Não gosto disso, não... Vamos ficar fazendo o gênero bem-comportado, para a censura não ficar dura? Não. É preferível que fiquemos malcomportados e a censura, dura. Um dia a corda racha, porque, na verdade, a tendência do homem é a dignidade. Um dia, quando tudo parece perdido, a dignidade se manifesta e recupera os seus espaços.

Coerente, para continuar trabalhando, Plínio recorreu a um novo modelo de produção teatral, que se lançava com a Cooperativa Paulista de Teatro, recém-criada por um grupo de jovens atores. Entretanto, avesso a atrelar-se a qualquer instituição, valeu-se apenas do modelo cooperativo para juntar à sua volta um grupo de profissionais, ao qual chamou de O Bando. Um nome que continha o espírito espontâneo e anárquico do agrupamento. Tudo começou com a montagem clandestina, dirigida pelo autor, para comemorar os vinte anos da estreia e proibição de *Barrela,* em 1959.

ORAÇÃO CONTRA O ESQUADRÃO DA MORTE Em 28 de junho de 1979 Plínio estreou, no Teatro de Arte do TBC, *Oração para um pé de chinelo*, que estava proibida havia dez anos, com Astrogildo Filho, Ângela Falcão e Maurício Nabuco dirigidos pelo autor. "O texto continua dolorosamente atual", escreveu Ilka Zanotto na revista *Isto É*, lembrando que ao escrever a peça, em 1969, Plínio denunciava "o arbítrio e a impunidade vergonhosa" do Esquadrão da Morte, grupo de policiais civis com a missão de exterminar pequenos bandidos na periferia de São Paulo, paralelamente à violência política que comia solta. Em *Oração para um pé de chinelo*, Plínio reúne em um porão imundo dois jovens, uma prostituta e um bandido procurado pela polícia, e um velho alcaguete aposentado. Dizendo que "a encenação se projeta como um soco no estômago do espectador", Ilka se detém no elogio ao autor, que, embora se compadeça da miséria dos personagens, "limita-se a flagrar o comportamento vicioso dos indivíduos, seu vocabulário limitado e repetitivo, o embrutecimento fatal que se traduz num relacionamento tão violento quanto o do mundo que os gerou".

Um ano depois, *Oração* foi encenada no Teatro Tereza Rachel, no Rio, por Alberto Magno, sobrinho de Nelson Rodrigues, cuja irmã Dulce estava no elenco com Chico Martins e o mesmo Maurício Nabuco da montagem paulista. A crítica, porém, não foi tão generosa. Antes de dizer que "tudo neste espetáculo soa falso e tolo", Flávio Marinho estranhou a longa proibição imposta à peça pela Censura, talvez explicada, segundo ele, apenas pelo fato de ser Plínio Marcos o autor: "A situação dramática é frouxa e não consegue fazer com que o espectador se preocupe com o destino dos marginais. São seres sem perspectiva, donos, somente, de um passado que insistem em contar, tornando o texto irremediavelmente discursivo". E termina lamentando que a liberação das peças de Plínio deveria ser uma comemoração, "e não como se o autor estivesse descendo a mais incontornável ladeira da decadência". O que não se disse é que a Censura tinha cumprido bem o seu papel ao impedir que a peça fosse analisada no tempo da sua escrita, quando então as eventuais observações negativas poderiam favorecer o crescimento do autor e não, para usar a expressão do crítico, a sua decadência.

De qualquer maneira, ao fazer *Oração para um pé de chinelo* na Sala de Arte do TBC, Plínio recebeu em seguida sinal verde de Antonio Abujamra, diretor artístico do teatro recém-arrendado pelo governo estadual, para ocupar o espaço com *Barrela*. Ali seriam feitas em dezembro sete apresentações "não públicas" da peça, que deram origem ao Bando.

Ocorre que, não obstante todos os simpósios oficiais sobre censura, o texto continuava interditado. Havia uma saída, apresentá-lo em sessões fechadas para convidados. O artifício fora usado dois anos antes pela atriz Ruth Escobar. Ela promoveu em seu teatro um ciclo de leituras de peças proibidas, que incluía *Barrela*, e atraiu grandes plateias e contra o qual o Departamento de Censura da Polícia Federal nada pôde fazer. Afinal, tratava-se, para todos os efeitos legais, de um evento fechado. No caso de *Barrela*, os "convites" foram vendidos de mão em mão pelo elenco, que reunia nomes conhecidos como Francisco Milani, Renato Consorte e João Acaiabe, alguns desempregados. As apresentações, para escancarar o caráter clandestino do espetáculo, seriam em "sessões malditas", à meia-noite das sextas-feiras.

Enquanto isso, Iberê Bandeira de Mello e outros advogados percorriam os trâmites legais pela liberação da peça. A repercussão das sessões malditas encorajou a formação de um grupo. Plínio observou:

— Os comentários ouvidos, que me deixaram pasmo, foram que essa peça-reportagem, escrita há vinte anos, continua válida até hoje. Atribuo isso mais à situação do país, onde os problemas sociais só se agravaram, do que aos méritos de futurólogo do escritor. A encenação se tornou possível graças à extrema dedicação de um grupo de atores. E se a peça for liberada, já está tudo preparado para uma temporada normal.

A BILHETERIA DEVE MANTER O TEATRO Era janeiro de 1980. O grupo formado em torno de *Barrela* funcionaria em sistema informal de cooperativa. Ou seja, pagas as despesas, rateava-se o líquido por todos, igualmente. O Bando se instalou no Taib — Teatro de Arte Israelita

Brasileiro, na rua Três Rios, no Bom Retiro, com mais de 400 lugares. Apresentado de quarta a domingo, o espetáculo estourou na bilheteria, deu um dinheirinho e havia certo equilíbrio nas contas. Mas o Bando não se limitava ao Taib, apresentando-se também em escolas e sindicatos. Um ano e meio depois de criado, o grupo contabilizou, segundo reportagem de *O Estado de S. Paulo*, a média de 350 espectadores por sessão — *Barrela*, um indiscutível sucesso, foi assistida por 60 mil pessoas, de acordo com a mesma fonte. Para Plínio Marcos era questão de honra não depender de subvenções oficiais que "levam os artistas à acomodação". Ele mantinha o discurso:

— Num país onde não se planta um pé de couve sem auxílio econômico do governo, a sociedade não tem muita força para protestar quando o governo tenta interferir em algum setor. Então eu acho que o teatro, em vez de lutar por subvenções governamentais, deveria ter lutado o tempo todo pela liberdade de expressão, que é a matéria-prima do artista, não só de teatro, mas de todo artista, de todo pensador. O teatro lutou, até generosamente, pela liberação de algumas peças, mas nunca pela liberação total. E neste momento me parece ofensivo à nação brasileira a arte ser altamente subvencionada. Há uma corrente que defende que o governo que recolhe impostos tem de reverter esses impostos em benefício do povo, inclusive em educação e cultura. Eu acho que não. O governo tem obrigação de garantir trabalho e garantir a cada homem que trabalha condições suficientes para ele poder participar, da melhor forma que quiser, comprando entrada para o seu espetáculo, para o seu esporte, participando, tendo dinheiro para pagar seu próprio médico.

Para quem fez o discurso que fez em fevereiro de 1969, quando Cacilda Becker prestou contas das verbas distribuídas pela Comissão Estadual de Teatro e ele se insurgiu contra o favorecimento das grandes companhias em prejuízo de grupos novos, Plínio amadureceu e radicalizou sua posição em sentido inverso. Não lhe interessava discutir, como no passado, os critérios de distribuição das subvenções oficiais. Na contramão de reivindicações históricas da classe teatral, que levaram em seguida à formulação de inúmeras leis de incentivo, ele queria simplesmente o fim das políticas de subvenções, diretas ou indiretas, por entender que elas enfraqueceriam o teatro como "tribuna livre onde se possa discutir o homem e a realidade até as últimas consequências". Simples, ele dizia. Não pode ser livre um artista e uma tribuna pagos pelo governo. Quem garante essa liberdade é o público. Concluiu:

— O teatro tem de ser mantido pela bilheteria. Se o público não quer assistir a um espetáculo, é porque não quer. Os bons espetáculos sempre dão lucros. O Bando, por exemplo, ficou um ano e meio sobrevivendo de bilheteria, com *Barrela* e *Jesus homem*, às vezes com sessões lotadas de manhã, à tarde e à noite. Não vou dizer que o meu espetáculo era melhor ou pior, não tinha disso, não é campeonato. Mas nós tínhamos uma forma de chamar o público, e cobrávamos o suficiente para o nosso empreendimento poder sobreviver, com vinte, trinta pessoas até, e ao mesmo tempo com um preço acessível que o povão podia pagar.

O esquema funcionou, mas não era seguro como modelo de produção, nem garantia o futuro do empreendimento. Para agravar, aos poucos o grupo foi inchando e saindo do controle. Qualquer ator desempregado ou amigo batuqueiro em dificuldade que encontrasse na rua, Plínio levava para o Bando. O esquema era muito simples: preços populares e publicidade direta, com distribuição de filipetas nas ruas. "Como é comum, havia meia dúzia de bate-paus, aqueles que iam para o sacrifício", lembra Marco Antonio Rodrigues, cuja amizade com Plínio se fortaleceu nas muitas conversas quando, dirigindo uma velha Variant, ele levava o dramaturgo para palestras em escolas, sindicatos, onde fosse preciso. Marcão, ou Marquinho Santista como o chamava Plínio, havia se mudado com mulher e filho de Santos para São Paulo no início de 1979 e no final do ano já estava no elenco de *Barrela*. Jovem, com todo o gás para o trabalho, ele e a mulher Carol Freitas, que assumiu a administração do grupo, mergulharam de cabeça no Bando. E se Plínio tinha orgulho de dizer que o Bando distribuía milhares de filipetas por semana, não contava que "um pequeno grupo de bate-paus distribuía, sozinho, duas mil filipetas por dia".

Além de *Barrela*, foram encenadas três outras peças de Plínio: *Jesus homem*, *Oração para um pé de chinelo* e *Dois perdidos numa noite suja*, dirigida por Tanah Corrêa, com Marco Antonio e Marcelino Buru, considerada pelo crítico Clóvis Garcia "uma das melhores encenações dessa peça". A montagem de *Quando as máquinas param*, com Francisco Milani e Alzira Andrade, direção de Oswaldo Mendes, não estreou. A história conto como eu a vivi.

Na falta de local de ensaio, a *Folha de S.Paulo* onde eu trabalhava cedeu uma sala vazia no prédio em frente à redação, na alameda Barão de Limeira. O cenário, de fácil transporte e montagem, foi criado pelo arquiteto e cartunista Pedro Capurro. O locutor Osmar Santos concordou em gravar, de graça, a narração do jogo do Corinthians que acompanhava a ação da peça. A ideia era fazer um espetáculo com poucos recursos para ser levado em qualquer espaço. E nós fomos ensaiando *Quando as máquinas param*, sem contato com o Bando. Um dia Plínio marcou uma reunião no Taib, para agendar a estreia. Vai ser dia tal, às nove horas da manhã, na quadra da escola tal. Alzira, Milani e eu nos olhamos. Breve silêncio. "O que foi?", Plínio perguntou. "Eu disse que o espetáculo seria apresentado em qualquer lugar."

"Tudo bem", eu disse, "nós fazemos em qualquer lugar, numa quadra ou no meio da rua. Não às nove da manhã. Se for às nove da manhã, tem que ser numa sala, onde se possa ter um mínimo de blecaute. Você escreveu uma peça com muitos quadros, sugerindo várias passagens de tempo. E o elemento que a gente criou para ligar as cenas é a luz de um rádio que fica transmitindo futebol. Não dá pra apresentar com o sol das nove da manhã, o espetáculo vai para as cucuias e a sua peça também. Se o Milani e a Alzira toparem fazer assim mesmo, eu não me oponho, mas não concordo."

Milani e Alzira fecharam comigo. Milani estava na pior, precisando da grana daquela estreia (a sua situação só se estabilizaria um ano depois, quando foi contratado para dirigir e atuar no programa do Chico Anísio, na TV Globo).

— Então não vai dar pra estrear? — insistiu o Plínio.

— Não — respondemos em coro.

— Então, tá certo, a gente não faz o espetáculo. Obrigado por vocês terem ensaiado dois meses de graça.

Plínio deu uma daquelas suas risadinhas de moleque e saímos todos para tomar café e seguir a vida, sem bronca. Plínio disse:

— Agora você, que trabalha lá nas Folhas, empresta a grana pro Milani que vai ficar sem o cachê da estreia.

— Por isso, não, mas não vamos fazer *As máquinas* às nove da manhã numa quadra.

E nunca mais se falou nisso.

ATOR DO BANDO MATA MULHER FRANCESA Misturando profissionais experientes como Francisco Milani e João Acaiabe a atores de talentos e competências variados, a convivência interna no Bando também não era fácil. Um ator engravidou a filha de um sambista, outro se envolveu com a mulher de um amigo, um terceiro matou a mulher a tiros. Não faltavam emoções fortes.

Na temporada de *Dois perdidos numa noite suja*, com Marco Antonio Rodrigues no papel de Tonho e Marcelino Buru como Paco, aconteceu o episódio mais complicado da curta história do Bando. Buru viveu um tempo na França, onde se casou, e voltou com a mulher para o Brasil. Ao contrário da vida relativamente confortável que levavam em Paris, em São Paulo Buru e sua mulher francesa foram morar com familiares numa casa modesta de periferia. Seja por ciúme ou porque a mulher começou a pressioná-lo, descontente que estava com aquela vida, belo dia Buru saiu do teatro e levou o revólver, que pertencia a Francisco Milani e era usado na cena final de *Dois perdidos*. Na manhã seguinte, a notícia acorda Plínio. Buru matou a francesa. O que fazer, o que não fazer? Liga para o Iberê Bandeira de Mello, que é criminalista. O advogado aconselha que se dê sumiço no Buru. Era preciso livrá-lo do flagrante. Assim ele responderia ao processo em liberdade e a temporada de *Dois perdidos* não seria interrompida. Marco Antonio Rodrigues, temeroso de que o companheiro de palco surtasse no meio do espetáculo, quando Buru apareceu pra fazer a peça o chamou num canto:

— Está vendo essa barra de ferro que fica debaixo da cama no cenário? Se eu sentir que você está surtando em cena eu racho a sua cabeça com ela.

Marco não precisou cumprir a ameaça. Mas Paco Sanches, um dos atores, que era espírita, começou a ver o fantasma da mulher assassinada vagando pelo teatro. Plínio Marcos decidiu então organizar uma sessão espírita para que a alma da morta seguisse em paz o seu destino. Fez-se a sessão. Os mais crédulos garantem que o espírito atormentado apareceu e foi serenado por orações e pedidos. Muitos, talvez a maioria, não viram nem ouviram nada disso e atribuíram os estranhos barulhos na sessão a sons que vazavam das outras salas do prédio do teatro.

Mas os problemas do dia a dia do Bando não havia sessão espírita que resolvesse. Na plateia, o público minguava. No palco, os elencos inchavam. De uma hora para outra, o elenco de *Jesus homem* viu o milagre da multiplicação se realizar. Dos quinze do começo da temporada, agora eram 38 atores em cena. Em certas sessões havia mais gente no palco que na plateia. No debate, depois do espetáculo, Plínio fazia piada com os espectadores:

— Acho bom que tenham gostado, porque senão, como estamos em maioria, descemos aí e batemos em vocês.

Com a falta de público, os atores se dispersaram, cada um tentando se virar porque os ganhos no teatro não eram suficientes. A única garantia que eles tinham era de uma refeição por dia, graças a uma conta aberta pelo grupo no bar na esquina do teatro. Na falta de elenco disponível, Plínio inventou uma aula-espetáculo, em que ele falava da peça e ilustrava com uma das cenas, aproveitando os atores que restaram. No carnaval de 1982, ele convenceu o dono de uma boate, o Café-teatro Odeon, na rua Santo Antônio, a comprar um show dele com os batuqueiros integrantes do Bando. Como sabia que a atriz Carol Freitas, mulher de Marco Antonio Rodrigues, que administrava o Bando, era boa cantora, resolveu incluí-la no show. Acontece que, naqueles dias, Carol e Marco estavam preocupados com a saúde de Zeca, seu filho recém-nascido, muito doente e alérgico a penicilina. Sem plano de saúde, o casal precisava se virar para levantar dinheiro e cuidar do Zeca.

Numa quarta-feira, antes da apresentação de *Jesus homem* que, por acaso, naquela noite até conseguia uma boa plateia, Plínio reuniu o Bando e anunciou que a Carol cantaria no show com ele e os batuqueiros.

— Não vai dar, Plínio. Estamos nos virando para cuidar do Zeca.

Diante da recusa, Plínio partiu para o ataque:

— Vocês são uns pequeno-burgueses de merda.

— Vai tomar no teu cu — reagiu Marco Antonio. — A gente só depende desse trabalho aqui, mas você se vira por fora, dá as suas palestras, vende os seus livros, e está certo de fazer isso.

— Então acabou essa porra agora. Pega seu carrinho de merda, essa Variant, e vai embora porque acabou o Bando.

— Pois é, foi esse carrinho de merda que te levou no último ano pra dar as tuas palestras em tudo quanto é canto.

O bate-boca continuou pouco tempo. Sem saber de nada, o público esperava o início do espetáculo quando foi informado de que naquela noite *Jesus homem* não seria apresentado. Nem naquela, nem em qualquer outra noite. Estava encerrada a história do Bando.

BOICOTE AO TEATRO LEVA AO CANSAÇO "O Bando terminou numa briga minha com o Plínio Marcos, numa quarta-feira, com 150 pessoas na plateia do Taib para assistir a *Jesus homem*", conta Marco Antonio Rodrigues. Para efeito externo, Plínio omitiu o bate-boca que foi a gota d'água de um lento processo de esvaziamento do grupo. Em entrevistas ele alegou que as condições de trabalho no Taib tinham ficado insuportáveis:

— O teatro deixou de cumprir sua parte no contrato. Não davam o eletricista, não dedetizavam o teatro, não punham papel higiênico nos banheiros, e o público de repente tinha a impressão de que estava sendo mal atendido porque estava pagando pouco, o que não era verdade. Mas porque o público pagava pouco e a gente pagava muito.

Além disso, ele argumentou, a administração do teatro pressionava para dobrar o valor do aluguel, na esperança de ter o Bando fora do Taib:

— A administradora disse que o teatro jamais seria alugado outra vez para mim, porque eles não queriam que o Taib ficasse conhecido como "o teatro do Plínio Marcos".

O contrato com o teatro se estenderia até setembro, mas antes disso já ficara evidente que o grupo, depois do bate-boca de Plínio e Marco, que saiu com Carol, estava encerrando sua história. Nem o Troféu Mambembe de 1980, prêmio especial concedido pela Fundação Nacional das Artes (Funarte), serviu de estímulo. Parou a divulgação nas ruas, com a distribuição de filipetas que serviam de bônus para desconto no valor do ingresso. "O grupo foi cansando", admitiu Plínio, que viu boicote da imprensa ao Bando:

— Não digo boicote, mas a imprensa deixou de sair na rua, deixou de frequentar os lugares, de ver o que estava acontecendo. E de repente não noticiava o que a gente fazia. Para se ter uma ideia, eu fui proibido de dar entrevista na TV Bandeirantes, no *Canal livre*. Eu tinha minha entrevista marcada com o Fernando Barbosa Lima, diretor do programa, tinha até cachê combinado, e de uma semana para outra foi cancelada. Ninguém noticiou isso. Aliás, eu já tive várias entrevistas marcadas em rádios e desmarcadas na véspera.

Essa desatenção da imprensa teria pesado no ânimo dos integrantes e contribuído para a dissolução do grupo, na sua avaliação:

— O Bando ainda não estava com as pessoas formadas ideologicamente. Elas tinham a sensação de fazer um trabalho que, por não estar tendo repercussão na imprensa, não existia. Os atores então começaram a receber apelos econômicos para trabalhar em outros setores, para fazer novela, fazer comercial, e aí começaram a se afastar do Bando. Acho muito difícil [soluções via sindicato], porque, se você não consegue organizar pequenos grupos para conviver profissionalmente, como é que vai se organizar numa coletividade cada vez mais carente de mercado de trabalho? Uma categoria profissional não é um partido político. Dentro dela há todo tipo de ideologia. A maioria quer apenas sobreviver da profissão, tanto faz fazer uma coisa como outra. Então o que se precisa neste momento é ter coragem. Você precisa de sindicatos que entendam que a sua tarefa não é a mesma do pequeno grupo. O sindicato deveria lutar pelo mercado de trabalho e isso significa correr riscos.

O principal risco seria "denunciar que o Brasil é um país ocupado" — pela produção cultural vinda principalmente dos Estados Unidos, mas não só. Plínio repetia então os seus números:

— São 172 filmes estrangeiros por semana na televisão brasileira, 9.600 filmes estrangeiros nos cinemas brasileiros, 80% de música estrangeira tocando diuturnamente nas nossas rádios. Claro que é isso que está tirando o nosso emprego.

Os argumentos que ele esgrimia solitariamente não encontraram ressonância. Os números se perderam no processo irreversível e violento de importação ou ocupação cultural, como ele preferia. De todas as batalhas em que se envolveu, esta, definitivamente, Plínio Marcos perdeu. Seus números e argumentos, porém, talvez sejam lembrados sempre que se precisar passar a limpo a história e a ideologia da cultura brasileira e identificar quando e onde perdemos a nossa cara.

"ESTOU MORTO. ENTÃO, QUEM ESTÁ VIVO?" Nos anos seguintes ao Bando, Plínio se sustentou com venda de livros e palestras. Eram tempos da "abertura política", inaugurada com o fim do AI-5 e da censura à imprensa. Peças, filmes e livros proibidos saíram das gavetas. Agora Plínio conheceria novos algozes que, não tendo corrido riscos em defesa da liberdade de expressão, se cobriam em mantos de vestais. "Já disseram que você só sabia escrever debaixo da censura, aí veio a abertura, e cadê o Plínio?" Cláudio Pucci, repórter da *Folha* e ator nos velhos tempos do Teatro de Arena, levantou a bola para o amigo chutar. "O que você acha disso?"

— Não acho nada. O que eu posso achar? Eu não gosto muito de falar de mim. Eu queria até renunciar à minha história pessoal, se fosse possível. Eu valho pelo que estou fazendo agora, pelo que vou fazer. Se meus textos não tiverem valor nenhum, e eu acho até que não têm, mas se serviram como bandeira num momento de repressão — e em toda a minha vida eu corri os riscos de denunciar a repressão e paguei um preço por isso —, eu já teria cumprido um papel importante. Agora, há pessoas que querem me magoar pessoalmente, e isso não vão conseguir porque eu até acho graça. Tá bem. Eu ia acabar, e acabei. Veio o fim da censura e eu acabei. Mas as atrizes estão ganhando prêmios fazendo minhas peças, o Bando ganhou prêmio montando minhas peças, eu ganhei prêmio Molière, ganhei prêmio da APCA, e estou morto? Quem é que está vivo?

No aperto, Plínio sempre tinha uma carta na manga, além das palestras e dos livros. Exercitava o talento de contador de histórias em espetáculos-solos que, mudando o título, mantinham o mesmo formato e conteúdo. Era o que ele chamava de show-palestra ("mas na verdade é a antipalestra e o anti-show", dizia). Em agosto de 1983, reservou um final de semana no teatro do Centro Cultural São Paulo para, sem disfarces, apresentar *Plínio Marcos, o palhaço repete o seu discurso*. O título novo não escondia o mesmo produto que havia muitos anos ele vendia em escolas, sindicatos e igrejas. Desde que O Bando terminou, em dois anos ele teria levado o seu show-palestra a trezentas cidades de todo o país, um número exagerado que exibia sem comprovação. Noves fora, o dado real é que ele perambulou bastante. E o público poderia conferir o seu discurso em três únicas apresentações no Centro Cultural São Paulo.

Embora o título sugerisse repetição, havia um dado novo no discurso do palhaço. O tom político, provocador, subversivo continuava presente. Porém, o viés da religiosidade insinuava-se com uma clareza até então não notada. Na primeira parte do show-palestra, ele analisava a vida no sistema capitalista, em que a fraternidade é eliminada pela competição e a busca obsessiva do lucro, dizendo: "Nessa sociedade, só o campeão tem alma e merece respeito".

Na segunda parte, abria-se o diálogo com o público. Confrontadas com o discurso anterior e a perspectiva nada promissora para o indivíduo numa sociedade competitiva, as pessoas lhe pediam saídas. Surgia, então, um pensamento que remetia as pessoas à busca do próprio caminho:

— Digo que não sou guru nem guia, sou apenas um inquietador. Conheço vários caminhos, o do monge, do guerreiro, do faquir, do iogue, do rei. Mas todos começam no mesmo lugar, a renúncia. E aí as pessoas se estouram, porque querem uma fórmula mágica: desfrutar de todo o conforto e encontrar a paz espiritual. Não há conciliação possível nesse nível.

A religiosidade que estava subjacente em sua obra, segundo o depoimento insuspeito do cardeal dom Hélder Câmara, agora vinha para o primeiro plano. Manifestava-se até na avaliação que fazia dos resultados da sua pregação:

— Se, num grupo de mil, um sai subvertido, estou mais do que gratificado. Se o encontro não mudar ninguém, mesmo assim sinto que cumpri a miséria que me coube por destino.

Plínio voltaria a colocar em cartaz seus shows-palestras outras vezes. Em janeiro de 1984, o palhaço repetiu o seu discurso no Teatro de Arena Eugênio Kusnet. Em janeiro de 1988, com o título de *Plínio Marcos mesmo*, ocupou o Teatro de Arte do TBC, avisando a plateia que "este papo podia estar acontecendo no Gigetto, mas eu não tenho grana para convidar todo mundo". E em novembro de 1992 chamou o filho Léo Lama para dirigir *40 anos de luta — o mago Plínio Marcos, seu humor, suas histórias e seu tarô*, na Sala Rubens Sverner do Teatro Cultura Artística.

DE REPENTE, A DESCOBERTA DO OCULTO Nessa época, o casamento com Walderez de Barros se mantinha por um fio. Os filhos, que seguravam a relação, já não eram crianças e compreenderiam a separação dos pais. Aninha, a caçula, quase adolescente. Leonardo, o primogênito, definindo-se entre a música e o teatro, em que logo se firmaria como Léo Lama. Ricardo, o Kiko, cumprindo o serviço militar, inclinava-se para a vida universitária. Aos poucos, Plínio Marcos se voltava para uma área de estudos e de interesse que o acompanhariam até o fim, as questões esotéricas e a religiosidade. Perto dos cinquenta anos, ele se reaproximava de um universo que conheceu e vivenciou na relação familiar, quando criança, e nos circos da juventude com seus magnetizadores, mágicos, ilusionistas e hipnotizadores. "Eu às vezes cruzava com o Plínio na Livraria Pensamento, na praça João Mendes, e ele fazia que não me via", lembra Fauzi Arap, estudioso de astrologia e assuntos afins. A livraria, é bom lembrar, era conhecida pelo rico acervo de literatura esotérica. Plínio também já se aproximara do escritor Luís Pellegrini, autor de um livro sobre Helena Petrovna Blavatsky e editor da revista *Planeta*, do qual ele se tornou leitor assíduo. Certamente ele estava pouco se lixando para quem pudesse se surpreender com o seu interesse por tais temas. Mas havia um bom motivo para se esquivar de Fauzi Arap.

Em 1977, durante a temporada de *Um ponto de luz*, peça escrita e dirigida por Fauzi, Plínio foi convidado a coordenar um debate após uma das sessões. De pronto, criticou duramente o espiritualismo presente no texto e partiu para o ataque pesado. "Ele começou a agredir a peça e a mim. Fiquei chocado porque eu o via como meu cúmplice, meu irmão. Parecia que ele queria macular o sucesso do espetáculo. Eu estava com a macaca e reagi. Foi uma troca de agressões até que a Walderez, presente ao debate, pôs um fim à discussão. 'Bom, empatou! Chega, chega!'. Depois disso a gente perdeu o contato."

Para Fauzi Arap, a motivação de Plínio era o fato de Walderez não ter sido convidada para fazer a peça. "Eu queria a Walderez, mas o produtor Benê Mendes já tinha escolhido outra atriz. O Plínio devia achar que eu é que não quis a Walderez, por quem ele tinha uma admiração sem limite. Na minha peça anterior, *Pano de boca*, eu o convidei para fazer um dos papéis e ele respondeu agressivo: 'A atriz lá em casa é a Walderez, não eu'. A gente fez as pazes quando eu a convidei para fazer *Mocinhos bandidos* em 1979. E no ano seguinte dirigi *O abajur lilás*."

No início de 1984 a separação se confirmou definitiva com a saída de Plínio do apartamento da rua Picarolo. Com algumas mudas de roupa ele foi para uma quitinete alugada na rua Teodoro Baima, em frente ao Teatro de Arena. Se nunca se preocupou em ter coisas nem com a roupa que vestia, ele agora radicalizou. A camisa nova que ganhou no fim de ano ou no aniversário vestiria certamente o porteiro do prédio. Para dormir, um colchonete velho estava de bom tamanho. Móveis? Alguns caixotes serviam de estante para livros e de mesa para escrever. Que não lhe oferecessem presentes nem quisessem arrumar a quitinete. O pouco lhe bastava. Vícios, o da bebida e o do cigarro já tinha largado e nem sentia falta. Glutão, nunca deixou de ser. Foi este talvez o seu maior pecado. O da gula, que ele sempre confessou. Mesmo quando a diabete lhe impôs rigor nos hábitos alimentares, a tentação era maior que a sua força de vontade. E ele caía em tentação, sempre que os vigilantes amigos e familiares não estivessem por perto.

TIRANDO A DOR DO ENFARTE COM DO-IN Plínio morava na Teodoro Baima quando se reaproximou de Marco Antonio Rodrigues. Eles ficaram sem se falar uns três anos, um pouco mais. O bate-boca entre eles, que decretou o fim do Bando, tinha sido feio, além da conta. Para encerrar o mal-estar alguém teria de estender a mão. A oportunidade surgiu em outubro de 1985, quando Sérgio Mamberti organizou um ciclo de leituras de peças proibidas durante a ditadura e convidou Plínio Marcos para fazer *Dois perdidos numa noite suja*. Plínio topou. Com uma condição, que Marquinho Santista fizesse o Tonho, pois, dizia, depois de Fauzi Arap, ele era o ator que melhor interpretou o personagem. Sem saber que eles estavam brigados e não se falavam, Mamberti telefonou para Marco Antonio que aceitou correndo. Eles se encontraram como se nada tivesse acontecido e amigos seguiram até o fim — Marco foi o produtor executivo de *Madame Blavatsky* e dirigiu *O assassinato do anão do caralho grande*. Amizade refeita, eles começaram a ensaiar todas as tardes no apartamento do Plínio, "um moquifo", na definição de Marco, endossada por todos que o conheceram.

Diabético, Plínio consumiu a madrugada de segunda-feira, 21 de outubro, no Gigetto conversando — "eu sempre fui meio peralta". No domingo chegou tarde da noite ao restaurante, conforme contaria:

— Eu tinha ficado sem dormir de sexta para sábado e de sábado para domingo. Fui a Santos, que era aniversário da minha mãe e a velha Hermínia não brinca em serviço, faz aquelas enormes comidas, não sei o que e tal, o melhor feijão do Brasil. Comi demais e pensei: "Agora eu chego em casa e puf!". Mas o sono não vinha e eu fui ao teatro ver *Madame Blavatsky*. Saí, fui para o Gigetto e às cinco horas da manhã eu ainda estava ligado. Aí, quando fui sair, senti uma enorme dor no peito, nas costas e achei que era friagem. Meti uma ginástica, tomei um banho e fiz um do-in em mim, para tirar a dor. Tirei a dor e dormi. Na segunda-feira acordei às duas da tarde. A dor persistia, eu tirava com do-in.

Às quatro e meia da tarde, Marco Antonio chegou ao apartamento para ensaiar *Dois perdidos*. Plínio se queixou de dores.

— Marquinho, eu não estou legal, essa dor não passa. Deve ser mau jeito.

— Vamos ver o que é isso. Você não tem os seus amigos lá no Hospital das Clínicas, com quem você joga futebol? Então, vamos lá pra eles darem uma olhada nisso.

Marrudo como só ele, Plínio dessa vez não se fez de difícil nem recusou a ajuda. Ele devia estar muito mal. E estava.

— Você vai comigo?

— Vamos no meu carro.

E lá foram os dois para as Clínicas, na velha Variant (ou já seria uma também velha Brasília?) de pequeno-burguês, como Plínio tinha jogado na cara do amigo. Marco ficou esperando enquanto Plínio era atendido. De repente, a porta se abre e ele passa, deitado numa maca, direto para a sala de cirurgia. A dor no braço não era mau jeito. "Ele teve um enfarte", avisou o médico. Culpa da diabete. "Plínio, que não bebia fazia muitos anos, também já era ex-fumante", sabia Marco Antonio. "Ele parou de fumar, ou Continental ou Hollywood sem filtro, na época do Bando, quando, ao subir lentamente as imensas escadas do Taib, reclamou da falta de fôlego."

— Descobri que sou diabético e parei de fumar — avisou aos companheiros incrédulos. Mas era pra valer, como todas as decisões de Plínio. Seja para encerrar as atividades do Bando. Seja para abandonar um vício que trazia desde a adolescência e das noitadas com Pagu nas mesas do Bar Regina.

Em outubro de 1985, Plínio ficou de segunda a sexta-feira na UTI do Incor — Hospital do Coração. Do primeiro enfarte do miocárdio ele se safou, mas desde então as preocupações com a saúde aumentaram. A dieta alimentar e a insulina entraram na sua rotina. Dez anos depois, em 9 de junho de 1995, o coração o levou de volta ao Incor e cinco pontes de safena foram implantadas pelo cirurgião Fábio Jatene, filho do então ministro da Saúde, Adib Jatene.

TERCEIRO ATO

1985 – 1999

Das cartas de tarô à dança final

O fim do casamento de 21 anos com Walderez de Barros foi acompanhado de uma progressiva transformação na vida e nas opções de luta do combatente Plínio Marcos, de coragem pessoal admirável, reações explosivas e estilo contundente de propor e defender ideias. Se a década de 1960 foi de difícil afirmação profissional, como um homem de teatro que aliava o talento autoral ao desabrido enfrentamento de obstáculos, a de 1970 foi de turbulência. Da confortável situação financeira inicial, que o sucesso lhe garantiu, veio uma penosa resistência à repressão política que lhe tirou o sossego e o trabalho. Natural que ao guerreiro se desse uma trégua. Não lhe deram nem ele a pediu. O Brasil dos anos 1980 tinha outras prioridades, assim como o teatro. O repórter de um tempo mau, como ele se definia, não encontrava quem o quisesse ouvir. O próprio repórter voltou-se para uma busca interior. Os personagens a que suas peças deram voz continuavam nas ruas, mas no palco foram substituídos pela figura controversa de Madame Blavatsky e pelo embate existencial do palhaço Bobo Plin e o seu duplo. Sem a âncora da rotina familiar, com todas as suas contradições e conflitos, Plínio refugiou-se na religiosidade, no tarô, no esoterismo. Na busca do autoconhecimento, descuidou-se. A diabete levou ao enfarte, massagens e do-in não curavam todas as dores. Cabelo e barba cresceram em desalinho, e uma inesperada barriga surgiu para compor a figura incômoda. Solidário, lutou as lutas comuns para as quais foi convocado, de camiseta regata, chinelo e gorro na cabeça. Falou de aids nos presídios e de liberdade no Congresso Nacional. Os anos 1990 o encontraram assim. Vera Artaxo o reencontrou assim. Pacientemente, ela impôs sua presença na vida de Plínio, que se entregou aos seus cuidados. Aos poucos, deixou de ser apenas uma personagem folclórica que vendia livro nas ruas e em porta de teatro. Uma nova geração chegou aos palcos e o viu como referência e dele se aproximou. Suas peças voltaram a ser encenadas. Voltaram também a autoestima e a vontade de escrever. Falou de menino de rua assassinado, de mulheres sem orgasmo, de anões de caralho grande e homens em crise de virilidade. Foi a Paris duas vezes. Gostou tanto, que quis voltar. Mas não havia mais tempo. Quando morreu, o Bobo Plin estava mais parecido com o perturbador e generoso Plínio Marcos.

LINHA DO TEMPO

1985 - Tancredo Neves morre antes de assumir a presidência da República e é substituído pelo vice José Sarney.

- Em setembro estreia *Madame Blavatsky*, direção de Jorge Takla, no Teatro Aliança Francesa.
- Em outubro, Plínio sofre enfarte.

1986 - Odavlas Petti dirige *Balada de um palhaço*, com Walderez de Barros e Antonio Petrin, no Teatro Zero Hora.

1987 - 17 de agosto, Plínio integra o Movimento pela Defesa da Cultura em São Paulo, que vai a Brasília pedir na Constituinte o fim da censura.

1988 - Escreve e interpreta o texto *Ei, amizade* em vídeo exibido nos presídios sobre a prevenção da aids.

1989 - 16 de janeiro, estreia *A mancha roxa*, direção de Léo Lama, no Teatro do Bexiga.

- Em fevereiro Plínio é entrevistado no programa *Roda-viva*, na TV Cultura.
- Nova montagem de *Navalha na carne* estreia com Analy Alvarez na Sala Paschoal Carlos Magno do Teatro Sérgio Cardoso.
- Dezembro, estreia no TBC a peça infantil *O coelho e a onça*, dirigida pela atriz Elisabeth Hartmann.
- Morre dona Hermínia.

1990 - 25 de janeiro, Plínio veste fraque no casamento da filha Ana, na Igreja São José, nos Jardins.

1991 - Em janeiro, abre o curso *O uso mágico da palavra*, no Instituto Emílio Fontana.

- Em junho, Cacá Carvalho estreia na Itália *25 homens*, monólogo baseado em contos de Plínio, que em seguida é apresentado em São Paulo e Rio de Janeiro.

1992 - O ator Marco Ricca produz nova montagem de *Dois perdidos numa noite suja*, com direção de Emílio De Biasi, no Teatro do Bexiga.

- 3 de dezembro, estreia *Querô, uma reportagem maldita*, com direção de Eduardo Tolentino, no Teatro Aliança Francesa.

- Em dezembro, Plínio apresenta *40 anos de luta*, show-palestra com participação de Léo Lama, no Teatro Cultura Artística..

1993 - 31 de dezembro, Plínio passa o primeiro *réveillon* com a família de Vera Artaxo, em Praia Grande.

1994 - Em novembro, Diogo Vilela e Louise Cardoso estreiam *Navalha na carne* no Rio.

- Estreia o filme *Barrela, escola de crimes*, rodado em 1989.

1995 - 12 de janeiro, *Navalha* estreia em São Paulo.

- Em março, com a perna necrosada, Plínio cai na porta do Teatro Cultura Artística e é levado para as Clínicas.

1997 - 17 de novembro, estreia do filme *A navalha na carne*, com Vera Fischer.

- 8 de novembro, estreia em Santos *O assassinato do anão do caralho grande*, direção de Marco Antonio Rodrigues; na semana seguinte a peça estreia em São Paulo.

1998 - 19 de março, Plínio participa da Feira do Livro em Paris, onde é lançada a edição de *Deux perdus dans une nuite sale*.

- Em junho volta a Paris a convite do Théâtre Gérard Philipe.

- 1º de setembro, no Municipal de Santos, recebe homenagem da Federação de Teatro Amador.

- Plínio vende à Funarte – Fundação Nacional das Artes o direito de publicação de suas peças por dez anos.

- 8 de dezembro, recebe o título de Cidadão Emérito de Santos.

1999 - 20 de julho, *Dois perdidos* é tema de debate no Festival de Teatro de Avignon, na França, mas Plínio não pôde comparecer.

- 22 de julho, estreia *Navalha na carne* com direção de Eduardo Tolentino.
- 1º de agosto, Plínio é internado no Hospital Santa Isabel, em São Paulo, com isquemia cerebral.
- Dirigida por Sérgio Ferrara, *Barrela* estreia em setembro no Teatro de Arena.
- 27 de setembro, no Gigetto, noite de autógrafos de *O truque dos espelhos*.
- Sábado, 23 de outubro, Plínio é internado no Incor, em São Paulo.
- Fim da tarde de sexta-feira, 19 de novembro, Plínio Marcos de Barros morre, aos 64 anos.

Cena XVI

A partir da década de 1980, aproximação com o esoterismo e as cartas de tarô *(Foto: Marcos Muzi/Fator Z)*

"Já não ansiava mais pelas glórias frágeis do sucesso transitório. Sabia que não podia mais voltar."

"Dispensa-me dos rótulos, por favor, e eu te explico que a busca da religiosidade nada tem a ver com seitas."

"O meu Cristo é o Cristo das prostitutas, minorias, marginalizados, negros, dos que têm fome."

Plínio Marcos e Walderez de Barros ainda estavam casados quando, no final dos anos 1970, ele chegou em casa e a viu cercada de livros. Deu uma geral nos títulos e se afastou com ar de desdém: "Agora você está interessada nesses assuntos?". Entre incrédulo e zombeteiro, não deu importância ao ver Dereca estudando astrologia e, depois, o sufismo, cuja origem remonta ao Islã do século VIII, um misto de filosofia de autoconhecimento e misticismo. Os mestres sufis produziram rica obra literária, de contos e poemas, que a atriz reuniu em 1997 em espetáculo-solo dirigido por Jorge Takla. Antes de chegar ao sufismo, ela passou por variado leque de leituras, do estudo do tarô às ideias de Madame Blavatsky e de Gurdjieff.

Como quem não queria nada, Plínio leu alguns livros de Walderez. Ele tinha a capacidade rara de ler algumas páginas ou ouvir alguém falar de um livro ou autor e, imediatamente, discorrer sobre eles com acuidade e pertinência de especialista. "Às vezes lhe contava de um livro que estava lendo ou estudando e no dia seguinte eu o surpreendia falando do assunto para outras pessoas melhor do que eu." Não demorou, Walderez desistiu de Gurdjieff. Por constatar que ele se apropriava de outros mestres, preferiu beber direto na fonte sufi. Ao que tudo indica, no início Plínio se contentou com Gurdjieff e com o tarô.

Sem contar as influências familiares, do pai espírita e da avó benzedeira, ele fez sua aproximação do mundo esotérico ao escrever e produzir em 1970 *Balbina de Iansã*. Visitava terreiros de candomblé, ouvia pais de santo e fazia trabalhos e despachos. "Eu era criança e lembro que ele trazia pra casa um monte de coisas do candomblé", diz Léo Lama. O fracasso de *Balbina* consumiu muitas economias de Plínio e Walderez. Um dia ele levou um pai de santo para benzer e "limpar" o Teatro São Pedro, onde a peça cumpria temporada, e ouviu um diagnóstico duro: "Como você quer que os santos te ajudem se você quebra as imagens deles em cena?".

Dez anos depois, a atitude e os cuidados de Plínio Marcos eram outros. Agora, o seu olhar para o oculto resultou em uma virada de vida e na peça *Madame Blavatsky*, sobre a russo-ucraniana Helena Petrovna (1831-1891), uma das fundadoras da Sociedade Teosófica. Em 1982, após a extinção do Bando, ele reuniu um grupo de estudos esotéricos na casa de Beth Rocco. Antes de Blavatsky, ou ao mesmo tempo, a vida do monge Grigori Rasputin o fascinava e sobre ele queria escrever uma peça. Não era pra menos. A vida do monge tem ingredientes teatrais de sobra. Nele, diria Leon Trotsky, "a monarquia russa, condenada e agonizante, encontrou um Cristo feito à sua imagem e semelhança". Assassinado em 1916, ele era o mais notável dos estranhos personagens que cercavam os Romanov, à frente de um elenco de charlatães recheado de místicos aproveitadores, artistas adivinhos, hipnotizadores, ilusionistas, com forte influência na família imperial.

Rasputin, entretanto, não ocupava as suas atenções, mas sim George Ivanovitch Gurdjieff, que ao morrer em 1949, perto dos oitenta anos, deixou um livro, *Encontros com homens notáveis*, que Plínio devorou e adotou. Ele não estava sozinho na admiração pelo livro e seu autor: *Meetings with Remarkable Men* virou filme roteirizado e dirigido por Peter Brook, diretor que se tornou um ícone do teatro desde a segunda metade do século XX. No grupo de estudos, Blavatsky e Gurdjieff pontificavam. Sobretudo o segundo, que para incrédulos como Emílio Fontana "era um misto de sábio e embrulhão". Ou "um gozador, que fazia uns tapetes no quintal de sua casa e vendia como se fossem antiguidades persas e dizia que otário serve pra isso mesmo, para ser enganado", como lembra Vera

Artaxo que, grávida de Tiago, se reaproximou de Plínio nesses encontros. "Era um grupo informal de estudos e durou seis, no máximo oito meses, com muita gente, e gente a mais variada. Um dia o Plínio resolveu dissolvê-lo ao perceber que estava virando guru. Tudo só acontecia em função dele, as pessoas lhe perguntavam tudo e se ele não estivesse presente não havia reunião nem estudo. E não era o que ele queria."

CANSADO DE SUCESSO E GLÓRIAS FRÁGEIS O encontro com a história e o pensamento de Helena Petrovna Blavatsky abriu para Plínio um "campo fértil" para as buscas pessoais a que se entregava cada vez mais intensamente. Tomou para si o compromisso "com a necessidade do autoconhecimento e da religiosidade". Essa necessidade o levou a escrever a peça *Madame Blavatsky*. Em 1992, ao editá-la em livro intitulado *Religiosidade subversiva*, que incluía também os textos de *Jesus homem* e *Balada de um palhaço*, Plínio admitia ter lido muito pouco da extensa obra de Helena Blavatsky. Não mais que alguns artigos e biografias nas revistas *Planeta* e *Astral*. E agradecia:

— Por sorte, no Brasil nós temos o Luís Pellegrini, pesquisador sério do ocultismo (eu até acho que ele é iniciado em alguma escola de magos), jornalista brilhante e grande apaixonado da Madame Blavatsky. Foram os artigos, traduções e biografias que ele escreveu a fonte onde eu bebi para saber das andanças e façanhas dessa mulher incrível.

Seduzido pela personagem, Plínio em nenhum momento pretendeu escrever uma peça biográfica, e sim colocar em cena "a percepção do meu espírito livre, cheio de afinidades com o espírito da Blavatsky".

— Quem me inspirou, quem me instigou foi a Blavatsky... Eu estava parado no umbral de uma porta, aflito, já não ansiava mais pelas glórias frágeis do sucesso transitório. Sabia que não podia mais voltar. Nem queria mais voltar... E nessa zona de tumulto é que me chegou a Blavatsky. A princípio eu a recusei. Ela se mexia sozinha e isso mete medo até nos mais valentes. Eu a recusei, mas imediatamente a desejei. Parado ali no limiar daquela porta, eu era um louco com minha vontade e minha contravontade. Mas, de repente, a Blavatsky me arrebatou de vez. Viajei com ela. Viajei de várias maneiras. A favor, contra, junto. Com amor, ódio, paixão inflamada, desprezo, escárnio. Sempre conduzido por ela. Doida visionária, poeta utópica, embusteira de mil e um truques dignos de ilusionista de mafuá, mas sempre grandiosa e de extrema generosidade. Sempre no caminho. Ansiosa por se encontrar e sem nenhum medo de se perder... Eu fui compreendendo a Blavatsky. E então ela me levou para uma região de total silêncio. Ali, sem nenhum sentimento, sem ternura e sem rancor, sem emoção, eu escrevi sobre a Blavatsky. Não com as regras de um pesquisador acadêmico. Escrevi sobre a Blavatsky com a percepção do meu espírito parado diante dela.

Nenhuma outra de suas peças mereceu de Plínio Marcos tanta explicação sobre o processo de criação. Pode-se argumentar que não ser obra de ficção justificasse tantas palavras. Noel Rosa, no entanto, não recebeu o mesmo tratamento. Mais que explicar a peça e o interesse pela personagem, ele fala da religiosidade que escolheu trilhar quando, está escrito, "já não ansiava mais pelas glórias frágeis do sucesso transitório". Ao escrever *Madame Blavatsky*, no carnaval de 1985, fazia sete anos que ele não apresentava uma nova peça.

BLAVATSKY, UM TEXTO PARA WALDEREZ O primeiro diretor interessado na peça, segundo Plínio, foi Ademar Guerra:

— Mas acho que pelo relacionamento que ele tinha com a sua mãe, e que talvez tenha visto retratado na peça, o Ademar não se interessou em dirigir.

Uma simplificação grosseira, que não admitia a hipótese de o diretor apenas não ter gostado do texto enquanto teatro. De fato, à parte as virtudes da boa escrita que lhe valeram o Prêmio Molière, *Madame Blavatsky* tinha problemas de estrutura e de narrativa. Jorge Takla, que dirigira dois espetáculos com Walderez de Barros, *O jardim das cerejeiras* e *Agnes de Deus*, ficou sabendo da peça e, como Ademar, procurou o autor: "Eu gostava da personagem e quando soube que ele escrevia uma peça sobre a Blavatsky me interessei".

Walderez não quis interferir na conversa deles. Plínio, por sua vez, só liberava a peça se ela fosse a protagonista. "Nem pensar, vai ser muito difícil pra mim", ela reagiu ao convite de Jorge Takla, que aos poucos a convenceu a interpretar Blavatsky, cuja história e pensamento ela conhecia bem. O fim do casamento não mudou — e talvez tenha até aumentado — o respeito de Plínio por Dereca, que a ela se referia como "a maior e mais injustiçada atriz deste país". Companheira que segurou todas as barras e mereceu dele nos anos 1970 uma crônica não publicada, em que dizia: "Dereca, atriz cheia de poesia sem forma, atriz de textos sem palco, toca seu violão só pra mim e espera. Espera tranquila, serena, os dias melhores que sabe que virão". Para Dereca ele reservara, agora, *Madame Blavatsky*, como a exigiria depois em *Balada de um palhaço* e *Querô*.

A produção de *Blavatsky* foi erguida em sistema de cooperativa e de cotas. Antes de iniciar os ensaios, Jorge Takla fez várias reuniões com Plínio, "que não parava de dar palpites, de indicar elenco". Os ensaios começaram e o autor interferia, contrariando o que dizia ter aprendido com Cacilda Becker e repetira a vida toda, que não se metia no trabalho do diretor e dos atores. "Ele infernizava, ligava para a Walderez de madrugada, não concordava com a minha visão da peça nem aceitava que o elenco dobrasse os papéis." Ou seja, queria um ator para cada pequeno papel, o que encareceria a produção a ponto de torná-la inviável. A crise aumentou e Jorge Takla jogou a toalha.

— Olha, Wal, não vai dar — queixou-se com a atriz.

— Você que se entenda com ele. Quanto mais longe eu ficar, melhor — ela se esquivou. A duras penas, Takla a convenceu a estar presente no encontro em que ele comunicaria a Plínio a sua decisão. "Marcamos no Gigetto para eu devolver o texto e parar a produção. Pedi a Walderez que se vestisse de preto para dar um tom bem dramático à cena. Chegamos e coloquei o texto na mesa." O diretor mal começou o discurso e Plínio o interrompeu. Não é assim, ele disse. E mudou de assunto, começou a brincar. "Acabamos nos abraçando e a Wal não entendeu nada. Retomamos os ensaios, mexemos muito na estrutura do texto, na dramaturgia, e o Plínio não abriu mais a boca até o ensaio final", resume Takla.

Texto aprovado, o ensaio geral para a Censura liberar o espetáculo foi marcado na primeira semana de setembro de 1985, véspera da estreia. As duas censoras escaladas chegaram ao Teatro Aliança Francesa e sentaram-se no meio da plateia. Plínio, que desaparecera dos ensaios, entrou discretamente e sentou-se sozinho na última fila. Jorge Takla subiu à cabine de luz. Terceiro sinal. Começa o espetáculo, ou melhor, o ensaio geral para a Censura. Da cabine o diretor não via as reações de Plínio. De repente, no meio de um monólogo da Walderez, um forte barulho de porta batendo. O Plínio saiu. A informação chegou ao elenco na coxia e ao diretor na cabine. O que ninguém disse nem ficou sabendo é que ele saiu para ir ao banheiro e voltou logo e em silêncio. Terminado o ensaio, Jorge Takla desceu ao palco. Walderez, achando que Plínio tinha ido embora, fechou-se em prantos no camarim. "Eu desci preparado para o pior. Quando chego ao palco, encontro o Plínio parado, de cabeça baixa. Ele se aproximou e me abraçou chorando: 'Você é um gênio, transformou o meu roteiro numa obra-prima'. Eu nunca tinha visto o Plínio assim. E nunca mais o vi tão emocionado."

AUTOCONHECIMENTO OU CRISE ESPIRITUAL? *Madame Blavatsky* rendeu a Walderez de Barros o Prêmio Molière de melhor atriz e a Plínio o de melhor autor de 1985. Em *Veja*, o crítico João Cândido Galvão saudou como ótima surpresa a volta do autor à cena, sem perder a deixa para brincar: "Plínio Marcos, quem diria, acabou na teosofia". A brincadeira terminava aí. Helena Petrovna, que adotou Blavatsky do marido que a violentou e de quem fugiu para o Oriente, aprendeu com mestres do ocultismo conhecimentos secretos que serviriam de pretexto para as ameaças de morte e as perseguições que sofreria. Principalmente em Nova York, por suas demonstrações de mediunidade e de transporte de pequenos objetos. Entretanto, para João Cândido, era o fato de "remar contra a maré e enfrentar todos os preconceitos sociais" que explicava o interesse de Plínio pela personagem. "O autor optou por fazer uma fantasia sobre uma mulher vigorosa e lutadora. Em vez de discutir as verdades da teosofia, Plínio Marcos preferiu um retrato da mulher forte que luta contra todos e contra tudo para impor seu ponto de vista, não importa qual seja ele."

Fausto Fuser, na revista *Visão*, viu em *Madame Blavatsky* um renascimento do autor: "Vinte anos depois de abalar o meio artístico com suas blasfêmias e sete anos depois de sua última estreia, o teatrólogo também muda, acompanhando as visíveis mudanças do país. Não podia ser diferente, para sua própria sobrevivência. O público é tomado de surpresa desde o início do espetáculo. O autor não faz sequer uma biografia teatralizada: ele a transforma em personagem única, rodeada de personagens-ideias, que apoiam uma mulher extraordinária, próxima de nós pelo amor e pela inteligência. Não há palavrões, não há blasfêmia, a rebeldia é mais de Madame Blavatsky que de Plínio Marcos, que nem por isso perde a chama da contestação — apenas a renova".

Da surpresa de ver Plínio debruçado sobre essa personagem não escaparam também os críticos Clóvis Garcia ("uma peça em torno de uma figura humana de dimensões indeterminadas, abrindo-se para o infinito") e Edélcio Mostaço, que, em crítica com o título "O outro lado da subversão", escreveu na *Folha de S.Paulo*: "Concentrando-se sobre a trajetória de uma mulher em busca do autoconhecimento — mas presa a contexto de preconceitos e perseguições —, o autor alterna as contradições das várias visões do drama, não descuidando das cenas introspectivas que beiram o ritual cênico. Blavatsky está em cena para ser pensada, não para ser impingida".

Voz destoante, Sábato Magaldi incluiu *Madame Blavatsky* "entre as realizações menos satisfatórias" do autor. "Será a dificuldade do tema? Ou o crítico não é tão sensível a ele?", indagou-se Sábato, que reconheceu o acerto de Plínio ao fugir do relato biográfico: "As doze cenas em que se divide a narrativa, passadas em datas e locais muito diversos, visam ilustrar momentos significativos da trajetória de Helena Petrovna Blavatsky, desde o momento em que a mãe lhe anuncia o destino particular até a morte na velhice". O crítico reconheceu que "a técnica sincopada permitiu dispensar explicações que sobrecarregariam o diálogo", mas "o uso de alegorias simplificou problemas, como a caracterização do marido na figura de um bode repelente". Enfim, Sábato não viu em Blavatsky credenciais para a galeria de personagens do autor. Em defesa da sua escolha, Plínio cita na peça personalidades que se curvaram, como ele, aos encantos das ideias de Blavatsky — Gandhi, Fernando Pessoa, Jung e Einstein. "O diretor Jorge Takla fez bem de cortar essas referências no final do espetáculo. Não creio que o público as entenderia, depois do que viu", espetou Sábato, que ao final da crítica deu um conselho ao amigo: "Andará bem Plínio Marcos se souber conciliar a crise espiritual que atravessa com as raízes mais autênticas de seu talento".

Aplausos unânimes ao elenco — Walderez de Barros ("sua transformação de velha Helena na garota de dezesseis anos é antológica", escreveu João Cândido Galvão), Thaia Perez, Antonia Chagas, Raimundo Mattos, Toni Lopes, Zecarlos Andrade, George Otto, Cacá Amaral e Paulo Novaes. Elogios aos cenários de J. C. Serroni, aos figurinos de Kalma Murtinho, à sonoplastia de Tunika e a Jorge Takla, autor de um "espetáculo de rigor matemático" em que "nove atores movem-se devagar, com grandiosidade operística", segundo Galvão. Para Sábato, "um só problema prejudica a encenação: ela não consegue superar as falhas do texto, dando-lhe credibilidade. Extremamente fiel a Plínio Marcos, Jorge Takla o ajudou a afundar-se".

UM HOMEM EM BUSCA DA RELIGIOSIDADE A crise espiritual, a que Sábato Magaldi se referiu, Plínio a encarava como um momento de evolução pessoal, em que se definia como "um homem à procura da religiosidade". Porém, antes que lhe viessem com um carimbo, ele alertava:

— Dispensa-me dos rótulos, por favor, e eu te explico que a busca da religiosidade nada tem a ver com seitas, igrejas, grupelhos carolas, fanáticos acorrentados a dogmas e superstições. A religiosidade nada tem de alienação, conformismo ou adaptação a um sistema político-social-econômico injusto. Aliás, a religiosidade é altamente subversiva. A religiosidade leva o homem ao autoconhecimento. E o autoconhecimento leva o homem à subversão.

A ausência de *Balbina de Iansã* na trilogia reunida em *Religiosidade sub-*

versiva não surpreende. A peça, embora tratasse do universo da macumba, era menos a aceitação dos princípios do sincretismo religioso e mais um questionamento dos que, como a mãe de santo Zefa, se apropriam da fé alheia para tirar vantagens pessoais. Em *Balbina*, a religião é pretexto para aprisionar, não para libertar. Agora, a religiosidade é caminho ao autoconhecimento. Vale o indivíduo, o que exclui a manipulação do coletivo. Pode-se dizer que já havia isso em *Jesus homem*, que surgiu em 1967 com o título *Dia virá* e, reescrita, ganhou pretensões de musical, com canções dos pagodeiros Zeca da Casa Verde, Talismã e Jangada, na encenação do Bando em 1981. Insistindo em que as suas peças sempre foram carregadas de religiosidade — "no sentido de reatar o homem com Deus, com as coisas do espírito", dizia —, Plínio se detinha em Jesus, personagem que o fascinava.

— O meu Cristo é o Cristo das prostitutas, minorias, marginalizados, negros, dos que têm fome. O despertador do homem, o grande subversivo, o grande inquietador. O que acho maravilhoso nele é o sentido de redenção da humanidade. Ele era capaz de compreender o homem todo.

Um Cristo histórico, próximo da Teologia da Libertação, que ganhou força na década de 1960, a partir do Concílio Vaticano 2º, convocado pelo papa João XXIII. Assim entendido o personagem, o crítico Jefferson Del Rios constatou que *Jesus homem* não afetou a obra do dramaturgo: "Plínio continua o repórter dos tempos maus, característica agora acrescida da visão espiritualizada do homem. O Nazareno da peça é mais aquele que expulsou os vendilhões do templo e defendeu Madalena da hipocrisia". Ou seja, Plínio se aproximava de uma compreensão mais afinada com a Teologia da Libertação, em que a transcendência do personagem cedia a uma forte temporalidade. "Não há repetição dos clichês seculares sobre a doçura de Jesus, devoção imobilista que pede exclusivamente resignação ante as injustiças terrenas em troca do reino dos céus", observou Jefferson. Para acentuar a visão popular dos Evangelhos, Plínio entregou a um ator negro, João Acaiabe, o papel-título. Recurso que Ariano Suassuna já havia usado em *Auto da Compadecida*.

Na revista *Isto É*, Alberto Guzik reconheceu a opção do autor "por uma visão contemporânea de Jesus" e a busca de conciliação entre o místico e o revolucionário. O crítico chamou a atenção para um elemento que lhe pareceu novo: "O lirismo que perpassa o texto revela uma faceta pouco conhecida do escritor. A obra comove pela delicadeza, pela força, pela conhecida revolta de Plínio, que aqui ganha uma dimensão extra, banhada de ternura". Com isso, conclui o crítico, "a peça fala ao coração do homem simples". Também para Clóvis Garcia, em O *Estado de S. Paulo*, "o lado místico está presente, ainda que não seja o principal enfoque".

Talvez seja em *Balada de um palhaço*, que Walderez de Barros e Antonio Petrin estrearam no Teatro Zero Hora em 1986, que a religiosidade de Plínio Marcos impregna mais claramente a sua dramaturgia. Aqui, o discurso se sobrepõe à ação envolvendo a Cigana — "a grande mãe, a velha bruxa" —, o autorreferente Bobo Plin — "palhaço saltimbanco, espiritual, feminino, desinteressado das coisas desse mundo" — e o seu avesso, Menelão — "palhaço próspero, materialista, machista, perseguindo o sucesso" —, na descrição feita pelo autor e que expõe a sua afeição por Bobo Plin. Léo Lama compôs as músicas sobre os versos de Plínio, que abrem a peça remetendo ao Bando — "é duro, muito duro, o convívio no bando, nenhum tem coragem para se deixar ficar" — e terminam falando de "Mil e uma estrelas", antes da oração final do Bobo Plin. Oração não a um deus, mas a uma entidade que ele batiza de Ideal:

> "Ó, Ideal,
> que estás no meu céu interior,
> verdade viva
> que faz minha alma
> imortal,
> para que tua tendência
> evolutiva
> seja realizada,
> para que teu nome
> se afirme pelo trabalho,
> para que tua revelação

seja manifestada a cada
espetáculo,
a cada espetáculo concede-me
a ideia criadora,
que assim como ela está
entendida no meu coração
seja entendida no meu corpo.
Ó, Ideal,
preserva-me dos reflexos
da matéria,
que eu compreenda
que o sofrimento benfeitor
está na origem da minha
encarnação.
Livra-me do desespero
e que teu nome seja
santificado
pela minha coragem
na prova."

TARÔ SUBVERSIVO E AMORAL No caminho com Jesus, Gurdjieff e Blavatsky, Plínio Marcos chegou ao Tarô e logo se tornou professor de tarologia. Assim ele se apresentava em entrevista ao jornal O *Globo*, em junho de 1990, tomando o cuidado de alertar:

— Meu tarô subverte os valores estabelecidos. É amoral porque a moral impede o desenvolvimento espiritual, mas procura ser de profunda religiosidade. Instiga o homem na grande viagem de si mesmo, levando-o a pensar que não está na terra apenas para trabalhar, comer e dormir.

Essas palavras são as mesmas de Bobo Plin, em *Balada de um palhaço*. No início, os amigos de velhos carnavais e das mesas do Gigetto não levaram a sério as leituras de tarô que Plínio, muitas vezes, fazia na sua mesa cativa do restaurante. Conta-se que, certa noite, um amigo chegou mais cedo, postou-se sério numa das mesas na entrada do Gigetto e, com um baralho qualquer, ficou lendo a sorte de quem quisesse saber o futuro e o destino revelado nas cartas. Uma concorrência desleal, pois o atendimento era de graça. Quando entrou e viu aquilo, Plínio se enfureceu. Dizem testemunhas que foi um custo convencê-lo de que se tratava de uma brincadeira. Com isso não se brinca, teria esbravejado. O tal charlatão recolheu as cartas, sentou-se à mesa de Plínio e nunca mais fez troça com um assunto que, para o amigo, era coisa séria.

A verdade verdadeira é que o próprio Plínio advertia os clientes do seu Tarô de que as cartas não eram panaceia para os problemas cotidianos, como falta de amor ou dinheiro. Zombava de quem entregava às cartas as soluções que, ele insistia, deviam ser buscadas no autoconhecimento. Mas tem gente que gosta de ser enganada e, assim, alimenta a charlatanice. Conta Estevam Soares, ex-jogador e técnico de futebol, que em uma visita de Plínio à sua cidade, Cafelândia, uma jovem insistiu para ele ler a sua sorte. Se havia coisa que ele nunca tinha feito era ler a sorte de ninguém. Mas a moça não saía do seu pé. Estevam lhe segredou: "Cuidado, essa aí adora pegar homem casado". Como não conseguia se livrar da mulher, Plínio assumiu o personagem.

— Venha aqui, vou ler o seu destino.

Sentou-se à frente da mulher e abriu as cartas. Pensou um pouco.

— Estou vendo um homem na sua vida. Um homem casado.

A moça levou um susto. Como ele, um desconhecido, podia saber um segredo tão bem guardado? Depois dessa revelação surpreendente, Plínio lhe encheu os ouvidos de conselhos. Se ela seguiu ou não, ninguém sabe, mas que ficou impressionada com o dom do artista, isso ficou. Gurdjieff não teria feito melhor.

Como pregava Gurdjieff, Plínio foi se desapegando de tudo que remetia a uma vida de conforto material. Continuou na quitinete da rua Teodoro Baima. Sem telefone, pegava os recados no Teatro de Arena em frente. Por necessidade, não luxo, aceitou de Vera Artaxo um frigobar onde guardava a insulina. Comia se tinha fome, dormia se tinha sono. Foi o que disse em novembro de 1988 a Ralfo Furtado, da *Folha da Tarde*, que descreveu o cenário da entrevista:

"Um colchonete no chão, um cabide com roupas penduradas, um caixote com livros, outro caixote em pé que serve de armário onde ele guarda suas peças, uma mesa, uma poltrona, uma televisão de 14 polegadas preto e branca, um radinho de bolso e uma caixa de som — que oferece às visitas para sentar dizendo 'não funciona, é só banqueta' — completam a decoração despojada do ambiente. Muitos objetos e papéis em cima da mesa e uma garrafa bojuda adaptada com um soquete e uma lâmpada no gargalo".

BOBO PLIN SE VESTE DE FRAQUE Em 1988, Plínio dizia viver de ler tarô há cinco anos. Vestia-se de qualquer jeito. Calça folgada, depois um macacão pra disfarçar a barriga, chinelo de dedo, camiseta, barba grisalha crescida, cabelo em desalinho. Nos anos 1960 seria um *hippie*. Ou um mendigo, morador de rua. Adolescentes das décadas seguintes talvez o identificassem como precursor da moda grunge.

Adolescente, Ana Carmelita, sua Ana Festa, cujas amigas não podiam dormir em sua casa "porque ela era filha de artistas", morria de vergonha da aparência desleixada do pai. Dona Hermínia também não se conformava e temia que o filho não tivesse roupas e cobertores para as noites de frio. Tudo o que ela mandava e era demais, porém, ele distribuía. Se alguém da família mostrasse preocupação, encerrava o assunto com um lacônico "estou bem". "Ele não dava espaço para a gente interferir", diz o filho Ricardo, o Kiko. "Mas o que Aninha falava era lei." E não era pra menos. "Nas brigas eu tomava o partido dele", reconhece Ana, que era a única pessoa que podia abrir a porta e entrar quando o pai se trancava no escritório para estudar ou escrever. Então ele a saudava com um bordão:

— Para tudo quando a menina chega.

Também foi ela a única dos três filhos que pediu para ser batizada na Igreja Católica, tendo Etty Fraser como madrinha. "A gente nunca teve religião em casa, mas religiosidade, sim", Kiko chama a atenção para a diferença que desde cedo aprendeu.

Se a aparência física de Plínio mudava cada vez mais, e agressivamente, nas roupas e no corpo abandonado, alguns hábitos familiares se mantinham. Como o almoço de domingo, que depois da separação passou para segunda-feira, e a reunião na noite de Natal. "Esse empenho em manter a tribo unida ele nunca abandonou", reconhece Kiko. O mesmo empenho que Walderez e Plínio tiveram ao terminar o casamento. "Os dois chamaram os filhos na hora do almoço e minha mãe comunicou: 'seu pai está saindo de casa'. Tudo com muita calma e jeito", lembra Aninha. Os três estavam acostumados às brigas e separações dos pais, que logo se reconciliavam. Dessa vez, perceberam que era pra valer quando Plínio pegou a mala e saiu. Foi tudo tão natural que, minutos depois, a filha foi ao quarto da mãe pedir licença para brincar na frente do prédio com as amigas.

— Pô, Aninha, eu estou aqui chorando e você me pede pra ir brincar?

Pois é, não havia o que fazer. O casal conseguiu que a filha e Kiko, que estava no quartel prestando o serviço militar, assimilassem sem traumas a separação. Separação que, segundo Léo, foi ele quem provocou. Chegando aos vinte anos e vendo que o casamento dos pais estava minado havia muito tempo, ele diz que os chamou para uma conversa e pegou pesado com Plínio. Entretanto, ficou claro que o fim do casamento não seria o fim da tribo, embora com o tempo os almoços semanais e os encontros de Natal se esvaziassem. O espírito de tribo se fortaleceria com a chegada dos netos. Guilherme, o primeiro a nascer em 1988, filho de Léo e Marta Tramonti, mal começou a jogar futebol na escola e já contava com o avô na torcida. Na chegada de Bruno, filho de Kiko e Flávia, Plínio estava bem doente, mas fez questão de ir a Taubaté visitá-lo ainda na maternidade. "Nascia um neto, ele ia atrás", confirma Kiko. Foi assim também com Rafaela (de Ana e Paulinho), com Catherine (do Léo e da Cristina) e com Veridiana, de Kiko e Adriana. Só não conheceu Gabriela, de Kiko e Cláudia, que estava grávida quando ele morreu.

O respeito à tribo se confirmou quando Aninha, aos dezessete anos, resolveu casar. Na Páscoa de 1989, Plínio havia conseguido uma verba para fazer apresentações especiais de *Jesus homem* no teatro do antigo Colégio Caetano de Campos, na praça da República. Reuniu um elenco de amigos, como Ênio Gonçalves, Graça Berman e Umberto Magnani, e até arrumou uma fala especial para Aninha, que integrou o coro. Foi a primeira e única vez que ela foi vista no palco falando um texto do pai. Em um dos ensaios, Paulo Franco, na sua timidez adolescente, se aproximou do futuro sogro.

— Seu Plínio...

— Calma aí, Paulinho, eu não sou seu, não. Me chama de Plínio que tá de bom tamanho.

— Plínio... Eu quero pedir a mão da Aninha...

— Porra, você já está usando o corpo todo e agora vem pedir a mão? Para com isso.

Estava dado o sinal verde ao casamento, marcado para 25 de janeiro do ano seguinte. Havia alguns detalhes. A cerimônia seguiria o mais tradicional rito católico e a Igreja de São José, nos Jardins, era uma escolha burguesa demais para os padrões de Plínio. Claro, Aninha exigia subir ao altar levada pelo pai. Com que roupa? De fraque. Ficou louca, Aninha? Plínio se recusava a tirar o chinelo, o macacão surrado e o boné. Ele ficou tão sem reação, que deixou a filha falando sozinha e saiu. Passou um tempo, pouco tempo, e o telefone tocou. Era ele.

— Aninha, eu vou ter que usar sapato também?

— Vai.

Assim se fez. O traje completo foi alugado. E no dia e hora marcados lá estava Plínio Marcos, com uma elegância de fazer inveja. Aos filhos, especialmente a Ana Festa, ele não recusaria nada. Nem vestir-se de burguês por um dia.

IMAGENS DA INFÂNCIA DE ANA FESTA Na igreja, pai e noiva tiveram um longo momento de espera. Que não foi em vão. Conversaram muito. Na cabeça de Aninha foi passando o filme de sua relação com o pai, que a fazia dormir inventando histórias. Histórias de bichos nas quais ela era sempre personagem, usando fatos do cotidiano. Lembranças das noites em que Plínio, Walderez e os filhos se deitavam na varanda do apartamento na Aclimação para olhar as estrelas e ele propunha exercícios de imaginação: E se a gente fosse uma família de ursos, como cada um de nós se comportaria? Depois, cantava músicas de sua infância para ela adormecer:

"Queriam matar o meu ganso,
Queriam matar o meu ganso,
Queriam matar o meu ganso
Com um fuzil de merda".

Assim ela aprendeu seu primeiro palavrão. No sítio em Ribeirão Pires, onde Aninha passava férias com os irmãos e primos, sob os cuidados da avó Hermínia, Plínio afugentava os seus medos de criança com três cachorros valentes que criou na sua imaginação para protegê-la: Trinca Ferro, Cospe Fogo e Rompe Mato. E quando a levava pela mão à escolinha no bairro da Aclimação, antes que ela se assustasse com os latidos de cães ao vê-los passar na calçada, Bobo Plin — era assim que ele assinava cartas e bilhetes à filha — usava um truque eficaz.

— Late, cachorro que gosta da Aninha, late forte pra menininha linda passar.

E Ana Festa passava feliz da vida, sem medo, contente com os latidos ferozes que a saudavam. Histórias e episódios do passado vieram à lembrança enquanto pai e filha conversavam, esperando a hora de caminhar até o altar. "Ele me fazia sair junto pra comprar presente no aniversário da minha mãe, mesmo depois de separados. E no aniversário dele eu sempre lhe dava mágicas. Ele gostava de fazer mágicas pra gente, mas, se alguém descobrisse o truque, ele ficava puto." Imagens das noites de Natal, em que ele às vezes se vestia de Papai Noel, das noites de 31 de dezembro na casa do tio Carlinhos, irmão de Walderez, em que Plínio reunia toda a família em círculo e fazia "uma vibração para o ano novo". Imagens interrompidas pela marcha nupcial. Ele tomou as mãos da filha:

— Olha, você está se casando e quero que seja muito feliz enquanto tiver que durar. Se um dia o casamento acabar, não se aborreça nem fique triste. A gente continua te amando.

E lá foi Plínio Marcos, de fraque e sapato de verniz, conduzir Aninha ao altar. Depois se esbaldou na festa, e quase se esqueceu do sapato lhe apertando os pés e do desconforto da roupa ajustada ao corpo, em corte perfeito para a barriga imponente. No dia seguinte ele voltaria ao velho macacão e chinelo de dedo. E antes que 1990 terminasse, mais uma alegria para Bobo Plin, o nascimento da neta Rafaela. Tudo bem, o casamento durou uns três anos, se tanto. Bobo Plin estava pronto a acolher o novo companheiro de Ana Festa, o Peninha, Gilberto Gerônimo Oller, que conheceu em 1996.

— Peninha, você é um artista.

Tanto entusiasmo se devia ao talento de Peninha na cozinha. Plínio tornou-se presença semanal no Restaurante Pitanga, que o casal tocava na Vila Madalena. Comida light, como a diabete e os médicos recomendavam. Porém, sábado, o dia de Vera Artaxo levar Plínio ao Pitanga, era dia de feijoada. Light. Seja lá o que isso queira dizer em se tratando de feijoada. Impossível exigir que Plínio optasse pelas saladas. Comia de se regalar. Seu tempo estava se cumprindo. Faria sentido privá-lo desse prazer que ele apurou com as delícias preparadas por dona Hermínia?

TODAS AS BIOGRAFIAS SÃO MENTIROSAS Morando sozinho no apartamento caído da rua Teodoro Baima, Plínio Marcos não se prendia à rotina. Só a uma. Saía de madrugada do Gigetto, dava a volta no quarteirão e se postava na porta da Associação Cristã dos Moços, na rua Nestor Pestana, esperando a hora de abrir a piscina. Nadava um pouco, tomava uma média com pão e manteiga e ia dormir. Da vida não quis falar a Ralfo Furtado, que o entrevistou em novembro de 1988.

— Eu resolvi não falar mais do passado, da carreira. Acho uma coisa boba. Já menti tanto sobre a minha vida, que não sei mais o que é verdade ou mentira. Todas as biografias são mentirosas.

Trocou as histórias de vida por citações do Bobo Plin, que leu ao repórter, como a se definir. Trechos em que o personagem, ao saber de outros palhaços bem-sucedidos, enrosca-se nas próprias tripas e sufoca ao tentar seguir as suas receitas de sucesso.

— A referência esmaga a intuição e força a autocensura. A comparação é a maldita inimiga da igualdade. Para se irmanar aos outros palhaços, Bobo Plin não podia saber deles ou seria uma cópia, sem criatividade.

A religiosidade, traduzida no tarô e simbolizada na pequena cruz em uma haste de metal, tornou-se campo de trabalho permanente. Palestras ou cursos, ele dava em casas ou salas cedidas por amigos, como o psiquiatra Laércio de Almeida Lopes, em cuja clínica no bairro do Pacaembu reuniu uma clientela variada. A dramaturga Consuelo de Castro, então casada com Laércio, frequentou aulas de tarô ministradas por Plínio. "Ele falava de Yung e era brilhante na análise do tarô, que interpretava do seu jeito. Plínio era o líder daqueles psiquiatras todos da clínica, admirados da sua agudez e percepção." Outro que se rendeu foi o ator Francarlos Reis, para quem o Plínio das cartas tinha indiscutível talento. "Comecei a fazer um curso de tarô com ele e fui a umas cinco aulas. Ele era muito objetivo e quando lia o tarô pra mim se detinha no significado das cartas de modo claro e simples, sem enganação."

Em janeiro de 1991, Plínio Marcos procurou Emílio Fontana, que havia instalado a sua escola de teatro na rua Frei Caneca. "Eu lhe cedi uma sala, no período da tarde, onde ele abriu o curso *O uso mágico da palavra*, que atraiu muita gente. Ele me pediu para assistir à primeira aula e depois fazer uma crítica. Procurei não me intrometer no tema tratado e sim na aula em si, na sua comunicação com os alunos. Ouviu calado quando eu o critiquei por ter dado a aula inteira só para uma menina bonita que estava na primeira fila e nem olhado para as outras pessoas. Eu disse que aquele não foi um comportamento profissional. Mas fazer o quê? Ele era assim mesmo, um galanteador."

A atriz Clarisse Abujamra foi atraída pelo curso. Por curiosidade e por gostar de ouvir o Plínio. "Ele era simplesmente brilhante e lúcido na direção do curso. Quando me viu, não entendeu o que eu tinha ido fazer lá. Eram aulas de mitologia, de teatro, e eu a única atriz no meio de senhorinhas, que anotavam tudo e estavam a Saaras de distância do que ele falava. Eu ficava muito quieta num canto, observando o Plínio e aquelas mulheres. Cheguei a ir ao seu apartamento no Copan para ele me abrir o tarô. Cada carta era uma viagem e tudo o que ele dizia sempre tinha uma conotação com o teatro."

Clarisse se aproximou de Plínio quando atuou com Walderez de Barros no espetáculo *Bye bye Pororoca*, que substituiu a proibida *O abajur lilás*, em 1975. "Walderez foi uma das atrizes mais generosas com quem trabalhei e o Plínio, que sempre me tratava como a menina bailarina, ao me ver como atriz disse coisas maravilhosas. Depois, quando eu o vi dando o curso e pedi para ele ler o tarô, eu saía indignada desses encontros. Eu estranhava muito aquele miserê em que ele vivia, não entendia como alguém tão brilhante precisasse vender livros e dar aula de tarô."

No anúncio das aulas no Instituto Emílio Fontana, Plínio alertava que não era um curso de teatro, mas destinava-se a "qualquer pessoa em busca de comunicação espiritual com o próximo". Apresentava o curso como "uma maravilhosa aventura" para a "libertação das emoções negativas para o desenvolvimento psicológico e espiritual". E propunha-se investigar "o som que impulsiona a energia (o primeiro impulso)" — o que lembrava Gurdjieff, que, nas apresentações de suas ideias na França, onde se instalou a partir da década de 1920, ou em outros países, reservava especial atenção para a música. Ele mesmo era compositor. Dizia o seu colaborador, o músico Thomas de Hartmann, que, ao ouvir as suas peças, "somos tocados até o fundo do Ser".

Na biografia de Gurdjieff, Plínio encontrou outros pontos comuns — a mesma insatisfação com a escola, a proximidade com pessoas mais velhas e vividas para lhes colher ensinamento, o prazer de ser um andarilho. "Quanto piores as condições de vida, melhores serão os resultados do trabalho, contanto que nos lembremos continuamente do trabalho." O aforismo de Gurdjieff, se não o inspirou, ajuda a compreender a opção de Plínio, que nunca reconheceu ou se referiu a essa influência. Portanto, como diz outro aforismo de Gurdjieff, "não julgue um homem pelo que contam dele".

Cena XVII

Em seu escritório no apartamento da Rua Maranhão, em Higienópolis
(Arquivo Vera Artaxo)

"Quando falam que eu fui perseguido, eu digo: Eu não, eu é que fiz por merecer."

"Eu nunca admitiria fazer os conchavos que a esquerda faz. Eu estou mais à esquerda do que a esquerda."

"O único consolo que resta a quem perdeu a fé é o vício. E o vício é o grande estuprador dos espíritos."

A presença da religiosidade no discurso e na justificativa do seu modo de vida não arrefeceu a natureza política, estrito senso, das ações de Plínio Marcos. Natureza que se manifestava na adesão a lutas coletivas e nas escolhas pessoais. "Plínio tinha um lado místico pronunciado, que eu detectava no seu comportamento e na busca de transcendência", diz Mino Carta, que se define como um anarquista, como Plínio. "A espiritualidade dele é a que se encontra nos desvalidos, mais que em um banqueiro." Se no passado não se filiou ao Partido Comunista, no Brasil da Nova República manteve-se distante de outra onda vermelha, do PT — Partido dos Trabalhadores. Nem a amizade de Mário Covas foi suficiente para ele se aproximar, depois, dos dissidentes do histórico MDB, reunidos em nova sigla, o PSDB.

— Tem três coisas que eu gostaria que soubessem: não sou corintiano, não sou petista, não sou brigão — garantiu a Marta Góes no *Estadão*, em novembro de 1992. Das três, a terceira é a menos convincente. De uma boa briga Plínio jamais fugiu e, em alguns casos, até provocava. Todos que o conheceram têm uma história de briga pra contar.

A atriz Maria Eugênia De Domenico lembra a noite no Gigetto em que ele se estranhou com Antonio Petrin, que fazia *Balada de um palhaço* com Walderez de Barros no Teatro Zero Hora. As agressões verbais chegaram a tal ponto, que eles se chamaram para o pau, na rua. Saíram aos tropeções nas cadeiras e mesas com a corriola atrás. O ator Luiz Serra, que dividia a mesa com eles, sentiu que o clima poderia descambar e os convenceu a sair do restaurante. "Não sei como eu segurei os dois no braço. Fiquei no meio e impedi que eles se agredissem fisicamente. Plínio foi embora e voltei com o Petrin para continuar o jantar." Maria Eugênia surpreendeu-se, noites depois, ao ver Plínio e Petrin juntos "como se nada tivesse acontecido".

"NÃO SE BATE EM MULHER, PORRA" O que ela não sabia é que a confusão havia começado no teatro, quando o espetáculo foi interrompido porque Walderez se sentiu mal em cena. Plínio entrou no palco aos gritos para saber o que tinha acontecido. Enquanto a mãe recebia atendimento, Léo Lama tomou as suas dores e encarou o pai. Pediu que ele abaixasse o tom de voz, até porque era "um enfartado", fato que soou como agressão. "Ele achava que enfarte era coisa de burguês", Léo se cansou de ouvir isso. Por pouco eles não se pegaram. Petrin ficou do lado de Léo, que cuidava da parte técnica do espetáculo e não engolia a agressividade, muitas vezes gratuita, do pai. No Gigetto, a discussão continuou e Plínio reagiu na força. Tempo depois, feridas cicatrizadas, Antonio Petrin minimiza o episódio: "O Plínio enchia o saco. Ele chamava pessoas para ver o espetáculo e enquanto elas não chegassem não podíamos começar. E elas nunca chegavam na hora. Um dia eu me enchi e falei para o Léo, que fazia a sonoplastia, soltar a música de abertura. Não vai começar porra nenhuma, gritou o Plínio. Começamos a brigar no teatro porque as pessoas que ele tinha convidado nem apareceram. Plínio era fogo, quando achava que tinha razão ia até o fim, não queria perder nenhuma parada".

Outra madrugada, saindo do Gigetto, Plínio e Francarlos Reis passavam pela frente do Restaurante Orvietto, outro reduto da gente de teatro. Quando viu o ator DD batendo na sua mulher BT, Plínio partiu pra cima e encheu o agressor de porrada, aos berros:

— Não se bate em mulher, porra! Não se bate em mulher.

Francarlos nunca tinha visto o Plínio tão furioso. Nem mesmo quando o próprio Fran protagonizou famosa cena no Gigetto, por causa de um pedaço de ovo, e destratou uma atriz aos chiliques. A coitada teve a imprudência de sentar-se à mesa dele e, ao ver uma fatia de ovo cozido dando sopa no canto do prato de Fran, espetou-lhe o garfo e engoliu. Não sabia que ele reservava aquela trivial delícia para encerrar o jantar. Ela violou o velho ritual e Fran fez um escarcéu. "Plínio veio à minha mesa e me chamou a atenção. Disse que eu exagerei, que não podia reagir daquele jeito porque afinal se tratava de uma senhora. Flávio Rangel estava na mesa e Plínio o admirava, dizia que era o último cavalheiro vivo, que mandava flores e abria porta para mulher. E ele citou o exemplo do Flávio para censurar a minha reação." Mino Carta, frequentador do Gigetto, assina embaixo: "Ele era muito correto no relacionamento com as senhoras".

Com mulher casada, então, Plínio virava um príncipe, garante Leilah Assunção. "Ele era machista com muita honra e eternamente será perdoado por isso", diz a dramaturga, que lembra rindo dos convites que ela e tantas mulheres, exceto as casadas, "que viravam santas", ouviam ao encontrá-lo no Bar Redondo.

— Quer dar uma chegadinha ao meu apartamento?

"Eu agradecia e ficava por isso mesmo. Ele parecia fazer aquilo como uma gentileza, uma obrigação. Na cabeça dele, se não cortejasse, estaria ofendendo a mulher", diz Leilah. Analy Alvarez e Lulu Librandi, que o conhecia desde a estreia de *Dois perdidos* em 1966, no Ponto de Encontro, concordam: machista à antiga, Plínio se sentia na obrigação de fazer a corte e convidar para uma visita ao seu apartamento nada charmoso ao lado do Redondo. Homem que fosse homem precisava ter um endereço secreto, que de secreto não tinha nada. Das outras não se sabe, mas as amigas que o conheciam tiravam de letra e levavam a cantada na piada. "No Redondo, ele vinha com aquele papo: não quer ir ao meu apartamento para eu ler o tarô e te fazer uma massagem? Como a gente ria do convite, ele mudava de assunto", diverte-se Lulu. Com Analy as investidas terminaram assim que a atriz se casou com o ator Luiz Serra: "A partir de então ele me tratava como irmãzinha".

HORROR A DITADORES E À AUTOPIEDADE — Meus amigos dizem que tenho pavio curto, mas sou brincalhão e boêmio.

Plínio assim se definiu a Leão Serva, da *Folha de S.Paulo*, em setembro de 1985. Na entrevista a Marta Góes, sete anos depois, o brincalhão saiu de cena:

— Não aguento ex-guerrilheiro e tenho horror à autopiedade. Quando falam que eu fui perseguido, eu digo: "Eu não, eu é que fiz por merecer".

Não se iludiu com a Nova República, ironicamente inaugurada em 1985 com a posse de um dos pilares da Arena, partido da ditadura, o senador José Sarney, que se tornou presidente com a morte de Tancredo Neves. A Leão Serva, Plínio disse recusar que o chamassem de esquerdista, num momento em que se embaralhavam as posições políticas.

— Eu nunca admitiria fazer os conchavos que a esquerda faz. Eu estou mais à esquerda do que a esquerda. Eles [os partidos comunistas, PCB e PC do B] foram legalizados por bom comportamento. Eu nunca me preocupei com governos, já que eles são todos iguais. O nosso atual não significou mudança nenhuma de sistema, só de pessoas. Aliás, nem de pessoas, já que o Sarney é uma extensão dos militares.

Depois que, formalmente, se encerrou o ciclo de governos militares, em 1985, as provocações de Plínio não se resumiram mais à direita e à censura. Na época não faltava convite para artistas e intelectuais brasileiros viajarem a Cuba em eventos na Casa das Américas. Bela noite Plínio entrou de chinelão no Gigetto e aproximou-se da mesa de amigos, entre eles as dramaturgas Consuelo de Castro, que estivera em Cuba ministrando um curso, e Leilah Assunção, de malas prontas para Havana, onde se apresentava *Fala baixo senão eu grito*, sua primeira peça. Disse:

— Vocês que estão indo no avião da felicidade, falem para aquele ditador de merda pagar os direitos das minhas peças que eles fazem lá em Cuba.

Maria Eugênia De Domenico, testemunha da cena, lembra que Plínio "fez um brilhante e curto discurso, terminou, virou as costas e foi embora". Seria despeito por não ser convidado a ir a Cuba? Há quem diga que sim, pois a modéstia em Plínio só não era maior que a humana vaidade. Maria Eugênia acredita que não havia despeito, embora essa insinuação rolasse na mesa. "Ele não falou em tom de lamentação e no fundo nem estava interessado em receber seus direitos autorais. Acredito que era uma crítica aos que, segundo ele, estavam dando apoio a um ditador."

É bem provável, porque algumas de suas peças vinham sendo encenadas em outros países sem que ele recebesse um tostão de direito autoral. Desdenhou do sucesso que *Dois perdidos numa noite suja* fazia no circuito alternativo de Nova York. Ele soube da montagem porque Paulo Francis deu a notícia em sua coluna na *Folha de S.Paulo*. Plínio não se lembrava de ter autorizado e muito menos de ter sido pago. Era comum ele ser surpreendido com montagens de suas peças em Portugal, Alemanha, América Latina. Ouvia que isso lhe dava prestígio, o que não lhe pagava as contas.

— Eu não vejo um tostão. Isso é normal no mundo inteiro. Os daqui não mandam para lá, os caras não mandam para cá e fica tudo empate. O dinheiro mesmo não aparece. Outro dia recebi uma carta de uma mulher comovida, uma carta tão linda, de Caracas. Dizia assim: "Nós estamos aqui montando toda a sua obra, autorizados por um convênio cultural que fizemos com a embaixada no Brasil". Nem um tostão. Mandei a SBAT falar com o pessoal da embaixada, que nem se abalou.

Como o pagamento de direitos aos autores não era confiável, Plínio inventava artifícios para pegar dinheiro da SBAT — Sociedade Brasileira de Autores Teatrais. Pedia que alguém, de cidade do interior, por exemplo, telefonasse para a entidade dizendo-se interessado em montar uma de suas peças e pedindo o preço. Ele dava um valor qualquer que era comunicado ao suposto produtor, que fechava o negócio e prometia fazer o pagamento. Em seguida Plínio ia à SBAT, pedia o dinheiro adiantado, não em cheque, em moeda corrente mesmo. Misteriosamente, o suposto interessado desaparecia e, se aparecia, dava uma desculpa qualquer. Muitas vezes era o próprio Plínio quem telefonava, fazendo-se passar por um produtor. Com esse e outros truques, a conta de Plínio na SBAT estava sempre com saldo negativo, que ele nunca se preocupou em cobrir. Quando Léo Lama, que faturava alto com *Dores de amores*, soube na SBAT da dívida do pai e quis pagar, levou um esporro. Plínio se dizia ressarcido das vezes em que as suas peças foram encenadas sem que a entidade que o representava recolhesse os direitos.

Portanto, o desabafo contra Fidel Castro não tinha nada a ver com direito autoral. Sentia-se, talvez, ferido na vaidade de não ser convidado a ir a Cuba e poder dizer não. Plínio era avesso a todos os ditadores e à maioria dos políticos. "A religiosidade é subversiva, a política não" — era o seu mote.

— A política consiste na luta pelo poder. Então tudo se repete. Tanto faz você ser de esquerda ou de direita, resulta sempre no poder, na luta pelo poder.

Em um debate com os estudantes, uma menina lhe perguntou:

— Você já foi a Cuba?

— Não, não ponho nem o pé lá, porra. Se eu tenho de lutar contra a ditadura no Brasil, por que que eu vou a um lugar onde tem ditadura?

Plínio aproveitava então para incendiar o contraditório, elencando os ditadores:

— Eu não consigo diferenciar Pinochet de Fidel Castro. Os dois são ditadores, lutaram pelo poder e são poder, e eu odeio poderes. Eu não acho que alguém possa ficar perto do poder. Eu não posso esquecer o paizinho Stalin, eu não posso esquecer Hitler, Mussolini, Salazar, Getúlio Vargas, Perón. Qualquer pessoa que tente botar a pata na minha cabeça para me dirigir é uma ofensa e a política consiste nisso. São grupos disputando para ver quem tutela o resto do povo. Tudo consiste na habilidade do mais esperto, ou na brutalidade do mais forte. Mas a religiosidade, não das religiões oficiais, evidente, consiste no autoconhecimento, na atenção sobre você mesmo. Ela te leva a não querer ser o poder, nem que exerçam o poder sobre a sua cabeça. Procuro encontrar caminhos para dizer às pessoas que o que nos liberta é o autoconhecimento.

EM BRASÍLIA, PELA DEFESA DA CULTURA De qualquer momento que se recolham suas palavras sobre política, haverá uma insuspeita coerência. Ele exibia até certo orgulho de dizer nem se lembrar mais de quando tinha votado pela última vez. Como andava, literalmente, sem lenço e sem documentos, o título de eleitor era um papel que dispensava. Para jovens atrizes, como Graça Berman, companheira nas noites do Gigetto e uma das primeiras a aderir ao PT, aconselhava: "Não se meta em política, que vai te atrapalhar na carreira de atriz". Mas quando Graça foi para o Sindicato dos Artistas e Técnicos trabalhar com a presidente Lígia de Paula no Movimento pela Defesa da Cultura, Plínio Marcos formou ao lado de Lélia Abramo, Antonio Fagundes, Juca de Oliveira, Lauro César Muniz, Altair Lima, Paulo Autran, Ruth Escobar e muitos outros, ilustres conhecidos e desconhecidos. O estopim foi a proibição em abril de 1987 de *Teledeum*, de Albert Boadella, que Cacá Rosset dirigiu e interpretou com Ary França, Rosi Campos, Norival Rizzo, Rosely Silva e Gerson de Abreu, no Teatro Ruth Escobar. "Desmascarou-se a ideia de que não havia mais censura no Brasil", resume Graça Berman.

Plínio, que nunca se iludira com a Nova República, aderia agora a uma luta que, ao contrário das anteriores, não pedia a liberação de uma ou outra peça e sim o fim da censura, pura e simplesmente. Segundo números divulgados pelo Movimento, em dois anos de governo Sarney, 486 obras (não especificadas) haviam sido censuradas. Na quarta-feira, 22 de julho de 1987, às quatro da tarde, a gente de teatro se reuniu no Teatro Maria Della Costa para lançar o Movimento pela Defesa da Cultura.

O Coral da Escola Paulista de Medicina abre a reunião e é interrompido por um jovem do público.

— Parem com isso. Está uma porcaria, uma bobagem.

Antonio Petrin se enche de indignação contra aquela manifestação de censura:

— Cala a boca, rapaz! Aqui em nosso meio não existem vetos!

O rapaz não calou a boca. Caminhou com ginga, subiu ao palco e integrou-se ao coral. A intervenção fazia parte do número. Até Petrin aplaudiu. Quatro entidades, além do sindicato, tomaram a frente do Movimento: a Cooperativa Paulista de Teatro, a Apetesp — Associação dos Produtores de Espetáculos, a Aptij — Associação Paulista de Teatro Infantil-Juvenil e a Apart — Associação Paulista dos Autores Teatrais. Tantas entidades e tantos interesses difusos mostravam uma unidade que depois se tornaria rara. Disposta a interferir no texto da nova Constituição, para a qual se elegeu um Congresso Constituinte, a classe teatral já não se limitava a combater os atos da Censura, mas assumia a frente de um Movimento pela Defesa da Cultura, que reivindicava: "O fim da censura, total ou parcial, a toda obra cultural e artística; a democratização dos meios de comunicação, ou seja, a regionalização da produção cultural e artística das rádios e televisões; a garantia de exibição de obras brasileiras e de trabalho aos artistas, autores, técnicos e diretores brasileiros nos meios de comunicação; e a defesa das conquistas trabalhistas já adquiridas".

O passo seguinte à festa no Teatro Maria Della Costa seria levar o Movimento para Brasília. Programou-se então a presença no Congresso Nacional de uma caravana de artistas, nos dias 17 e 18 de agosto, com o objetivo de apresentar aos constituintes as reivindicações acordadas. "Éramos um grupo de uns trinta", lembra Lauro César Muniz. "Plínio e eu ficamos no mesmo quarto de hotel. Na primeira noite, eu estava ao telefone quando, de repente, vejo o Plínio preparando uma seringa. Entrei em pânico e não consegui falar nada. Só pensei: será que ele agora está se drogando? Será que entrou nessa de pico? Não é possível, ele nunca foi disso. Fiquei olhando todo aquele ritual, sem entender. Ele ergueu a camiseta e deu uma espetada firme na barriga. Foi aí que fiquei sabendo que ele tinha diabete. Meu sentimento foi absurdo. Soltei uma gargalhada. Sei que eu devia me preocupar com a diabete dele, mas confesso que senti certo alívio em ver que era insulina e não droga que ele estava se aplicando."

Na manhã seguinte foram todos para o Congresso. Na entrada, barraram o Plínio. Seus trajes, macacão, chinelo de dedo e camiseta, eram inadequados. Ninguém disse isso. O motivo alegado foi que ele estava sem gravata. Por isso, não. Pediu uma emprestada e amarrou no pescoço. O mal-estar foi contornado por deputados que intervieram falando com a segurança e Plínio entrou. Fez o seu papel. As reivindicações do Movimento foram atendidas na Constituição de 1988 e desde então a Censura, como historicamente existia, virou coisa do passado. Pelo menos em tese, diria Plínio, já preocupado com outras e mais sutis formas de censura. Lauro César, por sua vez, alegrava-se também por saber que o velho amigo não se rendera às drogas.

— Nunca vendi drogas, sempre fui contra vícios — Plínio insistia em entrevistas. E era verdade. Quando soube que sua Ana Festa estava fumando, conversou com ela. Não atacou de pai moralista, nem fez discurso contra a maconha. "Ele cobrava que eu me cuidasse, citava atrizes lindas que punham em risco a sua beleza consumindo drogas." O tempo desfez as preocupações com a filha. Mas não com os jovens a quem se dirigiu na peça *O signo da discoteca*, em 1979, dizendo:

— Procuro chamar a atenção para a falta de perspectivas do jovem do Brasil de hoje. Impedido de participar da própria história, de influir no próprio destino, o jovem fica sem perspectivas, isto é, sem esperança no futuro. Isso é grave. É triste. A esperança é a presença de Deus nos homens. Sem essa chama, o homem acaba perdendo a fé, desacorçoando das ideologias, achando inútil o sacrifício feito no sentido de um mundo melhor. Aí, fica exposto totalmente à influência dos astros do consumo, que brilham no céu azul da propaganda. Astros que convidam ao escapismo [e] acabam conduzindo vencedores (se é que existem nesse sistema) e vencidos ao único consolo que resta a quem perdeu a fé: o vício. E o vício é o grande estuprador dos espíritos.

VIVENDO O DISCURSO ANTICONSUMISMO O texto para o programa de *O signo da discoteca* continuaria sempre presente em sua pregação, em entrevistas e palestras aos estudantes, a quem fazia o elogio do homem vocacionado, em oposição aos que empenham a vida e a felicidade em objetivos que contrariam os sonhos e inclinações naturais. "Os estudantes adoravam ouvir isso", lembra Léo Lama, que, ainda adolescente, acompanhava o pai em suas palestras em universidades, tocando um modesto e tímido violão. "Alguns anos depois, ele começou a misturar piadas e histórias escrotas e a molecada não reagia, ficava ouvindo de braços cruzados. Eu falava pra ele que aquele discurso não estava com nada e ele brigava comigo." Os tempos, e com eles os discursos e os temas, tinham mudado nos anos 1980. Mas Plínio não se permitia mudar a imagem de combatente e de alguém que na vida sempre caminhou na contramão dos padrões comportamentais.

Paralelamente às discutíveis mudanças na política, havia um novo componente agindo diretamente nas relações pessoais, uma peste que fez as drogas, a liberdade sexual e todas as bandeiras da contracultura perderem a inocência juvenil e contestatória de décadas anteriores. A imunodeficiência adquirida traduzia-se em língua de gente na aids, "a maldita", na boca dos que não ousavam dizer o seu nome, como a lepra na primeira metade do século. Ela rapidamente se alastrou, deixando milhares de mortes. Não se tratava, como pensaram os moralistas de plantão, de um vírus seletivo, que se abatia implacável sobre homossexuais e consumidores de drogas injetáveis como castigo dos céus. Pobres e ricos, famosos e anônimos, homens e mulheres, a aids não distinguia suas vítimas. A primeira frente de batalha para combatê-la era a informação correta, não o preconceito. Por essa causa Plínio não titubeou em aliar-se a uma agência de publicidade.

Crítico do consumismo, pelo qual responsabilizava a publicidade, ele sempre se recusou a ser garoto-propaganda de qualquer produto, embora em tempos difíceis isso pudesse lhe dar uma boa grana. Certa vez, o publicitário Ercílio Tranjan, amigo da juventude em Santos, criou campanha de conhecida marca de camiseta e o escolheu para protagonista. Plínio não teria de falar nada. Sua imagem vestindo a camiseta da Hering era tudo o que se pedia em troca de um contrato bem razoável. Não, respondeu Plínio, encerrando o assunto. Deu a mesma resposta a uma publicitária que, ao vê-lo vendendo livros em porta de teatro, o imaginou como um Papai Noel diferente em campanha institucional da Ford. Até quando a filha Aninha foi escolhida, entre as crianças da escola, para estrelar campanha de famosa marca de brinquedos, ele não permitiu.

"Fui toda contente contar pra ele, que não me deixou fazer. Eu era criança, não entendi, fiquei triste, chorei. Então ele me contou uma história. Imagine que o pai de uma menina, linda como você, seja muito pobre e não possa comprar o brinquedo para sua filha, imagine a tristeza que será para ele e para a menina. Continuei sem entender direito aonde ele queria chegar, mas parei de chorar e logo desencanei."

Na entrevista ao programa *Roda-viva*, em 1988, Plínio falou de uma juventude "desacorçoada do cara que faz um discurso bonito e não cumpre". Expunha assim a razão singela da sua recusa em ser garoto-propaganda:

— A minha religiosidade me obriga a ser uma pessoa que procura viver o seu próprio discurso. Eu não posso aparecer numa favela dizendo uma coisa e, de repente, aparecer na televisão fazendo outra. Eu não posso fazer comercial de televisão porque eu abomino comercial. É apregoar a loucura você pegar pessoas que não podem comprar e insistir que elas comprem. Vou morrer na sarjeta se for o caso, mas não posso fazer isso, porque eu sei que a molecada não acredita no padre, no professor, no pai, no artista, não acredita em ninguém. Por quê? Porque ele não tem um parâmetro de honestidade.

NO LODO NÃO NASCE NENHUM LÍRIO Para vender produtos ou ideias contrárias às suas, não havia dinheiro que o pagasse. E para os que estavam do seu lado, não cobrava. Foi a sua resposta à agência Adag, que, por sugestão do médico Dráuzio Varella, o procurou para gravar um vídeo sobre a prevenção da aids, a ser veiculado nos presídios.

— Quiseram me pagar, eu não quis. Para o meu lado eu trabalho de graça. Essas coisas eu não cobro, não preciso desse dinheiro, não quero que me paguem pra eu lutar pelo meu lado. E para anunciar do lado "deles" também não quero esse dinheiro. Não há possibilidade de eu trabalhar contra as coisas em que acredito.

Dráuzio Varella se angustiava com a proliferação do vírus da aids no sistema penitenciário. O juiz corregedor dos presídios realizou então uma pesquisa para escolher alguém conhecido e com credibilidade entre os detentos, que protagonizasse a campanha de esclarecimento. Deu Plínio Marcos na cabeça. Ele topou na hora, com a condição de escrever o texto. O que foi aceito, desde que não fizesse discurso contra o Estado, denunciando os já graves problemas nas prisões que ele conhecia bem. Ilude-se, porém, quem supor um Plínio condescendente com a bandidagem. Avesso a bancar Poliana, refugava qualquer tentativa de romantizar a vida dos marginalizados.

— Essa coisa de "marginalidade romântica" é história, é conversa — respondeu a Luiz Fernando Ramos, em *Roda-viva*. Se é verdade que o poder corrompe, ele dizia, "a miséria corrompe absolutamente. No lodo não vai nascer nenhum lírio".

Plínio limitou sua mensagem ao problema da aids. Sabia da gravidade. O vídeo, gravado na TV Cultura e exibido em vários presídios, recebeu prêmio internacional e inspirou a peça *A mancha roxa*. O título do texto: "Ei, amizade!".

AQUI É PLÍNIO MARCOS, BANDIDO TAMBÉM. Atenção, malandragem! Eu não vou pedir nada, só vou dar um alô. Te liga aí!

AIDS é uma praga que rói até os mais fortes. E rói devagarinho, deixa o corpo sem defesa contra a doença. Quem pega essa praga está ralado de verde e amarelo, do primeiro ao quinto, sem vaselina. Não tem doutor que dê jeito. Nem reza brava. Nem choro, nem vela. Nem "ai Jesus". Pegou AIDS, foi pro brejo. Agora, sente o aroma da perpétua: AIDS passa pelo esperma e pelo sangue. Entendeu? Pelo esperma e pelo sangue. Eu não estou te dando este alô pra te assombrar. Então, se toca! Não é porque tu tá na tranca que virou anjo. Muito pelo contrário, cana dura deixa o cara ruim. Mas é preciso que cada um se cuide. Ninguém pode valer pra ninguém nesse negócio de AIDS.

Então, já viu, transar, só de acordo com o parceiro e de camisinha. Tu aí que é metido a esculachar os outros, metido a ganhar o companheiro na força bruta, na congesta: para com isso, senão tu vai acabar empesteado. AIDS não toma conhecimento de macheza, pega pra lá e pega pra cá. Pega em homem, pega em bicha, pega em mulher, pega em roçadeira. Pra essa peste não tem bom: quem bobeia fica premiado. E fica um tempão sem saber... Daí, o mais malandro, no dia de visita, recebe mamão com açúcar da família e manda pra casa o AIDS. E não é isso que tu quer, né, vago mestre? Então, te cuida! Sexo, só com camisinha. Quem descobre que pegou a doença se sente no prejuízo e quer ir à forra, passando pros outros. Sexo, só com camisinha. Não tem escolha, transar, só com camisinha.

Quanto a tu, mais chegado ao pico... Estou sabendo que ninguém corta o vício só por ordem da chefia. Mas escuta bem, vago mestre, a seringa é o canal pro AIDS. No desespero, tu não se toca, não vê, não quer nem saber. Às vezes, a seringa vem até com um pingo de sangue e tu mete ela direto em ti. Às vezes ela parece que vem limpona e vem com a praga. E tu, na afobação, mete ela direto na veia. Aí, tu dança. Tu, que se diz mais tu, mas não pode aguentar a tranca sem pico, te cuida. A farinha que tu cheira e a erva que tu barrufa enfraquecem o corpo e deixam tu chué da cabeça e dos peitos, e aí tu fica moleza pro AIDS. Mas o pico é canal direto pra essa praga que está aí.

Então, malandro, se cobre! Quem gosta de tu é tu mesmo. A saúde é como liberdade. A gente só dá valor pra ela quando ela já era.

INÚTIL CANTO, INÚTIL PRANTO Em cuidadoso ensaio, no qual remete ao vídeo escrito e interpretado por Plínio, Sábato Magaldi reporta que "o mergulho forçoso na situação mexeu com a sensibilidade do artista. A angústia tomou conta dele, durante as duas semanas do impasse criado pelo teor que deveria ter a mensagem. Sabe-se que prisioneiros mataram colegas, ao suspeitar que eram portadores da moléstia. Um, na promiscuidade do ambiente, chegou a infectar dezenove. Por outro lado, registra-se a solidariedade de presas, que não permitiram o afastamento de um casal de lésbicas doentes". Este último episódio resultou na peça *A mancha roxa*. Em nenhum momento, porém, o autor se refere à doença pelo nome, o que favorece o salto do específico para o universal. Confinadas, as personagens desfilam suas histórias e angústias de modo discursivo, às vezes, o que prejudica a ação dramática sem comprometer a denúncia de um sistema carcerário perverso.

Essa denúncia já se ouvia em *Barrela* e nos três contos que compõem o livro *Inútil canto, inútil pranto pelos anjos caídos*, de 1977, cuja poesia do título escancara a visão generosa, e crua, do autor sobre a vida atrás das grades, onde presos se amontoam nas celas infectas de distritos policiais. Um desses contos inspirou *25 homens*, adaptação e direção de François Kahn, com Cacá Carvalho, espetáculo apresentado em curtas temporadas em São Paulo e Rio de Janeiro. Produzido pelo Centro de Experimentação e Pesquisa Teatral de Pontedera, Itália, onde estreou em julho de 1991 no Teatro Volterra, *25 homens* foi sugerido pelo ator Cacá Carvalho e tinha estrutura de monólogo, apesar da presença de um carcereiro, aqui interpretado por Henrique Stroeter. "Mais que um violento panfleto contra a condição carcerária", escreveu François Kahn, o texto "ressoa como um lamento, repetido no tempo e no espaço por todos os homens presos e humilhados até a morte".

Quando Plínio concluiu *A mancha roxa*, Léo Lama preparava a sua estreia como dramaturgo com *Dores de amores*. A peça caiu nas mãos de Malu Mader e Taumaturgo Ferreira, que começaram a ensaiar sob a direção de Roberto Lage. Com um casal de sucesso nas novelas da TV Globo, o espetáculo seria, como foi, um tiro certo. Publicamente, o fato de seu filho surgir como autor de teatro era festejado por Plínio. Mas ter um dramaturgo na família, que não ele, causou surpresa. Meses antes, Paulo Autran se encontrou com Plínio e disse que tinha lido uma peça muito interessante de um jovem autor, tratando do conflito de pai e filho. Chamava-se *Inferno*.

— Quem é o autor?

— Léo Lama, conhece?

— Claro que eu conheço, é meu filho, porra!

Paulo, que não sabia do parentesco, ficou surpreso. Mais surpreso ainda com a reação de Plínio, que o levou a desistir de fazer a peça para não se envolver numa relação familiar complicada, como a que o texto retratava. Essa pelo menos foi a explicação que Léo ouviu de Paulo Autran, de quem se tornara amigo. "Foi muito surpreendente para o Plínio eu ser dramaturgo. Ninguém esperava, nem eu. Foi uma coisa que não era pra ser. E ele não estava preparado para lidar com isso, com a ideia do Léo dramaturgo, pois o que eu queria mesmo era ser músico. Então ele me boicotava por ciúme, mas ao mesmo tempo me incentivava muito a escrever."

Dessa vez, porém, não havia o que Plínio pudesse fazer. Enquanto *Dores de amores* era ensaiada, Léo se movimentou para encenar *A mancha roxa*, como diretor e produtor, usando o dinheiro que recebera como adiantamento pela sua peça. De acordo com os seus cálculos, cerca de setenta atrizes leram o texto de Plínio e se recusaram a fazer, por considerá-lo violento demais. Reuniu, enfim, jovens atrizes que compraram a barra do espetáculo: Camila Bolaffi, Cláudia Campos, Dione Leal, Beth Daniel, Leila Pantel, Graça de Andrade e Elaine Gonçalves. Léo alugou o Teatro do Bexiga para uma temporada alternativa de segunda a quarta-feira e marcou a estreia de *A mancha roxa* no dia 16 de janeiro de 1989, mesmo dia da estreia de *Dores de amores* em sessão para convidados no Teatro Bibi Ferreira. Léo ficou no Bexiga. Plínio foi para a porta de *Dores de amores* vender livros. "Lá tinha mais gente", justificou-se.

INVEJA DE BORDERÔ E BRIGA NO TEATRO Como previsto, os espetáculos tiveram plateias e carreiras bem distintas. Em fevereiro, no programa *Roda-viva*, Plínio fazia piada com as preocupações do filho, que não se conformava de vê-lo se cuidando tão mal:

— O Leonardo toda hora ameaça me sustentar. Ele pensa que eu tenho alguma coisa contra. Acho que filho é pra isso. Será a primeira vez que serei sustentado por homem, mas o que eu posso fazer?

Na segunda-feira, 13 de março de 1989, numa tentativa de gerar notícias e atrair público para *A mancha roxa*, haveria uma sessão especial seguida de debate das questões levantadas pela peça. Convidado a participar com os deputados Aldo Rebelo, José Genoino e José Dirceu, entre outros, cheguei cedo ao teatro. Vi o Léo de longe, acenei. Plínio já estava lá. Um pouco agressivo. Inquietação e nervosismo de um autor — pensei. Com a desculpa de fumar, levei Plínio para fora. Encostados na parede, ficamos conversando à toa. Ele se acalmou. Um pouco. Aproximou-se um jovem, jovem mesmo. Você é Plínio Marcos? Perguntou por perguntar, só para se achegar. "Sai daqui, porra, não vê que estou conversando?" Foi a senha para o garoto se afastar. O saguão do teatro enchia pouco a pouco. Plínio quis entrar. Entramos. O mesmo garoto se aproximou para pedir um autógrafo ao Plínio.

— Me dá um autógrafo?

— Eu não dou autógrafo.

— Por quê?

— Não interessa.

— Mas o Antonio Fagundes dá.

— Então vai pedir pra ele, porra!

E ameaçou partir pra porrada. Da bilheteria Léo deu um berro e saiu em defesa do menino.

— Pai, se enxerga, vai querer bater num menino? Quer brigar, briga longe do meu teatro.

— Pois então fica com seus amiguinhos da Globo.

Foi um custo segurar pai e filho. Clima pesado. O público entrou. Casa lotada. O espetáculo correu sem sobressaltos. Terminou, não havia clima para debate. No saguão, o bate-boca entre eles recomeçou. Novos esforços da turma do deixa-disso. As pessoas foram saindo. Sobraram Plínio e Léo. Léo conta: "Nós saímos do teatro e fomos jantar no Gigetto. Ele não entendia por que não o deixei brigar. Tentei psicologizar: 'Ao bater naquele menino você queria bater em mim'. Ele não aceitava: 'Que bobagem do caralho, o menino veio me encher o saco'. Eu insistia: 'Por isso mesmo, era um menino, você tinha que conduzir ele e não dar porrada'. Pra mim tudo aquilo foi muito chocante, eu não podia imaginar que ele viria pra cima de mim, com todo mundo vendo, fotógrafos.

No dia seguinte saiu uma manchete fortíssima no *Jornal da Tarde* que eu guardo até hoje: 'Inveja de borderôs leva pai e filho às vias de fato'".

Na imprensa o que sobrou de *A mancha roxa* foi o reconhecimento de "uma peça dura, brutal, exasperante, que instaura desde a primeira fala uma situação crispada e assim vai, só se permitindo breves distensões para tomada de fôlego", segundo o crítico e dramaturgo Luiz Carlos Cardoso. Na revista *Visão*, ele observou que "para muitos espectadores este encarniçado combate de hora e meia há de impressionar como o mais agressivo momento de teatro que já viram — e só um autor no completo domínio da 'maldição' pode ir tão longe". Ao diretor Léo Lama o reconhecimento, repetido por outros críticos, da eficiente uniformidade de interpretação obtida do elenco de mulheres. Em *Veja*, Alberto Guzik escreveu que *A mancha roxa* é "um dos grandes momentos da dramaturgia de Plínio Marcos" e "a trama simples e as personagens bem desenhadas aguçam a narrativa e permitem que o conflito estoure em cena com o impacto de um soco no estômago". Sábato Magaldi, que fizera duras restrições a *Madame Blavatsky* e não se furta de pontuar algumas deficiências de dramaturgia em *A mancha roxa*, reconhece que ela "tem a virtude de situar de novo Plínio Marcos em seus verdadeiros e melhores domínios".

BICHOS BRASILEIROS E CHICO VIOLA Os elogios não renderam para *A mancha roxa* uma bilheteria que pagasse as contas. Nada a estranhar. Para Plínio, viver como autor de teatro ficava cada vez mais difícil. Mesmo não parando de ser encenado. No final do ano anterior, a temporada de *O coelho e a onça*, na Sala de Arte do TBC, valeu à atriz Elisabeth Hartmann indicação ao prêmio de melhor direção e foi para Plínio um reencontro com suas origens. Foi no teatro infantil que ele estreou como ator e fez boa carreira de diretor no amadorismo de Santos. Antes de *O coelho e a onça*, as histórias de bichos brasileiros que o encantavam já haviam resultado em *As aventuras do coelho Gabriel*, escrita em 1965, e *Assembleia de ratos*, em 1989. Deixou inacabada *Seja você mesmo*. Com isso, quem mais usufruiu de Plínio Marcos contador de histórias infantis foram mesmo os seus filhos.

O coelho e a onça ele escreveu para o neto Guilherme, então com um ano. Em dezembro de 1988, no *Jornal da Tarde*, Clóvis Garcia estranhou que, no início da peça, o autor colocasse todos os animais como vegetarianos, o que, "se não tem fundamento na realidade, apresenta uma notação simbólica, admissível na ficção". Era o mesmo Plínio Marcos criticando a violência e, agora também, em defesa da natureza.

Já que escrever teatro não lhe dava o sustento, Plínio vivia de expedientes, como sempre. Palestras, shows, leitura do tarô, livros. Batia em portas atrás de trabalho. Não queria emprego, só trabalho. "Artista não pode ter emprego", ele ensinou à atriz Graça Berman. Em 1988, procurou o jornalista A.P. Quartim de Moraes, coordenador-geral de Comunicação e Marketing da Caixa Econômica do Estado de São Paulo, que desenvolvia o projeto Arte em Cena de apoio ao teatro. O projeto, sem esse nome, nasceu no ano anterior com o espetáculo *Romaria*, para comemorar os setenta anos da instituição, que assumia a marca Nossa Caixa. Criado para viajar pelo interior, *Romaria* resgatava a obra de Waldomiro Silveira, por coincidência pai de Miroel, primo em segundo grau de Quartim. Waldomiro, notável contista da vida e da linguagem caipiras do interior paulista, continua à espera de reconhecimento e divulgação, como precursor da literatura regionalista brasileira. *Romaria* fez a sua parte. Miroel Silveira cuidou da dramaturgia, Emílio Fontana da direção, Renato Teixeira fez a música original e Cléo Ventura encabeçou o elenco, com participação da cantora Inezita Barroso. Trinta cidades visitadas, o maior sucesso.

No embalo de *Romaria*, Fontana propôs novo espetáculo, *Chico Viola*, de Plínio Marcos, com participação do cantor João Dias, espécie de clone de Francisco Alves, o "rei da voz", que morrera em acidente na Dutra em setembro de 1952. "Cheguei a trazer João Dias a São Paulo, mas o espetáculo não saiu", diz Fontana. Não saiu, segundo ele, por pressão da classe teatral que exigiu que a Caixa abrisse edital para escolher o grupo patrocinado. Versão que Quartim de Moraes corrige, negando qualquer pressão. Dado o interesse despertado pelo Arte em Cena, ele diz, a própria instituição decidiu entregar a tarefa de avaliar e escolher o vencedor entre os muitos projetos concorrentes a uma comissão, formada pelos críticos Ilka Marinho Zanotto, Alberto Guzik e Edélcio Mostaço e por representantes do Sindicato dos Artistas, da Cooperativa de Teatro e da Apetesp, associação de produtores. Ganhou o grupo Lux in tenebris com o espetáculo *Até onde a vista alcança*, de Reinaldo Santiago.

O texto de Plínio, na verdade, não passava de um esboço. Meses antes de morrer, ele ainda apostava fichas na peça, reuniu alguns amigos e leu *Chico Viola*. Ouvimos com atenção e carinho. As opiniões foram unânimes e ele não contestou: ainda era um esboço de peça. E como esboço ficou.

PÔSTER DE *O ATOR* POR UM CLARINETE Sabendo dos apertos por que passava Plínio e pensando em ajudá-lo, certa madrugada de julho de 1988 Quartim de Moraes se apresentou a ele no Gigetto e o convidou a visitá-lo na Nossa Caixa. Não convidou duas vezes. "Dias depois, o Plínio apareceu em meu gabinete e entrou no assunto de sola, como era de seu feitio", recorda Quartim.

— É o seguinte, se você está mesmo a fim de me ajudar, a melhor maneira é descolar uma grana. Afinal, isto aqui é um banco, não é? Tenho três propostas e você pode escolher qualquer uma, ou todas, que eu não vou ficar triste. Primeira, vocês imprimem de graça aí na sua gráfica alguns desses meus livrinhos que eu vendo por aí. Segunda, vocês patrocinam um show meu, uma peça, qualquer coisa. Patrocínio completo. Terceira, a única coisa que eu possuo, o único bem que eu tenho, são os meus textos; então, eu penhoro um texto meu aqui por uma grana que a gente combina. Pode ter certeza de que vai ter a maior repercussão na imprensa.

Virou as costas e saiu, não sem antes deixar uma coleção de seus livrinhos sobre a mesa. Entre perplexo e fascinado com a figura, Quartim deu tratos à bola. Colocar a obra de Plínio "no prego" estava fora de cogitação. A Caixa Estadual nunca teve carteira de penhor, ao contrário da Federal. Patrocinar uma peça esbarrava no edital. Ao folhear *Canções e reflexões de um palhaço*, um dos livrinhos que o autor deixou na mesa,

Quartim leu um pequeno texto, *O ator*. "Exatas setenta linhas de uma vigorosa e ao mesmo tempo singela e comovedora declaração de amor ao ator, que termina assim: 'Amo os atores e por eles amo o teatro e sei que é por eles que o teatro é eterno e que jamais será superado por qualquer arte que tenha que se valer da técnica mecânica'. Estava ali o que procurávamos. Num estalo, toda a ideia surgiu pronta, clara."

Quartim providenciou uma prova de um cartaz com o texto, a foto e a assinatura de Plínio Marcos e o chamou para nova reunião. A secretária o levou a uma sala onde, sobre a mesa, estrategicamente desenrolado, estava o cartaz. Quartim deu uns minutos e entrou. "Abri silenciosamente a porta, atrás dele, e por algum tempo observei-o. Curvado sobre a mesa, tendo nas mãos o pôster desenrolado, ele estava visivelmente surpreso. E, tenho certeza, emocionado." Plínio cuidou de disfarçar a emoção:

— O governo já me fez de tudo, principalmente me censurar e mandar prender. Mas é a primeira vez que ele me presta uma homenagem.

Seguiu-se um silêncio que pareceu interminável.

— Plínio, quanto é que você quer pelo texto?

— Sei lá, diz aí: quanto você quer pagar?

— Melhor é você dar seu preço e eu avaliar se posso ou não pagar.

— É o seguinte. Meu filho Kiko está aprendendo clarinete, ele é bom paca. Mas o professor falou que o clarinete que ele está usando não está com nada, precisa outro melhor. Quero dar um clarinete pro Kiko.

— E quanto custa?

— Acho que uns trezentos paus.

Fecharam por trezentos. Quartim fez os cálculos e viu que, com os descontos, Plínio receberia bem menos. Deu um jeito e a Caixa pagou trezentos líquidos, o preço do clarinete do Kiko. O pôster foi um êxito. Para fechar com estilo a temporada de 1988 do Arte em Cena, decidiu-se homenagear o Teatro, "personalizado em alguém unanimemente reconhecido como uma grande personalidade". Plínio foi o escolhido.

Na noite de 26 de setembro, no Teatro Sérgio Cardoso, Irene Ravache fez uma leitura emocionada de *O ator*. Em seguida o autor foi chamado ao palco. "Surge a figura, no seu mais esmerado figurino *pour épater le bourgeois*", no relato de Quartim: "Calça preta de sarja, presa por elástico abaixo do protuberante ventre e displicentemente enroladinha na altura dos tornozelos sem meia; camiseta remotamente também preta, num *dégradé* de tons pardos, com aplicação de um buraco de uns três centímetros de diâmetro na altura do ombro direito; elegante chapeuzinho também preto — afinal, tratava-se de um evento de gala! —; bolsa de pano porta-livrinho a tiracolo e, detalhe final, confortável sandália de dedo".

Nildo Masini, presidente da Caixa, entrega a Plínio Marcos um cartão de prata, o mesmo que outros pioneiros do projeto Arte em Cena, como Emílio Fontana, receberam. Conforme o combinado, em seguida alguém passa um bastão de madeira para Plínio dar as três batidas inventadas por Molière para anunciar o início do espetáculo — no caso, *Até onde a vista alcança*, patrocinado pela Caixa. Contrariando o previsto, Plínio pega o bastão e o entrega a Nildo Masini, gesto acompanhado de uma pilhéria que leva a plateia à gargalhada:

— Presidente, pega aí o pau do Molière.

Cena XVIII

Com Vera Artaxo na Madeleine em Paris, 1998, e o casal Zuenir Ventura
(Arquivo Vera Artaxo)

"Critico o amesquinhamento do mercado de trabalho, a censura, mas colega meu, não. Aqui, gaivota! Dividir, não!"

"Queriam amputar minhas pernas. Porra, eu só consegui gaguejar, vai ficar melhor pra eu vender livros."

"Quando chega na vida amorosa, eu paro de falar. Não interessa saber quem eu comi."

A geração que chegou ao teatro no início dos anos 1990 não tinha sofrido os apertos da ditadura, mas tentava entender o seu país e traduzi-lo em cena. A geração dos 1970 se formou em um palco que trocou a militância da década anterior por uma busca formal e psicológica inspirada em influências externas, trazidas por encenadores como Victor García e ampliadas pelos festivais internacionais de teatro, promovidos pela atriz e empresária Ruth Escobar. Em São Paulo, o teatro que deglutiu o sopro renovador dos italianos do TBC desenvolveu uma linguagem e uma estética próprias, com fortes traços de identidade nacional, revelando talvez a mais variada e rica geração de autores e diretores, depois chamados de encenadores. Sem xenofobia, e receptiva ao que se produzia lá fora, seja na Europa ou nos Estados Unidos, essa geração afirmou-se com personalidade e consciência do compromisso do teatro com o seu tempo e o seu lugar. Política, sim, mas não necessariamente atrelada à camisa de força de partidos e dogmas ideológicos, ela foi tolhida em pleno processo de afirmação na virada da década de 1970.

Diretores como José Renato, Flávio Rangel, Amir Haddad, José Celso Martinez Correa, Antunes Filho, Augusto Boal, Fauzi Arap, Ademar Guerra e Antonio Abujamra, para citar os mais visíveis e influentes, passaram a duras penas pela primeira fase da ditadura militar e da censura, mas passaram. Resistiram ao arbítrio. Resistiriam, porém, à grandiosidade de espetáculos como *Cemitério de automóveis* e *O balcão*, de

Victor García? Resistiriam ao formalismo estético e experimental de produções que levavam ao delírio as plateias dos festivais internacionais realizados por Ruth Escobar? Ademar Guerra entendia que começou aí a crise da sua geração. Antes de amadurecer e consolidar as próprias escolhas de linguagem, encenadores como os citados foram desafiados a responder a influências que, sutilmente, começaram a fazer a cabeça do público. Cada um se safou como pôde ou desistiu.

No caso dos dramaturgos, pesou mais forte a mão da Censura. Como Plínio Marcos, a geração que o antecedeu — Gianfrancesco Guarnieri, Dias Gomes, Oduvaldo Vianna Filho, Lauro César Muniz, Chico de Assis, entre outros — e a que nasceu sob seu estímulo — José Vicente, Consuelo de Castro, Leilah Assunção, Antonio Bivar, Mário Prata e Isabel Câmara — penaram para se manter ativas. Assim, constatava Plínio, a investigação de questões ligadas à sociedade e ao homem brasileiro foi severamente inibida, senão impedida. Ao se controlar e cercear a voz do autor enfraqueceu-se o fluxo, e o embate, de ideias no palco. Daí que a década de 1980 ecoa e tenta fazer verdadeira a premissa apocalíptica da morte da palavra no teatro. Curiosamente, a geração que desperta nos anos 1990 descrê dessa morte anunciada e vai atrás de uma dramaturgia da qual só ouviu falar. Dois autores, em especial, chamam a sua atenção, Nelson Rodrigues e Plínio Marcos, cujas peças começam a ser lidas e analisadas em universidades e entram no repertório dos novos atores e diretores que se formavam.

É dessa época a pilhéria que Plínio gostava de contar. Convidado a participar de seminário de estudos na USP sobre a sua obra e a de Nelson, Oduvaldo Vianna Filho e Paulo Pontes, já mortos, ele impôs uma condição:

— Se os outros forem, podem contar comigo.

"AQUI, GAIVOTA! DIVIDIR, NÃO." O carioca Eduardo Araújo Tolentino, que se transferiu do Rio para São Paulo com o seu Grupo Tapa, em 1986, teve seu primeiro contato com a obra de Plínio Marcos ao assistir, ainda adolescente, ao filme *A navalha na carne*, com Emiliano Queiroz,

Jece Valadão e Glauce Rocha. "Um impacto muito grande", que o tocou mais que as eventuais montagens das peças de Plínio a que assistiu. Também era pouco mais que um adolescente quando conheceu o autor na noite de 14 de abril de 1975, no Ciclo de Debates do Teatro Casa Grande, no Rio. Daquele encontro, do qual participaram também Fernando Torres, Yan Michalski e Paulo Pontes, mais que a análise política do momento teatral, ficou para Eduardo a imagem de Plínio como um homem solidário e leal aos seus companheiros de palco. No debate, um espectador entrou dividindo:

— Como você quer que o teatro evite a crise, se no Brasil aparecerem como grandes atores Tarcísio Meira, Glória Menezes, Regina Duarte?

Plínio não aceitou a provocação. Nem precisou lembrar que os nomes citados, como tantos outros de sucesso popular em telenovelas, começaram no teatro, com o qual nunca perderam o vínculo. E encerrou o assunto, recusando-se a esse tipo de crítica:

— Quem faz a pergunta não vai conseguir nos dividir, e não vou criticar aqui colega nenhum. Aqui critico o amesquinhamento do mercado de trabalho, a censura, mas colega meu, não. Posso criticar de modo geral, a gente pode divergir politicamente. Mas daí a entrar no julgamento pessoal, de forma alguma. Aqui, gaivota! Dividir, não!

Depois daquela noite, Eduardo Tolentino só reencontrou Plínio nas suas vindas a São Paulo, a cada seis meses, para ver os principais espetáculos da temporada. E o reencontrou em porta de teatro, vendendo livros, ou no Gigetto. Não se aproximava, porém. Isso só aconteceu quando já morava na cidade e o Grupo Tapa apresentava *Solness, o construtor*, de Ibsen, no Teatro Aliança Francesa. "Como Paulo Autran estava no elenco e sempre havia um público bom, ele ia lá vender os seus livros e enquanto o espetáculo rolava ficávamos eu, minha mãe Lola e o Fábio Villaboim ouvindo o Plínio. Era divertidíssimo. Às vezes repetia as histórias, que ele mudava e pareciam novas. Divertia-se contando histórias do teatro, da época da ditadura, das prisões, e dava a elas um *glamour* que nem deviam ter. Plínio era uma das últimas ligações com uma fase muito bacana do brasileiro. E ele fazia parte disso, de um teatro mais romântico, de um Brasil que acabou."

Eduardo, que ainda tinha a imagem de Plínio em *Beto Rockfeller*, "um rapazinho bonito", e no debate do Teatro Casa Grande, não demorou a perceber o personagem que se escondia no macacão surrado e no chinelão. Para ele, havia um personagem real e outro construído. "Plínio era mais inteligente que culto, mas havia certo marketing em se dizer analfabeto e vestir-se daquele jeito", concluiu. Por isso Eduardo não se surpreendeu ao vê-lo de fraque, gravata de seda e sapato de verniz no casamento da filha Aninha, cujo figurino ficou aos cuidados de Lola Tolentino, figurinista do Tapa. "Walderez estava preocupadíssima com a possibilidade de ele dar vexame. Foi o máximo ver o Plínio orgulhosíssimo, entrando na igreja decorada com toda a pompa, digna do casamento da filha de um grande industrial, com todas as flores e ave-marias possíveis. Aquela cena revelava muito do Plínio, cuja agressividade, creio, era medo de não ser aceito. Certamente, numa festa de entrega de prêmio ele não usaria aquele figurino, mas frente a uma circunstância afetiva ele não se recusou."

REJEIÇÃO A UMA REPORTAGEM MALDITA Os planos de Eduardo Tolentino na direção do Grupo Tapa previam encenar Plínio Marcos, cuja obra principal estava esquecida havia uma década. A última montagem de *Navalha na carne*, em 1988, tinha sido iniciativa de um grupo de velhos amigos — o diretor Emílio Fontana e os atores Analy Alvarez, Luiz Serra e Roberto Rocco. O espetáculo cumpriu modesta temporada na Sala Paschoal Carlos Magno do Teatro Sérgio Cardoso e foi assistido por políticos cassados, de José Serra a José Genoino, que estavam fora do país quando Plínio surgiu em 1966. A oportunidade de Eduardo dirigir uma peça do autor apareceu de maneira fortuita quando, em turnê do grupo, Walderez de Barros lhe deu para ler a adaptação teatral do romance *Querô, uma reportagem maldita*. A peça já havia interessado ao diretor Jorge Takla, logo depois de *Madame Blavatsky*. "Fui ao apartamento do Plínio na rua Teodoro Baima às sete da manhã, tirei ele da cama para que me desse a peça pra ler. Depois, não me lembro o que aconteceu, eu não consegui montar", justifica-se Takla com elegância, sem esclarecer os motivos da desistência.

No caso de Eduardo Tolentino, a vontade de fazer a peça, aliada às condições favoráveis de um grupo estável, foi imediata: "Eu me encantei, o texto me tocou muito". Foi quando ele não teve mais dúvidas de quanto Plínio colocava a família, ou tribo, na frente de tudo. "Eu tinha pensado na Walderez para o papel da cafetina, mas ele me ligou dizendo que escreveu a peça para a Walderez fazer o papel da mãe de Querô, uma menina porra louca que se mata com dezoito anos. Dois dias depois ele me liga e diz que a música tinha que ser do Léo."

Por não se achar o indicado para aquele trabalho, Léo Lama também pensou em recusar quando o pai lhe disse que faria as músicas de *Querô*. Mas, como Eduardo, ele sabia que não adiantava questionar as exigências de Plínio. Seria comprar um desgaste inútil. A exigência "tinha muito a ver com a ideia do circo: a família tem que trabalhar junto. Não é pode ou deve, tem. Por isso minha mãe tinha de fazer as peças dele". Foi assim com *Blavatsky*, *Balada de um palhaço* e *Querô*. Nem sempre foi assim, acrescenta Léo: "As peças nunca eram escritas para a Walderez. Quando ninguém queria, sobrava pra ela. Ele só se convenceu de que ela era uma grande atriz quando Fauzi Arap disse isso ao convidá-la para fazer *Mocinhos bandidos*". Seja como for, Plínio impôs as suas escolhas em *Querô* e os ensaios correram normalmente. Ele nunca mais apareceu até a estreia nem deu palpite na direção.

No entanto, se no início da década de 1990 a geração de Eduardo Tolentino tinha certo fascínio pela obra de Plínio, o mesmo não acontecia com parte do público contemporâneo do autor. Quando o diretor contou a uma amiga mais velha, frequentadora de teatro, que o Tapa ia fazer *Querô*, a reação não poderia ter sido pior: "Não quero ver. Já gostei de Plínio Marcos, não gosto mais". Eduardo percebeu que não se tratava de reação isolada: "Havia uma rejeição muito grande ao Plínio numa determinada faixa de público". O mesmo público, certamente, que o conheceu, aplaudiu e admirou em tempos passados.

A REALIDADE FICOU MAIS APAVORANTE Eduardo Tolentino atribuiria, depois, a outras razões a rejeição a Plínio e a *Querô*, que cumpriu uma difícil temporada. À parte a autocrítica, em que admite deficiências no seu trabalho, o diretor acredita que aquele não era o momento para a peça. Entre outras razões porque a classe média, que garante as bilheterias dos teatros, teve o seu dinheiro confiscado pelo governo Fernando Collor e não se interessava em discutir as questões propostas pelo texto. Some-se a isso o fato de *Querô* ser uma guinada no repertório do grupo que, nos anos seguintes, se dedicou com melhor sorte à dramaturgia brasileira. Uma guinada saudada na revista *Visão* como um triunfo por Luiz Carlos Cardoso, para quem "o Tapa fez desse texto um espetáculo fluente, cheio de garra e emoção". No *Diário Popular*, Edgard Olímpio escreveu que aquele era "um dos mais expressivos espetáculos da atual safra teatral paulistana", chamando a atenção para o elenco — Walderez, Gustavo Engracia, Denise Weinberg, Guilherme Santana e Ernani Moraes — como "ponto forte da montagem". Com o que concordou, no *Jornal da Tarde*, Alberto Guzik, para quem "poucas vezes o elenco do Tapa apresentou rendimento tão homogêneo; os atores mergulham nas personagens com energia e convicção".

Porém, Guzik não teve a mesma impressão do texto. "Envelheceu", escreveu o crítico, depois de lembrar que a adaptação de *Querô* para o teatro datava de 1979, quando foi proibida pela Censura. "Os treze anos entre a criação da peça e sua montagem tornaram a realidade muito mais apavorante que a ficção. A peça foge do naturalismo que Plínio emprega na maior parte de seus textos. Narrada em *flashback*, a vida de Querô surge como delírios misturados aos fatos. Os diálogos de Plínio são violentos e incisivos. Os personagens, desenhados com vigor. Mas *Querô* ainda vê a marginalidade com um romantismo que se perdeu ante o crescimento da miséria e da violência. O texto também perde pique em longas cenas didáticas. É o caso da visita da cafetina Violeta ao delegado para pedir a internação do menino, e do monólogo final do jornalista, com o corpo do garoto morto nos braços." Nesse ponto, a ressalva deveria ser dirigida não ao autor, mas ao diretor, responsável pela marcação que também desagradou a Plínio — "ele odiava a imagem final", lembra Eduardo Tolentino.

Quanto ao público, bem, esse não compareceu, embora o espetáculo tenha ficado por um ano no repertório do grupo. Em uma das sessões de *Querô*, meninos de rua foram convidados. No final eles tinham duas queixas, que serviram de lição. "Os meninos não concordaram com a ideia passada pela peça de que todo policial é filho da puta. Disseram que tinha policiais que eram legais com eles também" e isso, admite Eduardo, "foi um soco na nossa boca do estômago". A outra queixa dos meninos de rua era mais geral: "Por que só convidam a gente pra ver esse tipo de peça?". Daí eles viram *A megera domada*, numa sessão com alunos de uma escola particular, que atrapalharam o espetáculo o tempo todo. Quando terminou, os meninos foram falar com o elenco: "Olha, não fomos nós que fizemos essa bagunça, não".

Enfim, o Tapa insistiu o quanto pôde com *Querô*, mas não havia jeito de convencer o público pagante a comparecer. "Não é que as pessoas viram e não gostaram, elas não viram", conforma-se Eduardo. "Como a peça não foi sucesso e tinha uma média muito baixa de público, Plínio sofria com isso e dizia: 'Tira logo de cartaz, não está dando certo'. Mesmo assim tentamos de todas as maneiras, fazendo para vinte, trinta pessoas. Havia uma rejeição do público ao tema, ao contrário de *Navalha na carne*, que foi um grande sucesso do Tapa oito anos depois, um dos melhores espetáculos que a gente fez até hoje."

O AUTOR ENTRA NA ORDEM DO DIA A rejeição do público não se traduzia nos palcos, nem no interesse do teatro pela obra do autor. No mesmo ano da estreia de *Querô* Plínio Marcos estava "na ordem do dia", como registrou o crítico Edgard Olimpio no *Diário Popular*, lembrando a montagem de *Dois perdidos numa noite suja* no Teatro do Bexiga que, dirigida por Emílio De Biasi, apresentava ao público um novo ator, destinado à bem-sucedida carreira, Marco Ricca. Formado em história na PUC de São Paulo, Ricca trocou de profissão, declarando-se discípulo de Plínio que, no entanto, recusava como sempre o papel de guia ou guru. Em

1994, no Rio de Janeiro, *Navalha na carne* voltava com Diogo Vilela e Louise Cardoso. Duas peças inaugurais da obra de Plínio, que nunca sairiam de cartaz, mesmo depois da morte do autor.

Em dezembro de 1992, enquanto *Querô* incomodava pouco no Teatro Aliança Francesa, Plínio contava histórias no Cultura Artística para comemorar *40 anos de luta*, em solo quebrado por intervenções de Léo Lama, também diretor do espetáculo. Compreendem-se, então, os elogios a *Querô* feitos por Luiz Carlos Cardoso, elogios que sintetizavam a expectativa dos que não se renderam à religiosidade subversiva de *Blavatsky*: "Recupere seu autor das aventuras do tarô e o ponha de novo no terreno que é seu por direito de conquista e de talento". A observação do crítico remetia não só a *Querô* e às primeiras peças do autor, mas ao espetáculo-solo, em que "o velho contestador aparece menos indignado e traz ainda como referência o Bertolt Brecht que vivia em tempo sombrio acreditando num futuro redentor. A idade vai suavizando e enternecendo Plínio, sem tirar-lhe o sentido crítico mesmo quando se ocupa de um tema com tentações de alienação como o tarô".

Como respondeu a Otavio Frias Filho duas décadas antes, Plínio Marcos era ele mesmo, "o tempo todo", tomando o correr dos anos como aliado. Para as gerações que se sucedem, porém, a porta principal para a descoberta da importância inovadora de sua obra continua sendo o olhar cruel e comovente sobre os que não têm voz, os marginalizados. Exemplar dessa obra, *Querô*, mesmo que se dê crédito às observações de Guzik, sobreviveu ao autor e à realidade mais apavorante que a ficção, como escreveu o crítico. Encenada no décimo ano da morte de Plínio por Marco Antonio Rodrigues e o grupo Folias d'Arte, ou filmada pelo diretor Carlos Cortez e lançada também em janeiro de 2009, a história de Querô reafirma a sentença do autor, que atribuía a permanência de suas peças ao abandono e à miséria em que vive ainda grande parcela da população brasileira.

ENCONTRO DEFINITIVO COM VERA ARTAXO Em estado de abandono, que ele mesmo se impôs, também viveu Plínio Marcos do fim do casamento com Walderez ao reencontro definitivo com Vera Artaxo, que seria a sua companheira até o fim da vida. Aquele seu se deixar levar incomodava tanto a mãe dona Hermínia quanto os filhos. Seria escolha consciente viver num apartamento desconfortável e descuidar-se das roupas e da aparência física? Para Léo Lama, o pai era incapaz "de fazer uma reciclagem psicológica" e de reconhecer que precisava se tratar. A saúde, debilitada pelo enfarte e pela diabete, aumentava a preocupação com um homem que parecia não se dar conta de que o tempo passou e deixou marcas. As oportunidades de voltar ao combate se perderam, como a participação no telejornalismo da Rede Manchete em meados da década de 1980. O tarô e o discurso da religiosidade confundiam-se com o sentimento de estar sendo ignorado pela mídia, que não dava o necessário destaque e divulgação às suas peças encenadas. Por isso, fez da imprensa uma vilã, alvo de seus ataques, como antes fora a Censura. Marca de sua personalidade, a agressividade saía do discurso para confundir-se com a aparência desleixada. Até fazia piada disso ao dizer que, quando aparecia na televisão, a câmara mostrava mais os seus pés no chinelão que o seu rosto.

A reaproximação de Vera Artaxo fez, aos poucos, o Bobo Plin reconciliar-se com Plínio Marcos, que abandonou a conquista desenfreada de parceiras. Se nunca usou drogas e abandonou o álcool e o cigarro, a atividade sexual foi sempre uma espécie de compulsão. Feito adolescente obrigado a afirmar a todo instante a virilidade, traço de uma geração cuja libido se exercitou em bordéis, nas periferias das cidades ou em beira de cais. Sabiam todos que conviveram com ele das suas cantadas e conquistas, mas jamais ouviram dele um comentário indiscreto ou grosseiro para contar vantagem. Não era assunto que ele levasse para as conversas. Quando, em 1992, Quartim de Moraes, que colhia depoimentos para uma biografia de Plínio, insinuou entrar nesse tema, ele encerrou ali a conversa.

— Quando chega na vida amorosa, eu paro de falar. Não interessa saber quem eu comi. Isso não é relevante na minha obra — desabafou para Marcelo Rubens Paiva, em entrevista publicada pela *Folha* em fevereiro de 1998. Ele parecia não querer olhar para o passado, convencido de que Vera Artaxo seria sua última companheira. Eles se conheceram no jornal *Última Hora* em 1974. Numa final de campeonato, Samuel Wainer entregou à recém-formada jornalista um assunto com o qual ela não tinha nada a ver. O texto saiu cheio de clichês que viam no futebol o ópio do povo. Plínio esculhambou a visão de Vera, típica de uma esquerda juvenil. Ficaram amigos desde então. Ela comenta: "Estabeleceu-se um relacionamento entre nós que teve diferentes facetas ao longo dos anos. Em vários momentos nós nos afastamos. Quase sempre por breve tempo, porque ele tinha uma natureza muito ciumenta e era penoso conviver com isso. Ou por meses, porque ele só reclamava da vida, não estava bem em lugar nenhum e ficava me ligando o tempo todo, como se eu fosse a salvação, mas eu sempre acreditei que cada um é responsável por sua própria vida, não é possível delegar isso a alguém".

Numa das vezes em que saiu de casa e o casamento parecia terminado, Plínio foi procurá-la, dizendo que tinha resolvido a vida, estava morando sozinho. Não esperava ouvir o que ouviu. "Substituir uma relação por outra, uma família por outra, não é resolver a vida. Não quero casar, não tenho essa vontade. E estou namorando outra pessoa." Como Plínio reagiu? Vera lembra muito bem. "Ele ficou chocado, mas continuou me ligando." Dois meses depois ela soube que estava grávida, mas aquele relacionamento não tinha peso suficiente para se manter em função disso e Vera assumiu solitariamente a gravidez. "Falei para o Plínio parar de me cantar: 'Sou uma mulher grávida'. Então ele passou a me tratar como se eu fosse Nossa Senhora, como se eu fosse a Virgem Maria."

Era 1982. Grávida, Vera frequentou o grupo de estudos que Plínio reunia na casa de Beth Rocco, duas ou três vezes por semana. "Numa dessas reuniões ele fez uma mega autocrítica publicamente, admitindo que sempre quis ser meu dono e agora, diante de mim grávida de outro, ele tinha que vencer toda a sua formação para enfrentar a nova realidade, e isso estava sendo um grande exercício de vida." Eles se viram durante toda a gravidez. Tiago nasceu em 26 de dezembro. Plínio atacou de numerólogo e concluiu que tinha de ser Tiago sem agá. E assim ficou.

Plínio alugou o apartamento da rua Teodoro Baima, do qual Vera foi fiadora, em 1984. Empregada na Editora Abril, na área de moda, ela havia voltado para a casa dos pais, Milton e Maria, que oferecia "uma estrutura sólida para o Tiago, em contraponto ao meu trabalho que era louco, à minha loucura razoável e à loucura nada razoável do Plínio". Havia começado outro relacionamento deles. "Na verdade, começamos outro relacionamento muitas vezes. Mas esse era muito mais tranquilo e nada parecido com os de outros tempos, quando tudo era muito pesado e carregado de cenas de ciúme."

— Olha, Plínio, eu tenho que ir a uma festa.

— Então vai, porque sem você nenhuma festa acontece.

"Tudo ao contrário do que era antes. O Tiago cresceu e começou a exigir que pelo menos uma vez por semana nós o levássemos para jantar no Gigetto. Ficamos uns anos assim. Coube ao Tiago aproximar o Plínio dos meus pais. 'Vocês têm que conhecer, ele é o máximo, mora no meio de um monte de caixotes', ele dizia." Tendo de deixar o apartamento da Teodoro Baima, Plínio se mudou para uma quitinete no 24º andar do Bloco F do Edifício Copan, onde passou a ter um telefone, cedido pelo pianista Luís Loy e sua mulher, Mara, companhias constantes no Gigetto. Telefone que facilitava o agendamento de clientes de tarô e de práticas como moxibustão, hipnose, energização e magnetização. Criança, Tiago se encantava com a tábua de lâmpadas coloridas que Plínio usava nas sessões terapêuticas alternativas. Quando ficava muito tarde, e para não acordar os avós, Tiago dormia no Copan. Geralmente na terça-feira, dia escolhido para o jantar no Gigetto. De manhã bem cedo, tomava café no Hotel Hilton com Plínio e Vera, que o levava ao Colégio Rio Branco, na avenida Higienópolis, e seguia para o trabalho.

ANO-NOVO DE BERMUDA E BARBA APARADA No *réveillon* de 1993, a campanha de Tiago para aproximar Plínio da família surtiu efeito. Ele estava fazendo planos para a festa de final de ano na casa dos avós no Balneário Flórida, em Praia Grande.

— Plínio, você não quer ir?

— Claro, mas eu não fui convidado.

Tiago passou a mão no telefone e ligou para seu Milton e dona Maria.

— Então diga para o Plínio que ele está convidado.

Convite aceito, Vera empenhou-se em convencer o companheiro de algumas mudanças que acreditava necessárias nos seus hábitos, como tomar o café da manhã no Hilton vestindo o calção do pijama. Tiago achava aquilo o máximo e a sua admiração por Plínio só aumentava. Mas para Vera era demais: "Nessa época, ele andava exageradamente *homeless*. Ele tinha dito várias vezes que teria ido morar debaixo da ponte se não fosse eu — seria difícil mantermos um relacionamento nessas circunstâncias. Não sei se ele iria mesmo, mas achei que era hora de falar sobre isso. Eu vinha conversando com ele sobre a 'estética pliniana' com o maior cuidado, pra não mudá-lo, pra não provocar a impressão de que eu desejasse a adoção de uma aparência mais burguesa. Enfatizei que ele seria aceito pelos meus pais do jeito que ele era. Mas achava que ele tinha ultrapassado o limite, que não precisava chocar pelo visual, porque ele já tinha um discurso suficientemente forte. Disse que ele não precisava andar com o cabelo desgrenhado e a barba emaranhada para refletir na sua estética as suas ideias. Ele concordou. Não tiraria nenhum pedaço, no sentido de desfigurar suas ideias, andar de cabelo cortado, barba aparada, roupa limpa. Poderia andar de bermuda, mas não de cueca samba-canção na rua. Poderia andar de chinelo, não de borracha, até porque pisar num prego é um grande risco para um diabético. Ele curtiu, se sentiu bem, não achou que perdeu nada. Fez uma autocrítica da fase anterior. No *réveillon* de 1993 ele foi de bermuda e camisa branca, barba e cabelo aparados e se integrou de vez à minha família."

Depois de um ano na quitinete número 224 no 24º andar, Plínio foi despejado em 1994. Na imobiliária do Copan, Vera encontrou um apartamento à venda no 2º andar do Bloco B. "O apartamento de 27 metros quadrados custava um Fusquinha, estava detonado, imundo." Com doze anos, Tiago ajudou como pôde na reforma. O Bloco B era conhecido como Pavilhão 9, referência a uma das alas mais violentas do presídio do Carandiru. A região central já não tinha a efervescência do passado, mas os perigos da vida no centro da cidade não assustavam Plínio. Certa noite, quando não morava mais ali, depois de uma sessão de *O assassinato do anão do caralho grande*, no Teatro Fernando Azevedo, na praça da República, ele caminhava com Tiago ao ser abordado por um pivete, que anunciou um assalto. Plínio encarou o garoto:

— Sai pra lá, moleque! Vai querer me matar pra quê? Pra dar a bunda na Febem? Sai, pega o seu caminho.

O pivete, surpreso e assustado, virou as costas e se mandou.

A relação de Vera e Plínio se estabilizou. Antes, passou por turbulências. A primeira separação foi de alguns meses, em 1992. "Eu estava trabalhando demais e ele reclamava a minha presença, a falta de atenção", conta Vera. "O trabalho estava muito pesado, tive um estresse e fui para um *spa* no Rio Grande do Sul e fiquei lá uma semana. Fiz uma dieta alimentar, perdi peso e ganhei muita saúde, num processo de olhar pra mim mesma. No avião de volta de Porto Alegre, pensei: 'Está na hora de eu ligar para o Plínio, estamos seis meses sem nos falar'. Cheguei em casa, o telefone tocando, era ele. Você não acha que está na hora de a gente fazer as pazes? Acho. Está bem, estou te esperando, vem pra cá. Eu fui e não teve discussão sobre o relacionamento, o que tinha acontecido nesse tempo, nada disso. Começou tudo de novo."

Na última separação, Plínio já morava no apartamento um pouco maior, de um dormitório, que Vera tinha na rua Imaculada Conceição, em Santa Cecília. Ele se mudou do Copan para lá em 1995. Em um de seus ataques de ciúme, ele arrumou a mala e voltou para o Pavilhão 9. Por uma semana eles só se comunicavam por bilhetes que Tiago levava e trazia. Até que ele se cansou e, ao entregar o bilhete da mãe, colocou um recado seu em cima: "Vocês têm de parar de brigar, porque eu não quero ficar longe de você". Plínio leu o recado do Tiago, pegou as coisas e voltou para a Imaculada. Ao chegar do trabalho e encontrá-lo em casa, Vera perguntou se ele tinha lido o seu último bilhete.

— Não, eu li o bilhete do Tiago e vi que não precisava ler o seu.

No final daquele ano de 1995, o *réveillon* foi passado também em Praia Grande. Vera, com problema de tendinite, tinha sido demitida da Editora Abril. Preocupado com as dificuldades, Plínio resolveu fazer alguma coisa que rendesse dinheiro. Tiago escreveu numa placa "Plínio Marcos — Tarô 1996" e saiu com ele, empurrando um carrinho. Escolhiam um ponto e os clientes iam chegando. "Em geral, mulheres", lembra Tiago. Plínio abria o tarô ali mesmo na praia. Alguns clientes preferiam maior privacidade e marcavam a leitura em suas casas. Tiago anotava os endereços e, depois do expediente na praia, saíam os dois para atender à clientela.

TURMA DO BESTEIROL ADERE À *NAVALHA* Plínio continuava na ordem do dia. O filme *Barrela, escola de crimes*, dirigido por Marco Antonio Cury, com Marcos Palmeira, Cláudio Mamberti, Paulo César Pereio, Chico Diaz e Cosme dos Santos, chegou ao circuito comercial somente em 1994. Rodado quatro anos antes, com prêmios nos festivais de Gramado (Kikito de melhor ator a Marcos Palmeira), de Natal e de Havana, foi realizado em regime de cooperativa e ficou nas prateleiras por obra do governo Fernando Collor de Mello, que extinguiu a Embrafilme e a Fundação do Cinema Brasileiro, órgãos que cuidavam da distribuição dos filmes. Também em março de 1994, a *Folha* noticiou que "a turma do *nonsense* e da esculhambação resolveu enfrentar o universo violento e solitário de Plínio Marcos". Referia-se ao diretor Marcus Alvisi e aos atores Diogo Vilela, Louise Cardoso e Jorge Fernando, "todos pioneiros do teatro besteirol", que pagaram 1.500 dólares pelos direitos de *Navalha na carne*. A peça estreou no dia 19 de agosto no Teatro Villa-Lobos, em Copacabana, com Hilton Cobra no papel de Veludo, substituindo Jorge Fernando.

— São dois grandes atores, e grandes atores podem fazer qualquer coisa: besteirol, drama, musical ou *Navalha na carne* — reagiu Plínio Marcos à ideia de ter Louise e Diogo defendendo o seu texto.

No início de outubro, a *Folha* convocou vários dramaturgos para escrever pequenas cenas sobre a eleição do novo presidente da República. Elas foram publicadas no domingo, dia 2, e lidas publicamente, quando já se sabia da vitória de Fernando Henrique Cardoso. No esquete *No que isso vai dar*, Plínio não perdoou nenhum dos candidatos, embora centrasse a ironia na figura do candidato do Prona, Enéas Carneiro. E ao escolher como protagonista um mago, contratado para prever o resultado das urnas, o autor debochou dos charlatães e dos que acreditam que se possa ver o futuro em cartas ou bolas de cristal. Autocrítica? Nem tanto. Mesmo pondo fé no poder de cura dos magnetizadores, trabalhando as energias pela imposição das mãos, um poder que ele se atribuía — "tirar a dor, eu tiro; ponho as mãos e passa" —, Plínio desdenhava dos que o procuravam para abrir o tarô na esperança de ver traçado ali o seu destino. Não deixa de ser curioso que ele tenha brincado com a própria imagem de mago que à sua revelia alguns lhe pregavam.

Nessa época, Sandra Corveloni era uma simples estudante de teatro e nem sonhava ganhar o prêmio de melhor atriz no Festival de Cinema de Cannes em 2008, pelo filme *Linha de passe*, quando foi "magnetizada" ou "energizada", sabe-se lá, na porta do Cultura Artística. "Eu estava sozinha, esperando uns amigos. Ele me ofereceu seus livros, falei que estava sem dinheiro. 'Você não está bem', ele disse. 'Está precisando de um passe.' Mandou eu encostar na parede e fechar os olhos. Colocou as mãos na minha cabeça e ficou assim um tempo. 'Pronto, está se sentindo melhor?' Eu respondi que sim, mas na verdade não estava sentindo nada, nem melhor nem pior. Achei aquilo engraçado. Mas foi bacana ele se dispor a me ajudar, perder tempo comigo, mesmo eu não tendo comprado o livro dele. Foi o meu único encontro com Plínio Marcos."

Difícil saber os limites da charlatanice e da aposta sincera no mundo místico. Plínio era, honestamente, um homem apegado à religião. Um dos seus primeiros presentes, com amorosa dedicatória, à filha Ana logo que ela se alfabetizou foi um Evangelho de bolso, em abril de 1981. Rezava a Deus e a Jesus, como aprendeu desde pequeno com os pais. Punha fé em valores ancestrais de benzedeiras, como sua avó materna. Mas tinha também um lado Gurdjieff, na fase em que se valia da leitura do tarô para exercitar com êxito, há quem garanta, o seu poder de sedução sobre as mulheres.

PRIVILEGIADO PELA PROVIDÊNCIA DIVINA Pelas magnetizações não cobrava, mas até o fim Plínio continuou ganhando a vida com tarô, atendendo os clientes no apartamento da rua Maranhão, e com palestras e cursos. O último, *O uso mágico da palavra*, foi de 24 a 27 de fevereiro de 1997 no Centro de Comunicação e Artes do Senac São Paulo, na Lapa, anunciado como um curso para quem quisesse "vencer dificuldades de comunicação tais como a timidez, a gagueira e a dificuldade de transmitir sentimentos". A taxa de inscrição para a panaceia era de sessenta reais. Enquanto pôde, também pagou as contas vendendo livros em porta de teatro, atividade interrompida em meados de 1995 por força de um episódio dramático.

Na quinta-feira, 12 de janeiro de 1995, ele estava na estreia da temporada paulista de *Navalha na carne* no Teatro Cultura Artística, com Louise Cardoso e Diogo Vilela. Nas semanas seguintes faria ponto ali com os seus livros. Meados de março. Queixava-se de dores na perna, dores que atribuía à meia. Plínio calçando meia? Não fazia sentido, mas, tratando-se dele, tudo era possível. Fim de tarde de domingo, em pé, na frente do teatro, ele cambaleou e caiu, sem forças para levantar. Um dos espectadores, médico e amigo da atriz Louise Cardoso, o socorreu. Quando abaixou a meia, o médico se assustou ao ver a perna de Plínio escura, necrosada. Estava explicado o uso da meia. Era para esconder as manchas. Semanas antes, no carnaval, ele se queixara com Carlão Costa, que conta: "Fui com o Plínio a uma farmácia, ele levantou a calça e a perna estava preta. O farmacêutico deu uma injeção pra tirar a dor, falei pra ir ao hospital, ele não quis". Desta vez, porém, ele não tinha escolha. Foi levado ao pronto-socorro do Hospital das Clínicas, enquanto alguém ligava para Vera.

— Quando se é firme nas posições você tem muitos amigos, pessoas anônimas que te ajudam. Eu caí na sarjeta com as pernas podres, apodrecidas, negras, doendo pra caraco, não pegava nem morfina, e fui socorrido.

Ao contar assim o episódio, Plínio se emocionava, disfarçando as lágrimas quando se referia à ajuda que recebeu de pessoas que não conhecia e às quais depois sequer pôde agradecer.

— Sempre fomos privilegiados pela providência divina...

No entanto, ele parecia não permitir que se apiedassem dele, e logo fazia piada ao prosseguir na lembrança. Ao chegar às Clínicas, foi atendido por um médico japonês que, ao ver o paciente, entrou em parafuso.

— Nessa noite só não amputaram minhas pernas porque a Vera interferiu, como uma leoa. E também por causa do diretor do hospital. Mas antes de chegar o diretor tinha uma besta japonesa lá que olhou para as minhas pernas e disse assim: "Ah, vocês não vão se assustar, mas acho que vamos ter que amputar as pernas dele, as duas...".

Relembrando, Plínio ria malandramente e continuava:

— Porra, eu só consegui gaguejar: vai ficar melhor pra vender livros. Claro, não pegava nem morfina, o médico ficou assustado. E a gente também. A Vera queria matar o japonês: "Você não vai entrar nem na sala de operação! Vou já ligar para o diretor do hospital".

Foi quando Plínio deixou as Clínicas, e ficou evidente que ele não poderia continuar morando sozinho numa quitinete, que Vera investiu na reforma do apartamento da Imaculada Conceição, em Santa Cecília. Antes da mudança, porém, o coração o levou de volta ao Incor. Em maio, submeteu-se a cirurgia para desobstruir uma artéria e, no dia 9 de junho de 1995, operado pelo dr. Fábio Jatene, recebeu três pontes de safena e uma mamária. Saiu do hospital direto para a casa dos pais da Vera, onde ficou algumas semanas em recuperação. No mês seguinte já estava a postos para assistir à estreia de uma comédia de Léo Lama,

Bang-bang — Quando os revólveres não matam, protagonizada por Walderez de Barros, no auditório da Igreja de São Judas. Retomou as noites no Gigetto, mas agora chegava e saía mais cedo e seu cardápio se resumia a um frango cozido na água. O filé na chapa, sem temperos, foi liberado depois. "Era comovente o carinho do Tiago, cortando a carne para o Plínio", recordou Francarlos Reis. Mas havia tristeza no olhar do Bobo Plin, já sem forças para disfarçar o incômodo de uma dependência que a vida inteira havia recusado. Fazer o quê?

NO HOSPITAL, DELÍRIOS PANTAGRUÉLICOS Os cuidados de Vera Artaxo, que no começo se dirigiram ao visual de Plínio, logo se estenderiam à saúde e ao rigoroso acompanhamento da sua dieta alimentar. Mais fácil vestir-lhe um fraque que controlar seu apetite. Sobre o prazer da comida, ele inventava histórias, que contava rindo feito moleque, para justificar a desobediência gastronômica. Dizia que na primeira internação, por conta do enfarte, dona Hermínia foi visitá-lo no hospital e protestou contra as refeições que lhe serviam. "Como vocês querem que ele melhore comendo isso?" Na visita seguinte a mãe apareceu com uma feijoada, que ele devorou às colheradas como de hábito — só usava garfo quando inevitável. Plínio repetia a mesma mentira ao contar que na internação seguinte, na falta da mãe quituteira, Vera contrabandeou para o quarto uma bela porção de camarões empanados, sua guloseima preferida como os chocolates e os doces. Bem que ele gostaria que feijoada e camarões não estivessem apenas nos seus delírios pantagruélicos.

Aparentemente, ele se comportava quando vigiado. Ao primeiro descuido, porém, entregava-se sem freios à gula. Estevam Soares, amigo feito no futebol, não conseguiu contê-lo na vez em que o levou para dar uma palestra aos jogadores do Guarani, concentrados no Hotel-Escola do Senac em Águas de São Pedro. "Fui buscá-lo no apartamento da rua Imaculada e viajamos juntos. Eu já sabia que ele tinha diabete e seguia um regime rigoroso. Depois da palestra fomos ao restaurante e ele se serviu de tudo no bufê, fez um prato enorme que devorou rapidamente. Tentei lembrá-lo da diabete, mas ele nem me ouviu. Na hora da sobremesa, então, foi uma festa. Ele comia com tanto prazer, que fiquei sem saber o que fazer."

O pior naquele jantar não foi a gula do Plínio, mas a língua solta. Depois de se fartar, pôs-se a contar vantagem ao presidente do Guarani, Beto Zini, que lhe pagou cinco mil reais pela palestra porque Estevam o convencera de que o amigo estava na pior. Plínio anunciou sua mudança para um apartamento de não sei quantos metros quadrados, em Higienópolis, onde seria vizinho do presidente Fernando Henrique. Estevam cutucou a perna de Plínio pra ver se ele se calava.

— Porra, Estevão, para de me dar pontapé, caralho!

Quando Plínio se afastou, Beto Zini cobrou o Estevam: "Como é que você caiu na conversa dele? Me fez pagar cinco mil pela palestra porque ele estava na pior e o cara vai ser vizinho do presidente da República?".

O que Plínio não disse foi que, para a compra do imóvel na rua Maranhão, em Higienópolis, Vera juntou seu acordo de desligamento da Editora Abril, sacou seu fundo de garantia, zerou suas poupanças e vendeu os apartamentos da Imaculada e do Pavilhão 9 no Copan. "Precisávamos de um lugar amplo para os três, pois trabalharíamos em casa, precisávamos de escritórios, e Tiago também, com seu equipamento de DJ", conta Vera. Na época, com a tarefa de cuidar da agenda de Plínio, racionando os convites para eventos, palestras e leituras de tarô, de modo a não expô-lo a compromissos desgastantes, ela conciliaria a organização da sua obra.

Para comemorar quarenta anos de teatro, Plínio Marcos negociou com a Funarte a cessão dos direitos de publicação da sua obra por dez anos, no valor de cem mil reais. Recebeu só 75 mil — o próprio governo garfou um quarto para o Imposto de Renda. Distribuiu o dinheiro entre a família e doou parte substancial a um amigo em dificuldade, cujo nome Vera não revela: "Era segredo do Plínio". O contrato, assinado no final de 1997, previa três volumes editados por Vera Artaxo, agrupando dezenove textos teatrais por temas — Cadeia, Prostituição, Circo, Religiosidade etc. Esses volumes reuniriam, além das obras conhecidas, *Ei, amizade!* e o monólogo *O homem do caminho*, então inédito, e outros inconclusos, como *Chico Viola*. Dez anos depois da morte de Plínio, o contrato caducou e a Funarte mantém silêncio sobre a publicação.

HISTÓRIAS DO CAMINHEIRO SEM CHEGADA Em abril de 1996, Plínio conclui o monólogo *O homem do caminho*, que chamou a atenção de Marco Ricca. No apartamento da Imaculada, acompanhado de Beth Coelho, convidada a princípio para dirigir o espetáculo, o ator ouviu Plínio ler o texto. Em 29 de julho, no Auditório da *Folha*, Marco fez a primeira leitura pública do monólogo que o autor definia como um conjunto de histórias "de um homem que não tem aonde chegar, um caminheiro, que faz do movimento de caminhar um ato extremamente subversivo; é por isso que as pessoas têm tanto medo do homem que está na viagem, perambulando a esmo". Marco Ricca, que reverenciava Plínio como a um mestre — "mal consigo conversar com ele, eu o escuto quase de cabeça baixa" —, reconhecia a natureza autobiográfica do texto — "talvez seja a peça mais pessoal dele, a mais próxima de tudo o que ele fala" — e anunciava a estreia para outubro daquele ano. Marco, porém, não levou adiante o projeto. O monólogo foi retomado somente depois da morte de Plínio, pelos irmãos Cláudio e Sérgio Mamberti. Estreado em 2000, *O homem do caminho* foi o espetáculo de despedida de Cláudio, que morreu no ano seguinte.

Em 1996, Plínio estava cheio de planos. A Geração Editorial lançou em livro *O assassinato do anão do caralho grande*, nas duas versões, "noveleta policial" e peça de teatro, que interessou a Marco Antonio Rodrigues. Em setembro, Walderez de Barros e eu organizamos, a convite do Sesc de Curitiba, o ciclo de estudos "Teatro, a arte da palavra", cuja programação previa encontros semanais com autores e/ou diretores. Plínio foi o primeiro a falar no Teatro da Esquina. Bem-humorado, ele estava com a corda toda, seja contando as aventuras do analfabeto que se tornou dramaturgo, seja passeando pela rua 15 e obrigando Vera e eu a não entrar em nenhuma daquelas tentadoras confeitarias. Se ele não podia comer os doces, o mínimo que podíamos fazer era ser-lhe solidários. Só nos restou acompanhá-lo em um chá com bolachas com gosto de nada.

A encenação de *O assassinato do anão do caralho grande* surgiu de um ciclo de estudos e preparação de atores ministrado por Marco Antonio Rodrigues na Oficina Cultural Oswald de Andrade, da Secretaria de Estado da Cultura, na gestão de Marcos Mendonça. Quem cuidava das oficinas era outro santista como Marco e Plínio, Antonio Carlos Sartini. Não surpreende, portanto, que planejassem a estreia no Municipal de Santos. Só não atentaram para o problema que o título da peça traria. Problema que o editor Luiz Fernando Emediato driblou, acatando ideia de Vera Artaxo para colocar o livro em exposição nos pontos de venda: a capa tinha uma dobra, de modo que se lia no rosto apenas *O assassinato do anão...* e, virando-se a dobra, *...do caralho grande*. Tudo pronto para a estreia, cheque caução depositado no valor de 650 reais, a Secretaria de Cultura de Santos comunicou que o Teatro Municipal Brás Cubas não estaria disponível nas datas solicitadas, 7, 8 e 9 de novembro de 1997, cedidas para a Federação Santista de Teatro Amador.

Nani de Oliveira, atriz e administradora do espetáculo, viu motivação política nisso, pois Marco Antonio Rodrigues tinha sido secretário de Cultura na gestão petista de David Capistrano Filho na Prefeitura de Santos, agora ocupada por Beto Mansur, do PPB. Para o diretor, o veto seria moral: "O texto é forte e só o título já assusta muita gente". A secretária Vilma Terezinha negou uma coisa e outra. O problema, segundo ela, era mesmo de agenda. Plínio Marcos viu tudo como "uma mistura de intriga política e censura ao texto", reconhecendo que "o povo de Santos me adora, mas as autoridades me perseguem", numa distante referência à sua prisão em 1969, quando voltou à cidade com *Dois perdidos numa noite suja*. As apresentações do *Anão* em Santos foram transferidas para o Teatro do Sesc. Na semana seguinte, o espetáculo de conclusão de curso do Núcleo de Formação da Oficina Cultural

Oswald de Andrade estreou em São Paulo no acanhado palco do Teatro Fernando Azevedo, na praça da República.

Para Mariângela Alves de Lima, a montagem de *O assassinato do anão* era "desigual, mas cheia de entusiasmo", tratando o texto mais como uma novela com "o ritmo das crônicas", o que realmente era, e menos como uma narrativa teatral. Ainda assim, admitia a crítica de *O Estado de S. Paulo*, o texto "reitera uma das preocupações constantes do autor: a exaltação da liberdade e da diferença dos que vivem à margem das normas". No espetáculo, Plínio não aprovou o que para Mariângela era simples resultado da natureza do trabalho, "o excesso de imaginação que assalta um grupo sem outro compromisso a não ser o exercício e a aprendizagem". Talvez, depois da leitura da crítica, Plínio tenha se acalmado: "Tudo o que seria cortado, reduzido e possivelmente harmonizado para se acomodar a um espetáculo profissional é conservado para que os aprendizes possam exibir o muito que fizeram, sem economia e sem concessões ao bom gosto. Quem aprendeu pirografia ou uma proeza acrobática não vai deixar de exibir em cena esse novo dote. Mas é esse prazer espontâneo uma das graças do trabalho", escreveu Mariângela.

Nada disso, entretanto, preocupou Nelson de Sá. Na *Folha de S.Paulo*, ele preferiu constatar que "nestes tempos em que a 'maldição' já não amedronta ninguém e vai terminando o tabu em torno de artistas como ele, Plínio Marcos usa uma linguagem que parece saborear os palavrões e esconde sob ela um carinho imenso por suas personagens, por suas histórias. No caso, ainda maior, pois se trata de um olhar saudoso, ainda que cruel, sobre o velho e decadente circo — em que ele próprio, que foi um palhaço, começou como artista". Esta comédia "para revelar hipocrisias, não para passar juízo", resulta em "um ato de louvor e de saudade do circo", conclui o crítico da *Folha*. Quando a cidade persegue e expulsa os artistas de circo por acreditá-los malditos, senão bandidos, o único que se dá bem é o anão, um devasso que entra para a indústria pornográfica: "E ainda dizem que Plínio Marcos é obsceno. Como Nelson Rodrigues, ele é um moralista".

Durante a temporada de *O assassinato do anão,* Plínio Marcos viu nas telas a versão de Neville D'Almeida para *Navalha na carne*, que teve um lançamento agressivo com cem cópias exibidas simultaneamente em todo o país. A estreia em São Paulo, na segunda-feira, 17 de novembro de 1997, foi uma noite de homenagem ao dramaturgo, a quem Neville atribuiu um único defeito, "escrever em português, senão seria conhecido no mundo inteiro".

Plínio chegou mais cedo, deu entrevistas, conversou com Vera Fischer, que lhe apresentou a filha Rafaela — "linda como a mãe", comentou, e ouviu que o ator Guilherme Fontes queria transformar *Navalha* em minissérie de televisão, projeto que evaporou tão rápido quanto surgiu. Estava feliz e não disfarçava. Sentou-se nas primeiras filas para ver o filme. No final, mais aplausos. Para Plínio e Vera Fischer, principalmente. Quanto às liberdades tomadas pelo diretor, como a cena final da crucificação de Neusa Sueli, que tanta polêmica causou, o autor nada disse. Preferiu render-se ao trabalho de Vera Fischer, por sua interpretação de uma personagem que, ele disse, "exige um trabalho de profunda religiosidade: trata-se de um mergulho nas trevas para, depois, conseguir a abertura para uma nova luz". Elogios também a Carlos Lofler no papel de Veludo, com a surpresa de descobrir que o ator era sobrinho de Oscarito, comediante das chanchadas da Atlântida que Plínio admirava. Não escondeu, porém, seu desconforto com o sotaque do ator cubano Jorge Perugorria como o cafetão Vado.

Sobre o trabalho de Vera Fischer, o crítico Nelson de Sá sintetizava os muitos comentários da noite de estreia. Qualquer restrição à força do talento da atriz, ele escreveu, não importa quando ela "arrisca dissolver a maquiagem para revelar o rosto próximo dos cinquenta, quando desgrenha o cabelo dourado, quando mergulha numa cena em que se esfrega com homens ensebados que lambem seus seios. Ou quando chora, solitária, outra vez e finalmente solitária, diante da comida amanhecida. Ela tem o que Plínio Marcos disse ser a exigência maior de Neusa Sueli:

religiosidade. Não sei de Tônia Carrero — que criou o personagem em 1968 e que tem tantas coincidências com Vera Fischer —, mas Vera Fischer, como poucos atores, entende de Deus e religiosidade".

Nesta última observação, Plínio assinaria embaixo.

Cena XIX

Com João Ubaldo Ribeiro e Chico Buarque na Feira do Livro em Paris *(Arquivo Vera Artaxo)*

"Tudo o que aconteceu comigo era próprio da vocação. Não fui um excelente palhaço, mas tinha uma paixão que os outros não tinham."

"O Nelson Rodrigues saiu na frente e abriu o caminho para todos nós autores."

"Plínio Marcos causava em todos nós, diretores, uma mistura de magia e desassossego."

Na segunda vez em que estivemos juntos em Curitiba, na sexta-feira, 14 de março de 1997, Plínio deu um depoimento público no Festival de Teatro e leu para uma plateia só de mulheres *O bote da loba*, peça recém-concluída que considerava, com certo exagero promocional, a mais madura de todas. A peça conta a história de uma mulher simples que, culpando-se por nunca ter sentido o prazer do orgasmo, socorre-se nos conselhos de uma cigana, em um antro fétido. Naquela semana em Curitiba, Plínio resistiu novamente às confeitarias da cidade e não reclamou de percorrer com Vera Artaxo as lojas da rua das Flores. Não achou o chinelo que queria, mas me convenceu a comprar uma mochila em promoção. "Não fica bem você levar as roupas em sacos plásticos de supermercado", exagerou, como um moleque empurrando a mercadoria para o freguês. No depoimento, recheado de histórias e piadas de um repertório que se repetia, ele estava desarmado e sereno, brincando com o *cameraman* da TV Educativa para que o fotografasse de um ângulo favorável, e emocionou-se algumas vezes, engolindo as lágrimas diante de um público muito jovem que foi ouvi-lo no Memorial da Cidade:

— Com o tempo eu fui ganhando um grande respeito de homem vocacionado. Eu sinto que tudo o que aconteceu comigo era próprio da vocação. Não fui um excelente palhaço, mas tinha uma paixão que a maioria das outras pessoas não tinha. Essa paixão que eu tinha e tenho pelas minhas coisas chama-se vocação.

O bote da loba, que tocava no homossexualismo feminino, fazia parte da sua produção recente, na qual se incluía a comédia *A dança final*, em que ele se detém numa temática que o Plínio de outras épocas rotularia de burguesa. Duas peças que ele morreu sem ver no palco. Delas, *A dança final* tem uma dramaturgia mais bem-acabada, que revela o autor no pleno domínio do seu ofício. O público que se cansara do Plínio de *Querô* agora o veria debruçar-se sobre o conflito de um casal às vésperas de festejar as bodas de prata. Tudo porque o marido, aflito com a sua impotência sexual, não tem o que comemorar e a mulher se nega, vingativa, a suspender a festa. No cenário de condomínio de classe média, em que os moradores se encontram na sauna e na piscina e trocam confidências e intrigas, *A dança final* é um retrato sem retoque do casamento e das convenções sociais, com traços de um humor amargo. Escrita em 1993, antes de Plínio se mudar para Higienópolis, não pode ser confundida, portanto, com a visão do autor do seu novo hábitat. A peça nasceu das histórias que Vera Artaxo lhe contava, ouvidas na piscina do condomínio de classe média em que seus pais moravam na Zona Norte. "Em Higienópolis havia uma classe média mais intelectualizada, uma burguesia bem diferente daquela de Santana", observa Vera, que identifica no texto de Plínio diálogos e cenas que ela lhe contava.

A dança final circulou entre Thereza Rachel, Francarlos Reis, Juca de Oliveira e John Herbert, que se interessaram, mas não levaram adiante o projeto. "Cheguei a comprar os direitos e o Plínio insistia para que eu fizesse, mas eu não tinha ainda a idade do personagem", explicou Francarlos. A peça estreou em abril de 2002 dirigida por Kiko Jaess, com Nuno Leal Maia e Aldine Müller, no Teatro Itália. Em *A dança final*, observa o diretor Eduardo Tolentino, que coloca a peça entre as mais representativas do autor, "pela primeira vez Plínio Marcos fala da classe média e de um universo familiar mais perto dele. Embora eu não conheça detalhes da sua vida pessoal, sinto que a questão familiar não foi resolvida e nessa peça ele de alguma maneira está apaziguado. Não é mais a família disfuncional, nem o drama social, presentes nas outras peças como em *Dois perdidos numa noite suja*, em que é clara a relação Caim e Abel dos personagens. Então, *A dança final* me parece um breve epílogo da sua vida e o pós-escrito da sua obra".

À VONTADE EM PARIS, COM CAFÉ OLÉ Um ano após a leitura de *O bote da loba*, no Festival de Teatro de Curitiba (uma segunda foi organizada pela atriz Cristina Pereira, na Casa da Gávea, no Rio), Plínio circulava em 19 de março de 1998 pelas ruas de Paris, com um elegante paletó de lã para se proteger do frio. No Salão do Livro, evento do Ano Brasil–França, ele lançou a versão em francês de *Deux perdus dans une nuite sale*, editada pela Funarte, e participou de encontros ao lado de outros escritores brasileiros, o que o fez sentir-se também e pela primeira vez um escritor, segundo Vera Artaxo.

No saguão do hotel, Carlos Heitor Cony o cumprimenta respeitoso — "nunca nos falamos, mas eu o admirava", escreveu Cony — e o amigo Dias Gomes, que na volta ao Brasil morreria tragicamente em acidente de carro em São Paulo, ao vê-lo faz piada:

— Você não é o Plínio Marcos?

— Sou. Disfarçado atrás de uma barba e de uma barriga.

Com o místico Paulo Coelho teve várias conversas, compareceu à homenagem a Jorge Amado e circulou à vontade entre Antonio Torres, João Ubaldo Ribeiro e Chico Buarque, que cobiçou o seu precioso chaveiro do Jabaquara, mas não levou. Na semana que passaram em Paris, Chico organizou um jogo de futebol e não convidou o ex-juvenil da Portuguesa Santista e parceiro do centroavante Pagão, ídolo do compositor. Não convidou de pirraça por conta do chaveiro ou por concluir, com razão, que o ponta-esquerda estava fora de forma, embora caminhando por Paris ele não se queixasse de cansaço nem de dores na perna. Ao receber convite do diplomata Marcos Azambuja para uma recepção na embaixada brasileira, Vera fez uma consulta sobre o traje exigido. Azambuja respondeu por fax:

— Em se tratando de Plínio Marcos, ele vem de chinelo ou de *smoking*, vem como quiser. Para os outros, o traje é social.

Convidado pelo Théâtre Gérard Philipe a voltar a Paris em junho e participar de evento em homenagem aos países participantes da Copa do Mundo de futebol, Plínio aceitou na hora. O Brasil seria representado pela leitura de *Deux perdus dans une nuite sale*, com a presença do autor. Afinal, ele já se sentia seguro para pedir café com leite, recorrendo ao trocadilho infame:

— Já sei até falar francês. Peço café olé e sou atendido.

Dessa vez, ele e Vera se hospedaram em um hotel mais simples em Saint Denis, às margens do Sena e próximo ao teatro. Sem as mordomias oficiais da viagem anterior, o casal andou de metrô por Paris com uma intérprete a tiracolo e frequentou o boteco do pessoal do teatro, convivendo dez dias com artistas de diversos países. Com a documentação pessoal em ordem e passaporte em dia, o que deu um belo trabalho para Vera Artaxo, Plínio fazia planos de novas viagens. Portugal e Espanha seriam os próximos roteiros. Ele que recebeu tantas passagens da Air France, que acompanhavam o Prêmio Molière (oito para Plínio, de 1967 a 1986), devia estar arrependido de ter-se desfeito delas. Os troféus com o busto de Molière geralmente ele dava a amigos próximos; as passagens, tentava transformar em dinheiro ou caducavam. Não que fizesse pouco caso dos prêmios — e foram dezenas, do Golfinho de Ouro do Governo do Estado da Guanabara, como destaque de 1967, ao Prêmio Shell de 1993 por *Querô*. Ao contrário, Plínio tinha sua vaidade como autor e "ficava puto quando não ganhava um prêmio", garante Léo Lama. Mas terminava aí, no fato de ser premiado, o seu interesse pela honraria.

Ainda em Paris, Plínio foi convidado a participar no ano seguinte do Festival de Teatro de Avignon, em um ciclo dedicado a dramaturgos da América do Sul, reunindo quatro peças argentinas, duas chilenas e a brasileira *Dois perdidos*. Dessa vez, quando a peça foi lida e discutida no dia 20 de julho de 1999, Plínio não pôde comparecer.

CAMISA PASSADA E UNHAS TRATADAS Se o reconhecimento lhe fazia bem, Plínio não poderia se queixar de seus últimos anos. Entre uma viagem e outra a Paris, ele participou do Festival Internacional de Teatro de Londrina, no Paraná, onde *O abajur lilás* foi apresentada pelo grupo Boca de Baco. "Ele estava ótimo, saía pela noite e conversava com todo mundo", lembra a jornalista Beth Néspoli. "Num dos jantares com o pessoal do teatro pintou um constrangimento por causa de um fio de cabelo no seu prato. Mas, quando todos esperavam um esporro, Plínio gritou para gargalhada geral: 'Quem foi que deixou um pentelho na comida?'. Tirou o fio de cabelo e continuou comendo."

De Curitiba a Londrina e Paris, sentiu-se querido e respeitado ao ver retomado o interesse pela sua obra, que se confirmaria em 1999 na montagem de duas peças emblemáticas, *Barrela* e *Navalha na carne*. Os anos de 1997 e 1998 tinham sido de certa tranquilidade. Com a saúde sob controle, Plínio se permitia escapadas noturnas, para comemorar os setenta anos do amigo John Herbert, em festa organizada por Sílvio Lancelotti e Adilson Monteiro Alves, ou para cumprir o ritual diário de jantar no Gigetto, por conta da casa. "Um maldito na alta roda", exagerou a manchete de *O Globo*, ao publicar reportagem de Alessandro Porro em agosto de 1997.

"Aos 61 anos, que não parecem mais de cinquenta, Plínio Marcos resolveu aceitar com impensável desenvoltura uma das prerrogativas da burguesia em São Paulo, a capital econômica do país: o conforto", escreveu Porro. "Contando num tom divertido a aventura existencial da mudança — uma novidade e tanto para quem nunca até agora precisou de um armário, sendo seu guarda-roupa limitado a três camisas, três calças, duas bermudas, uma japona e meia dúzia de chinelos (Plínio nunca usou sapato fechado) —, o autor diz que a falta de espaço é um detalhe absolutamente marginal." A única novidade que não o encantava era o computador. Continuava como sempre escrevendo à mão, em letras de forma, com caneta ou lápis. "A máquina de escrever me trava, imagine o computador!"

O Plínio, "com passaporte, cartão de visita, alegre e sereno portador de quatro pontes de safena, com camisa bem passada, unhas tratadas", terminou a entrevista com Alessandro Porro no obrigatório Gigetto, que frequentava havia trinta anos e só trocava pelos almoços de sábado no Pitanga, restaurante de Peninha e da filha Ana. Gigetto que na época mais difícil da vida de Plínio o acolheu, dispensando-o de pagar a conta. Mas a gorjeta para os garçons ele deixava religiosamente sob o prato. Quando o restaurante comemorou sessenta anos, em outubro de 1998, ganhou uma crônica de Plínio na *Folha de S.Paulo*:

"O Gigetto é um restaurante. Um restaurante da moda há uma data. O segredo pode estar na comida boa e farta; na tradição da casa; no carisma dos donos (José Elias Azevedo e José Henrique Lenci); no charme dos clientes habituais. Ou numa mistura de tudo isso. O fato é que o Gigetto é muito bem frequentado. Grandes figuras dão o ar da graça no Gigetto. Artistas, políticos, jogadores de futebol, gente da sociedade, inteligências brilhantes, bons papos, boêmios e quem mais vier".

A crônica, escrita a pedido do jornal, era, sim, uma forma de Plínio retribuir aos donos e aos garçons, Mariano e Neto à frente do batalhão, que lhe permitiam vender seus livros lá dentro e ainda não cobravam a conta. E aproveitava para nela contar histórias, seu esporte favorito com o futebol:

"Eu estava chegando pra começar a batalha quando uma bela moça me chamou. Ela estava assustada e suplicou: 'Será que você podia pagar a minha conta? Só agora vi que não tenho dinheiro!'. Eu estava explicando que ela tinha que esperar até eu vender uns livros quando, na mesa ao lado, alguém se prontificou: 'Eu pago, quanto é?', perguntou o homem próspero tanto de sucesso quanto de grana. A moça mostrou a conta. Ele era um grande dramaturgo, gente da Globo; mudou pra mesa dela. Tempos depois, casaram. Foram felizes até se separar".

Plínio contava o milagre sem revelar o santo. Mas alguns parceiros das noites no restaurante ele nomeava:

"O Gigetto sempre foi reduto dos grandes boêmios. Dalmo Bordejam, Julinho Boas-Maneiras, Zé Paulo e tantos outros. Esse, o Zé do Pé, era o maior de todos. Gaiato, mulherengo e bom amigo. Uma vez, ao desapartar uma briga de dois ricaços, o Zé tomou um tiro no pé. Assumiu a culpa, falou que seu próprio revólver disparou sozinho e, com isso, abafou o caso. Gratos pelo desapego, os ricaços deram para o Zé do Pé magníficos empregos. Aí ele ficou mais peralta ainda; aprontava mil e uma presepadas".

PALAVRÃO FORA DE LUGAR NA CÂMARA Quando terminou 1998, Plínio fazia planos com Vera Artaxo. Entre esses, o de começar o ano 2000 nas areias de Copacabana. 1998 tinha sido um ano bom. Santos o cercou de homenagens a tempo. No dia 1º de setembro ele finalmente pisou o palco do Municipal, numa comemoração antecipada de seus quarenta anos de teatro, organizada pela Federação Santista de Teatro Amador, presidida por Toninho Dantas. Plínio levou de São Paulo uma comitiva de amigos e depois da solenidade, no jantar com a presença do prefeito Beto Mansur, sugeria o cardápio que ele não podia comer. "Oswaldinho, você que agora é um jornalista e um ator desempregado, aproveita pra pedir camarão que o prefeito tá pagando."

Em 8 de dezembro a Câmara Municipal de Santos lhe concedeu o título de Cidadão Emérito. Tarde de terça-feira, Vera e a filha Ana ao lado, bolsa de couro cruzada no peito, Plínio entrou na Sala Princesa Isabel, o plenário da Câmara, ao som da bateria da Escola de Samba Padre Paulo. Mais emoção quando ele recebeu o troféu Leão do Jabaquara e a bandeira do clube. Vera Artaxo leu um texto de Plínio sobre *A vocação*. Para terminar, não faltou discurso. "Saúdo os que não suportam nem nó de gravata, nem sapato apertado", começou a vereadora Cassandra Marroni Nunes, do PT, responsável pela homenagem. Continuou, sem sobressaltos: "É uma alegria poder saudar um grande símbolo da criativa expressão popular brasileira, num momento de emburrecimento institucional, de pasteurização globalizada do gosto imposto, de comercialização das almas e corpos". Para terminar (como diria Plínio, sempre tem um porém, para o bem ou para o mal), a vereadora se entusiasmou e decidiu improvisar a frase final: "Puta que o pariu! Que bom homenagear você, Plínio Marcos!".

Aplausos e um visível constrangimento. Nem o homenageado entendeu aquele palavrão atirado ao acaso. Dois dias depois, antes de lembrar a questão do decoro parlamentar, *A Tribuna* noticiava a cerimônia: "Ao contrário do que muitos esperavam, o escritor e dramaturgo Plínio Marcos conseguiu fazer seu discurso sem falar qualquer palavrão ao receber o título de Cidadão Emérito de Santos. [...] Aplaudido de pé, Plínio confessou estar emocionado. Com seu jeito simples e sua inseparável bolsa a tiracolo, disse que Santos é a sua cidade e não precisava do título para mantê-la no coração". O palavrão da vereadora bateu na Comissão de Ética e Decoro e por pouco ela não foi cassada. Plínio a defendeu, disse não se sentir ofendido e o processo foi extinto.

QUEM TEM MEDO DE PLÍNIO E NELSON No início de 1999, dois jovens diretores da geração dos anos 1990, Marco Antonio Braz e Sérgio Ferrara, discípulos de Antunes Filho, se associaram em um projeto de ocupação do Teatro de Arena Eugênio Kusnet, o velho teatrinho da Teodoro Baima, que se salvou de fechar as portas ao ser adquirido pela Funarte. Batizado "Quem tem medo de Plínio Marcos e Nelson Rodrigues?", o projeto consistia no estudo e encenação de peças dos dois dramaturgos chamados de malditos, seja lá o que isso signifique. Nelson ficou aos cuidados do carioca Braz, que convidou o paulista Ferrara para se debruçar sobre Plínio.

"Levei um susto, porque eu não conhecia a sua obra, só tinha lido *Dois perdidos* e *Navalha na carne*. Eu sabia quem era o Plínio, tinha respeito e medo daquela figura mítica que eu encontrava nas portas dos teatros, às vezes agressivo com as pessoas", conta Ferrara, que, no primeiro momento, pensou em não topar o convite. Criou coragem e recorreu à intermediação de Vera que marcou um primeiro contato. "O nome Plínio Marcos causava em todos nós, diretores, uma mistura de magia e desassossego. Admirávamos o seu talento e ficávamos receosos de sua personalidade."

Encontro marcado, Sérgio Ferrara não se atrasou. "Encontrei-o no apartamento da rua Maranhão, todo de branco. Para minha surpresa e alegria, era um homem extremamente acessível e apaixonado pelo teatro. Colocou-se imediatamente à disposição para ajudar no desenvolvimento do projeto. O que mais me chamou a atenção naquele homem que nos revelou com minúcias o universo dos excluídos foi o humor. Nunca perdia a graça; era como a ginga de uma escola de samba, sempre no ritmo. O dele, é claro."

Os nomes de Plínio Marcos e Nelson Rodrigues, parece, estarão para sempre associados quando se falar do teatro brasileiro. Embora alguns sustentem, como Eduardo Tolentino, que "sem *Eles não usam black-tie* de Gianfrancesco Guarnieri não existiria Plínio Marcos", é com a obra de Nelson que se associa frequentemente a do autor de *Barrela*. "Em *Black-tie* é a primeira vez que se coloca no palco outra classe social. Ainda que os operários de Guarnieri sejam um povo postiço, com questões típicas de classe média, a sua peça abriu as portas para que se aceitasse outra gente no palco", diz Tolentino, sem ignorar autores como Joracy Camargo, cujas peças propunham uma visão idealizada da pobreza (*Deus lhe pague*) e da classe média.

Carlos Heitor Cony arriscou-se na *Folha*, em 22 de novembro de 1999, a estabelecer paralelos entre Nelson e Plínio, ao atribuir-lhes a mesma visão contundente da realidade. No caso do primeiro, uma visão panorâmica; no outro, uma visão em *close*. "Ao contrário do romance e do conto, dos quais é primo em primeiro grau, o teatro brasileiro, na expressão desses dois autores, é de um pessimismo lancinante. Na chamada prosa de ficção, ainda há espaço para o otimismo, a mensagem positiva, a reflexão existencial, a análise que procura ser desapaixonada de nossa condição humana, nela se incluindo a curiosa espécie da condição brasileira", escreveu. Segundo Cony, ambos "viram a comédia humana em forma de tragédia, Nelson atingindo o universal, Plínio se detendo no local. O primeiro às voltas com a classe média, serviçal histórica das classes superiores da sociedade. O segundo na ralé, nos subúrbios da marginalidade. Na linguagem, o pudor de Nelson que evitava o palavrão. Em Plínio, a escancarada violência verbal do nosso tempo. Nelson sofria e fazia seus personagens sofrerem porque aspirava à dignidade e, em alguns casos, à santidade. Seu universo não conhecia a fome. Plínio desprezava a dignidade e se lixava para a santidade. A fome e a miséria, física ou moral, substituíam os valores burgueses da obra de Nelson".

As observações de Cony, um escritor que se declara pouco afinado com a linguagem do teatro, refletem mais as diferenças que as semelhanças dos dois dramaturgos. Por paradoxal, talvez sejam mesmo as diferenças que aproximam as suas obras, considerando terem sido poucas as afinidades pessoais deles, apesar de declarado respeito mútuo e admiração. Para Nelson, Plínio era o seu sucessor no teatro brasileiro. Plínio tirava o elogio de letra, quando o lembravam disso:

— O Nelson era muito brincalhão. Quando eu estourei, a imprensa carioca queria fazer uma onda Plínio Marcos contra Nelson Rodrigues. Eu não deixei, porque o Nelson é uma santa criatura e isto não é brinquedo, não. Só pôde haver Plínio Marcos porque teve Nelson Rodrigues na frente. Algumas pessoas dizem que o Oswald de Andrade é o pai do teatro moderno, mas não é, não. É o Nelson Rodrigues. Oswald de Andrade deve muito mais ao talento do José Celso [que encenou *O rei da vela* no Teatro Oficina em 1967]. O Nelson Rodrigues saiu na frente e abriu o caminho para todos nós autores. Ele falava que sou seu sucessor, porque gostava muito de mim. O Nelson era cismado com os outros autores, achava que não gostavam dele. Ele dizia que a gente tinha que enfiar na cabeça que não tem esse negócio de melhor ou de pior.

ENCONTRO COM A NOVA GERAÇÃO DO TEATRO Sem perseguir uma comparação, o projeto "Quem tem medo de Plínio Marcos e Nelson Rodrigues?" teve o mérito de aproximar principalmente Plínio da moçada que estava chegando ao teatro e que, a exemplo de Sérgio Ferrara, o via com reverência, mas mantendo distância. Era uma geração seguinte à de Tolentino e de Marco Ricca, nascida num Brasil pós-ditadura e pós-censura, pelo menos a censura policial do Estado, contra a qual Plínio lutou. Não deixa de ser significativo que a peça escolhida por Ferrara tenha sido a primeira, *Barrela*, e que o elenco reunisse várias gerações de atores: Antonio Petrin, Antonio de Andrade (Tonhão), Jairo Mattos, Élcio Nogueira, Adão Filho e Eric Nowinski, de idades e formação diferentes.

Por coincidência, e paralelamente, Eduardo Tolentino desenvolvia no Grupo Tapa, no início de 1999, um ciclo de leituras de peças que pudessem contar a história do teatro brasileiro: "Percorrendo autores e épocas diferentes, dá para traçar um perfil do Brasil e começar a entender como fomos parar na situação de hoje". O ciclo começava e terminava com Nelson Rodrigues, e incluía Oduvaldo Vianna Filho, Artur Azevedo, Jorge Andrade e Plínio Marcos, com *Navalha na carne*. A ideia era realizar leituras a meio caminho da encenação. Ou seja, com o texto mais ou menos decorado, algumas peças de cenário e figurino, um esboço de movimentação no palco. Quando Denise Weinberg, Zecarlos Machado (Vado) e Guilherme Santana (Veludo) se apresentaram para a leitura, "tínhamos um espetáculo na mão, pronto e com uma força brutal".

O interesse do Sesc em comprar duas sessões de *Navalha na carne* foi o empurrão para colocar a peça em cartaz, explica Eduardo. "Os ensaios eram muito intensos, extremados, os atores se machucavam, então o trabalho foi de controlar essa tensão para eles não se baterem tanto. Ensaiamos mais quinze dias e depois três semanas até estrear em São Paulo, fazendo as adequações. A porrada corria solta, o texto era tão intenso, que não dava para ensaiar muito. Na leitura, tínhamos encontrado o ritmo próprio da obra. Plínio é um autor que, ou você tem o material pra fazer, ou não adianta arriscar. Os atores ou têm a alma daqueles personagens ou não podem fazer as peças do Plínio."

Na mesma linha, ao dirigir *Barrela*, Sérgio Ferrara constatou que "a intensidade exigida do intérprete de Plínio é profunda: muitas vezes, os atores acabam a peça cansados, conscientes do mar que atravessaram a braçadas".

Eduardo Tolentino compreendeu, ainda, que "não dava mais para fazer o Plínio como na década de 60, quando uma classe média que nunca tinha visto em cena o mundo de uma prostituta corria para ver uma grande estrela fazendo Neusa Sueli". Para ele, agora, interessava a questão da violência contra a mulher, presente na peça, e que atinge não só o universo dos despossuídos. Violência que não se limitava mais ao quarto imundo de uma pensão, segundo Denise Weinberg: "A mulher de hoje está muito mais para uma Neusa Sueli do que para qualquer outra heroína". Eduardo tinha a mesma compreensão: "Nos anos 60, *Navalha* chocou porque pela primeira vez o submundo das drogas, dos personagens marginais e da violência contra a mulher estava sendo mostrado no palco. Mas era uma coisa velada. Hoje, essa violência está em cada esquina, virou parte do dia a dia". Assim, o diretor colocou a plateia, limitada a oitenta pessoas, no palco, perto dos atores, usando recursos mínimos. "É como se as pessoas fossem testemunhas daquilo, estivessem ali, dentro do quarto. Se usássemos o palco convencional, com o público distante, separado pela cortina, manteríamos a mesma ideia do passado, daquele olhar pelo buraco da fechadura. Dessa forma, tudo ficava mais real. Não dava para fingir a violência, os atores teriam de bater mesmo. Nós nos concentramos no que a peça fala e não na reprodução daquele mundo, que na década de 60 fascinava muito porque nunca tinha sido visto."

Na estreia, quinta-feira, 22 de julho, Plínio Marcos foi ao Teatro Aliança Francesa. Chateou-se porque os atores não voltaram no final para agradecer aos aplausos, um desrespeito ao público. Achou que era coisa do diretor. "Não era", esclarece Eduardo, "os atores decidiram não agradecer porque não viam sentido nisso depois de uma hora de porrada pura." O espetáculo ficou um ano em cartaz, viajou pelo Brasil e Portugal, Coimbra e Braga.

Cena XX

(Arquivo da família)

"Sou o homem mais feliz do mundo, o médico mandou eu comer chocolate."

"Cuida de você, que eu te amo muito, mas meu amor não pode te guardar."

"Escolas, eu peço o silêncio de um minuto, o Bexiga está de luto..."

No domingo da semana seguinte à estreia de *Navalha na carne*, Plínio foi parar no hospital. Na véspera ele já apresentava sinais preocupantes. Em debate sobre saúde no canal GNT, apresentado ao vivo por Marília Gabriela, "ao lado de Patrícia Travassos e de médicos que participavam do programa, Plínio parecia ausente, brincando com a alça da bolsa", lembra Vera, que lhe perguntou se queria sair.

— Não vou dar esse vexame, vou ficar até o fim.

Não saiu nem para ir ao banheiro. Fez xixi numa garrafa de água. Ao final do programa, Vera insistiu em levá-lo ao hospital. Plínio não aceitou.

— Se eu entrar num hospital, não saio mais.

No domingo, 1º de agosto de 1999, eles passaram a tarde na festa de aniversário de Ione, tia de Vera Artaxo, que na segunda-feira começaria a trabalhar na Nova Cultural, na edição de *Utilíssima*, uma revista de Ana Maria Braga. "Percebi sintomas de hipoglicemia. Plínio ficou febril, vermelho, com dificuldade de andar. Sugeri levá-lo ao Hospital Santa Isabel e ele aceitou", lembra Vera.

Plínio Marcos está internado em SP

Folha de S.Paulo, quarta-feira, 4 de agosto de 1999:

O dramaturgo paulista Plínio Marcos, 63, está internado desde a noite de domingo no Hospital Santa Isabel, com quadro de diabetes e isquemia cerebral. Segundo o hospital, ontem à tarde seu estado oscilava de regular a bom e ele não corria risco de vida. Segundo a família, ontem Plínio Marcos ainda recebia soro, mas já conversava normalmente e fazia fisioterapia. A estimativa é que ele receba alta ainda esta semana.

Nos dias que Plínio passou no hospital, Tiago Artaxo foi sua companhia constante. Entre a escola, em que sabia estar com o ano perdido, e cuidar do amigo, Tiago não teve dúvidas. Só saía do quarto, aproveitando a visita de alguém da família, para tomar um banho ou devorar apressadamente um lanche. Certa manhã, Plínio insistiu que ele fosse comprar jornais — lia pelo menos cinco, diariamente, velho hábito. "Chamei a enfermeira e pedi para ela ficar no quarto enquanto eu corria até a banca na rua Dona Veridiana. Por favor, não saia por nada, não descuide. Insisti, mas não adiantou. Quando voltei e abri a porta do quarto, havia sangue por tudo quanto era canto e o Plínio não estava na cama. Ele aproveitou que a enfermeira saiu e tentou se arrastar até o banheiro. Puxou a sonda e a agulha no seu braço jorrava sangue. Eu o encontrei sentado no vaso sanitário. Ele se incomodava por depender das pessoas e sempre que via uma chance tentava se virar sozinho, para provar que era capaz de se cuidar. Foi assim até o último dia."

ÚLTIMAS ESTREIAS E NOITE DE AUTÓGRAFOS Plínio saiu do Hospital Santa Isabel a tempo de ir à estreia de *Barrela* em agosto, no interior. Sem recursos para fazer o espetáculo, Sérgio Ferrara havia recorrido a Danilo Santos de Miranda, diretor regional do Sesc, que comprou uma pequena turnê da peça pelo interior do Estado de São Paulo, com a condição de Plínio estar presente e participar de debates com o público. Na estreia em São José dos Campos, Tiago e Léo Lama o levaram. O espetáculo aconteceu no palco improvisado em uma quadra. Plínio ouviu a peça deitado num divã na coxia. Ferrara concluiu que seria cruel exigir que ele cumprisse a agenda de viagens e debates. Foi a Danilo explicar o problema. Não havia problema, disse Danilo. *Barrela* faria a turnê e Plínio receberia o seu cachê pelos debates sem sair de casa. E ele precisava mais do que nunca daquele cachê.

Em setembro, Plínio tentou retomar a rotina, dentro do que as poucas forças permitiam. Na estreia de Walderez de Barros em *A rainha da beleza*, quinta-feira, 9 de setembro, no Teatro Alfa, foi inútil argumentar que ele não estava em condições de ir, que seria um sacrifício desnecessário e coisa e lousa. Você me leva, Oswaldinho? Claro que eu te levo. Com dificuldade consegui acomodá-lo no banco da frente do velho Escort. Noite chuvosa, lá fomos nós, ele, minha irmã Dina e eu para a estreia da Dereca. Se quiser, pode fumar. Claro que eu não vou fumar, Plínio. Em Tupã, onde você mora, as pessoas ainda conversam nas portas das casas à noite? Não, não mais, respondeu Dina, para o desaponto dele. Plínio falou pouco, mas não enrolava a língua nem se desligava dos assuntos. Na chegada ao teatro, Léo, Kiko e Aninha o ajudaram a descer do carro. No saguão, sentou-se e as pessoas, amigas ou não, vinham cumprimentá-lo e aquilo, era visível, lhe fazia bem. No final do espetáculo, esperou por Dereca e seus companheiros de elenco, Xuxa Lopes, Chico Diaz e Marcelo Médici, e a diretora Carla Camurati. Enquanto esperava, a preocupação geral era evitar que ele avançasse na bebida e nos salgadinhos e doces do coquetel. Dessa vez ele não se comportou.

Ainda em setembro, o Sesc Pompeia promoveu um encontro da safra recente de dramaturgos, com a presença de Plínio Marcos, a quem se atribuía a reviravolta que permitiu a revelação de autores de teatro até então inibidos por padrões formais — de estrutura, linguagem e temática — do início do século. O crítico e também autor Alberto Guzik coordenou o encontro com Léo Lama, Marcelo Rubens Paiva, Mário Bortolotto e Dionísio Neto, que formavam a mesa à qual Plínio me obrigou a integrar, eu que não tinha por que estar ali. Mas, com ele, melhor não discutir. Plínio mais ouviu que falou naquela que seria sua última presença num palco, ao lado de gente nova a quem caberia sucedê-lo na paixão vocacionada pelo teatro.

Durante a temporada de *Barrela*, Plínio foi várias vezes ao Teatro de Arena. Tiago o entregava aos cuidados do diretor Sérgio Ferrara, que o colocava na plateia antes de entrar o público. A insistência em ir a *Barrela* tinha a ver por certo com o que ele achava da encenação — "ela pega no breu", dizia —, mas era também o reencontro com a sua história de vida, quando da vida pouco lhe restava, consciência que o olhar serenamente triste não disfarçava. Apegava-se, então, às pequenas e grandes alegrias que o reconhecimento da sua obra lhe oferecia.

Estava perto o 29 de setembro, seu aniversário de 64 anos. Plínio ganhou uma festa antecipada na segunda-feira, dia 27, no Gigetto, com a sua primeira e única noite de autógrafos, organizada por Lulu Librandi, que o viu surgir como autor em dezembro de 1966 no Ponto de Encontro. Mais de trinta anos depois, naquela noite no Gigetto, fosse Plínio o autor desta biografia, diria que ele era "a bola da vez". As sequelas da isquemia eram denunciadas pelas dificuldades motoras no lado esquerdo do corpo, que o obrigavam a frequentes sessões de fisioterapia. Fala truncada, gestos lentos, passos arrastados, visão fraca.

Na véspera, a jornalista Beth Néspoli telefonou para colher algumas palavras dele sobre o livro. Plínio exigiu que ela fosse ao seu apartamento. Ela foi. Quando chegou, cadê o Plínio? Ele tinha saído e quando Beth o encontrou percebeu que não havia condições de entrevistá-lo. Semanas antes ela viu frustrada outra entrevista com Plínio para o Caderno 2 de O *Estado de S. Paulo*. Mas o problema daquela vez não foi a saúde do autor. "Cheguei ao Teatro de Arena para fazer a matéria sobre a estreia de *Barrela* e, antes que lhe fizesse qualquer pergunta, o Plínio começou a contar as suas velhas histórias, animado e cheio de humor. Fechei o bloco de notas, desliguei o gravador, sentei no chão do palco e fiquei ouvindo, fascinada. O Plínio gordo e de barba não combinava com o bicho magro de *Beto Rockfeller* que eu vi quando era menina, na televisão. Mas foi do Plínio desse nosso último encontro que eu gostei mais."

No lançamento do livro no Gigetto, com o mesmo paletó de lã que desfilou em Paris, Plínio foi cercado principalmente pela sua gente. De Tônia Carrero a Antonio Fagundes, de Paulo Autran a Miriam Mehler e Yolanda Amadei, estavam todos lá. Gente do teatro pegando a sua assinatura, um garrancho que a mão sem forças desenhava na página de rosto de *O truque dos espelhos*, três histórias de ciganos e andarilhos, em que a ficção se mistura a traços autobiográficos, lançadas pela Una Editoria, de Belo Horizonte. Saiu tarde do Gigetto, no começo da madrugada de terça-feira. Pediu a Vera Artaxo que o levasse para casa. Estava cansado. Talvez intuísse que era sua última noite no Gigetto, com o seu povo. Na terça, 5 de outubro, fez questão de ir ao lançamento da revista *Utilíssima*, editada por Vera.

"ERA A MINHA VEZ DE CUIDAR DELE" Desde a internação no Hospital Santa Isabel, ficou claro que Tiago sozinho não daria conta de cuidar de Plínio. Vera Artaxo passava o dia na redação e só chegava tarde da noite. Tiago, aos dezessete anos, abandonou a escola e passou a dividir as tarefas com Piero, o Pipo. Ana e Daniela, sobrinha de Plínio, se revezavam no apoio em casa e nas seguidas idas e vindas ao hospital. Pipo, que cuidava de levar Plínio diariamente de táxi à clínica de fisioterapia, em criança o chamava de pai. "Ele não é seu pai", corrigia, só por corrigir, a mãe Cristina Célia Souza, que foi trabalhar no apartamento da rua Picarolo em 1979 e se tornou parte da família Barros, ajudando Walderez na casa de onde nunca mais saiu. Ali Pipo viveu os seis primeiros anos, até se mudar para Arujá — "o Plínio cuidava de mim, queria me educar". Trocou de cidade, mas o Natal continuou passando em São Paulo — "às vezes o Plínio se fantasiava de Papai Noel", lembrança que o acompanha. Aos dezesseis anos, a sua rotina se resumia à escola de manhã e às tardes e noites na companhia de Plínio. "Ele cuidou de mim, agora era a minha vez de cuidar dele", diz Pipo, que, por não gostar de ser Piero — "meus amigos nunca falavam certo o meu nome" —, achou melhor se chamar Luís Felipe. Disso Plínio não soube. Nem que ele se tornaria chefe de cozinha, ofício que aprendeu no restaurante Pitanga.

A relação de Plínio e Tiago era de dois meninos, embora Tiago parecesse o mais velho. Deixar os dois juntos, sem ninguém por perto, era briga na certa, porque Tiago mantinha vigilância cerrada sobre a medicação e a dieta alimentar a ser seguida. Com Pipo, a relação era menos agressiva, até porque Plínio conseguia driblá-lo. Juntos, eles caminhavam pela vizinhança, para um dedo de prosa na ótica na rua Aracaju e nas lojas da praça Vilaboim e, na volta, um chá na padaria. Vez ou outra, eles pegavam um táxi até a Secretaria de Estado da Cultura, na praça Júlio Prestes, onde Plínio se acomodava na sala do santista Antonio Carlos de Moraes Sartini.

Ao assumir o Departamento de Formação Cultural, no início de 1996, Sartini encontrou várias pendências, uma delas com Plínio, que tinha um dinheiro a receber por serviços prestados. Demorou uns dias até ele ligar para o autor. "Fiquei apreensivo, pois apenas conhecia sua obra e a fama de briguento e boca suja. Claro, no primeiro telefonema ouvi milhões de palavrões. Pedi pra ele vir à Secretaria e aguardei com receio, até certo medo, o encontro. Para minha surpresa, conheci um Plínio afável, bom de prosa, cheio de histórias. Resolvemos as pendências com facilidade e criou-se um vínculo de amizade, carinho e respeito entre nós."

Na sua função, Sartini tornou possível o curso de formação, ministrado por Marco Antonio Rodrigues, que resultou na montagem de *O assassinato do anão do caralho grande*. Em outra ocasião Plínio telefonou dizendo que gostaria de fazer um trabalho fora da capital. Sartini acertou a sua ida a Ilha Comprida, no litoral sul, onde ele passaria três dias dando cursos e palestras. Ele se encantou, ficou uma semana e criou uma relação tamanha com o local que, após a sua morte, o Centro Cultural da pequena cidade passou a se chamar Plínio Marcos, uma das primeiras homenagens póstumas que recebeu. "Às vezes ele me ligava e avisava que iria passar na Secretaria para me visitar. Foram tardes adoráveis, ele ficava horas comigo na sala conversando, contando histórias, trocando idéias", lembra Sartini.

Além das paradas na Secretaria da Cultura, Plínio gostava de ir ao Edifício Copan rever amigos. Saía sem dinheiro no bolso. Ele já não tinha noção de valores. Vera percebeu isso quando o caixa da padaria da esquina das ruas Aracaju e Maranhão a procurou para devolver cinquenta reais, com os quais ele pagou uma água e deixou o troco de gorjeta. Para controlar o dinheiro de Plínio que entrava, abriu-se uma conta conjunta com Tiago. No entanto, era impensável deixar um talão de cheques em suas mãos, pois logo no começo ele assinava sob valores absurdos ao pagar pequenas despesas. Por isso, quando saíam, era Pipo quem ficava com o dinheiro. No Copan, Plínio pedia grana aos amigos dizendo, e não era mentira, que não tinha nenhum no bolso. "Quando a Vera chegava à noite, perguntava o que a gente tinha feito durante o dia. Uma vez contei que ele pegou dinheiro das pessoas no Copan e o Plínio ficou aborrecido comigo, disse que eu estava controlando a vida dele."

Por agravar-se o estado de saúde de Plínio, Pipo se condoía em silêncio. "No final, descobri um Plínio chorando, triste, que eu não conhecia. Eu via que ele se sentia mal, porque até para as necessidades dependia da gente. E se a Vera ficava até de madrugada no trabalho, ele não dormia enquanto ela não chegasse."

> Plínio Marcos deve receber alta amanhã
>
> *Folha de S.Paulo*, quinta-feira, 21 de outubro de 1999:
>
> O dramaturgo Plínio Marcos deve receber alta do Instituto do Coração (Incor) amanhã, onde foi internado na quarta-feira da semana passada. Segundo sua mulher, a jornalista Vera Artaxo, a internação se deu porque o autor, que sofre de diabetes, sentia dores generalizadas pelo corpo e não conseguia permanecer de pé. Em agosto, Plínio Marcos foi internado no Hospital Santa Isabel com quadro de diabetes e isquemia cerebral. No Incor, o dramaturgo foi submetido a exames de glicemia, eletrocardiograma e ressonância magnética. Ele passa bem e já pediu à sua mulher papel para escrever uma peça infantil. No domingo, Plínio foi visitado pelo governador Mário Covas.

"VAI OPERAR PRA QUÊ? MORRE LOGO." Na quarta-feira, 13 de outubro, Plínio teve outra convulsão. Vera ligou para o Incor e ouviu que não poderiam atendê-lo, por falta de vaga. Desesperada, ela recorreu a Maria Luiza Librandi, a Lulu, militante de partido e amiga pessoal de Mário Covas. "Vai com o Plínio para o Incor e diz aos homens de branco que o governador deu ordem para interná-lo no quarto privativo dele, no sexto andar." Vera chegou ao hospital e repetiu a senha, que foi imediatamente acatada. Só mais tarde Lulu conseguiu contato com Covas e contou o que havia feito.

— Por favor, o senhor poderia ligar para o Incor e confirmar a ordem?

— Não vou ligar, não. Ele já está internado, não está? Domingo de manhã vou visitar o Plínio.

E foi. Santistas, eles estreitaram a amizade depois que Mário Covas, cassado pelo AI-5 em 1969, recuperou os seus direitos políticos em 1979. O tema das conversas entre eles, porém, não era a política e sim o futebol e, claro, o Santos Futebol Clube, time para o qual Plínio torcia na falta do Jabaquara, que vivia caindo pelas tabelas e não disputava nenhum torneio. Tinham outro vício comum, depois que ambos pararam de fumar: comer. Governador, Covas dava as suas escapadas do Palácio dos Bandeirantes para comer pastel em feira livre. Hábito só interrompido pelos problemas de saúde decorrentes do câncer.

Nos primeiros meses de 1999, Mário Covas pediu a Lulu Librandi que organizasse o seu encontro com alguns artistas, começando por Plínio, na ala residencial do Palácio. "Marca para domingo à noite, que é quando a solidão aqui é maior", recomendou. Lulu fez os convites, enquanto dona Lila, a primeira-dama, providenciou o cardápio para o lanche. Cardápio light, como convinha a um anfitrião com problemas digestivos. Sem mais nem por quê, Plínio passou a ligar para Lulu, insistindo em saber o menu, sobre o qual ela nada sabia. "Olha o que eu aguento", desabafou dona Lila. Lulu desconfia que Plínio bisbilhotava a pedido de Covas, descontente também com a dieta a que era submetido. Na noite marcada, resmungando, os dois tiveram de se contentar com saladas e torta de frango. "Covas tinha paixão pelo Plínio", diz Lulu. Na despedida, Plínio lhe deu um chaveirinho com o distintivo do Jabaquara, igual ao que ele havia negado a Chico Buarque um ano antes em Paris.

Na visita do governador ao Incor, na manhã de domingo, Márcia, irmã de Plínio, estava de plantão no quarto. Covas falou da sua saúde, do câncer na bexiga, extirpado no ano anterior. Ele vinha se submetendo a quimioterapia e temia ter de enfrentar nova cirurgia. Na época ele era o nome forte do seu partido para a sucessão de Fernando Henrique na presidência da República.

— E então, Covas, você vai sair pra presidente ou não vai?

— Não vou, não, tenho de cuidar da saúde. Talvez eu enfrente outra operação.

— Vai operar pra quê, se não quer ser candidato? Morre logo, caralho.

Ele falava sério, embora Covas tivesse achado graça. Se um homem não tem por que lutar, viver pra quê? Plínio pegou o telefone e ligou para o celular de Lulu Librandi, que caminhava no Parque Ibirapuera.

— Mulher poderosa, tem um cara aqui querendo falar com você.

E passou o telefone a Mário Covas que, mais tarde, repetiria rindo o diálogo com Plínio em roda de amigos. Na semana seguinte, Plínio saiu do Incor, mas voltou dias depois. Não mais para o quarto do governador.

A SOBRINHA QUE VEIO DE ARARAS Daniela Barros Parisi já era moça feita quando se revezava no plantão ao lado do tio Plínio em casa e nas primeiras internações no Incor. "Ele era carinhoso, ajudava a gente, mas nunca se metia na vida de ninguém", ela lembra. Não se metia mesmo, a não ser que fosse para ajudar. Em 1975, Márcia passava uns dias na casa de parentes do marido Vic em Araras, no interior do Estado, quando soube que um bebê de oito meses tinha sido abandonado na porta do hospital da cidade. Pesando dois quilos e meio, todos davam como certa a morte da criança. Aquilo mexeu com Márcia, que foi ao berçário do hospital e, sem que ninguém lhe indicasse, parou diante do bebê. Decidiu, naquele momento, adotá-lo. Foi ao juiz da cidade, que se espantou antes de dar a sua aprovação: "Nunca vi alguém querer adotar uma criança que está para morrer". Ao autorizar Márcia a levar o bebê para São Paulo, e temendo que ele morresse na viagem, o hospital exigiu que ela assinasse um termo de responsabilidade.

Quando chegou em casa com a criança, a família não se conformou. Tirando os filhos, ainda pequenos, todos diziam que ela tinha enlouquecido. Vic Parisi deu um ultimato, ameaçando sair de casa. "Ou a criança ou eu." A criança, respondeu Márcia. O marido saiu, mas no dia seguinte estava de volta. Com a condição de que ela cuidasse sozinha da menina. E ela cuidou, com dificuldade, porque precisou abandonar o salão de beleza em que trabalhava como cabeleireira para peregrinar pelos hospitais públicos. Sem dinheiro, teve ajuda de um farmacêutico, que lhe forneceu os remédios. Dona Hermínia veio de Santos para convencer a filha a devolver o bebê. "Se a senhora está incomodada, não precisa se hospedar aqui, pode ir embora." Chorosa, a mãe foi para o apartamento de Plínio, ainda no bairro da Aclimação. Contou que tinha sido colocada pra fora de casa pela própria filha, fez todo aquele drama de corações maternos.

No dia seguinte, Plínio bateu à porta de Márcia. Ela não abriu.

— Olha aqui, se veio fazer sermão para eu devolver a criança, pode dar meia volta e ir embora.

— Não, calma. Abre a porta. Eu vim te ajudar.

Márcia abriu, Plínio entrou e colocou um monte de dinheiro na mão da irmã.

— Se precisar de mais alguma coisa, me procure.

Despediu-se e saiu. Márcia ficou parada, entre espantada e feliz com a ajuda de que tanto precisava. "Era muito dinheiro, não sei dizer quanto, mas pagou minhas contas e me deixou tranquila por um bom tempo. Nem sei se ele tinha dinheiro ou se pegou emprestado com alguém, mas foi a única pessoa que não questionou a minha decisão." A criança sobreviveu, logo foi adotada por toda a família, e 24 anos depois fazia companhia ao tio Plínio nos seus últimos dias. No hospital, os dois sozinhos, ele pegou a mão de Daniela, a quem chamava de Dani, e profetizou:

— Você vai ter seis daninhos.

— Seis é demais, tio.

— Está bem, três então.

Daniela teve um filho, que nasceu bem depois da morte do tio Plínio e agora faz companhia à avó Márcia.

> DRAMATURGO ESTÁ EM UTI
> *Folha de S.Paulo*, sábado, 30 de outubro de 1999:
> O dramaturgo Plínio Marcos, 64, provavelmente sofreu um segundo derrame cerebral na última quarta-feira — o primeiro foi em agosto. O autor de *Navalha na carne* está internado no Incor, em São Paulo, desde o último dia 23. Anteontem, Marcos foi internado numa UTI, onde está sob vigilância médica. Segundo o Incor, o estado de saúde do autor, que é diabético, é "bastante delicado", mas permaneceu estável ontem.

EM CARRO DE POLÍCIA ATÉ PARA MORRER? O momento doído, na memória de Pipo, aconteceu no sábado, 23 de outubro. Plínio havia deixado o Incor no dia anterior dizendo que queria comer o bife à milanesa, sem fritura, que só a dona Maria, mãe de Vera, sabia fazer. Ela e o seu Milton foram para o apartamento, onde o cardápio solicitado foi servido. Após o almoço, Tiago e os avós saíram para conhecer o Shopping Pátio Higienópolis, inaugurado naquela semana. Ficaram Pipo, Vera e Plínio na cadeira de rodas. Foi quando veio uma nova convulsão. Com dificuldade ele foi colocado na cama e Pipo saiu à rua atrás de socorro. Parou um carro da polícia. Os dois soldados subiram ao apartamento para levá-lo ao hospital. Plínio, já recuperado, fez piada, a sério:

— Até pra morrer querem me levar em carro de polícia?

Não foi, não quis. Tiago, dona Maria e seu Milton já estavam de volta e Plínio foi para o hospital no carro da Vera. Essa internação durou pouco. Nos dias seguintes ele estava de volta à rua Maranhão. No sábado, 23 de outubro, fim de tarde, Vera recebia a visita de Lulu Librandi e mostrava o apartamento para a amiga. Descuidou-se o tempo de Plínio, para provar que não dependia de ninguém, ir ao banheiro. Um barulho, Vera e Lulu correm e o encontram caído, olhar parado. Tentam colocá-lo na cadeira de rodas. Vera liga para o médico. Queria saber se podia dar chocolate ao Plínio, acreditando tratar-se de uma crise de hipoglicemia. Autorizada, procurou na bolsa uma barra de chocolate. Consciente, Plínio ouviu o diálogo com o médico. Depois, Lulu Librandi acharia graça no seu comentário:

— Sou o homem mais feliz do mundo, o médico mandou eu comer chocolate.

Logo chegaram Tiago e Inês, a irmã de Vera, em cujo carro Plínio foi levado ao Incor para a sua última internação. Dessa vez, como ele temia, não saiu vivo. Ao chegar ao hospital, enquanto a mãe providenciava um quarto, Tiago ficou ao lado da maca de Plínio na enfermaria cheia de gente. Seria uma lenta e longa agonia, ele pressentiu. Segurou para não chorar. E não chorou. Em nenhum outro momento.

> PLÍNIO MARCOS SOFRE TERCEIRO DERRAME
> *Folha de S.Paulo*, quarta-feira, 3 de novembro de 1999:
> O dramaturgo Plínio Marcos, internado no Instituto do Coração (Incor), em São Paulo, desde o último dia 23, sofreu um terceiro derrame na madrugada de ontem, segundo amigos do escritor. Marcos foi vítima em agosto de um derrame, que paralisou o lado esquerdo de seu corpo. Há uma semana, o autor, que tem diabetes, sofreu o segundo derrame. Médicos teriam dito à família que ele está com pneumonia e que o lado direito de seu cérebro está comprometido. O Incor não confirmou nem negou.

A família se revezava na vigília. Às vezes, algumas visitas eram permitidas. Na primeira, Carlão Costa, o fiel escudeiro, foi recebido com piada.

— Fala aí, boneca preta.

— Eu sou a boneca preta e você é a boneca de Santos.

Diariamente Carlão passava no Incor ou ligava para Aninha. "Meu pai passou mal esta noite." Carlão foi ao hospital. "Dessa vez ele não brincou comigo. Tentei brincar e disse: 'Você está triste, boneca, não fica triste'. Ele não me respondeu, nem sorriu." Quando tinha força e reconhecia a visita, ele ainda procurava manter o humor. Sérgio Ferrara se aproximou e perguntou como ele estava. "Meu filho, estou mais pra crocodilo do que pra colibri."

Plínio Marcos tem perda de consciência

Folha de S.Paulo, sábado, 6 de novembro de 1999:

O dramaturgo Plínio Marcos, 64, internado desde o dia 23 em UTI no Incor (Instituto do Coração), apresentou ontem queda no nível de consciência e de respostas a estímulos verbais, segundo o hospital. Vítima de dois derrames, que comprometeram o lado direito do cérebro, Plínio Marcos respirava por aparelhos.

Nas semanas que antecederam a sexta-feira, 19 de novembro, as esperanças se consumiram. Na memória de Aninha, para sempre a Ana Festa, ao ver o pai no leito do hospital veio a frase que ele repetia como um mantra às pessoas queridas, sempre que se despedia:

— Cuida de você, que eu te amo muito, mas meu amor não pode te guardar.

Silêncio, o Bobo Plin está dormindo...

Folha de S.Paulo, segunda-feira, 22 de novembro. Com o título acima, Marcelo Rubens Paiva começava a sua crônica:

Silêncio, o sambista está dormindo..., cantaram no sábado no velório de Plínio Marcos (o palhaço Bobo Plin, como ele se intitulava), lá pelas três da matina, no hall do Teatro Sérgio Cardoso, em São Paulo. Os Embaixadores do Samba chegaram bem tarde, a caráter, cercaram o caixão, tomaram posse e puxaram o coro. Você estava bonitão, Plínio, enfiado num terno xadrez. Estava chique. Coisa da Vera Artaxo, sua mulher. Deixaram aquele amuleto em suas mãos. Perguntei ao Léo Lama, filho de quem você tinha o maior orgulho: "Cadê a touquinha?". Faltou a touquinha.

"NÃO SE CHORA UM GRANDE HOMEM" Vera e Aninha estavam na cabeceira de Plínio. Em coma, seu semblante era sereno, a respiração quase nenhuma. Vera se inclinou e ficou sussurrando em seu ouvido, docemente. Aninha saiu e Inês, irmã de Vera, entrou e acariciou os pés de Plínio. O som pontuado dos aparelhos foi diminuindo até cessar. Um paramédico pôs a mão no ombro de Vera, que se calou. Plínio Marcos de Barros morreu na tarde de sexta-feira, 19 de novembro.

Silêncio, o sambista está dormindo
Ele foi, mas foi sorrindo
A notícia chegou quando anoiteceu
Escolas, eu peço o silêncio de um minuto
O Bexiga está de luto...

Na madrugada de sábado os sambistas da Vai-Vai foram se despedir de Plínio com o samba de Geraldo Filme. O secretário de Estado da Cultura, Marcos Mendonça, autorizou que se abrisse o saguão do Teatro Sérgio Cardoso para o velório, que começou logo depois que todos os espetáculos em cartaz na cidade estavam funcionando. Cláudio Damasceno, do cerimonial da Secretaria da Cultura, cuidou das providências burocráticas. O secretário da Segurança Pública, Marcos Petreluzzi, destacou policiais para uma guarda de honra e acionou o Corpo de Bombeiros, que ao meio-dia do sábado levaria em carro aberto o corpo de Plínio Marcos para o Crematório de Vila Alpina, na Zona Leste de São Paulo. No velório, sobre o caixão, a bandeira do Jabaquara. O governador Mário Covas chegou por volta da meia-noite, postou-se em silêncio diante do caixão. Ao choro de familiares e amigos, reagiu sereno: "A gente não chora um grande homem". Tiago não chorou. Chegou ao velório e ficou longe do caixão. "Segurei, não queria chorar. Mas quase desabei quando a Walderez me abraçou e agradeceu, dizendo que eu tinha cuidado do Plínio com o carinho de um filho. Não me lembro exatamente das palavras, mas jamais vou esquecer o abraço da Walderez."

Vieram políticos, artistas famosos e outros nem tanto, garçons, gente da noite e das quebradas. Noite adentro, ouviam-se risos contidos, lembranças que cada um trazia das histórias vividas ou contadas por Plínio Marcos. Ele gostaria de estar na roda que atravessou a madrugada de sábado falando bem dele e, às vezes, mal também, porque a fama de valente que ganhou na beira do cais se confirmou nas brigas que ele arrumava até por coisa pouca. Quem chegava, recebia cópia de um texto que Vera Artaxo preparou, com dez ensinamentos que Plínio dizia ter aprendido pelas trilhas dos saltimbancos. "Não se prenda a nada", sugere o último. Foi como ele viveu. Porém, e sempre tem um porém, Plínio Marcos deu a receita de desapego ao amigo Roberto Freire em 1968, quando começava a ficar famoso:

— Fui malandro, e vi que na vida é preciso ter coragem.

No início de dezembro, as cinzas de Plínio Marcos foram levadas para Santos. Uma pequena multidão de anônimos e de atores com nariz de palhaço seguiu o carro de bombeiros, desde a entrada da cidade. Vera com a urna nas mãos.

— É o palhaço?

— É.

Na praia, gente do teatro e do samba batucou e aplaudiu quando um punhado das cinzas de Plínio Marcos foi atirado ao mar. De novo, estava anoitecendo.

BIBLIOGRAFIA

ALMADA, Izaías. *Teatro de Arena — Uma estética da resistência*. São Paulo: Boitempo, 2004.

ALMEIDA PRADO, Décio de. *O teatro brasileiro moderno*. São Paulo: Perspectiva/Edusp, 1988.

BRAGA, Reinaldo. *Elísabeth Hartmann — A Sarah dos Pampas*. Coleção Aplauso Perfil. São Paulo: Imesp/Fundação Padre Anchieta, 2008.

CAMPOS, Augusto de. *Pagu — Patrícia Galvão — Vida-Obra*. São Paulo: Brasiliense, 1982.

CARTA, Mino. *O castelo de âmbar*. Rio de Janeiro: Record, 2000.

CASTRO, Ruy. *O anjo pornográfico*. São Paulo: Companhia das Letras, 1992.

CONTRERAS, Javier Arancibia; MAIA, Fred; PINHEIRO ,Vinícius. *Plínio Marcos — A crônica dos que não têm voz*. São Paulo: Boitempo, 2002.

CRUZ, Osmar Rodrigues; CRUZ, Eugênia Rodrigues. *Osmar Rodrigues Cruz — Uma vida no teatro*. São Paulo: Hucitec, 2001.

FERNANDES, Nanci; VARGAS, Maria Thereza. *Uma atriz: Cacilda Becker*. Coleção Estudos. São Paulo: Perspectiva/Secretaria de Estado da Cultura, 1984.

FREIRE, Rafael de Luna. *Navalha na tela — Plínio Marcos e o cinema brasileiro*. Rio de Janeiro: Tela Brasilis, 2008.

KHÉDE, Sonia Salomão. *Censores de pincenê e gravata*. Rio de Janeiro: Codecri, 1981.

"Ciclo de debates do Teatro Casa Grande". Coleção Opinião. Rio de Janeiro: Inúbia, 1976.

MAGALDI, Sábato; VARGAS, Maria Thereza. *Cem anos de teatro em São Paulo*. São Paulo: Senac, 2000.

MAGALDI, Sábato. *Teatro sempre*. Coleção Estudos. São Paulo: Perspectiva, 2006.

MARCOS, Plínio. *A navalha na carne*. Rio de Janeiro: Azougue, 2005.

MARCOS, Plínio. *Barrela*. São Paulo: Símbolo, 1976.

MARCOS, Plínio. *Figurinha difícil — Pornografando e subvertendo*. São Paulo: Senac, 1996.

MARCOS, Plínio. *O truque dos espelhos*. Belo Horizonte: Una Editoria, 1999.

MARCOS, Plínio. *O assassinato do anão do caralho grande*. São Paulo: Geração Editorial, 1996.

MARCOS, Plínio. *Religiosidade subversiva*. São Paulo: edição do autor, 1992.

MARCOS, Plínio. *Quando as máquinas param*. São Paulo: Obelisco, s/d.

MARCOS, Plínio. *Na Barra do Catimbó*. edição do autor, sem data.

MARX, Warde. *Maria Della Costa — Seu teatro, sua vida*. São Paulo: Imesp e Fundação Padre Anchieta, 2004.

MENDES, Oswaldo. *Ademar Guerra — O teatro de um homem só*. São Paulo: Senac, 1997.

MENEZES, Rogério. *Walderez de Barros — Voz e silêncios*. Coleção Aplauso Perfil. São Paulo: Imesp/Fundação Padre Anchieta, 2004.

MERCADO NETO, Antonio. *A crítica teatral de Alberto D'Aversa no Diário de S. Paulo*. (Dissertação de mestrado/Escola de Comunicações e Artes da Universidade de São Paulo), São Paulo, 1979.

MICHALSKI, Yan. *O teatro sob pressão — Uma frente de resistência*. Rio de Janeiro: Jorge Zahar, 1985.

MICHALSKI, Yan. *Reflexões sobre o teatro brasileiro no século XX*. Rio de Janeiro: Funarte, 2005.

MICHALSKI, Yan. *Ziembinski e o teatro brasileiro*. São Paulo/Rio de Janeiro: Hucitec/Ministério da Cultura/Funarte, 1995.

PEREIRA, Taís Assunção Curi. *Theatro Guarany: O renascer de um palco centenário*. Santos: Comunicar, 2008.

PRADO, Luís André do. *Cacilda Becker — Fúria santa*. São Paulo: Geração Editorial, 2002.

RODRIGUES, Stella. *Nelson Rodrigues, meu irmão*. Rio de Janeiro: José Olympio, 1986.

ROFRAN Fernandes. *Teatro Ruth Escobar — 20 anos de resistência*. São Paulo: Global, 1985.

SIQUEIRA, José Rubens. *Viver de teatro — Uma biografia de Flávio Rangel*. São Paulo: Nova Alexandria/Secretaria de Estado da Cultura, 1995.

SILVA, Walter (Pica-Pau). *Vou te contar — Histórias de música popular brasileira*. São Paulo: Códex, 2002.

SILVEIRA, Miroel. *A outra crítica*. São Paulo: Símbolo, 1976.

VAN STEEN, Edla, *Viver & escrever*. Vol. 1. Porto Alegre: L&PM, 1981/2001.

— *Ciclo de debates do Teatro Casa Grande*. Rio de Janeiro: Inúbia, 1976.

— *Depoimentos II*. Rio de Janeiro: Funarte/Serviço Nacional de Teatro, 1977.

— "Teatro e realidade brasileira". Caderno Especial 2, Revista *Civilização Brasileira*, Rio de Janeiro, 1968.

Outras fontes

O autor usou como referência preciosa o sítio oficial na internet, www.pliniomarcos.com.br, organizado por Walderez de Barros, com rico acervo de críticas publicadas na imprensa e textos diversos sobre a obra de Plínio Marcos. Entre outros sítios consultados, o da cidade de Santos, www.vivasantos.com.br, dos jornais *Folha de S.Paulo* e *O Estado de S. Paulo*, e http://veja.abril.com.br/acervodigital, o arquivo digital da revista *Veja*.

Coleções consultadas

Anuário do teatro, editado pela APCA — Associação Paulista de Críticos de Arte, São Paulo.

Cadernos de Teatro, editados pelo Teatro O Tablado, Rio de Janeiro.

Palco+Platéia, revista do teatro brasileiro, São Paulo.

Revista de Teatro, editada pela SBAT — Sociedade Brasileira de Autores Teatrais, Rio de Janeiro.

Folhetim, suplemento semanal do jornal *Folha de S.Paulo*.

Depoimentos e entrevistas de Plínio Marcos

Além de declarações de Plínio à imprensa, identificadas no texto, entre outras fontes, destacam-se as entrevistas a Quartim de Moraes (1991 e 1993), Reinaldo Maia (1995), programa *Roda-viva*, TV Cultura, São Paulo (fevereiro de 1989) e a Oswaldo Mendes, Festival de Teatro de Curitiba, TV Educativa do Paraná (março de 1998).

Depoimentos sobre Plínio Marcos

O autor agradece os depoimentos de: Analy Alvarez, André Daniel, Antonio Carlos Sartini, Antonio Petrin, Barbara Heliodora, Beth Néspoli, Carlito Godoy, Carlos (Carlão) Costa, Carlos Pinto, Chico de Assis, Clarisse Abujamra, Consuelo de Castro, Daniela Barros Parisi, Edla van Steen, Eduardo Tolentino, Emílio Fontana, Ercílio Tranjan, Estevam Soares, Etty Fraser, Fausto Fuser, Fauzi Arap, Francarlos Reis, Francisco Barros Neto, Gilberto Gerônimo Oller (Peninha), Graça Berman, Hilton Have, Iberê Bandeira de Mello, Idibal Piveta (César Vieira), Ilka Zanotto, Irene Ravache, Jairo Arco e Flexa, João Russo, Jorge Takla, José Roberto Fanganiello Melhem, José Roberto Malia, Lauro César Muniz, Leilah Assunção, Luís Felipe (Pipo) Souza, Luiz Serra, Marco Antonio Rodrigues, Márcia Barros Parisi, Maria Eugênia De Domenico, Maria Helena Velasco, Maria Luiza (Lulu) Librandi, Márika Gidali, Marlene França, Mino Carta, Miriam Mehler, Otavio Frias Filho, Pedro Bandeira, Roberto Ascar, Roberto Freire, Sábato Magaldi, Sandra Corveloni, Sérgio Mamberti, Sérgio Ferrara, Tônia Carrero (no Festival de Teatro de Curitiba, 1997), Tony Ramos, Vasco Oscar Nunes.

Agradecimento

Walderez de Barros
Léo Lama
Ricardo (Kiko)
Aninha
Vera Artaxo
Tiago

A Carlos Kauffman e Edmir Lima, do Banco de Dados da *Folha*, pela atenção e paciência em abrir os arquivos dos jornais *Folha de S.Paulo* e *Última Hora*, e a Carlos Pinto e Wellington Lima, por disponibilizarem acesso ao arquivo da Hemeroteca da Secretaria de Cultura de Santos.

ÍNDICE ONOMÁSTICO

Este livro foi composto nas fontes
Interstate e Requiem para a Leya
em novembro de 2009.